—— Excel大百科全书 ——

Excel
财务会计常用表单设计案例精讲

韩小良 ◎ 著

中国水利水电出版社
www.waterpub.com.cn
·北京·

内 容 提 要

《Excel财务会计常用表单设计案例精讲》是专门针对财务会计人员所写,重点介绍了财务管理中常见的数据管理和统计分析表单的设计思路、方法和技能技巧,包括资金管理、固定资产管理、应付账款管理、应收账款管理、存货管理、会计凭证与账务管理、财务预算、日常财务表格等。这些表单基本上就是一个完整的模板,稍微修改或者不加修改就可以套用到自己的企业财务管理中,从这些表单中理解并掌握会计数据管理的基本规则和表单设计思路方法,提升自己的表单设计能力。

《Excel财务会计常用表单设计案例精讲》既可供具有Excel基础知识的各类财务会计人员阅读,也可作为各高校经济类本科生、研究生和MBA学员的教材,还可作为培训机构的参考用书。

图书在版编目(CIP)数据

Excel财务会计常用表单设计案例精讲 / 韩小良著.—北京:中国水利水电出版社,2019.11(2020.7重印)

ISBN 978-7-5170-7956-9

Ⅰ.①E… Ⅱ.①韩… Ⅲ.①表处理软件—应用—财务会计 Ⅳ.① F234.4-39

中国版本图书馆CIP数据核字(2019)第186426号

书　名	Excel财务会计常用表单设计案例精讲 Excel CAIWU KUAIJI CHANGYONG BIAODAN SHEJI ANLI JINGJIANG
作　者	韩小良　著
出版发行	中国水利水电出版社 (北京市海淀区玉渊潭南路1号D座100038) 网址:www.waterpub.com.cn E-mail:zhiboshangshu@163.com 电话:(010)62572966-2205/2266/2201(营销中心)
经　售	北京科水图书销售中心(零售) 电话:(010)88383994、63202643、68545874 全国各地新华书店和相关出版物销售网点
排　版	北京智博尚书文化传媒有限公司
印　刷	河北华商印刷有限公司
规　格	180mm×210mm　24开本　14.75印张　465千字　1插页
版　次	2019年11月第1版　2020年7月第2次印刷
印　数	5001—8000册
定　价	69.80元

凡购买我社图书,如有缺页、倒页、脱页的,本社营销中心负责调换

版权所有·侵权必究

前言
Preface

从事Excel培训与咨询近20年,接触了各种各样的表格,可以说是经历了太多表格里的喜怒哀乐。但迄今一直不解的是:

- 为什么好好的一个Excel工具,很多人仍没有很好地利用?
- 为什么很多人仍然以Word表格思维来设计Excel数据表单?
- 为什么很多人喜欢追求小技巧、快捷键,却不愿意花点时间好好梳理下思路,把表单设计好,把数据管理好?
- 为什么很多人每天纠结于各种乱表之中,把各个表格之间的逻辑关系和勾稽关系搞得混乱不堪,以至于常常发出这样的哀叹:Excel太难学了,函数太难用了!
- 为什么很多人迄今仍不知道表单为何物,以至于认为表单就是表格?
- 为什么很多人的精美求职简历上都写着精通Excel,但到岗位上却连一个最简单的费用管理表单都设计不好?

......

我经常说,学习Excel的第一步是了解Excel数据管理的规则,设计好你的第一个表单,让数据各居其位,流动有序。只有科学规范的表单,才能做好数据管理,进而快速制作各种自动化数据分析报告模板,从此将用户从数字苦海中拯救出来。

至于很多人说的"函数公式太难学了,太绕了,太烧脑了",其实在标准规范的表单面前,函数仅仅是函数而已,公式也仅仅是你解决问题的思路而已。

本书是专门针对财务人所写的,是Excel财务应用系列丛书的第一本,重点是从财务管理的角度出发,介绍财务管理中常见的数据管理和统计分析表单的设计思路、方法和技能技巧。这些表单基本上就是一个个现成的模板,稍微修改或者不加修改就可以套用到自己的企业财务管理中。但我不希望你原封不动地生搬硬套,更希望你能从这些表单设计中理解并体会数据管理的基本规则和表单设计思路方法,提升自己的表单设计能力。

本书共分12章，第1～4章介绍设计表单必须具备的Excel基本理念和技能，第5～12章则分别介绍了资金管理、固定资产管理、应付款管理、应收款管理、存货管理、会计凭证管理、财务预算、日常财务表格等方面的表单设计思路、方法、技能。尽管有些表单模板不太成熟，仍有很大的改进空间，但这些表单的设计过程和思路仍可作为你在财务表单设计中的借鉴。

本书的编写得到了朋友和家人的支持与帮助，参与编写的人员有杨传强、于峰、李盛龙、董国灵、毕从牛、高美玲、王红、李满太、程显峰、王荣亮、韩良智、韩舒婷、翟永俭、贾春雷、冯岩、韩良玉、徐沙比、申果花、韩永坤、冀叶彬、刘兵辰、徐晓斌、刘宁、韩雪珍、徐换坤、张合兵、徐克令、张若曦、徐强子等，在此表示衷心的感谢！

中国水利水电出版社的刘利民老师和秦甲老师也给予了很多帮助和支持，使得本书能够顺利出版，在此表示衷心的感谢。

由于认知有限，作者虽尽职尽力，以期本书能够满足更多人的需求，但书中难免有疏漏之处，敬请读者批评指正，我们会在适当的时间进行修订和补充，也欢迎加入QQ群一起交流，QQ群号为580115086。

韩小良

Contents

目录

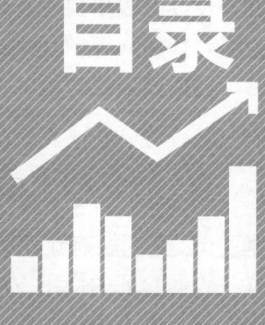

01 Chapter 表单设计基本规则与案例剖析 / 1

1.1 一个表格引发的思考 / 2
1.1.1 我们不是为了设计表格而设计表格 / 3
1.1.2 换个思路，让表格成为表单 / 4

1.2 正确区分两类表格 / 7
1.2.1 基础表单 / 7
1.2.2 报告表格 / 8
1.2.3 基础表单和报告表格一定要分开 / 9

1.3 严格区分三种数据 / 9
1.3.1 文本数据 / 9
1.3.2 日期和时间 / 10
1.3.3 数字 / 12

1.4 设计好基础表单，是使用Excel的第一步 / 13
1.4.1 设计的表单要有逻辑性 / 13
1.4.2 严禁用Word的思维来设计Excel表单 / 15
1.4.3 数据输入要规范 / 16

02 Chapter 表单数据快速准确输入的技能技巧 / 18

2.1 数据验证：控制规范数据输入 / 19
2.1.1 数据验证的使用方法 / 19
2.1.2 只能输入规定的整数 / 23
2.1.3 只能输入规定的小数 / 23
2.1.4 只能输入规定的日期 / 24
2.1.5 只能输入规定的时间 / 26
2.1.6 只能输入规定长度的文本 / 27
2.1.7 设置下拉菜单，只能输入规定的序列数据 / 28
2.1.8 设置二级下拉菜单，快速准确地输入一级科目和二级科目 / 32
2.1.9 设置三级下拉菜单，快速准确地输入一级项目、二级项目和三级项目 / 36
2.1.10 设置匹配关键词下拉菜单，快速准确地定位名称 / 39

2.1.11　在某列不允许输入重复数据　/ 44
　　2.1.12　不允许输入重复的记录　/ 48
　　2.1.13　保证数据完整性　/ 49
　　2.1.14　按照从左往右的顺序依次输入数据　/ 51
　　2.1.15　清除数据验证　/ 52
　　2.1.16　数据验证的几个注意点　/ 53
2.2　使用自动更正选项创建简拼输入长名称　/ 53
　　2.2.1　创建简拼输入　/ 53
　　2.2.2　删除创建的简拼输入　/ 55
2.3　建立自定义序列来快速输入内部规定的序列数据　/ 56
　　2.3.1　创建自定义序列的基本方法　/ 56
　　2.3.2　使用自定义序列快速输入数据　/ 58
　　2.3.3　删除自定义序列　/ 59
2.4　使用函数快速输入数据　/ 60
　　2.4.1　输入连续的序号　/ 60
　　2.4.2　查询输入基本资料数据库的数据　/ 60
　　2.4.3　根据已输入的数据自动计算输入重要数据　/ 61
2.5　常用的快速输入数据小技巧　/ 62
　　2.5.1　快速输入当前日期　/ 62
　　2.5.2　快速输入当前时间　/ 62
　　2.5.3　快速输入当前完整的日期和时间　/ 62
　　2.5.4　快速输入上一个单元格数据　/ 62
　　2.5.5　快速输入左边单元格数据　/ 62
　　2.5.6　快速批量输入相同数据　/ 63
　　2.5.7　同时在多个工作表中快速批量输入相同的数据　/ 63
　　2.5.8　快速填充数据　/ 63

03 Chapter

利用智能表格管理表单 / 66

3.1　创建智能表格　/ 67
　　3.1.1　使用智能表格的前提　/ 67
　　3.1.2　创建智能表格的基本方法　/ 67
3.2　智能表格的格式设置与美化　/ 68

3.2.1　智能表格"设计"选项卡的各项功能介绍　/ 69
　　　3.2.2　设置表格样式　/ 69
　　　3.2.3　手工调整表格区域　/ 70
3.3　智能表格的几个重要功能　/ 71
　　　3.3.1　可以选择多种表格样式,也可以新建表格样式　/ 71
　　　3.3.2　在表单中间插入行时,公式会自动复制　/ 72
　　　3.3.3　先创建智能表格后做公式时,公式引用的是字段名称,并能自动复制　/ 73
　　　3.3.4　为表格添加汇总行　/ 74
　　　3.3.5　为表格添加列、插入行　/ 75
　　　3.3.6　使用切片器筛选数据非常方便　/ 77
3.4　转换为默认数据区域　/ 79

04 Chapter 表单设计的常用函数公式及应用 / 80

4.1　必须具备的公式函数基本知识　/ 81
　　　4.1.1　公式的基本概念　/ 81
　　　4.1.2　使用条件表达式　/ 82
　　　4.1.3　使用名称　/ 83
　　　4.1.4　函数基本语法　/ 86
　　　4.1.5　了解函数本身逻辑　/ 87
　　　4.1.6　尽可能使用参数对话框输入函数　/ 88
　　　4.1.7　输入嵌套公式函数的基本技能　/ 88
4.2　处理文本数据函数及应用　/ 92
　　　4.2.1　计算字符串长度　/ 92
　　　4.2.2　从字符串左侧截取数据　/ 93
　　　4.2.3　从字符串右侧截取数据　/ 94
　　　4.2.4　从字符串指定位置截取数据　/ 94
　　　4.2.5　从字符串不定位置截取数据　/ 95
　　　4.2.6　将数字转换为指定格式的文字　/ 95
4.3　处理日期数据函数及应用　/ 97
　　　4.3.1　获取当前日期　/ 97
　　　4.3.2　计算一定时间后或前的日期　/ 98

4.3.3　计算两个日期之间的期限　/ 100
4.3.4　提取年、月、日数字　/ 101
4.3.5　从日期中提取星期名称　/ 101
4.3.6　判断日期是哪个季度　/ 102

4.4　逻辑判断函数及应用　/ 102
4.4.1　基本的逻辑判断处理　/ 103
4.4.2　嵌套判断处理　/ 104
4.4.3　组合条件进行综合判断　/ 105
4.4.4　处理错误值　/ 106

4.5　分类汇总函数及应用　/ 107
4.5.1　统计单元格区域非空单元格个数　/ 108
4.5.2　统计单元格区域满足某个指定条件的单元格个数　/ 108
4.5.3　统计单元格区域满足多个指定条件的单元格个数　/ 110
4.5.4　对单元格区域满足某个指定条件的数据求和　/ 111
4.5.5　对单元格区域满足多个指定条件的数据求和　/ 112

4.6　查找引用函数及应用　/ 112
4.6.1　常规表格中的最基本数据查找　/ 113
4.6.2　先定位再查找数据　/ 115
4.6.3　提取指定位置的数据　/ 117
4.6.4　间接引用单元格区域　/ 118
4.6.5　引用不定的单元格区域　/ 120

05 Chapter

资金管理与分析表单 / 123

5.1　收款管理表　/ 124
5.1.1　建立客户基本信息　/ 124
5.1.2　设计收款明细表　/ 125
5.1.3　制作客户收款统计表　/ 130
5.1.4　制作银行收款统计表　/ 134

5.2　制作银行资金余额表　/ 135
5.2.1　每日资金科目余额表　/ 135
5.2.2　制作银行资金余额表：按账户　/ 135
5.2.3　制作银行资金余额表：按种类　/ 137

5.3 制作银行理财管理表 / 138
- 5.3.1 银行理财表结构设计 / 138
- 5.3.2 到期提前提醒 / 138

5.4 设计自动化资金管理模板 / 140
- 5.4.1 绘制逻辑架构图 / 141
- 5.4.2 设计银行账号资料表 / 142
- 5.4.3 设计项目资料管理表 / 142
- 5.4.4 设计年初余额表 / 143
- 5.4.5 设计资金管理台账 / 143
- 5.4.6 制作各个银行当前余额统计分析表 / 147
- 5.4.7 制作各个银行的明细表 / 148
- 5.4.8 制作各个月各个账户的资金流入流出报表 / 153
- 5.4.9 制作各个月各个项目的资金流入流出报表 / 153

06 Chapter 固定资产管理表单 / 155

6.1 建立动态固定资产管理表格 / 156
- 6.1.1 表单结构设计 / 156
- 6.1.2 指定制作固定资产报表月份 / 156
- 6.1.3 自动编制固定资产编号 / 157
- 6.1.4 输入固定资产类别 / 158
- 6.1.5 输入部门名称 / 158
- 6.1.6 输入增加方式 / 159
- 6.1.7 计算开始计提日期 / 160
- 6.1.8 计算到期日 / 160
- 6.1.9 计算已计提月数 / 160
- 6.1.10 计算剩余月数 / 160
- 6.1.11 计算净残值 / 160
- 6.1.12 计算本月折旧额 / 160
- 6.1.13 计算本年度累计折旧额 / 161
- 6.1.14 计算总累计折旧 / 161
- 6.1.15 计算本月末账面净值 / 161
- 6.1.16 输入折旧费用类别 / 161
- 6.1.17 将普通区域转换为智能表格 / 162

6.1.18　固定资产管理表单的使用　/ 162

6.2　制作折旧费用分配表和记账凭证清单　/ 163

6.2.1　制作折旧费用分配表　/ 163
6.2.2　制作记账凭证清单　/ 163

6.3　制作固定资产卡片　/ 164

6.3.1　基本数据的提取　/ 164
6.3.2　显示固定资产照片　/ 166

6.4　制作各类固定资产清单　/ 168

6.4.1　按部门制作固定资产明细表　/ 168
6.4.2　按类别制作固定资产明细表　/ 169
6.4.3　按购入日期制作固定资产明细表　/ 170
6.4.4　制作已提足月数的固定资产明细表　/ 171
6.4.5　制作仍在使用的固定资产明细表　/ 172

07 Chapter　应付款管理表单 / 173

7.1　供应商管理表单　/ 174

7.1.1　供应商基本信息表单　/ 174
7.1.2　制作供应商信息查询表(可以根据关键词查询)　/ 174

7.2　合同管理表单　/ 177

7.2.1　合同管理表单合计　/ 177
7.2.2　制作指定供货商的合同明细表　/ 182
7.2.3　制作指定时间段的合同明细表　/ 183

7.3　发票管理表单　/ 184

7.3.1　建立发票记录表　/ 185
7.3.2　制作发票查询表　/ 188

7.4　付款管理表单　/ 189

7.4.1　建立付款记录表　/ 189
7.4.2　付款查询　/ 191

7.5　制作基本统计汇总表　/ 192

7.5.1　制作供应商对账单　/ 192
7.5.2　制作供应商应付汇总表　/ 196
7.5.3　制作已完成合同明细表　/ 197
7.5.4　制作未完成合同明细表　/ 198

08 Chapter 应收账款管理表单 / 199

8.1 基于手工台账的应收账款管理表 / 200
- 8.1.1 建立购货方资料库 / 200
- 8.1.2 建立应收账款发生基础表 / 200
- 8.1.3 建立收款明细表 / 202
- 8.1.4 收款统计分析表 / 203
- 8.1.5 未收款账龄分析表 / 205
- 8.1.6 制作对账单 / 207

8.2 基于财务软件数据的应收账款分析表 / 209
- 8.2.1 导入基础数据 / 209
- 8.2.2 客户余额查询表 / 210
- 8.2.3 账龄分析表 / 210
- 8.2.4 制作对账单 / 212

8.3 基于合同管理的销售、回款和欠款分析表 / 213
- 8.3.1 应收账款账龄分析 / 213
- 8.3.2 制作超过指定欠款比例和天数的应收账款明细表 / 214

8.4 利用数据透视表制作应收账款账龄分析表 / 216
- 8.4.1 示例数据 / 216
- 8.4.2 计算账龄 / 216
- 8.4.3 创建基本数据透视表 / 217
- 8.4.4 制作渠道的应收账款账龄分析表 / 219
- 8.4.5 制作客户的应收账款账龄分析表 / 220

09 Chapter 存货管理表单 / 221

9.1 存货日常管理表单 / 222
- 9.1.1 材料基本信息表单 / 222
- 9.1.2 期初库存表 / 223
- 9.1.3 材料入库记录表单 / 223
- 9.1.4 材料出库记录表单 / 229

9.2 制作库存统计报表 / 230
- 9.2.1 计算本月期初数 / 230

9.2.2　计算本月入库数　/ 231
9.2.3　计算本月出库数　/ 231
9.2.4　计算本月期末数　/ 231
9.2.5　计算本月期初金额　/ 231
9.2.6　计算本月入库金额　/ 232
9.2.7　计算本月出库金额　/ 232
9.2.8　计算本月期末金额　/ 232

9.3　入库、出库查询表　/ 232
　　9.3.1　入库明细查询　/ 233
　　9.3.2　出库明细查询　/ 234

9.4　制作各月入库、出库汇总表　/ 235
　　9.4.1　使用函数制作各月入库、出库汇总表　/ 235
　　9.4.2　使用SQL+数据透视表制作各月入库、出库汇总表　/ 236

Chapter 10　会计凭证与账务处理表单 / 241

10.1　会计科目设置　/ 242
　　10.1.1　建立总账科目工作表　/ 242
　　10.1.2　建立明细科目工作表　/ 243
　　10.1.3　设置明细科目初始余额　/ 243
　　10.1.4　设置现金流量编码表　/ 244

10.2　设计记账凭证　/ 245
　　10.2.1　记账凭证的结构设计　/ 245
　　10.2.2　在记账凭证上快速准确地输入总账科目和明细科目　/ 246
　　10.2.3　在记账凭证上选择现金流量分类　/ 248
　　10.2.4　将金额数字转换为大写　/ 249
　　10.2.5　将金额数字拆分分别填写到相应的单元格　/ 251
　　10.2.6　在记账凭证中判断借贷是否平衡　/ 252

10.3　自动录入会计凭证　/ 253
　　10.3.1　设计记账凭证清单　/ 253
　　10.3.2　自动保存记账凭证数据　/ 253
　　10.3.3　为记账凭证清单工作表的有关数据区域定义名称　/ 257

10.4　会计凭证的查询与打印　/ 257
　　10.4.1　查询制作会计凭证　/ 257

　　　　10.4.2　打印会计凭证　/ 259
10.5　会计核算与处理　/ 260
　　　　10.5.1　示例数据准备　/ 260
　　　　10.5.2　制作总分类账试算平衡表　/ 263
　　　　10.5.3　计算本期的期末余额　/ 269
　　　　10.5.4　编制明细科目汇总表　/ 271
10.6　自动生成明细账　/ 273
　　　　10.6.1　设计查询表结构　/ 273
　　　　10.6.2　创建查询公式　/ 273
　　　　10.6.3　生成现金日记账　/ 275
　　　　10.6.4　生成银行存款日记账　/ 276
10.7　编制三大会计报表　/ 276
　　　　10.7.1　编制资产负债表　/ 276
　　　　10.7.2　编制利润表　/ 290
　　　　10.7.3　编制现金流量表　/ 295

Chapter 11　财务预算表单 / 307

11.1　日常业务预算　/ 308
　　　　11.1.1　示例数据　/ 308
　　　　11.1.2　销售预算　/ 309
　　　　11.1.3　生产预算　/ 311
　　　　11.1.4　直接材料消耗及采购预算　/ 312
　　　　11.1.5　直接人工成本预算　/ 314
　　　　11.1.6　制造费用预算　/ 315
　　　　11.1.7　产品成本预算　/ 316
　　　　11.1.8　销售及管理费用预算　/ 317
11.2　现金预算　/ 318
　　　　11.2.1　现金预算内容　/ 318
　　　　11.2.2　现金预算表　/ 319
11.3　预计财务报表　/ 321
　　　　11.3.1　预计利润表　/ 321
　　　　11.3.2　预计资产负债表　/ 322

12 Chapter

日常财务表格设计模板示例 / 325

12.1 出差相关表单 / 326
- 12.1.1 出差用款审批单 / 326
- 12.1.2 出差记录表 / 327
- 12.1.3 出差旅费报支单 / 328
- 12.1.4 用款核销单 / 332
- 12.1.5 制作出差统计表 / 333

12.2 设计套打表单 / 334
- 12.2.1 设计应收清单 / 334
- 12.2.2 制作收费通知单 / 335

Chapter 01

表单设计基本规则与案例剖析

基础数据表单是数据管理和数据分析的重要基础，没有一个科学规范的基础数据表单，一切都是空谈。经常看到很多人拿着一张张逻辑混乱、架构不清、数据乱糟糟的表格问："怎样做公式啊？怎么把这个弄成那个啊？"此时，如果问他，函数会用吧，基本上所有的人都会说："会啊！"但是再问："为什么做不出公式啊？"回答是："不会啊！"

1.1 一个表格引发的思考

在一个五彩深秋的周五下午，与同学们在群里交流，一个学生问了如下一个问题：如何把图 1–1 所示的表 1 数据整理成图 1–2 所示的表 2 数据？折腾了 5 个小时了，还是做不出公式来。

表1:

员工	1月		2月		3月		4月		5月		6月	
	A店	B店	A店	B店	A店	B店	A店	B店	A店	B店	A店	B店
员工A	105	68	265	185	98	71	237	186	92	189	153	118
员工B	70	175	244	89	258	229	88	106	189	76	89	161
员工C	148	261	133	241	81	227	236	99	256	160	98	251
员工D	147	72	221	226	240	102	211	250	235	131	188	155
员工E	219	196	255	180	241	106	225	159	242	216	130	228
员工F	258	257	222	74	284	80	74	133	252	182	286	124
员工G	95	107	290	150	125	244	138	264	165	210	230	182

图 1–1 原始的表 1

表2

员工	店型	1月	2月	3月	4月	5月	6月
员工A	A店	105	265	98	237	92	153
	B店	68	185	71	186	189	118
员工B	A店	70	244	258	88	189	89
	B店	175	89	229	106	76	161
员工C	A店	148	133	81	236	256	98
	B店	261	241	227	99	160	251
员工D	A店	147	221	240	211	235	188
	B店	72	226	102	250	131	155
员工E	A店	219	255	241	225	242	130
	B店	196	180	106	159	216	228
员工F	A店	258	222	284	74	252	286
	B店	257	74	80	133	182	124
员工G	A店	95	290	125	138	165	230
	B店	107	150	244	264	210	182

图 1–2 要整理成的表 2

如果仅仅是整理表格、转换表格结构，做公式也是不难的，因为这两个表格很有规律。先在表 2 中选择单元格区域 C3:C4，输入下面的数组公式，然后选择这两个单元格，往右下复制即可。

=TRANSPOSE(OFFSET(表1!$A$3,MATCH($A3,表1!$A$4:$A$10,0),MATCH(C$2,表1!$B$2:$M$2,0),1,2))

这个公式也仅仅使用了OFFSET函数、MATCH函数和TRANSPOSE函数，其原理无非就是先获取表1中每个员工每个月的两个店铺行数据区域，再转置到表2中。

但是，我问这个学生：转换表 1 为表 2 的目的是什么？回答是：领导说表 1 看起来不方便，表 2 看起来清楚，领导让弄的，所以我就弄了。

我忍不住发出了一连串的问号：
- 你的表 1 数据是怎么来的？回答：手工填写的。
- 表 1 既然是手工录入的，为什么不设计一个规范的基础表单呢？这样的表格，输入数据方便吗？分析数据方便吗？日常维护方便吗？
- 如果是为了分析每个员工、每个店铺、每个月的数据，直接用表 1 做动态图表就可以了，为什么非要转换结构呢？即使转换了，领导要看的数据你给他展示清楚了吗？
- 如果有 100 个员工、100 个店铺，不论是表 1 还是表 2，领导会看这样的表格吗？他能看清楚吗？他会不会直接晕掉？他会不会发狂？他会不会抑郁？
- 如果领导想看截止到某个月各个员工在各个店的累计数据，怎么做？
- 如果领导要看截止到某个月各个店铺的累计销售构成情况，怎么办？
- 如果领导想看截止到某个月各个店铺的销售排名，怎么办？
- 如果领导想看截止到某个月各个员工的销售排名，怎么办？
- 如果领导想看某个店铺各月的销售变动，怎么办？
- 如果领导要看某个员工在各月的销售情况，怎么办？
- 这位领导为什么非得看表 2 呢？

……

问了这些问题，我觉得自己变得有点神经不正常了。

窗外那色彩斑斓的深秋景象，银杏的黄叶，枫树的红叶，杨树的绿叶，蓝天白云，都被这个表格搅得变成了一片灰灰的雾霾色。

1.1.1　我们不是为了设计表格而设计表格

设计任何一个表格，无非就是两个目的：管理数据和分析数据。但是，很多人设计表格时，这两个问题没有考虑，或者考虑不周全，而仅仅是按照自己的喜好来设计，或者按照领导的要求来设计。

管理数据，就是对基础业务数据进行科学管理。很多人说了，我不需要设计表格，因为我们有 ERP 系统，需要什么数据就导出什么数据。此话不假，我也是经常从系统导出数据来做处理和分析。但是，这里有两个问题需要我们认真思考一下。

（1）系统的数据保存在哪里？系统设计师的设计逻辑是什么？

（2）假如让你用 Excel 来设计一个业务数据表格，你会怎么做？

不论是什么表格，必须结合具体业务来设计。例如，上面的案例，不论是表1还是表2，都是保存的每个员工、每个月、每个店铺的销售数据，那么，这些数据如何保存，用几个表保存，用几列保存，如何输入采集数据，如何维护数据，就是表格设计者需要认真考虑的问题。

由于Excel的灵活性，不像数据库那样有很严格的要求，使得我们在设计表格时变得随心所欲，一切以我为中心，而不是以数据为中心。后果就是，将一个本来非常简单的问题搞得很复杂，从表格里取数困难：很多函数明明会用了，就是做不出公式来；掌握了很多Excel小技巧，就是在做分析报告时仍然非常费劲费时，甚至又重返手工劳动的时代。

1.1.2　换个思路，让表格成为表单

当你发现数据管理很累人时，当你发现数据分析变得很困难时，根本的原因不是你不懂函数（函数语法很简单，常用的函数也就那么几个，背也背下来了），而是你的基础数据表格出现了问题，不要让函数公式替你背锅。

基础数据表格的主要问题表现在以下几个方面。

（1）数据管理逻辑有问题。

（2）表格结构有问题。

（3）数据本身有问题。

例如，上面的案例，我们要对每个员工、每个店铺、每个月的数据进行管理，这里有一个重要的问题需要先考虑清楚：这个数据代表的是什么业务？

如果是每个员工每个月在各个店铺销售的商品数量或金额合计数，并且员工很多，店铺有很多，那么最好按月来设计表格，这样工作簿中的基础数据工作表最多为12个，其最简单的结构设计如图1-3所示，也就是每个月一个工作表，表格结构设计为最常见的二维表格，这样可以随时增加或减少员工或者店铺。

	A	B	C	D	E	F	G	H	I	J	K	L
1	员工	A店	B店	C店	D店	E店	F店	G店	H店	I店	J店	K店
2	员工A	105	68	136	86	83	106	250	43	110	123	178
3	员工B	70	175	238	113	77	163	57	243	68	100	237
4	员工C	148	261	246	67	140	147	184	119	97	224	172
5	员工D	147	72	237	214	99	78	147	53	220	111	142
6	员工E	219	196	208	40	112	252	60	200	142	55	198
7	员工F	258	257	79	227	45	238	232	88	82	232	201
8	员工G	95	107	123	128	168	118	68	97	42	165	256
9	员工H	240	216	115	255	156	78	45	193	141	102	80
10	员工I	236	94	64	134	100	42	200	162	52	165	143
11	员工J	175	203	148	78	173	50	211	64	131	102	183
12	员工K	237	82	43	151	234	161	210	193	137	165	102
13	员工L	121	72	224	169	203	196	239	153	116	142	186
14	员工M	118	243	252	173	183	244	88	230	115	193	148

图1-3　每个月一个工作表，设计为二维表格

有了这个表格，我们既可以利用函数建立自动化滚动汇总分析模板，又可以利用多重合并计算数据区域透视表来分析数据。图1-4所示就是利用函数建立的滚动汇总表。

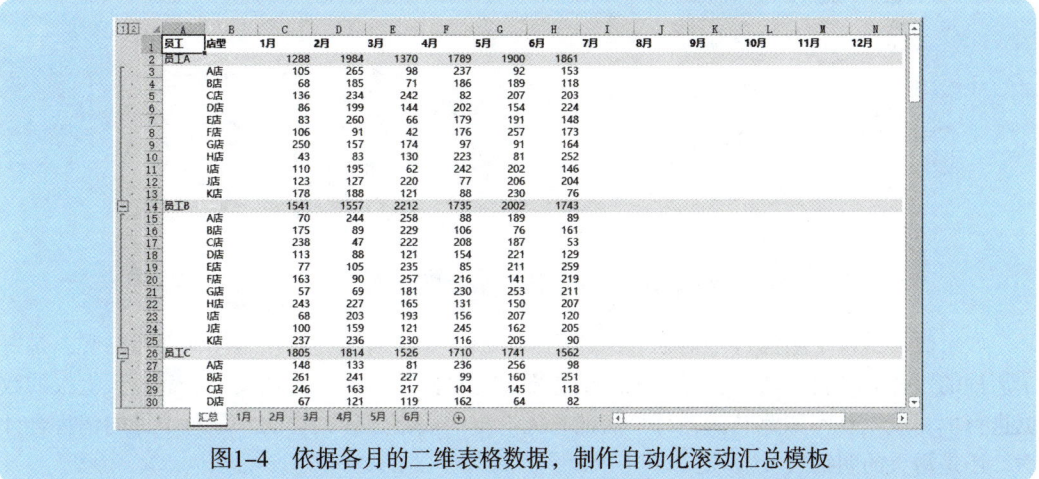

图1-4 依据各月的二维表格数据，制作自动化滚动汇总模板

图1-5所示是基于目前6个月的工作表，使用多重合并计算数据区域透视表制作的汇总表。

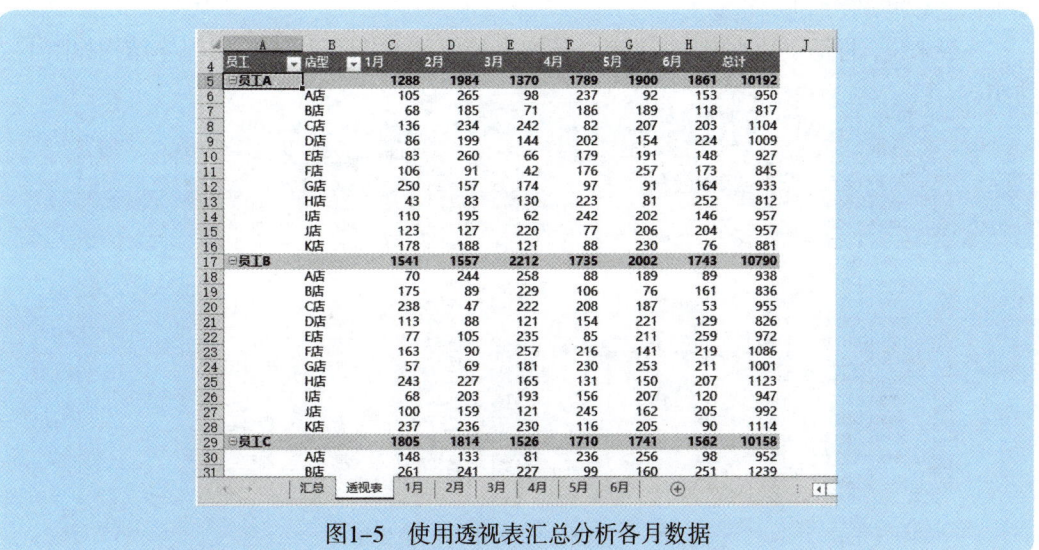

图1-5 使用透视表汇总分析各月数据

而利用透视表来分析数据更加方便，图1-6所示就是分析截止到某个月各个员工、各个店铺的累计销售排名报表。

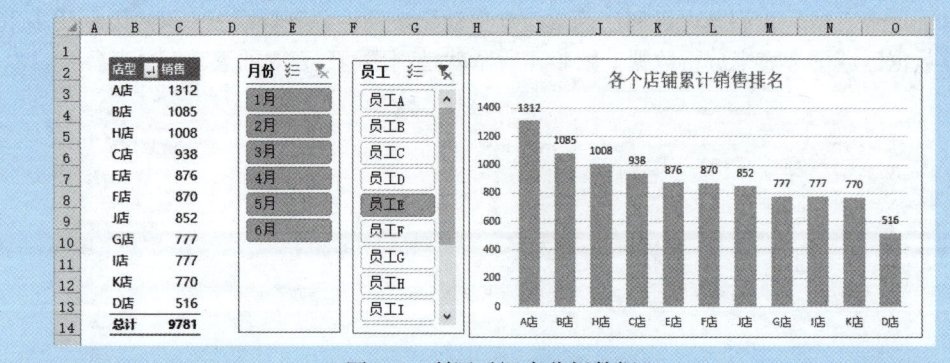

图1-6　利用透视表分析数据

如果数据是每个店铺每个员工的销售记录，那么每个店铺的数据是如何获得的呢？是每个店铺的工作人员自己填写，然后汇总到总部？还是由总部人员根据每个店铺每天上报的数据进行填写或汇总？如此的话，每个店铺每天上报的表格是什么样的？是每个月的销售合计表，还是每天的明细表？

如果是每个店铺上报的明细表，你会如何设计一个标准模板，让每个店铺按照要求填写？如果是每个店铺上报的每个月的合计数表，你会如何要求他们来制作这样的合计表，以便于你能够很方便地进行汇总？

一般来说，将每个月的销售表设计为流水是最简单也是最科学的，其基本结构如图1-7所示。

日期	员工	店型	销售
2019-1-1	员工A	D店	86
2019-1-1	员工A	H店	43
2019-1-1	员工B	K店	237
2019-1-1	员工C	C店	246
2019-1-1	员工D	C店	237
2019-1-1	员工F	B店	257
2019-1-1	员工J	H店	64
2019-1-2	员工C	E店	140
2019-1-2	员工D	H店	53
2019-1-2	员工F	G店	232
2019-1-2	员工G	G店	68
2019-1-2	员工J	B店	203
2019-1-2	员工J	E店	173
2019-1-2	员工K	A店	237
2019-1-2	员工L	E店	203
2019-1-3	员工A	I店	110

日期	员工	店型	销售
2019-2-1	员工C	D店	121
2019-2-1	员工I	D店	133
2019-2-1	员工I	I店	240
2019-2-1	员工I	J店	41
2019-2-1	员工J	G店	114
2019-2-1	员工L	E店	167
2019-2-1	员工M	B店	127
2019-2-2	员工A	D店	199
2019-2-2	员工C	B店	241
2019-2-2	员工D	F店	157
2019-2-2	员工E	I店	111
2019-2-2	员工I	B店	136
2019-2-3	员工A	C店	234
2019-2-3	员工A	K店	188
2019-2-3	员工F	K店	235
2019-2-3	员工G	K店	216

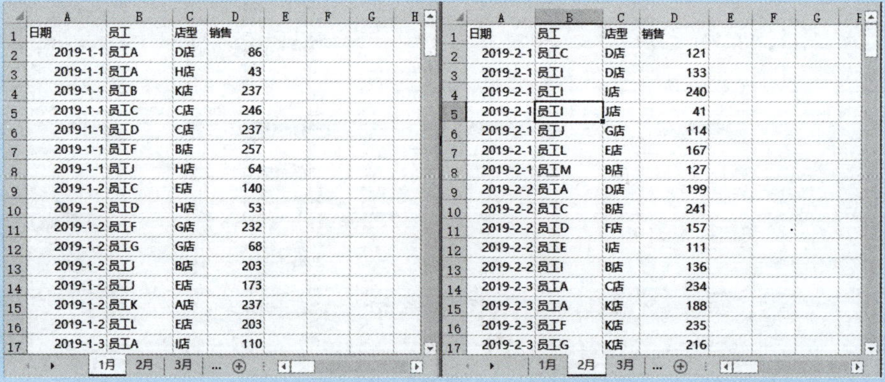

图1-7　以流水记录各个月的销售情况

1.2 正确区分两类表格

从本质上来说，我们每天处理的 Excel 表格可以分为两大类：基础表单和报告表格。

但是，很多人把这两种表格混在了一起，而不是各居其位，结果就是越弄越乱，越做越烦，表格越做越大。

那么，什么是基础表单？什么是报告表格？它们各有什么规则要求？

1.2.1 基础表单

很多人在设计表单时，信手拈来，全然不思考业务数据管理逻辑、数据流程架构、数据输入方法，而是一味地根据习惯来做，更要命的是采取了 Word 表格思维来做，这样的后果就是：设计出的表格结构不科学、数据不规范，不仅不方便数据维护，以后的数据汇总和分析更是困难重重。

基础表单是基础数据表格，保存的是最原始的颗粒化数据，是日常管理数据用的，是数据分析的基础，对于这样的表格，设计的基本原则是"越简单越好"，也就是说，以最简单的表格结构来保存最基本的信息数据，数据采集要颗粒化。因此，基础表单应该按照严格的数据库结构来进行设计，避免出现以下不规范的做法。

- 设计的表单无逻辑。
- 大而全的表格。
- 用二维表格管理数据。
- 行标题和列标题使用合并单元格。
- 在表单中插入小计行。
- 在表单中插入大量的空行、空列。
- 在表单数据区域外输入其他无关的数据。
- 将不同字段的项目数据保存在一列。
- 数字和单位写在一起。
- 在名称文字中强制添加空格。
- 输入非法日期。

- 不区分文本型数字和纯数字。
- 在基础表单中添加不必要的计算列。

当表格结构定下来后，剩下的工作就是日常维护数据了。数据的输入同样也不能随心所欲。在工作中，我们很多人都会犯下面的错误。

- 任意地在文字（尤其是姓名）中加空格，人为对齐。
- 将日期输成了"2019.5.15"这样的违反 Excel 基本规则的数据。
- 名称不统一，一会儿是"人力资源部"，一会儿是"HR"，一会儿是"人事部"。
- 数据输入的格式不统一，例如，数据是数值型编码，结果有的单元格按文本格式输入，有的单元格按数值格式输入。

……

基础表单不一定就是一个工作表，根据工作需要和数据管理的要求，有时候需要把数据分成几个工作表来保存。例如：

- 在工资和考勤管理中，按月保存工资数据和考勤数据。
- 在员工基本信息管理中，将员工重要的基础数据保存在一个工作表中，将其他辅助信息（如学历、培训情况等）单独保存在另外一个工作表中。
- 在销售管理中，合同基本信息一个工作表，发票一个工作表，收款一个工作表，发货一个工作表。
- 在资金管理中，可以按照银行账户分别管理资金流入流出，也可以只设计一个所有账户的资金流入流出总账簿。
- 在应付管理中，客户信息一个工作表，期初余额一个工作表，发票记录一个工作表，付款记录一个工作表，其他备注一个工作表。

……

1.2.2 报告表格

报告表格是最终的汇总计算结果，是给别人看的分析报告，对于这样的表格，设计的基本原则是"越清楚越好"，也就是说，以最简单明了的表格和图表反映数据的根本信息，以便发现问题、分析问题和解决问题。

分析报告一定要反映数据分析者的基本思想和逻辑，反映数据分析者对企业经营的思考。分析报告考虑的重点是信息的浓缩提炼和清晰易观，以便报告使用者一目了然地找到所需要的信息。因此，在分析报告结构设计上应当考虑以下几个方面。

- 合理的表格架构。
- 易读的数据信息。

- 突出重点信息。
- 表格外观美观。
- 动态信息提取和分析。
- 分析结果可视化。
- 分析报告自动化。
- 分析报告模板化。
- 分析仪表盘。

现在的情况是：很多人没有数据分析思路，所做的报表仅仅是汇总计算表，没有深入分析数据背后的信息，没有给老板提交一份有说服力的报告。

1.2.3 基础表单和报告表格一定要分开

很多人喜欢在原始数据表格中制作分析报告，这样的结果是：在一个工作表上，既有原始数据，又有分析报告，其实这是一种不规范的做法。

我的建议是：基础数据表单只保存基础数据，是干干净净的一个工作表或几个工作表，这样就保证了原始数据的纯洁性、安全性，并且维护起来也很方便。

而分析报告做在另外一个工作表中，在这个工作表中，只是计算分析结果，是各种分析结果的有序展示，一步一步引导报表使用者关注最重要的信息。

1.3 严格区分三种数据

表格架构是骨骼，数据是血肉，两者骨肉相连。

Excel 处理的数据，按照数据类型来分，可以分为三大类：文本、日期时间、数字。这三种数据的处理都有严格的规则，在输入数据和管理数据时，必须严格遵守这些规则。

1.3.1 文本数据

文本就是不能参与数学计算的数据，如汉字、字母、字符等。在输入文本数据时，要避免出现以下不规范做法。

- 在名称之间加空格，在文字前后加空格。
- 前后输入的名称不统一，例如，一会儿是"人事部"，一会儿是"人力资源部"，一会儿是"HR"。
- 如果要输入名称的简称，一定要有一个全称和简称的对照表。
- 对于英文名称，要注意单词的拼写，并注意单词之间留有标准的一个空格，不要有多余的空格。
- 注意文本型数字的处理方法。

1.3.2 日期和时间

1. 关于日期

很多人会在 Excel 表单中输入诸如"2018.11.23""11.23""18.11.23"这样的日期数据，这样做就大错特错了，因为这种输入方法违背了 Excel 处理日期的基本规则。
- 规则 1：Excel 把日期处理为正整数，数字 0 代表 1900-1-0，数字 1 代表 1900-1-1，数字 2 代表 1900-1-2，以此类推，日期 2018-11-23 就是正整数 43427。
- 规则 2：Excel 处理日期的基本单位是天，如果在一个日期上加上一个数字，如加 3，那么这个 3 被认为是 3 天。
- 规则 3：输入日期的正确格式是"年 – 月 – 日"，或者"年 / 月 / 日"，而上面的输入格式是不对的，因为这样的结果是文本，而不是数字。

可以按照习惯采用一种简单的方法输入日期，例如，要输入日期 2018-11-23，那么下面的任何一种方法都是可行的。
- 输入 2018–11–23。
- 输入 2018/11/23。
- 输入 2018 年 11 月 23 日。
- 输入 11–23。
- 输入 11/23。
- 输入 11 月 23 日。
- 输入 18–11–23。
- 输入 18/11/23。
- 输入 23–Nov–18。
- 输入 23– Nov –2018。
- 输入 23– Nov。
- 输入 Nov –23。

此外，由于 Excel 接受采用两位数字输入年份，因此对于不同的数字，Excel 会进行不同的处理。

- 00～29：Excel 将 00～29 的两位数字的年解释为 2000 年到 2029 年。例如，输入日期"18-11-23"，则 Excel 将假定该日期为 2018 年 11 月 23 日。
- 30～99：Excel 将 30～99 的两位数字的年解释为 1930 年到 1999 年。例如，输入日期"98-11-23"，则 Excel 将假定该日期为 1998 年 11 月 23 日。

2. 关于时间

Excel 处理日期和时间的基本单位是天，1 代表 1 天，1 天 24 小时，因此时间是按照 1 天的一部分来处理的，也就是说，1 小时代表 1/24 天，1 小时就是小数 0.0416666666666667（也就是分数 1/24）。例如，8:30 就是 8.5/24，8:50 就是 (8+50/60)/24。因此，时间就是小数。

在 Excel 中，输入时间的格式一般为时:分:秒。

例如，要输入时间"14 点 20 分 30 秒"，可以输入"14:20:30"或"2:20:30 PM"。注意：在"2:20:30"和"PM"之间必须有一个空格。

但是，如果要输入没有小时而只有分钟和秒的时间时，例如，要输入 5 分 45 秒这样的数据时，我们不能输入"5:45"，这样的话 Excel 会把该时间识别为 5 小时 45 分。我们必须在小时部分输入一个 0，以表示小时数为 0，即输入"0:5:45"。

如果要在一个日期上加减一个时间，就必须先把时间转换为天，例如，要在单元格 B2 日期时间的基础上加 2.5 小时，那么公式是"=B2+2.5/24"。

如果要输入带日期限制的时间，例如，要输入 2018 年 11 月 23 日上午 9 点 30 分 45 秒，那么应该先输入日期"2018-11-23"，空一格后再输入时间"9:30:45"，最后输入单元格的字符应该是"2018-11-23 9:30:45"，输入完毕后按 Enter 键。

Excel 允许输入超过 24 小时的时间，不过 Excel 会将这个时间进行自动处理。例如，假设输入了下面的时间：

26:45:55

那么它会被解释为 1900 年 1 月 1 日的 2:45:55。

同样，如果输入下面的时间：

76:45:55

那么它会被解释为 1900 年 1 月 3 日的 4:45:55。

也就是说，Excel 将自动把多出 24 小时的部分进位成 1 天。

假设输入了带具体日期限制的超过 24 小时的时间，Excel 也自动将其进行处理，例如，输入下面的日期和时间：

2018-02-22 38:50:25

那么它会被处理为 2018 年 2 月 23 日的 14:50:25。

3. 日期和时间的错误来源

日期和时间的错误来源有两个：一是手工输入错误；二是系统导出错误。

系统导出的日期在很多情况下是错误的（是文本型日期，并不是数值），需要进行修改规范，常用的方法是使用分列工具。

4. 如何快速判断是否为真正的日期和时间

判断一个单元格的日期是不是真正的日期，只需要把单元格的数字格式设置成常规或数值，如果单元格数据变成了正整数，就表明是日期；如果不变，就表明是文本。

同样地，判断一个单元格的时间是不是真正的时间，只需要把单元格的数字格式设置成常规或数值，如果单元格数据变成了正的小数，就表明是时间；如果不变，就表明是文本。

1.3.3 数字

在 Excel 中，数字是最简单的数据，但要牢记以下两个要点。

（1）Excel 最多处理 15 位整数及 15 位小数点。

（2）数字有两种保存方式：纯数字和文本型数字。

对于编码类的数字，一定要将数字保存为文本，因为这样的编码类数字只是一个分类名称而已，不需要求和计算。

当在单元格输入文本型数字时，如身份证号码、邮政编码、科目编码、物料编码等，有两种办法：一是先把单元格格式设置为文本，然后正常输入数字；二是先输入英文单引号（'），然后输入数字。

现实中的主要问题是。

（1）很多人在输入诸如身份证号码这样的超过 15 位数字的长编码时，发现输入单元格后，最后 3 位数字变成 0 了，这样就丢失了最后 3 位数字。因此，要特别注意将其处理为文本。

（2）有些人在处理数字类编码时，在编码这列里可能存在文本和数字格式并存的情况，这样就没法进行正确的数据处理分析。此时，需要把数字转换为文本，可以使用分列工具进行快速转换。不过要注意，不能通过设置单元格格式的方法转换单元格数字格式，这样做毫无作用。

（3）如果是从系统导出的数据，而数字为文本型数字，无法进行计算处理，此时需要将文本型数字转换为纯数字，可以使用智能标记、选择性粘贴或者分列工具转换。

（4）一些小白喜欢把数字和单位写在一起，例如"100 元""50 台"，这是没法计算的，而且犯了一个不懂数据管理的严重错误：数字 100、50 是金额、销量之类的数字，而"元""台"是单位，两者是两种不同类型的数据，应该分两列保存。

1.4 设计好基础表单，是使用Excel的第一步

经常听到很多人说：Excel 太难了，函数都不会用。其实，不是 Excel 太难了，也不是函数太难了，而是一开始你的基础表单设计就有问题。就像盖房子，首先要设计好户型，这样以后装修起来就很容易了，可以装修成各种需要的风格。但是，如果一开始户型设计得不合理，装修起来就费大劲了。

话又说回来，即使图纸设计好了，那么施工也要规规矩矩地按照图纸来进行，不能这里放一块石头，那里又搁一块空心砖，这样的墙壁在装修时，是不是感到无从下手呢？

Excel 也是同样的道理。表单架构设计以及数据的规范输入是极其重要的。不能不加思考就依照习惯设计一个工作表，然后稀里糊涂地输入数据，而应该结合实际业务来设计和维护基础表单。

1.4.1 设计的表单要有逻辑性

Excel 的使用是非常讲究逻辑的。从本质上来说，Excel 基础表单实际上是数据库，每个工作表就是一个数据表。Excel 的操作具有很强的灵活性，但很多人把 Excel 拿来乱用，不论是表格的结构设计，还是数据的日常维护，都是随心所欲地按照自己习惯来做。这样导致的结果是：表与表之间没有逻辑性，表内列和列之间也没有逻辑性，对于这样一个逻辑混乱的表格，我们还能做什么？还能高效地处理分析数据吗？

每每看到这样逻辑混乱的、大而全的表格，我就会问学生这样的问题。
- 你为什么要这样设计表格？
- 表格的设计思路是什么？
- 表格设计的逻辑是什么？
- 你要利用这个表格做什么工作？
- 你日常维护数据方便吗？
- 你能很快地做出各种分析报告吗？
- 如果回答是"否"，那为什么还要这样设计呢？

没有逻辑的表格就是垃圾桶，什么都往里面装。垃圾桶越大，垃圾越多。

任何一个表单的设计，都要结合实际业务来进行。我为什么要用5个表格保存不同的数据？我为什么要用10列保存数据？每行数据如何保存？每列数据如何安排先后输入顺序？在设计基础表单之前，是否把这些问题都想清楚了？

任何一个基础数据表单都是数据管理思路的结晶，是数据流程架构的具体体现。我们管理的对象是数据，那么，数据如何管理？这个问题没有想明白之前，先不要匆忙设计表单。

例如，要建立一个应付款管理模板，你应当怎么考虑这个问题？从何入手来搭建这个表格模板？不妨做以下思考。

（1）我们管理的对象是什么？
（2）如何分别管理这些对象？
（3）设计几个表单才能管理这些对象？
（4）表单结构是否便于以后分析数据？
（5）表单结构是否能够实现简单高效地输入数据？
（6）如何做好日常数据维护？
（7）如何根据这些基础数据快速制作分析报告？

首先，我们管理的对象是每个供应商的应付款，因此，就必须重点采集并管理好以下的重点信息。

● 供应商信息。
● 年初余额。
● 发票明细表。
● 汇款明细表。

将供应商信息单独保存在一个工作表中，主要信息包括供应商编码、供应商名称、通信地址、邮政编码、联系人、电话、邮箱、税号、开户行名称、银行账号等，如图1-8所示。

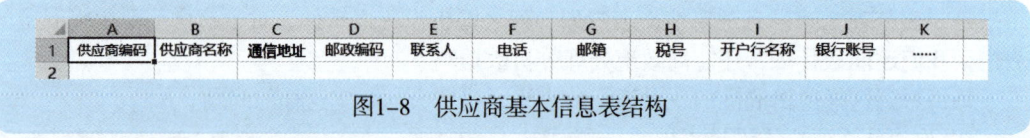

图1-8　供应商基本信息表结构

年初余额是每个供应商（包括当年新增供应商）的年初应付款余额，也单独保存在一个工作表中，字段包括供应商编码、供应商名称、借贷方向、年初余额等，如图1-9所示。

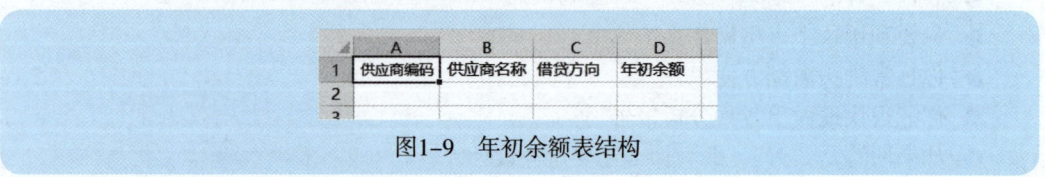

图1-9　年初余额表结构

发票明细表是保存每个供应商每张发票数据的重要基础表单，字段包括发票日期、供应商编码、供应商名称、商品名称、商品单价、发票金额、备注等，如图 1–10 所示。

	A	B	C	D	E	F	G
1	发票日期	供应商编码	供应商名称	商品名称	商品单价	发票金额	备注
2							
3							

图1–10　发票明细表结构

汇款明细表是保存每个供应商的每次汇款数据的重要基础表单，字段包括汇款日期、供应商编码、供应商名称、汇款方式、汇款金额、备注等，如图 1–11 所示。

	A	B	C	D	E	F
1	汇款日期	供应商编码	供应商名称	汇款方式	汇款金额	备注
2						
3						

图1–11　汇款明细表结构

这 4 个基础表单分别保存不同性质业务的数据，根据实际情况，字段有多有少。但这 4 个表单都有供应商编码和供应商名称这样的关键字段来链接，从而我们可以根据这个关键字段实现数据的快速查找和汇总，制作自动化的汇总表，例如，制作当前余额表、各月余额表、任意供应商的对账单等。

1.4.2　严禁用 Word 的思维来设计 Excel 表单

很多人在设计表格时，不区分表格的性质，不清楚业务数据的分类，而是设计了一张大而全的表格，甚至到处是合并单元格，数据也是错误百出，最后总是埋怨 Excel 太难学了，函数总是学不会。殊不知，造成数据处理分析效率低下的不是函数公式有多难，而是你设计的表格根本就没法使用函数公式做高效计算。

一个简单的例子：你能根据图 1–12 所示的表格实现数据的自动汇总分析吗？例如，统计各种卡类的金额？

	A	B	C
1	日期	卡类	金额
2	2018-2-3	20充值卡	2000元
3	2018-2-4	300充值卡	6000元
4	2018-2-5	50充值卡	1000元
5	2018-2-6	现金充值	500元
6	2018-2-7	100充值卡	10000元
7	2018-2-8	50中职卡	2500元

图1–12　金额和单位写在了一起

例如，对于图 1-13 所示的表格数据，你如何按照产品名称、规格、颜色进行汇总？

又如，如何根据图 1-14 所示的表格制作每个月的人力资源月报并分析各个维度的人数分布？

编号	产品名称/规格	颜色	单位	数量	备注
1	28*0.5mm*5.99M 五线深槽杆*1支 (2.0 KG/支)	AC/红古	套	3000	10支*300件
2	28万向钢环B *48个				10套*300件
3	28大小叶 *6个 28新款七字单码B *6 个	SN/哑砾	套	1500	10支*150件
4	彩盒 *1个				10套*150件
5	28*0.5mm*5.99M 五线深槽杆*1支 (2.0 KG/支)	AC/红古	套	800	10支*80件
6	28 万向钢环B *48个				10套*80件
7	28小铝凤尾勾 *6个 28新款七字单码B *6 个	SN/哑砾	套	150	10支*15件
8	彩盒 *1个				10套*15件
9	28*0.5mm*5.99M 五线深槽杆*1支 (2.0 KG/支)	AC/红古	套	1200	10支*120件
10	28万向钢环B *48个				10套*120件
11	28树杈叶 *6个 28新款七字单码B *6 个	SN/哑砾	套	600	10支*60件
12	彩盒 *1个				10套*60件
	合计				

图1-13　无法自动汇总计算的表格——Word思维作怪

序号	部门	职务	姓名	性别	工号	进公司时间			出生年月日	籍贯	学历情况				政治面貌	入党（团）时间	技术职称	
						年	月	日			学历	毕业时间	毕业学校	所学专业			职称	取得时间
1	公司总部	总经理	王嘉木	男	100001	2008	8	1	660805	北京市	硕士	2008年6月	中欧国际工商学院	工商管理	党员	1985年4月	高级工程师	2001-12-14
2	公司总部	党委副书记	丛赫敏	女	100002	2004	7	1	570103	北京市	大专	1996年12月	中央党校函授学院	行政管理	党员	1988年6月	政工师	
3	公司总部	副总经理	白留洋	男	100003	2004	7	1	630519	广州番禺	本科	1984年7月	南京工学院土木工程系	道路工程	党员	2000年8月	高级工程师	1999-8-20
4	公司总部	副总经理	张丽莉	男	100004	2007	1	12	680723	福建厦门	本科	1990年6月	南京林业大学机械工程系	汽车运用工程	党员	1998年9月	高级工程师	2007-7-28
5	公司总部	总助兼经理	蔡晓宇	男	110001	2007	4	17	720424	湖北荆州	本科	2006年6月	工程兵指挥学院	经济管理				
6	公司总部	副经理	祁正人	男	110002	2009	1	1	750817	湖北武汉	本科	2000年7月	西南政法大学	法学	党员	1999-12-28	助理经济师	2001-3-1
7	公司总部	业务主管	孟欣然	男	110003	2004	10	1	780119	江苏南京	本科	2005年12月	中共中央党校函授学院	经济管理				
8	公司总部	科员	毛利民	女	110004	2005	8	1	820812	江苏无锡	本科	2005年9月	苏州大学文正学院	新闻学				
9	公司总部	科员	马一晨	女	110005	2006	7	10	831227	江苏苏州	本科	2006年6月	苏州大学文正学院	汉语言文学	党员	2005年11月	助理政工师	2008-7-21
10	公司总部	科员	王浩忌	女	110006	2007	5	1	730212	北京市	本科	1998年12月	中共中央党校函授学院	经济管理				
11	公司总部	科员	刘晓晨	女	110007	2008	8	26	850522	上海市	本科	2008年7月	江苏教育学院	广播电视编导				
12	公司总部	办事员	刘颂峙	女	110008	2004	10	28	631204	上海市	本科	2007年12月	中共中央党校函授学院	法律	党员	2007-6-25		
13	公司总部	办事员	刘冀北	女	110009	2005	9	8	830127	浙江金华	本科	2005年6月	苏州大学文正学院	工商管理				
14	公司总部	经理	吴雨平	男	120001	2004	7	1	570906	浙江金华	大专	1991年6月	南京大学国际商学院	企业管理	党员	1980年11月	助理经济师	1995-12-19
15	公司总部	副经理	王浩忌	女	120002	2004	9	1	621209	河北保定	本科	1997年12月	中共中央党校函授学院	经济管理	党员	1991年1月	工程师	1993-9-1

图1-14　极其不规范的员工花名册

1.4.3 数据输入要规范

不论是文本数据，还是日期和时间，以及编码类的数字，很多人的处理方式是随心所欲的，按照自己的喜好和习惯来输入，这样做的后果是无法进行处理和分析。

例如，将员工的出生日期输入成了诸如“760805”的样子，这就造成直接使用函数来计算年龄的困难，此时年龄计算公式显得很长。

```
=DATEDIF(1*TEXT("760805","00-00-00"),TODAY(),"y")
```

而如果是真正的日期"1976-8-5",公式就很精练。

=DATEDIF("1976-8-5",TODAY(),"y")

又如,在基础表格里为了强制对齐姓名而在文字中加入空格,而在另外一个表格中姓名文字之间没有空格,这样就无法对这两个名字进行匹配。

为实现快速准确地输入数据,有很多方法可以选择,如数据验证、函数公式、填充系列、导入外部数据等。这些方法,我们将在后面进行详细介绍。

Chapter 02

表单数据快速准确输入的技能技巧

有道就有术,道术相结合,方是做事之大要。

Excel 表单也是如此。架构设计是道,填写数据是术。设计好表单架构后,就需要认真地往表单中输入数据,并维护好、管理好数据。

输入数据有很多值得了解并需要熟练运用的方法和技能,如数据验证工具、自动更正工具、函数和公式、填充数据工具等。本章,将介绍这些常用数据输入工具的使用方法和技巧。

2.1 数据验证：控制规范数据输入

在默认情况下，我们新建的任何一个工作簿都可以在单元格中输入任意数据，不受任何限制，不管输入的数据是有效的，还是无效的。

但是，作为基础表单，每个字段（每列）的数据都是有一定要求的，是不能乱输入一气的，这种要求就是数据验证。

数据验证是这样一个工具，只有满足规定条件的数据才是有效的，才能输入单元格；否则就是无效的，不允许输入单元格。

所谓输入数据，是指手工键盘输入数据，而不是复制粘贴数据，这点要特别注意。

2.1.1 数据验证的使用方法

数据验证工具的使用很简单，先选择单元格区域，然后单击"数据"→"数据验证"命令按钮，如图2-1所示。

图2-1 "数据验证"命令按钮（Excel 2016版）

在不同版本中，这个命令按钮的名称有所区别。Excel 2010版及以前的版本，其名称叫"数据有效性"，位置也在"数据"选项卡中，如图2-2所示。

图2-2 "数据有效性"命令按钮（Excel 2010版）

单击"数据验证"命令按钮后，打开"数据验证"对话框，如图2-3所示。

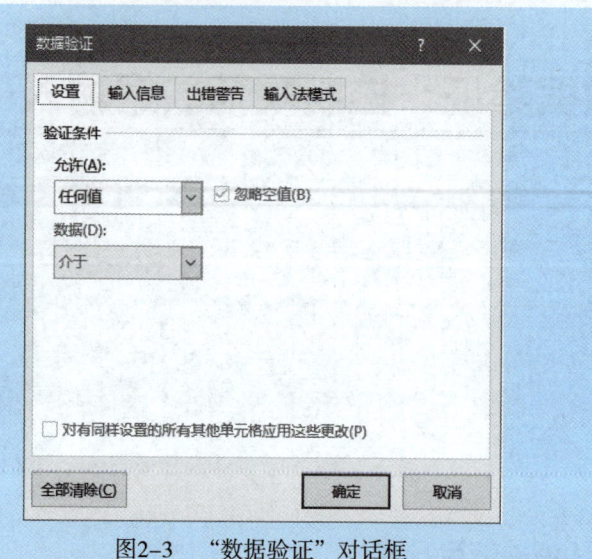

图2-3 "数据验证"对话框

在这个对话框中，主要是在"设置"选项卡中设置数据验证，也就是在"允许"下拉列表中选择某个规则，如图2-4所示。

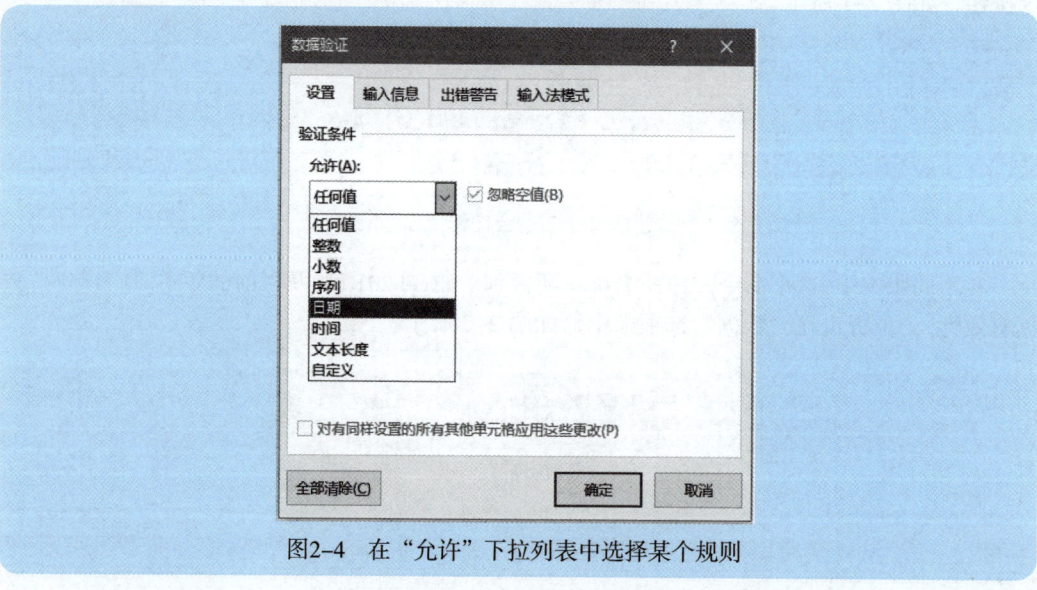

图2-4 在"允许"下拉列表中选择某个规则

当选择某个规则后，就出现该规则下的条件规则设置选项，如图2-5所示，然后根据要求设置具体的条件规则即可。

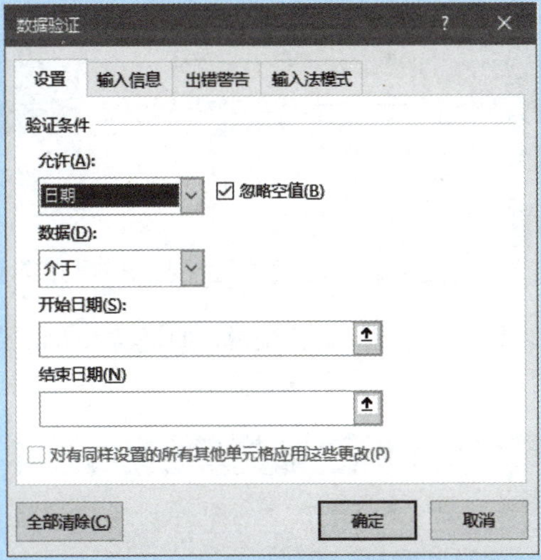

图2-5　准备设置具体的条件规则

为了便于表单使用者在输入数据时提醒其输入数据的方法和注意事项，还可以在"输入信息"选项卡中填写输入信息，如图2-6所示。

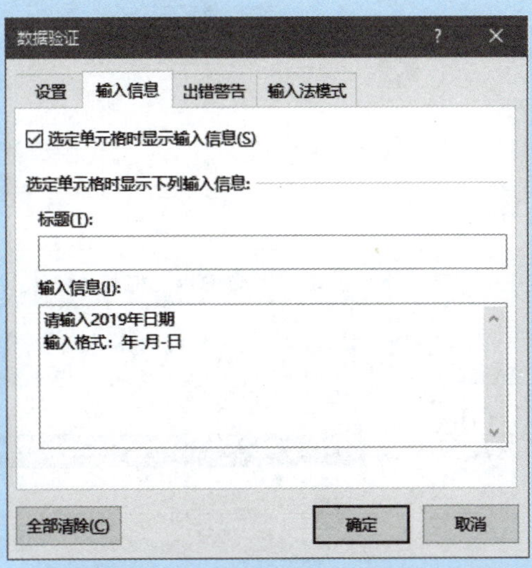

图2-6　设置"输入信息"说明文字

这样，当单击设置有数据验证的单元格时，会出现一个类似于批注的提示框，这样可以清楚地知道要输入什么数据、怎么输入,如图 2-7 所示。

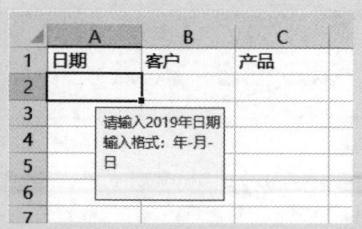

图2-7　单击设置有数据验证的单元格时,出现的提示信息框

我们也可以设置"出错警告"信息,也就是说,如果输入了错误的、不符合规则的数据,就弹出一个错误警告框,说明错误的原因和纠正方法,如图 2-8 和图 2-9 所示。

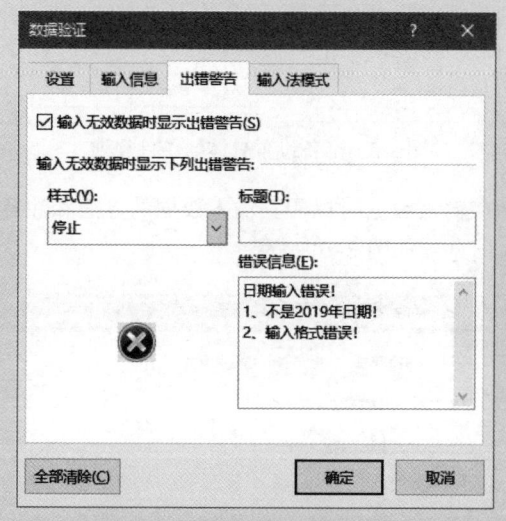

图2-8　设置"出错警告"信息

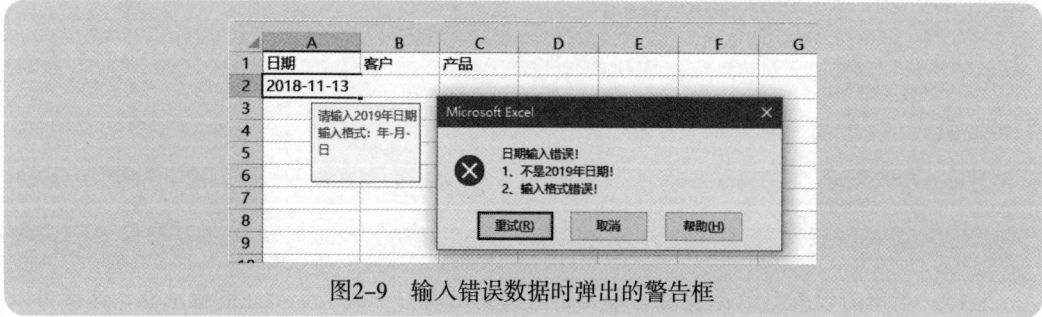

图2-9　输入错误数据时弹出的警告框

下面我们介绍在实际输入数据中常见的几种数据验证应用技能和案例。

2.1.2 只能输入规定的整数

在某些表单中，在某列只能输入正整数，如衣服的销量、家电的销量等，此时，可以设置如图2-10所示的数据验证。

（1）选择单元格区域。

（2）打开"数据验证"对话框。

（3）在"允许"下拉列表中选择"整数"选项。

（4）在"数据"下拉表列中选择"大于或等于"选项。

（5）在"最小值"文本框中输入数字0。

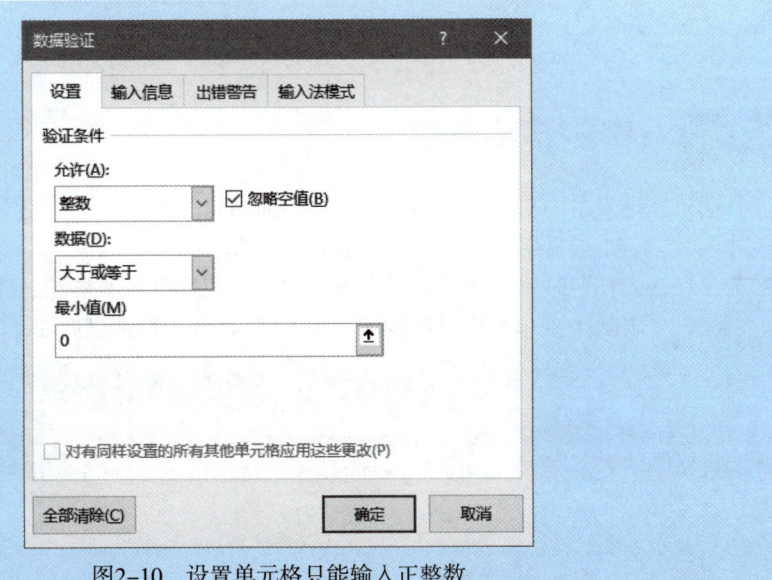

图2-10　设置单元格只能输入正整数

2.1.3 只能输入规定的小数

如果在"允许"下拉列表中选择"小数"选项，就可以限制只能输入规定格式的小数，如产品单价、销售数量、销售额等，如图2-11所示。

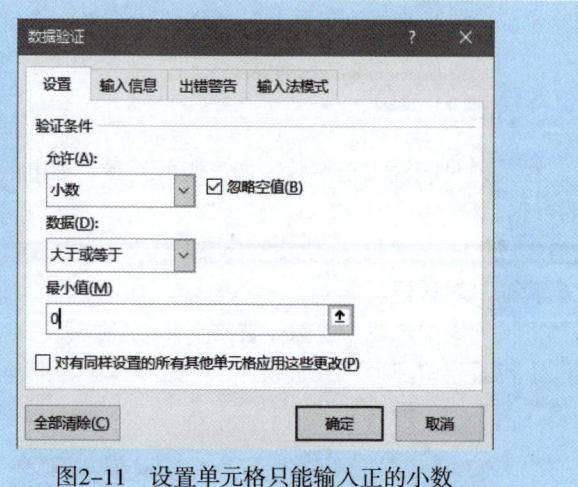

图2-11　设置单元格只能输入正的小数

2.1.4 只能输入规定的日期

日期是基础表单的重要数据，也是非常容易出错的数据。不论是手工输入日期，还是从系统导入数据，错误日期往往是遍布表格的各个角落。

为了在输入日期时就避免出现错误的日期，使用数据验证来控制日期输入是非常有必要的。例如，要限制A列单元格只能输入2019年的日期，就可以做如图2-12所示的设置。

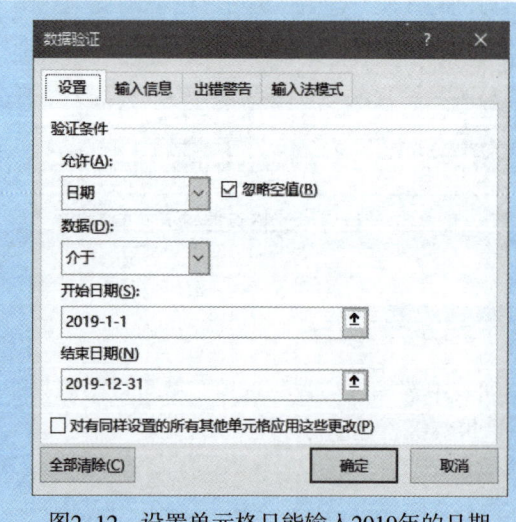

图2-12　设置单元格只能输入2019年的日期

(1)选择 A 列数据区域(从第 2 行往下选择到一定行,第 1 行是标题,不需要设置)。
(2)打开"数据验证"对话框。
(3)在"允许"下拉列表中选择"日期"选项。
(4)在"数据"下拉列表中选择"介于"选项。
(5)在"开始日期"文本框中输入日期"2019-1-1"。
(6)在"结束日期"文本框中输入日期"2019-12-31"。

在有些情况下,我们需要对表单的两列日期进行限制。例如,在员工花名册中,入职日期不能早于出生日期后 18 年(也就是 18 岁以后才正式参加工作),应如何设置数据验证,以使输入的是符合逻辑的正确入职日期呢?

如图 2-13 所示,E 列是出生日期,G 列是入职日期,对 G 列设置如图 2-14 所示的数据验证。

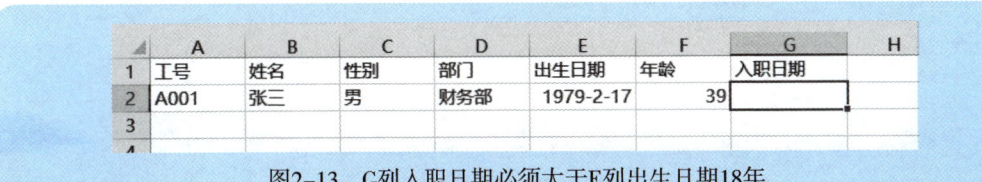

图2-13　G列入职日期必须大于E列出生日期18年

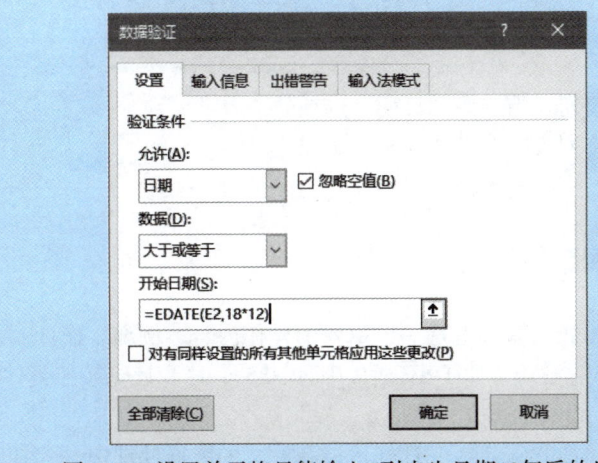

图2-14　设置单元格只能输入E列出生日期18年后的日期

(1)选择 G 列数据区域(从第 2 行往下选择到一定行,第 1 行是标题,不需要设置)。
(2)打开"数据验证"对话框。
(3)在"允许"下拉列表中选择"日期"选项。
(4)在"数据"下拉列表中选择"大于或等于"选项。
(5)在"开始日期"文本框中输入公式"=EDATE(E2,18*12)"。

也许你会遇到这样的日期输入问题：今天只能输入今天的日期，不能输入今天以后的日期，也不能输入今天以前的日期，此时可以做如图2-15所示的数据验证设置。

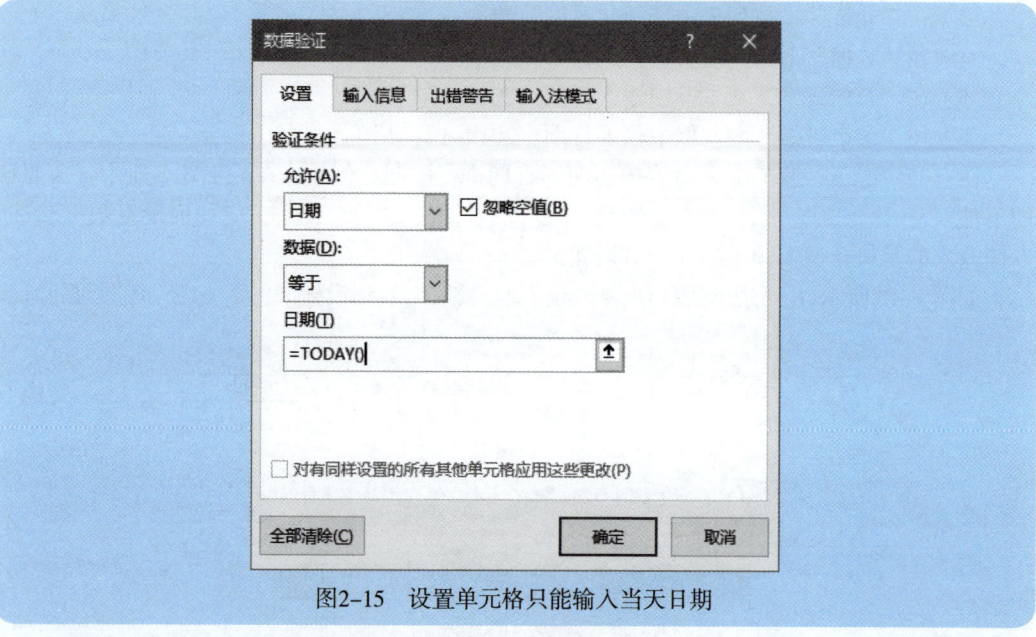

图2-15　设置单元格只能输入当天日期

（1）在"允许"下拉列表中选择"日期"选项。
（2）在"数据"下拉列表中选择"等于"选项。
（3）在"日期"文本框中输入公式"=TODAY()"。

2.1.5　只能输入规定的时间

在有些表单中，时间如何输入也是一个重要的操作内容。例如，设计一个考勤表，输入员工加班时间，是按照小时输入（如1小时、2小时、0.5小时），还是按照具体的时间输入（如加班2小时20分、加班40分钟等）。

一般来说，建议按照时间格式输入，这样可以在后续的数据处理中，对时间进行各种计算。

假如每天的加班时间不超过12个小时，加班时间低于30分钟的不算，此时，可以对单元格设置如图2-16所示的数据验证。

（1）选择单元格区域。
（2）打开"数据验证"对话框。
（3）在"允许"下拉列表中选择"时间"选项。

（4）在"数据"下拉列表中选择"介于"选项。
（5）在"开始时间"文本框中输入时间"00:30:00"。
（6）在"结束时间"文本框中输入时间"12:00:00"。

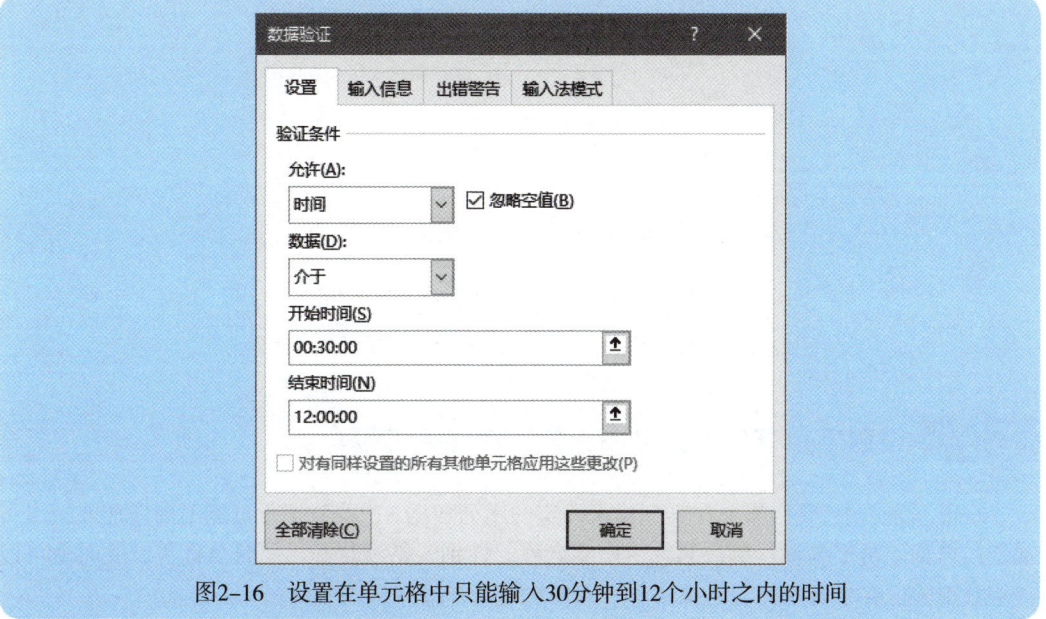

图2-16　设置在单元格中只能输入30分钟到12个小时之内的时间

2.1.6　只能输入规定长度的文本

如果要在某列输入邮政编码、电话号码、身份证号码、材料编码、产品编码、客户编码等固定长度的文本，此时，为防止输入长度不一的不规范编码，可以利用数据验证来控制。

需要注意的是，如果这样的编码是数字，则必须保存为文本型数字，因此需要在设置数据验证之前，将单元格格式设置为文本。

例如，要限制在 C 列只能输入 6 位邮政编码，可以设置如图 2-17 所示的数据验证。

（1）选择单元格区域。
（2）将单元格区域的格式设置为文本格式。
（3）打开"数据验证"对话框。
（4）在"允许"下拉列表中选择"文本长度"选项。
（5）在"数据"下拉列表中选择"等于"选项。
（6）在"长度"文本框中输入数字"6"。

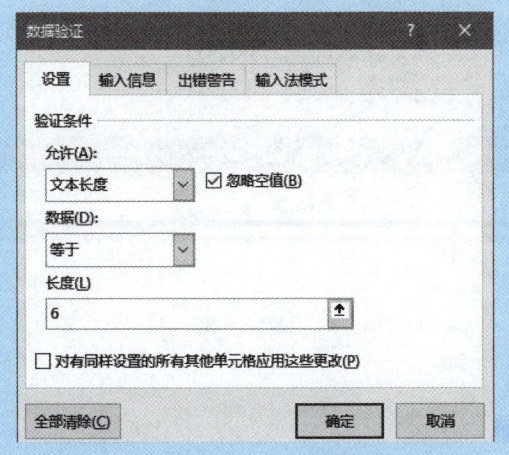

图2-17 设置单元格只能输入6位长度的数据（邮政编码）

2.1.7 设置下拉菜单，只能输入规定的序列数据

在很多表单中，我们需要在某列输入固定的序列数据（这些数据也可能不断增加或减少），如部门名称、员工名称、客户名称、产品名称、性别、婚姻状况、科目名称等，此时就可以使用数据验证在单元格设置下拉菜单，以便快速选择输入这些名称。

例如，在某列中要输入客户等级，客户等级分为固定的4种情况：A级、B级、C级和未分级，那么可以为单元格设置如图2-18所示的数据验证，测试效果如图2-19所示。

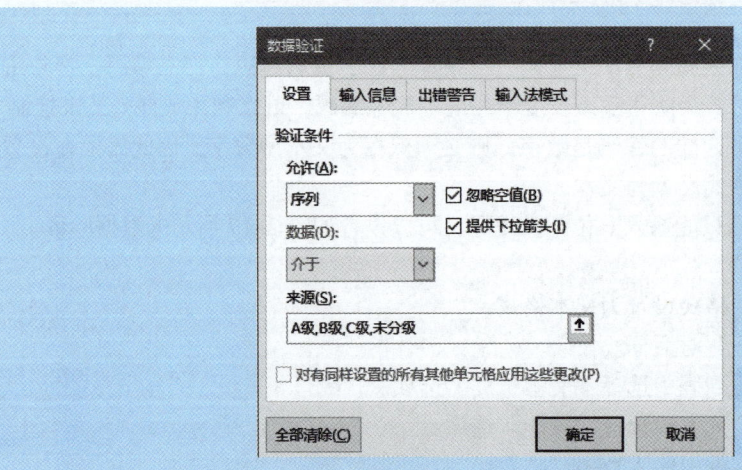

图2-18 为单元格设置下拉菜单，只能输入规定的序列数据

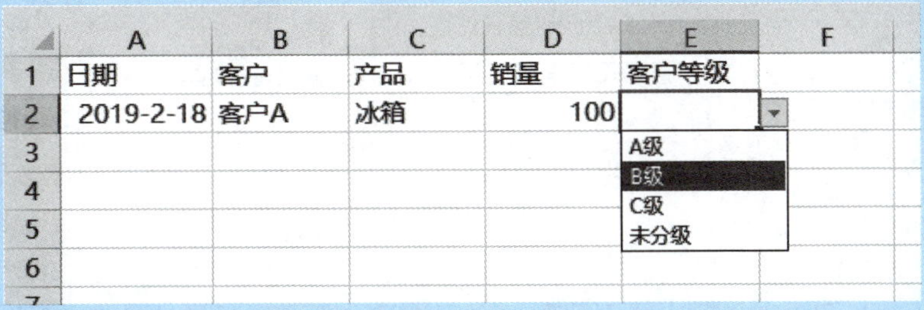

图2-19 单击单元格右侧的下拉箭头，展开下拉列表，快速选择输入数据

（1）选择单元格区域。

（2）打开“数据验证”对话框。

（3）在“允许”下拉列表中选择“序列”选项。

（4）在“来源”文本框中输入文字“A 级 ,B 级 ,C 级 , 未分级”，注意各个项目之间用英文逗号隔开。

当要输入的项目不多时，上面的设置方法是可以使用的。但是，如果要选择输入的项目很多，或者名称很长，这种方法就不太好了。此时，应该把项目名称事先保存在一个基本资料表中，然后在数据验证对话框中直接引用即可。

案例2-1

例如，在基本资料表“客户资料”工作表的 B 列保存有客户名称，如图 2-20 所示。

	A	B	C	D	E
1	客户编号	客户名称	所在地区	联系地址	……
2	K001	北京新昌新材料股份有限公司	北京	北京市昌平区东大街22号	
3	K002	北京榆垡锅炉厂	北京	北京市朝阳区榆垡镇100号	
4	K003	上海青峰电子仪器有限公司	上海	上海市浦东新区沪南公路2498号	
5	K004	苏州雨欣环保材料股份有限公司	苏州	江苏省苏州市工业园区胜浦路1958号	
6	K005	中国航天（南京）电子科技股份有限公司	南京	江苏省南京市江宁区秦淮路10000号	
7	K006	江苏圣天化工股份有限公司	苏州	江苏省苏州市高新区长江路174号	
8					

客户资料 发票信息

图2-20 客户基本资料

现在需要在“发票信息”工作表中快速准确地输入客户名称，该表格结构如图 2-21 所示。

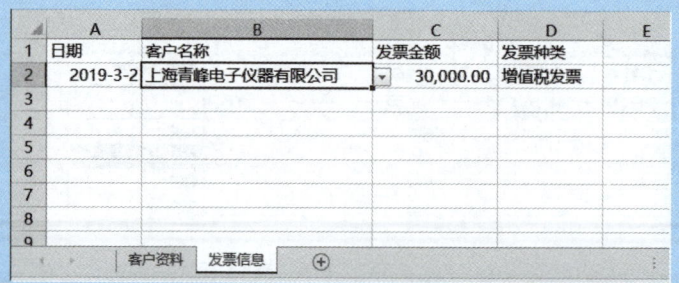

图2-21 "发票信息"工作表,在B列输入准确的客户名称

此时,可以设置如下的数据验证。
(1)选择B列的单元格区域(从B2单元格往下选到一定的行)。
(2)打开"数据验证"对话框。
(3)在"允许"下拉列表中选择"序列"选项。
(4)在"来源"文本框中用鼠标选择输入客户名称的区域"=客户资料!$B$2:$B$200"。设置结果如图2-22所示。

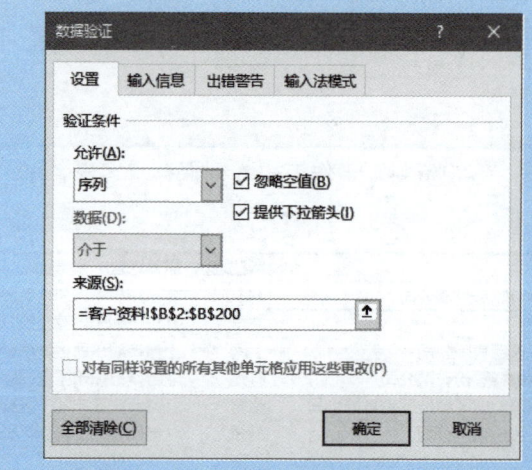

图2-22 在"数据验证"对话框中引用另外一个工作表的项目数据区域

我们可以根据实际情况选择一个固定的数据区域,例如上面就是选择了到200行的固定区域。不过,最科学的方法是定义一个动态的名称,自动统计数据区域大小,然后在"数据验证"对话框中引用这个名称,即在"来源"文本框中输入公式"=客户名称列表",如图2-23所示。其中,"客户名称列表"的引用区域是下面的公式:

=OFFSET(客户资料!$B$2,,,COUNTA(客户资料!$B:$B)−1,1)

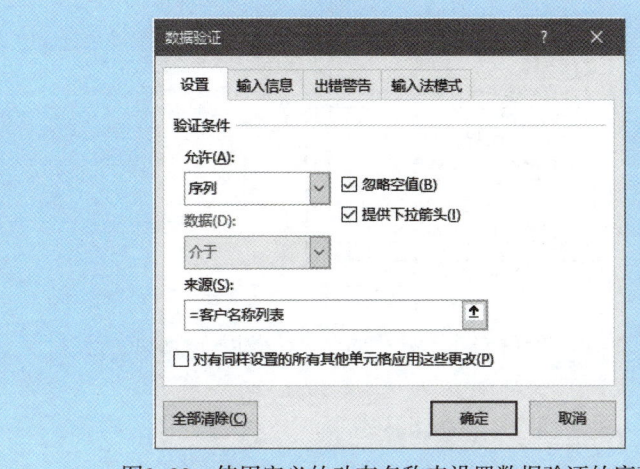

图2-23 使用定义的动态名称来设置数据验证的序列

这样,由于使用 OFFSET 函数和 COUNTA 函数自动统计引用客户名称区域,这个区域随着客户数量的增减而自动变化,数据验证所做的单元格下拉菜单中的项目也自动调整,如图 2-24 ~ 图 2-26 所示。

	A	B	C	D
1	日期	客户名称	发票金额	发票种类
2	2019-3-2	上海青峰电子仪器有限公司	30,000.00	增值税发票
3		北京新昌新材料股份有限公司		
4		北京榆垡锅炉厂		
5		上海青峰电子仪器有限公司		
6		苏州雨欣环保材料股份有限公司		
7		中国航天(南京)电子科技股份有限公司		
		江苏圣天化工股份有限公司		

图2-24 客户变动前的单元格下拉菜单

	A	B	C	D	E
1	客户编号	客户名称	所在地区	联系地址	......
2	K001	北京新昌新材料股份有限公司	北京	北京市昌平区东大街22号	
3	K002	北京榆垡锅炉厂	北京	北京市朝阳区榆垡镇100号	
4	K003	上海青峰电子仪器有限公司	上海	上海市浦东新区沪南公路2498号	
5	K004	苏州雨欣环保材料股份有限公司	苏州	江苏省苏州市工业园区胜浦路1958号	
6	K005	中国航天(南京)电子科技股份有限公司	南京	江苏省南京市江宁区秦淮路10000号	
7	K006	江苏圣天化工股份有限公司	苏州	江苏省苏州市高新区长江路174号	
8	K007	明慧金属制品(上海)有限公司	上海	上海市嘉定区新知路103号	
9	K008	金新网络科技(北京)股份有限公司	北京	北京市亦庄开发区农信路888号	
10	K009	浙江玖珑网络服务公司	杭州	浙江省杭州市西湖区后山	
11					

图2-25 客户增加

	A	B	C	D
1	日期	客户名称	发票金额	发票种类
2	2019-3-2	上海青峰电子仪器有限公司	30,000.00	增值税发票

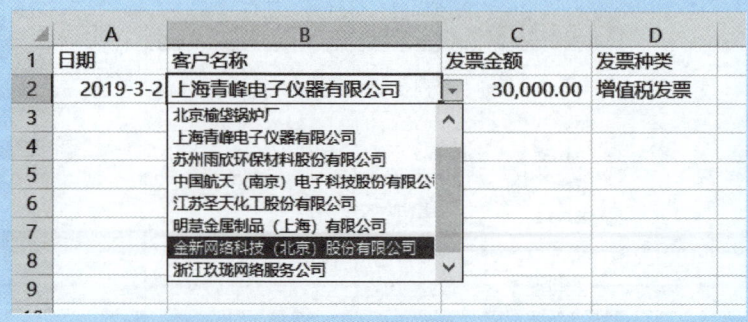

图2-26　单元格下拉菜单中的客户名称也同时增加

2.1.8 设置二级下拉菜单，快速准确地输入一级科目和二级科目

案例2-2

你也许要问了，如何给单元格设计这样的下拉菜单：在左边某列单元格设置一级下拉菜单，在其右边一列设置二级下拉菜单，例如，在D列选择输入某个总账科目时，在E列只能选择输入该总账科目下的明细科目，效果如图2-27和图2-28所示。

	A	B	C	D	E	F	G
1	日期	凭证号	摘要	总账科目	明细科目	借方金额	贷方金额
2	2019-3-12	09-205	购买原材料	主营业务收入			

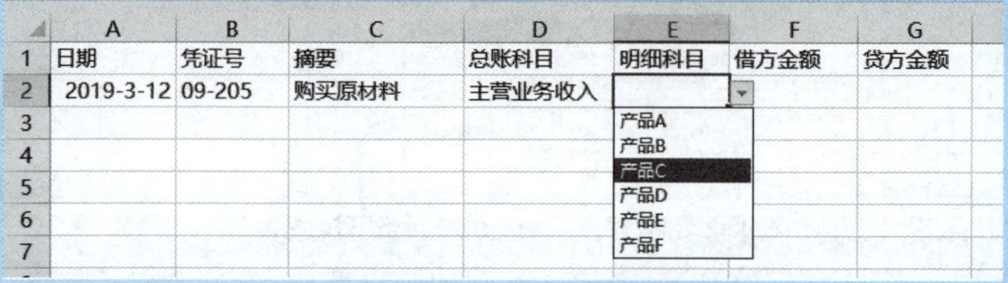

图2-27　在D列选择总账科目“主营业务收入”，在E列只能选择主营业务收入下的产品名称

	A	B	C	D	E	F	G
1	日期	凭证号	摘要	总账科目	明细科目	借方金额	贷方金额
2	2019-3-12	09-205	购买原材料	主营业务收入	产品B		
3				银行存款			

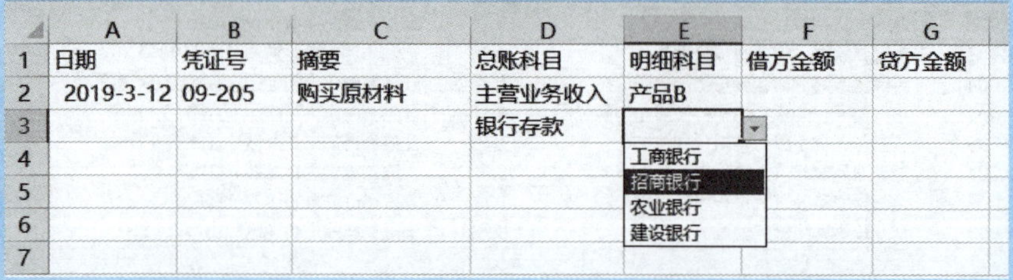

图2-28　在D列选择总账科目“银行存款”，在E列只能选择银行存款下的银行名称

这种二级数据验证设计并不复杂，主要步骤如下。

步骤① 先设计一个基本资料表，如图2-29所示。

这个表格设计的基本逻辑是：一级下拉菜单项目（总账科目）保存在第一行，二级下拉菜单项目（明细科目）分别保存在各自一级项目名称下面各行。

	A	B	C	D	E
1	总账科目→	银行存款	主营业务收入	应收账款	原材料
2	二级科目→	工商银行	产品A	客户A	材料A
3		招商银行	产品B	客户B	材料B
4		农业银行	产品C	客户C	材料C
5		建设银行	产品D	客户D	材料D
6			产品E	客户E	材料E
7			产品F	客户F	
8				客户G	
9				客户H	
10				客户K	

图2-29　设计基本资料表

步骤② 为第一行的总账科目名称区域定义一个名称"总账科目"，并为每个总账科目下的明细科目名称区域定义名称，名称就是第一行的总账科目名字。

可以使用批量定义名称的方法定义名称。定义好的名称如表2-1所示，也可以从"名称管理器"中查看定义的名称，如图2-30所示。

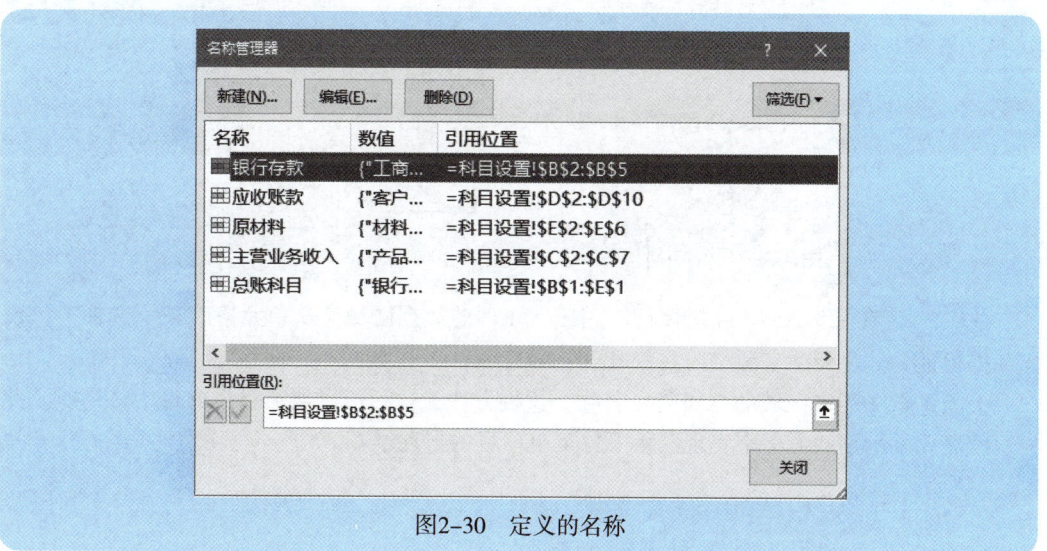

图2-30　定义的名称

表 2-1　定义名称

名　　称	引　用　位　置
总账科目	=科目设置!$B$1:$E$1
银行存款	=科目设置!$B$2:$B$5
主营业务收入	=科目设置!$C$2:$C$7
应收账款	=科目设置!$D$2:$D$10
原材料	=科目设置!$E$2:$E$6

步骤 3 在工作表"科目明细表"中选择D列的数据区域,设置数据验证,其序列的来源是公式"=总账科目",如图2-31所示。

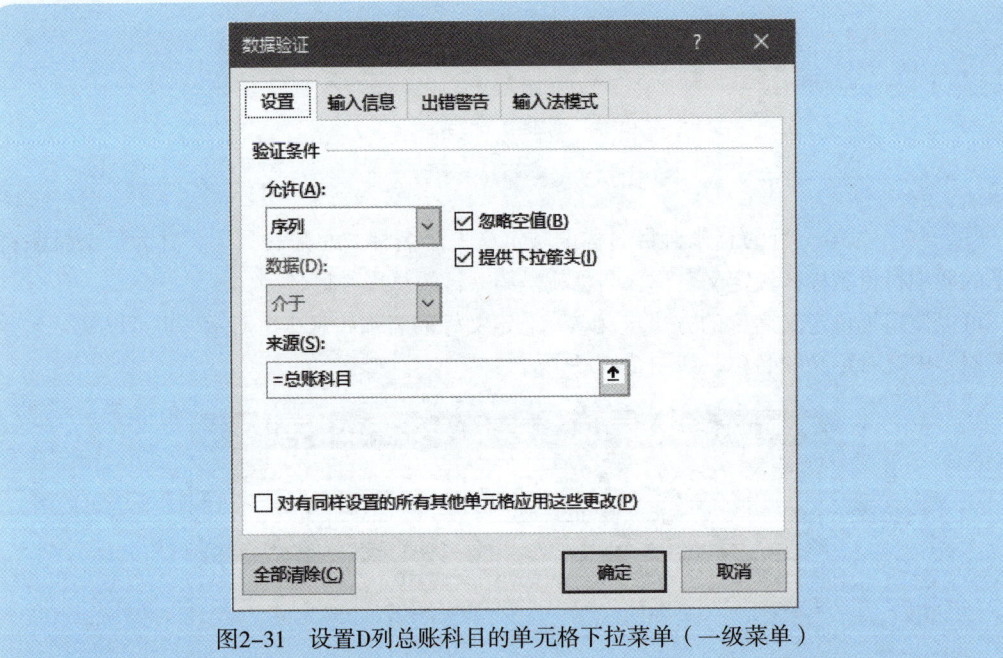

图2-31　设置D列总账科目的单元格下拉菜单(一级菜单)

步骤 4 在工作表"科目明细表"中选择E列的数据区域(从单元格E2往下选择),设置数据验证,其序列的来源是公式"=INDIRECT($D2)",如图2-32所示。

上面是定义固定区域的二级科目名称,这种方法无法适应二级科目的项目增减情况。此时,就需要采用别的方法来实现二级下拉菜单项目的自动增减。

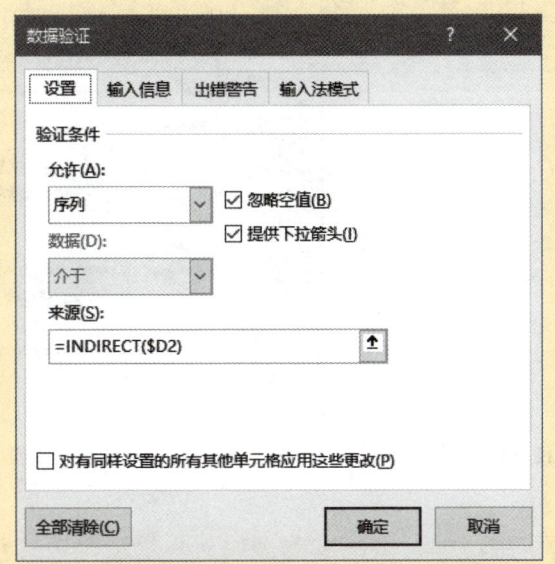

图2-32　设置E列科目明细的单元格下拉菜单（二级菜单）

案例2-3

考虑到总账科目个数会调整，每个总账科目下的明细科目数也会增减，以上面介绍的"科目设置"工作表的布局为例，定义一个名称"总账科目"，引用位置如下：

=OFFSET(科目设置!$B$1,,,1,COUNTA(科目设置!$B$1:$AZ$1))

使用名称"总账科目"对 D 列设置数据验证的方法见前面的介绍。

选择 E2 单元格开始的单元格区域，设置数据验证，其中"序列"的来源是如下的公式（如图 2-33 所示）：

=INDIRECT("科目设置!R2C"
　　&MATCH($D2,科目设置!$A$1:$AZ$1,0)&":R"
　　&COUNTA(INDIRECT("科目设置!R1C"
　　&MATCH($D2,科目设置!$A$1:$AZ$1,0)
　　&":R1000C"&MATCH($D2,科目设置!$A$1:$AZ$1,0),FALSE))
　　&"C"&MATCH($D2,科目设置!$A$1:$AZ$1,0),FALSE)

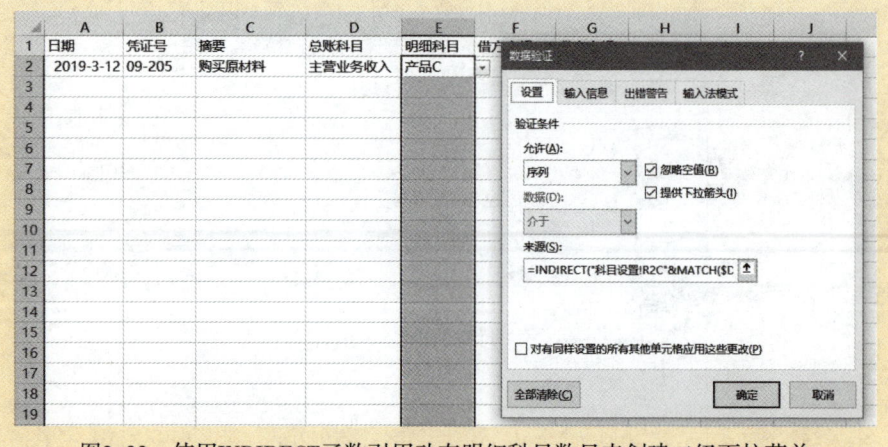

图2-33 使用INDIRECT函数引用动态明细科目数目来创建二级下拉菜单

2.1.9 设置三级下拉菜单，快速准确地输入一级项目、二级项目和三级项目

现在有这样一个问题：在 A 列输入地区名称（如华北），在 B 列只能输入该地区下的省份名称（如河北省），而在 C 列只能输入该省份下的城市名称（如石家庄）。如何设计数据验证，实现这样的三级下拉菜单？

案例2-4

对于这样的问题，重点是设计好三级菜单的基础资料表格。为简单而又能说明问题，下面仅列举 3 个地区的数据。

步骤① 设计地区基本资料，如图2-34所示。

	A	B	C	D	E	F	G	H	I	J	K	L	M	N	O
1	一级项目	华北					华东				华南				
2	二级项目	北京市	天津市	河北省	山西省	山东省	江苏省	上海市	浙江省	安徽省	广东省	福建省	深圳市	广西省	湖南省
3	三级项目	海淀区	和平区	石家庄	太原	济南	南京	浦东区	杭州	合肥	广州	福州	罗湖区	南宁	长沙
4		朝阳区	南开区	唐山	大同	青岛	无锡	嘉定区	温州	芜湖	番禺	厦门	福田区	柳州	衡阳
5		东城区	东丽区	秦皇岛	临汾	淄博	常州	南汇区	宁波	蚌埠	中山	泉州	南山区	桂林	岳阳
6		西城区		邯郸	运城	烟台	苏州		台州	安庆	东莞	漳州	宝安区	玉林	株洲
7		昌平区		邢台		菏泽	南通		嘉兴	马鞍山	惠州		盐田区		郴州
8		房山区				东营	徐州		衢州		珠海				
9		石景山区					盐城		绍兴						

图2-34 设计三级菜单项目资料

步骤② 定义如表2-2所示的名称。

表 2-2 定义的名称

名　　称	引　用　区　域
华北	=基本资料!$B$2:$F$2
华东	=基本资料!$G$2:$J$2
华南	=基本资料!$K$2:$O$2
北京市	=基本资料!$B$3:$B$9
天津市	=基本资料!$C$3:$C$5
河北省	=基本资料!$D$3:$D$7
山西省	=基本资料!$E$3:$E$6
山东省	=基本资料!$F$3:$F$8
江苏省	=基本资料!$G$3:$G$9
上海市	=基本资料!$H$3:$H$5
浙江省	=基本资料!$I$3:$I$9
安徽省	=基本资料!$J$3:$J$7
广东省	=基本资料!$K$3:$K$8
福建省	=基本资料!$L$3:$L$6
深圳市	=基本资料!$M$3:$M$5
广西省	=基本资料!$N$3:$N$6
湖南省	=基本资料!$O$3:$O$7

步骤 3 选择A列单元格区域，设置如图2-35所示的数据验证。

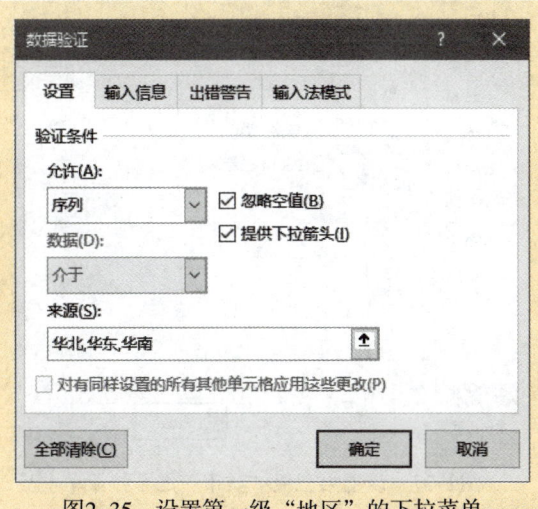

图2-35 设置第一级"地区"的下拉菜单

步骤 ④ 选择B列单元格区域,设置如图2-36所示的数据验证,序列的来源是公式"=INDIRECT($A2)"。

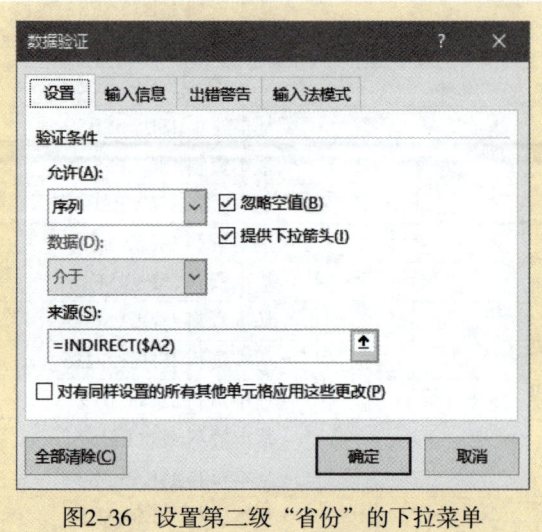

图2-36 设置第二级"省份"的下拉菜单

步骤 ⑤ 选择C列单元格区域,设置如图2-37所示的数据验证,序列的来源是公式"=INDIRECT($B2)"。

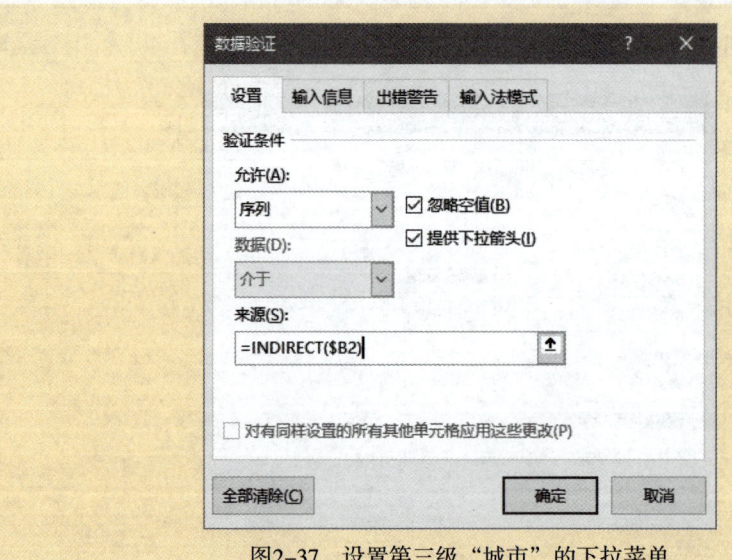

图2-37 设置第三级"城市"的下拉菜单

这样，三级下拉菜单就设置完毕。

首先，在 A 列选择某个地区，在 B 列就只能选择输入该地区下的省份，如图 2-38 所示。

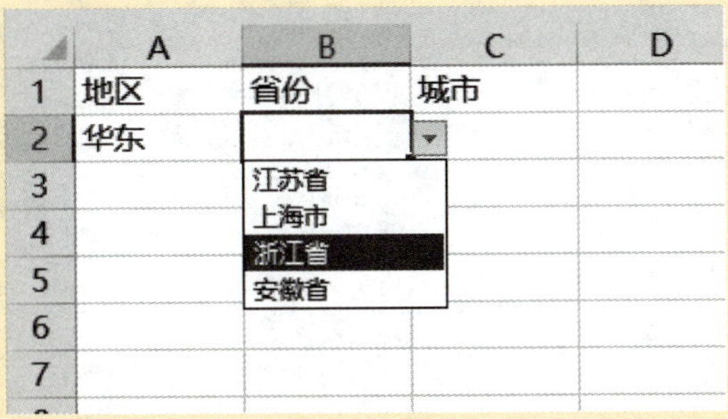

图2-38　在B列选择输入A列指定地区下的省份

然后，在 C 列就只可以选择输入 B 列指定省份下的城市名称，如图 2-39 所示。

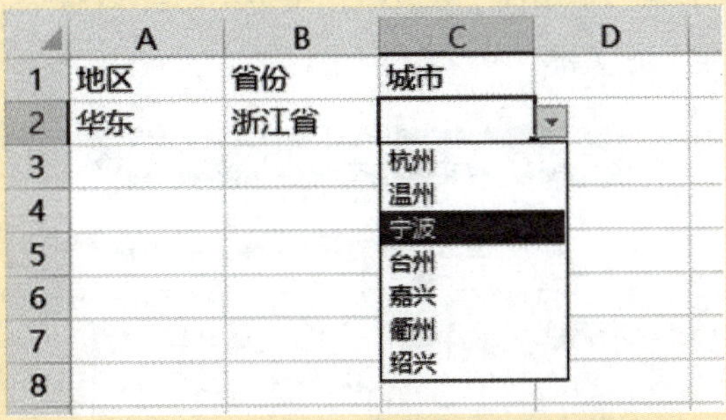

图2-39　在C列选择输入B列指定省份下的城市

2.1.10　设置匹配关键词下拉菜单，快速准确地定位名称

如果要输入的项目很多，名称也很长，当利用这些项目列表制作数据验证下拉菜单时，从中选择输入某个项目是非常费劲的。那么，能不能制作一个只要输入关键词就可以缩小选择范围的数据验证下拉菜单呢？答案是肯定的。

案例2-5

图 2-40 所示为根据关键词实现快速选择输入的实例。为了说明问题，我们把项目列表数据和下拉菜单单元格放在同一个工作表中。

G列是要设置下拉菜单的项目列表，现在要在B列设置能够通过输入关键词的方法快速缩小输入项目范围，从而实现快速选择输入。

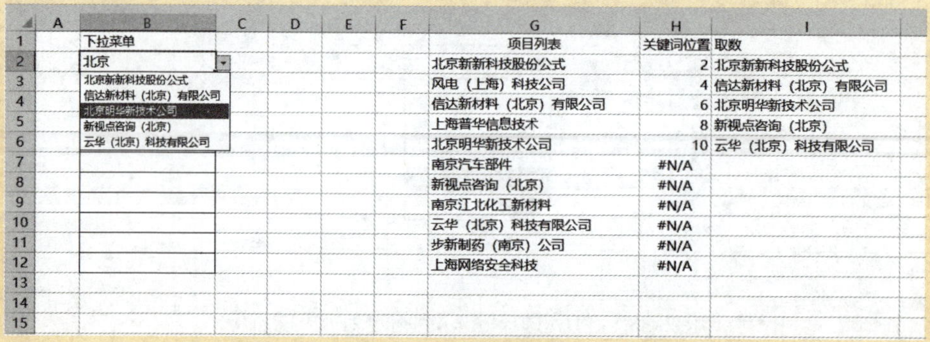

图2-40 根据关键词快速选择输入的下拉菜单

步骤① 定义一个名称"关键词"，其引用位置为"=CELL("contents")"，如图2-41所示。注意，这个名称的定义很关键！

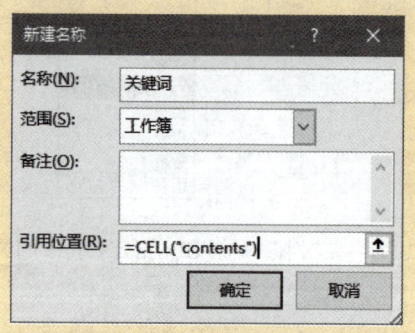

图2-41 定义名称"关键词"

步骤② 在单元格B2中输入一个关键词，如"北京"。

步骤③ 在H列和I列进行滚动循环查找，把含有关键词的项目的位置找出来，如图2-42所示。

> 💡 提示
>
> 输入公式时，如果出现了循环错误的提醒，不要管它，继续往下做。

其中，各单元格公式如下：

单元格H2：=MATCH("*"&关键词&"*",G:G,0)

单元格H3：=MATCH("*"&关键词&"*",INDIRECT("G"&H2+1&":G20"),0)+H2

单元格I2：=IFERROR(INDEX(G:G,H2),"")

> **注意**
> H3单元格的公式是通用的，可以往下复制到指定的行。

	A	B	C	D	E	F	G	H	I
1		下拉菜单					项目列表	关键词位置	取数
2		北京					北京新新科技股份公式	2	北京新新科技股份公式
3							风电（上海）科技公司	4	信达新材料（北京）有限公司
4							信达新材料（北京）有限公司	6	北京明华新技术公司
5							上海普华信息技术	8	新视点咨询（北京）
6							北京明华新技术公司	10	云华（北京）科技有限公司
7							南京汽车部件	#N/A	
8							新视点咨询（北京）	#N/A	
9							南京江北化工新材料	#N/A	
10							云华（北京）科技有限公司	#N/A	
11							步新制药（南京）公司	#N/A	
12							上海网络安全科技	#N/A	
13									

图2-42　做辅助区域，查找含有关键词的项目

步骤④ 定义一个动态名称"项目"，引用公式如下：
=OFFSET($I$2,,,SUMPRODUCT(($I$2:$I$12<>"")*($I$2:$I$12<>0)),1)

步骤⑤ 利用这个名称"项目"做数据验证的序列来源，并注意在"出错警告"卡中取消选择"输入无效数据时显示出错警告"复选框，如图2-43和图2-44所示。

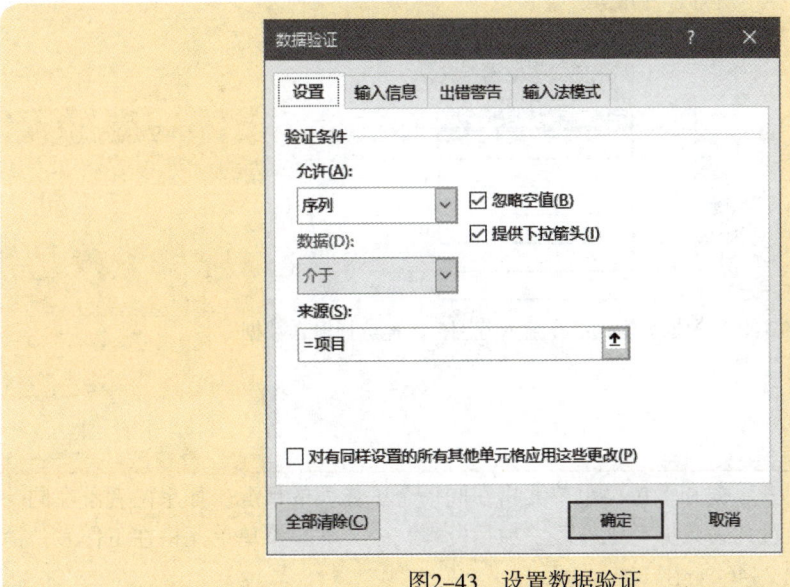

图2-43　设置数据验证

41

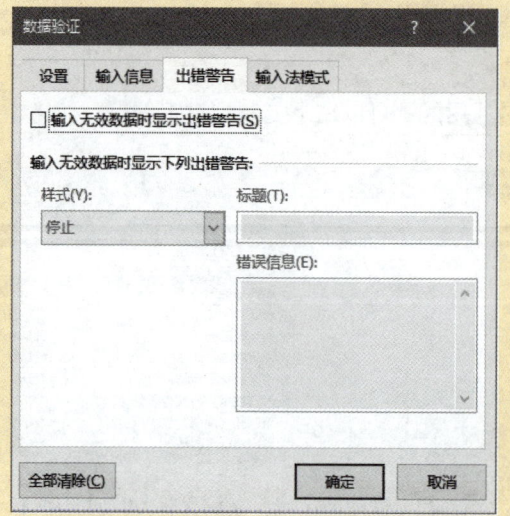

图2-44 取消选择"输入无效数据时显示出错警告"复选框

这样就得到根据关键词快速选择输入项目的数据验证,如图2-45所示。

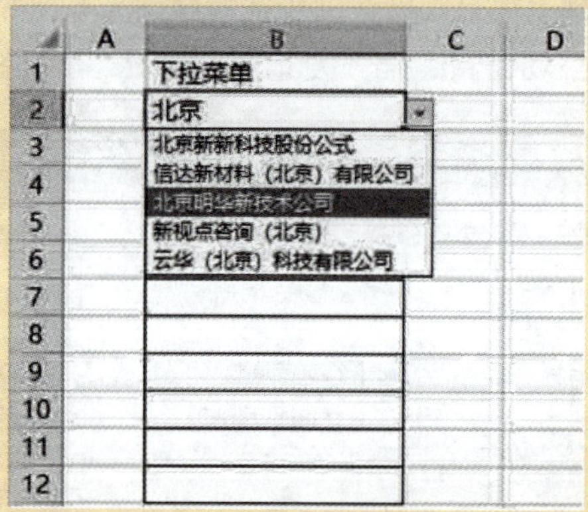

图2-45 根据关键词缩小输入范围,快速选择输入数据

案例2-6

案例2-5是项目列表数据和下拉菜单单元格在同一个工作表的情况。如果两者不在同一个工作表呢?例如,项目列表数据在工作表"项目资料"中,下拉菜单单元格在工作表"销售流水"的B列,如图2-46所示。

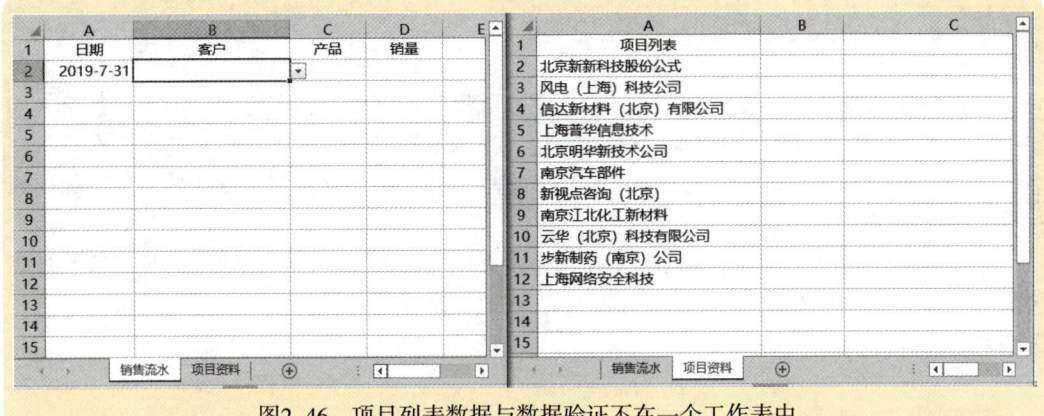

图2-46 项目列表数据与数据验证不在一个工作表中

同样的原理和方法，首先定义一个名称"关键词"，其引用位置为"=CELL("contents")"。

在工作表"销售流水"的单元格 B2 中先输入"北京"。然后在工作表"项目资料"中做辅助列，将含有"北京"的项目查找出来，如图 2-47 所示。

单元格B2：=MATCH("*"&关键词&"*",A:A,0)

单元格B3：=MATCH("*"&关键词&"*",INDIRECT("A"&B2+1&":A20"),0)+B2

单元格C2：=IFERROR(INDEX(A:A,B2),"")

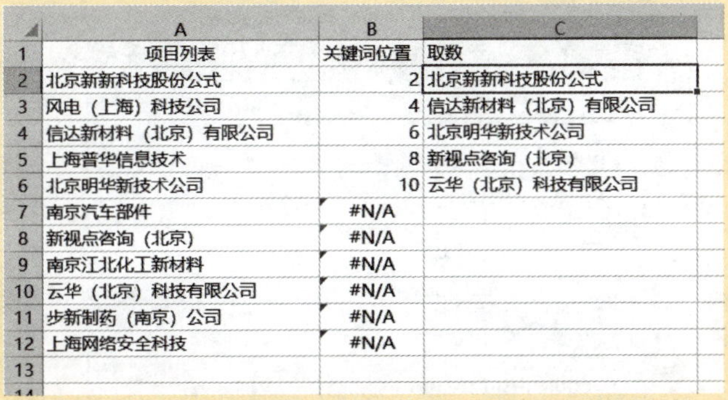

图2-47 设计辅助区域，查找含有关键词的项目名称

再定义一个名称"项目"，其引用位置如下：
=OFFSET(项目资料!$C$2,,,SUMPRODUCT((项目资料!$C$2:$C$12<>"")*(项目资料!$C$2:$C$12<>0)),1)

最后利用这个名称"项目"来设置工作表"销售流水"的 B 列单元格区域的数据验证下拉菜单。

2.1.11 在某列不允许输入重复数据

在有些基础表单中，某列是不允许输入重复数据的，例如，在工资发放单中，每个人的银行账号是不允许重复的，不能两个人是一模一样的银行账号，否则会出大乱子。在员工花名册中，每个人的身份证号码及工号也都必须是唯一的，不允许重复。这样的问题，如何通过数据验证来解决？

这种数据验证设置需要使用自定义计算公式来创建条件规则。需要注意的是，这类计算公式的结果必须是逻辑值 TRUE 或者 FALSE，因此，这样的计算公式需要使用某些函数进行逻辑判断运算。

案例2-7

例如，假设在 B 列里不能输入重复的银行账号，可以设置如图 2-48 所示的数据验证。

步骤①　由于银行账号是文本型数字，故先将B列单元格格式设置为文本。
步骤②　选择B列单元格区域（从B2单元格开始往下选）。
步骤③　打开"数据验证"对话框。
步骤④　从"允许"下拉列表中选择"自定义"选项。
步骤⑤　在"公式"文本框中输入数据验证条件规则公式"=COUNTIF($B$2:B2,B2)=1"。

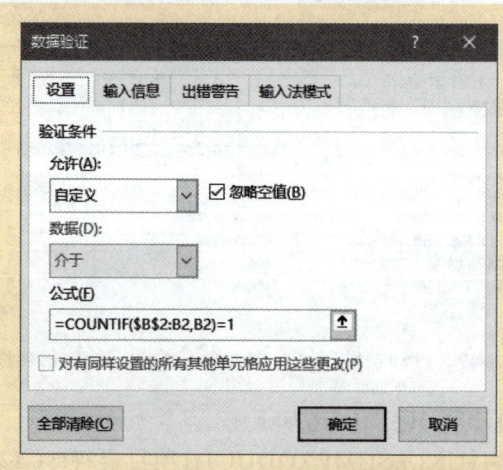

图2-48　为单元格设置自定义公式条件规则的数据验证

这样，就只能在 B 列输入不重复的银行账号了。如果输入了重复的银行账号，就会弹出警告信息，如图 2-49 所示。

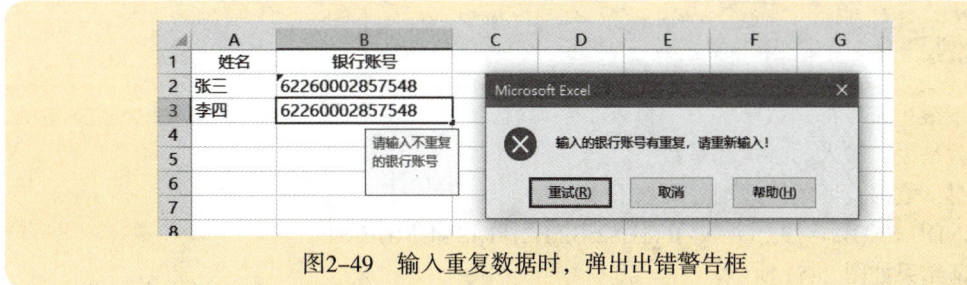

图2-49 输入重复数据时,弹出出错警告框

上面的例子,尽管限制了不能输入重复数据,但没有控制输入数据的位数。假如还要控制数据位数呢?

例如,身份证号码是18位,手机号码是11位,大部分商业银行的储蓄卡账号是19位(招商银行、华夏银行、中信银行借记卡是16位,交通银行是17位,兴业银行是18位)。此时,就需要设置更复杂的判断公式。

案例2-8

以案例2-7为例,不仅不允许输入重复的银行账号,而且银行账号必须是19位,此时的数据验证条件规则公式如下(如图2-50所示):

=AND(LEN(B2)=19,COUNTIF($B$2:B2,B2)=1)

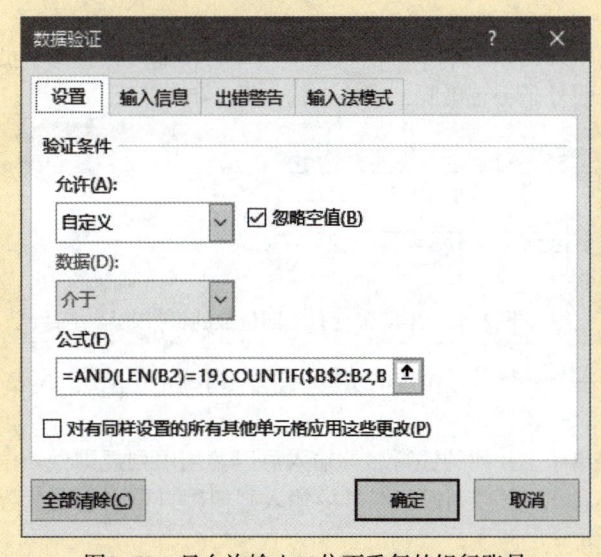

图2-50 只允许输入19位不重复的银行账号

案例2-9

由于银行账号都是数字，万一输入了字母就错了，如何设置数据验证避免出现这种情况呢？也就是说，输入的必须都是数字。

此时，数据验证条件规则公式如下：
=AND(LEN(B2)=19,COUNTIF($B$2:B2,B2)=1,ISNUMBER(B2*1))

验证结果如图 2-51 所示。

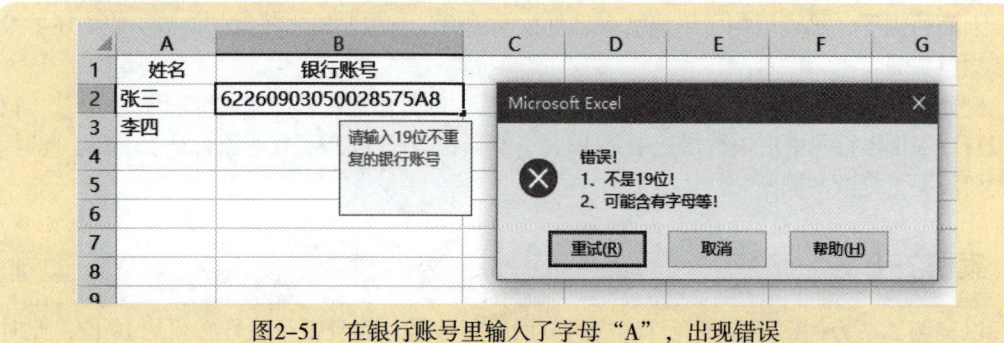

图2-51 在银行账号里输入了字母"A"，出现错误

案例2-10

前面说明了不同银行的借记卡账号位数是不一样的，如何根据每个员工银行卡的归属银行来判断输入的银行账号是否正确呢？表格结构如图 2-52 所示。

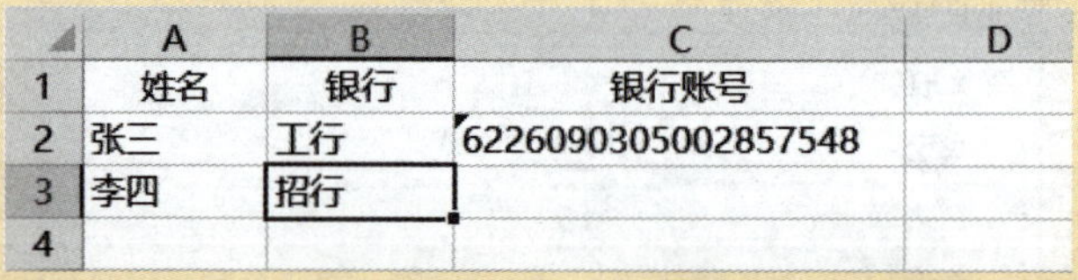

图2-52 不同银行有不同位数的银行账号

此时，最好设计一个银行卡号位数的资料表，单独保存在一个工作表"银行卡信息"上，如图 2-53 所示。

这样，在基础表单中，B 列的银行名称输入可以使用序列规则做下拉菜单（防止输入不规范或错误的银行名称），而 C 列银行账号的输入则使用自定义规则，数据验证条件规则公式如下：

	A	B
1	银行	银行卡位数
2	工行	19
3	农行	19
4	浦发	19
5	兴业	18
6	交行	17
7	建行	16
8	招行	16
9	中信	16
10	华夏	16
11		

图2-53 银行卡位数资料表

```
=AND(
    LEN(C2)=VLOOKUP(B2,银行卡信息!$A:$B,2,0),
    COUNTIF($C$2:C2,C2)=1,
    ISNUMBER(C2*1)
)
```

这个公式是3个条件的组合。

第一个条件，判断输入的银行账号位数是否为B列输入的银行账号位数。

第二个条件，判断是否不重复。

第三个条件，判断是否为数字。

使用效果如图2-54所示。

	A	B	C	D
1	姓名	银行	银行账号	
2	张三	工行	6226090305002857548	
3	李四	招行	9555935700036463	
4				
5			请输入对应银	
6			行的不重复的	
7			银行账号	
8				

图2-54 限制不同银行输入不同位数的账号

2.1.12 不允许输入重复的记录

前面介绍的是在某列里不允许输入重复的数据。由于表单是由多列数据构成的，实际上，我们可能输入了几行相同的记录（也就是某行各列数据与前面的某行相同），此时，如何通过数据验证来控制不能输入相同的记录呢？

案例2-11

例如，对于图 2-55 所示的 4 列数据表单，在输入每行数据时，如何自动检查前面是否已经输入过？如果已经输入过，就不允许重复输入。

	A	B	C	D	E
1	日期	客户	产品	销量	
2	2019-3-11	客户A	产品C	200	
3					
4					

图2-55 4列数据表单

首先在数据表的右侧做一个辅助列（如图 2-56 所示），将这 4 列数据连接成一个新字符串，例如，在单元格 E2 中输入下面的公式，并往下复制到一定的行。

=IF(A2="","",CONCAT(A2:D2))

E2 =IF(A2="","",CONCAT(A2:D2))

	A	B	C	D	E	F
1	日期	客户	产品	销量	辅助列	
2	2019-3-11	客户A	产品C	200	43535客户A产品C200	
3						
4						
5						

图2-56 做辅助列

选择单元格区域 A2:D1000（根据需要选择到一定行即可），设置如图 2-57 所示的数据验证，自定义条件规则公式为“=COUNTIF($E$2:$E2,$E2)=1”。

最后将 E 列隐藏起来。

这样，当输入相同的数据记录时，就弹出一个出错警告框，如图 2-58 所示。

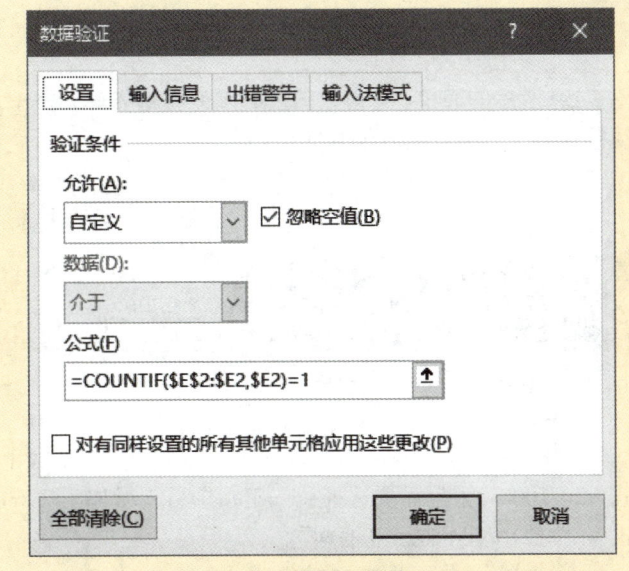

图2-57 限制输入重复记录

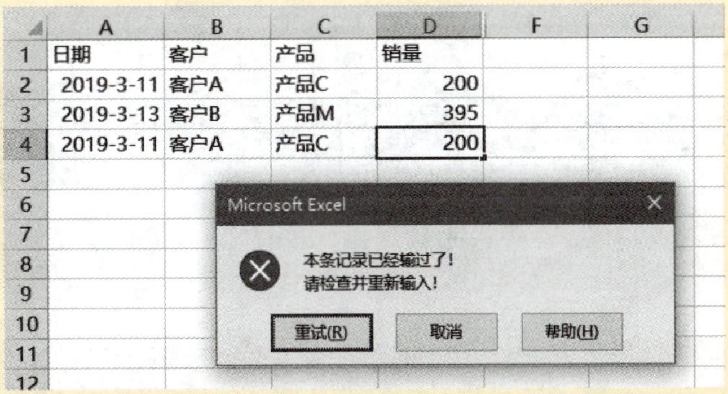

图2-58 输入重复记录时弹出警告框

2.1.13 保证数据完整性

很多表单不允许缺数，也就是说，某行的所有单元格都必须输入数据，这就是数据完整性问题。

我们利用数据验证也可以控制数据的输入，只有上一行的单元格都输入数据后，才能在下一行的单元格输入数据。

案例2-12

例如，对于如图 2–59 所示的表单，4 列数据都必须完整输入单元格中，这样在输入新行数据时，就需要自动检查上一行数据是否输入完整。

	A	B	C	D	F
1	日期	客户	产品	销量	
2	2019-3-11	客户A	产品C	200	
3	2019-3-13	客户B	产品M	395	
4	2019-3-13	客户A	产品B		
5					
6					

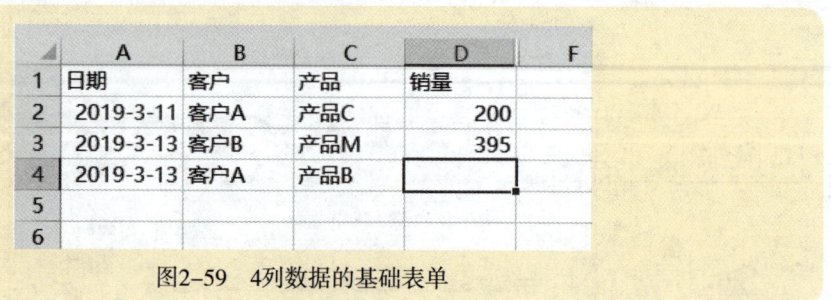

图2–59　4列数据的基础表单

选择单元格区域 A2:D1000（根据需要选择到一定行即可），做如图 2–60 所示的数据验证，自定义条件规则公式为“=COUNTA($A1:$D1)=4”。

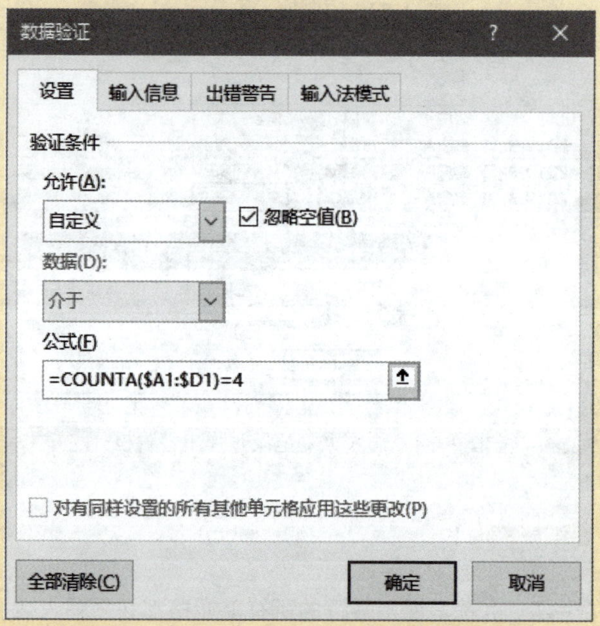

图2–60　设置自动检查上一行数据是否完整

如果上一行缺数，那么在新行输入数据时，就会弹出错误警告框，如图 2–61 所示。

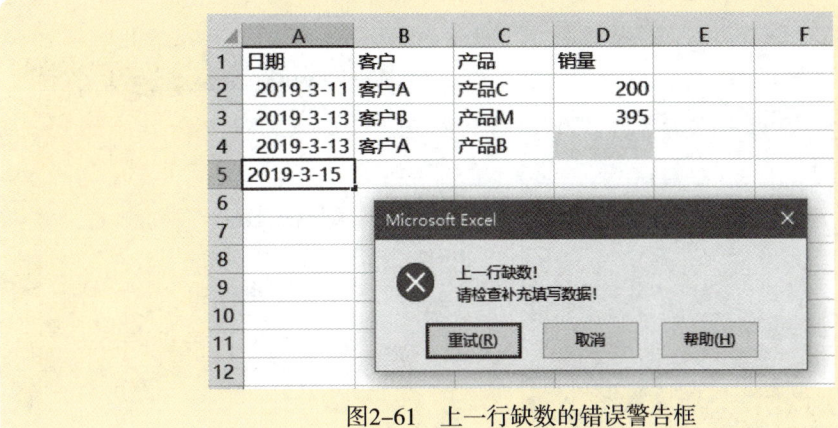

图2-61　上一行缺数的错误警告框

2.1.14 按照从左往右的顺序依次输入数据

表单数据的输入，一般是从左往右依次进行的。我们能否也做这样的监控：只有在某行某单元格中输入数据后，才能在其右侧的单元格中输入数据？

这个监控可以使用数据验证来完成。

案例2-13

示例数据如图2-62所示。

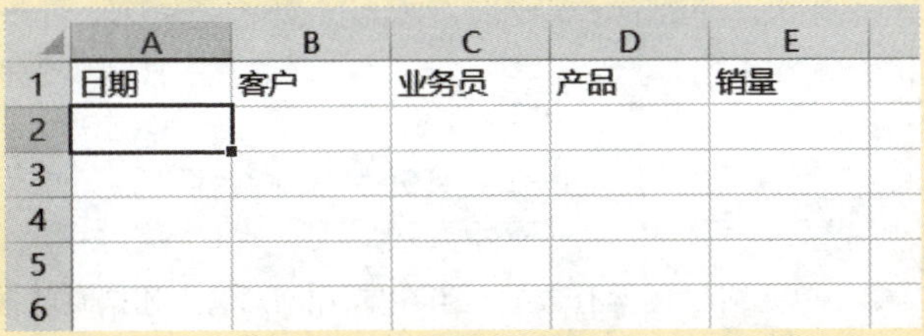

图2-62　基本表单结构

选择单元格区域B2:E1000（根据实际情况选择到某行），设置如图2-63所示的数据验证，自定义条件规则公式为"=COUNTA(A2)>0"。

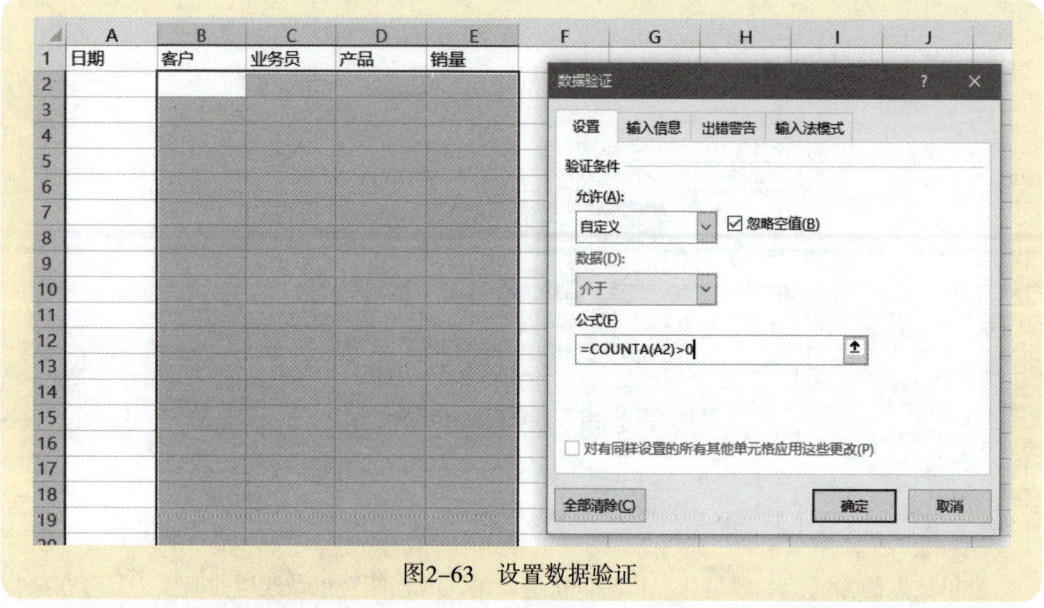

图2-63 设置数据验证

这样，如果左侧的单元格没有输入数据，在当前单元格输入数据时会报错，如图2-64所示。

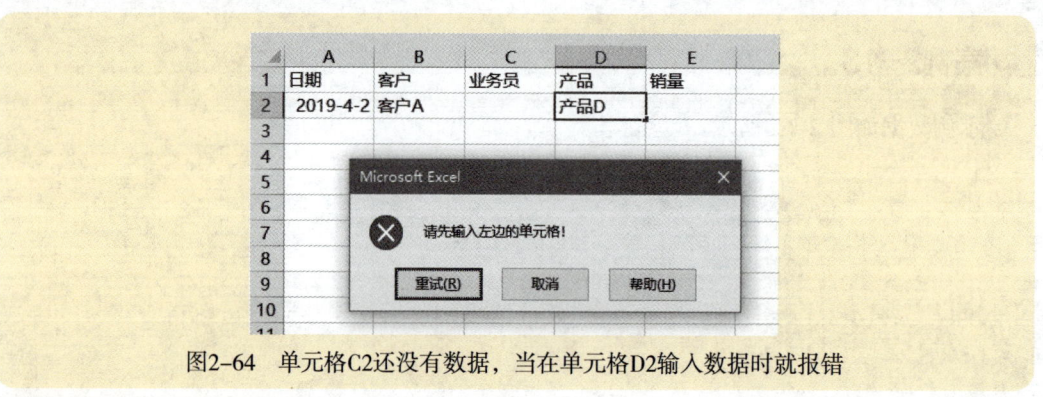

图2-64 单元格C2还没有数据，当在单元格D2输入数据时就报错

2.1.15 清除数据验证

清除数据验证是很简单的，先定位要清除的数据验证区域，然后打开"数据验证"对话框，单击对话框左下角的"全部清除"按钮即可，如图2-65所示。

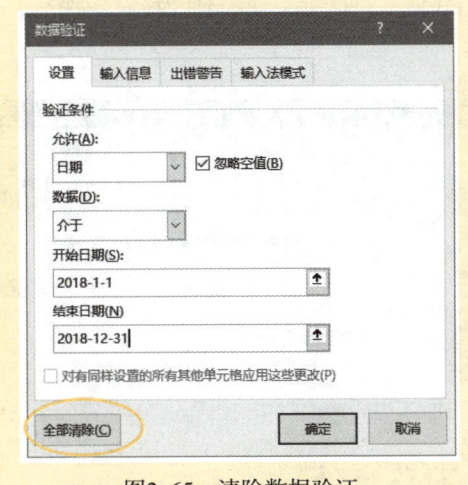

图2-65 清除数据验证

2.1.16 数据验证的几个注意点

在使用数据验证时，要特别注意的是，数据验证只能控制纯手工往单元格里输入数据，但无法控制填充数据、复制粘贴数据等，这种操作会破坏已设置的数据验证规则，使数据验证失去作用。

如果在单元格中已有数据，此时设置的数据验证对已有的数据没有影响，仅仅对以后输入的新数据有影响。

2.2 使用自动更正选项创建简拼输入长名称

为了快速输入一些常见的汉字名称，我们还可以建立一个简拼词典，例如，可以在单元格中输入"gsyh"，然后按 Enter 键，就得到"中国工商银行股份有限公司"，此时可以使用自动更正选项创建简拼输入。

2.2.1 创建简拼输入

使用自动更正选项创建简拼输入的基本方法和步骤如下。

步骤① 打开"Excel选项"对话框,切换到"校对"选项卡,找到"自动更正选项"按钮,如图2-66所示。

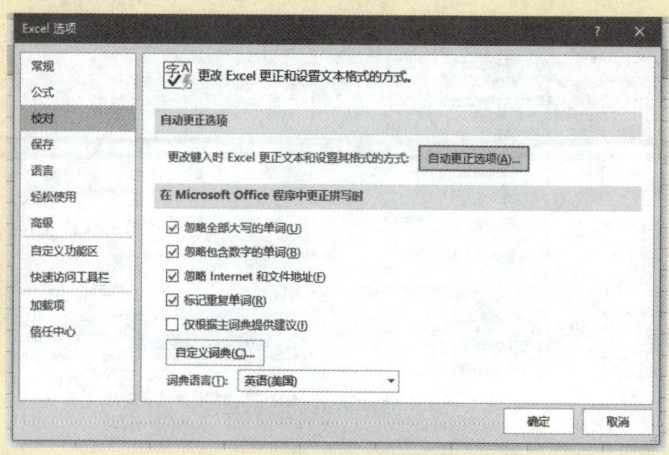

图2-66 "自动更正选项"按钮

步骤② 单击"自动更正选项"按钮,打开"自动更正"对话框,在"替换"文本框中输入简拼字母"gsyh",在"为"文本框中输入"中国工商银行股份有限公司",然后单击"添加"按钮,就将该简拼保存到Excel中,如图2-67所示。

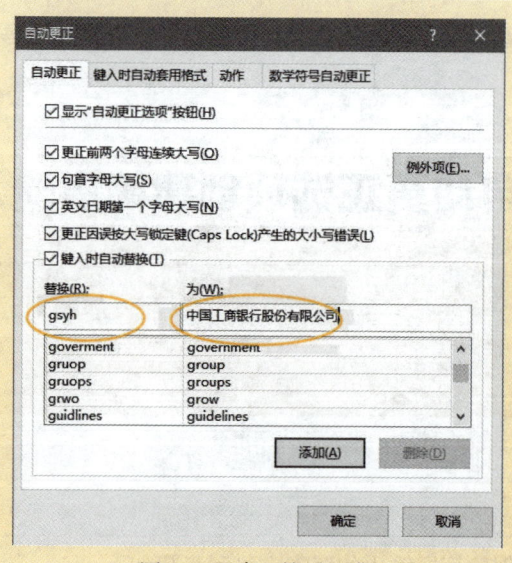

图2-67 建立简拼词典

这样，只要在单元格中输入"gsyh"4个字母并按 Enter 键，就得到了其中文名称，如图 2-68 和图 2-69 所示。

图2-68 输入字母"gsyh"　　　图2-69 按Enter键，得到中文名称

2.2.2 删除创建的简拼输入

需要注意的是，只要不从 Excel 选项中删除这个代码，以后就会永远存在。删除这个代码的方法是：打开"自动更正"对话框，在"替换"文本框中输入字母"gsyh"，就会自动显示该代码和名称，然后单击"删除"按钮即可，如图 2-70 所示。

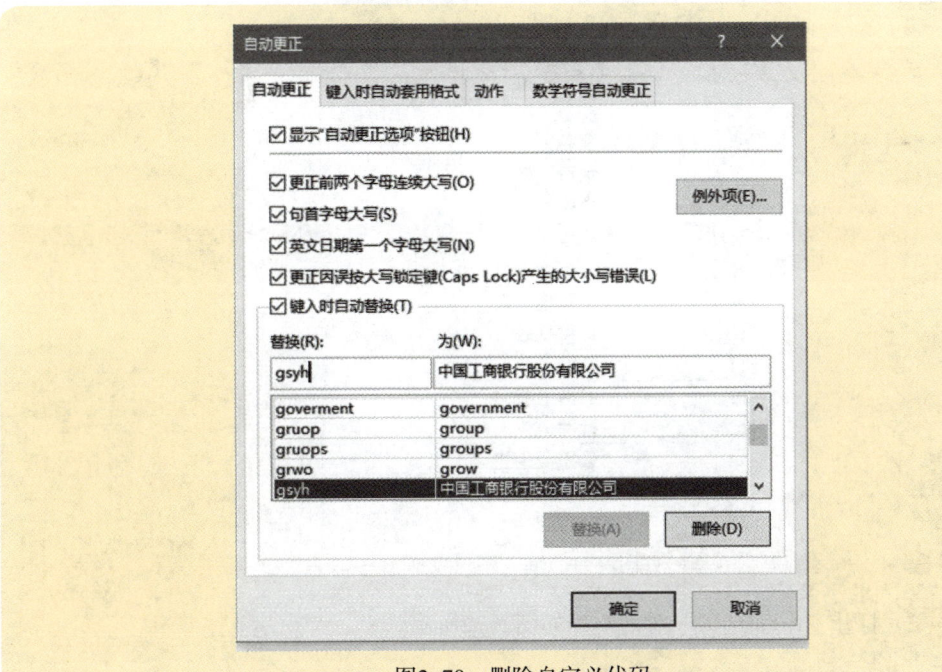

图2-70 删除自定义代码

对于一些常用的名称（如产品名称、客户名称、项目名称等），建议在自己的计算机上建立简拼代码，这样可以提高数据输入的效率和准确率。

2.3 建立自定义序列来快速输入内部规定的序列数据

在很多情况下，企业内部对数据的处理是有特殊要求的，例如，按照自己内部规定的次序排序，快速输入规定的所有项目。我们对这样的特殊项目建立一个自定义序列，然后就可以快速输入序列数据或进行自定义排序了。

2.3.1 创建自定义序列的基本方法

创建自定义序列的方法和步骤如下。

步骤1 在任一工作表中输入这个序列数据，如图2-71所示。

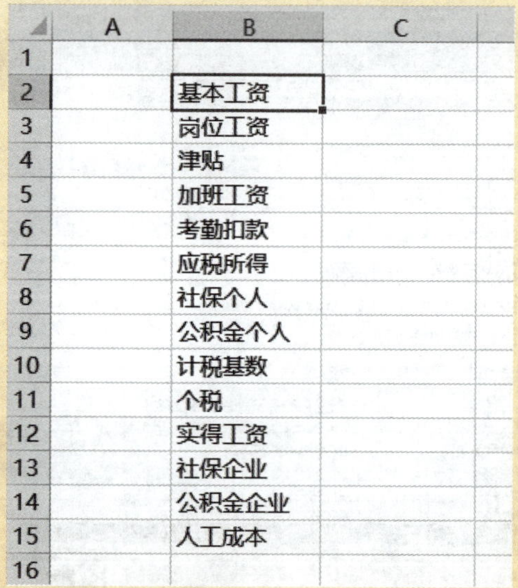

	A	B	C
1			
2		基本工资	
3		岗位工资	
4		津贴	
5		加班工资	
6		考勤扣款	
7		应税所得	
8		社保个人	
9		公积金个人	
10		计税基数	
11		个税	
12		实得工资	
13		社保企业	
14		公积金企业	
15		人工成本	
16			

图2-71　输入序列数据

步骤2 打开“Excel选项”对话框，如图2-72所示。

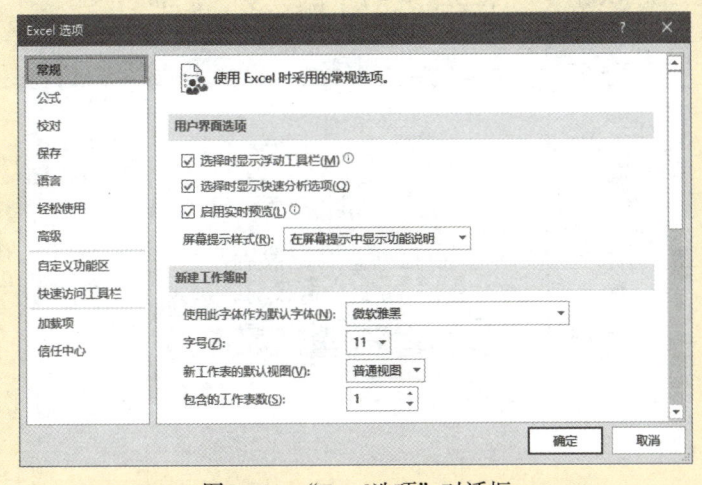

图2-72 "Excel选项"对话框

步骤③ 单击左侧"高级"选项,然后往下滚动找到"编辑自定义列表"按钮,如图2-73所示。

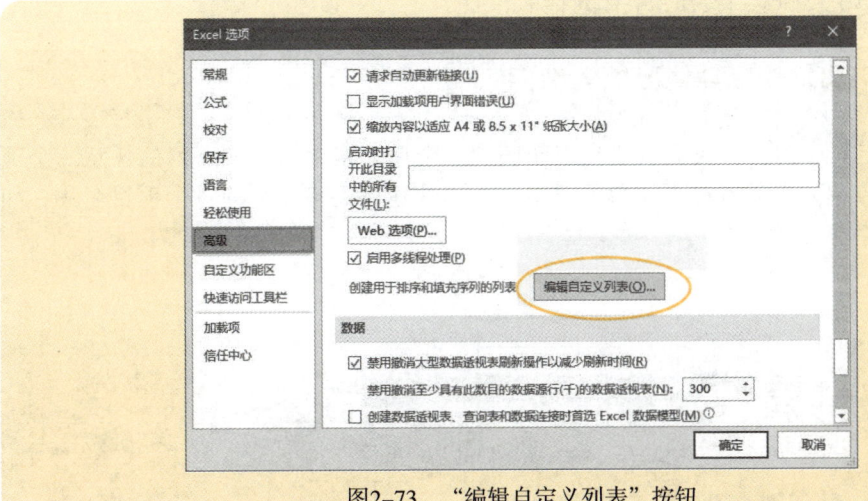

图2-73 "编辑自定义列表"按钮

步骤④ 单击"编辑自定义列表"按钮,打开"选项"对话框的"自定义序列"窗口,然后用鼠标点选工作表中的序列数据区域,单击"导入"按钮,就将该序列固化到本计算机的Excel中,如图2-74所示。以后本计算机上的任何一个工作表都可以使用这个序列数据了。

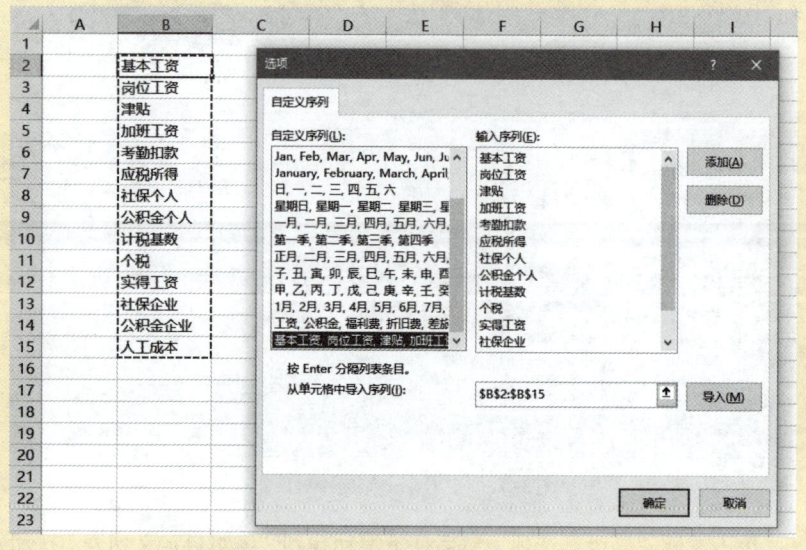

图2-74 将要求的序列数据导入Excel中

步骤5 单击"确定"按钮，关闭对话框。

2.3.2 使用自定义序列快速输入数据

创建了自定义序列后，我们只要在工作表的某个单元格中输入该序列的任意一个项目，然后往右拉单元格或者往下拉单元格，就可以快速得到该序列的各个项目名称，如图2-75～图2-77所示。

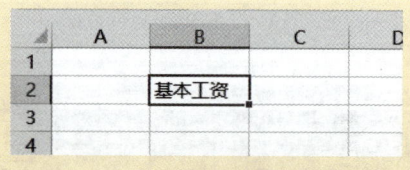

图2-75 输入该序列的某个项目

	A	B	C	D	E	F	G	H	I	J	K
1											
2		基本工资	岗位工资	津贴	加班工资	考勤扣款	应税所得	社保个人	公积金个人	计税基数	个税
3											
4											

图2-76 往右拖动单元格，快速填充输入数据

图2-77 往下拖动单元格，快速填充输入数据

2.3.3 删除自定义序列

如果要删除自定义序列，则需要打开"自定义序列"对话框，在"自定义序列"列表中选择要删除的序列，然后单击对话框中的"删除"按钮，如图2-78所示。

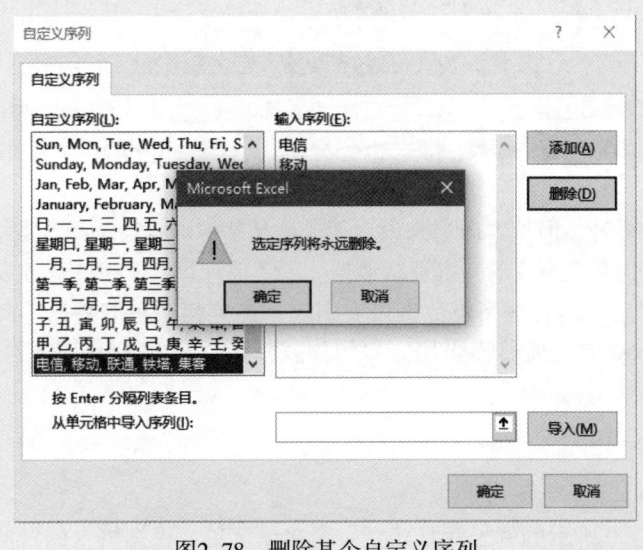

图2-78 删除某个自定义序列

2.4 使用函数快速输入数据

在很多情况下,需要在表单中自动输入特殊的数据,例如,自动输入连续的序号,自动从基础资料表中查取并输入基本信息,从已输入的数据中自动提取重要的基本信息等,此时,就需要使用函数来完成。

2.4.1 输入连续的序号

如果要在表单中的某列根据数据的增加输入连续的序号,可以使用 ROW 函数。

图 2-79 就是这样一个例子,只要在 B 列输入数据,A 列自动输入连续序号。即使删除了某行,编号也会自动调整为新的序号。单元格 A2 的公式为 "=IF(B2<>"",ROW()-1,"")"。

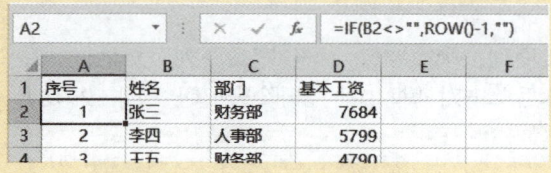

图2-79 在A列自动输入连续的序号

2.4.2 查询输入基本资料数据库的数据

数据表单有很多种,但从本质上来说,无非就是基本资料表单和日常维护数据表单,前者保存在一定时期内基本不变的基本资料数据,后者保存每天发生的业务数据。

在日常维护表单中,有些字段数据需要引用基本资料表单的数据,此时可以使用相关的查找函数实现数据的快速传递引用。常用的查找函数有 VLOOKUP 函数、MATCH 函数、INDEX 函数等。

案例2-14

例如,如图 2-80 所示的例子就是建立一个接单清单,根据输入的目的地快速匹配输入单价，从而计算出接单金额。

单元格 E2 的公式如下：

=IF(A2="","",VLOOKUP("*"&D2&"*",价目表!$A$3:$B$8,2,0))

单元格 F2 的公式如下：

=IF(A2="","",C2*E2)

日期	接单人	件数	目的地	单价	金额
2019-2-2	张三	2	安徽	5	10
2019-2-2	张三	1	河北	9.5	9.5
2019-2-4	李四	5	重庆	9	45
2019-2-6	李四	1	广西	12	12
2019-2-7	王五	2	山西	9.5	19
2019-2-10	李四	2	云南	12	24
2019-2-10	张三	3	江苏	5	15
2019-2-11	李四	5	北京	8	40
2019-2-14	张三	6	江苏	5	30
2019-2-20	张三	15	上海	5	75
2019-2-20	王五	1	广东	8	8
2019-2-22	王五	2	山东	8	16
2019-2-25	王五	1	吉林	9	9

接单记录　价目表

价目表	
地址	价格
江苏、浙江、上海、安徽	5
北京，天津，广东、福建、山东、湖北、湖南	8
江西、河南、河北、山西	9.5
广西、云南、贵州	12
陕西、辽宁、甘肃、青海、新疆	15
吉林、黑龙江、云南、贵州、四川、重庆、海南	9

接单记录　价目表

图2-80　利用查找函数自动输入重要的基本数据

2.4.3 根据已输入的数据自动计算输入重要数据

基础表单的有些重要数据既可以手工输入，也可以利用函数根据前面已输入的数据自动计算输入，最典型的例子就是员工花名册表单中员工的性别、出生日期、年龄等数据，其实这些数据完全可以用前面已经输入的身份证号码直接计算出来，而没必要手工输入，万一输入错误怎么办？

案例2-15

如图 2-81 所示的例子就是根据已经输入的身份证号码直接计算输入性别、出生日期和年龄，并且年龄是动态的数据。各单元格的公式如下：

姓名	身份证号码	性别	出生日期	年龄
张三	110108198502218829	女	1985-2-21	33
李四	320138199310032291	男	1993-10-3	25

图2-81　根据已经输入的数据自动计算输入另外的基础数据

单元格C2：=IF(B2=" "," ",IF(ISEVEN(MID(B2,17,1)),"女","男"))

单元格D2: =IF(B2=" "," ",1*TEXT(MID(B2,7,8)," 0000-00-00 "))
单元格E2: =IF(B2=" "," ",DATEDIF(D2,TODAY()," y "))

2.5 常用的快速输入数据小技巧

如果掌握了一些实用的小技巧，很多的数据输入可以达到事半功倍的效果，同时也有一种自我满足感和愉悦感。但是，这种小技巧并不是 Excel 的核心，建议不要把太多的精力放到这上面。

2.5.1 快速输入当前日期

如果要输入当前的日期,可以按 Ctrl+;组合键。但要注意,这个日期是计算机系统的日期,如果计算机系统日期不对,那么输入的日期也是错误的。

2.5.2 快速输入当前时间

如果要输入当前的时间,可以按 Ctrl+Shift+;组合键。但要注意,这个时间也是计算机系统的时间,如果计算机系统时间不对,那么输入的时间也是错误的。另外,输入的时间是没有秒的,仅仅是输入了时和分。

2.5.3 快速输入当前完整的日期和时间

先按 Ctrl+;组合键，输入当前日期，按空格键输入一个空格，再按 Ctrl+Shift+;组合键，输入当前时间，就得到一个有日期和时间的数据。

2.5.4 快速输入上一个单元格数据

按 Ctrl+D 组合键，可以快速地把上一个单元格的数据填充到下面的单元格中。这里的字母 D 就是英文单词 Down 的意思，即往下。

2.5.5 快速输入左边单元格数据

按 Ctrl+R 组合键，可以快速地把左边单元格的数据填充到右边的单元格中。这里的字母

R 就是英文单词 Right 的意思，即往右。

2.5.6 快速批量输入相同数据

如果要在一个单元格区域输入相同的数据，可以先选择这些单元格，然后在键盘上输入数据，最后按 Ctrl+Enter 组合键即可。

使用这种方法，不仅可以处理连续的单元格区域，也可以处理不连续的单元格区域。

2.5.7 同时在多个工作表中快速批量输入相同的数据

如果要在几个工作表的相同位置快速输入相同的数据，可以先选择这些工作表（按住 Ctrl 键，然后用鼠标分别单击要输入数据的工作表标签），然后在键盘上输入数据，按 Enter 键即可；或者选择这些工作表后，在当前活动工作表中填充数据，则在其他工作表中也同时填充了这些数据。

2.5.8 快速填充数据

Excel 2016 版有一个神奇的快速填充工具，可以快速从一列数据中提取并填充有规律的数据。

例如，如图 2-82 所示的表格的 A 列是科目编码和科目名称混在一起的数据，现在需要从科目中提取科目编码和科目名称分别保存在 B 列和 C 列。

	A	B	C
1	科目	科目编码?	科目名称?
2	1001现金		
3	1002银行存款		
4	100201银行存款—中国银行		
5	100202银行存款—工商银行		
6	217101应交增值税		
7	21710101应交增值税—进项税额		
8	21710102应交增值税—销项税额		
9	21710103应交增值税—已交税金		
10	21710104应交增值税—转出未交增值税		
11	21710105应交增值税—减免税款		
12	21710106应交增值税—出口退税		
13	21710107应交增值税—进项税额转出		
14	21710108应交增值税—转出多交增值税		
15			

图2-82 需要从科目中提取科目编码和科目名称

先在单元格 B2 中输入第一个单元格的科目编码“'1001”（注意：要在 1001 前面加一个

单引号"'",因为科目编码数字是文本型数字),然后选择包括单元格 B2 在内的单元格区域 B2:B14,如图 2-83 所示。

单击"数据"→"快速填充"命令按钮,如图 2-84 所示。

图2-83 输入第一个单元格数据,然后选择区域

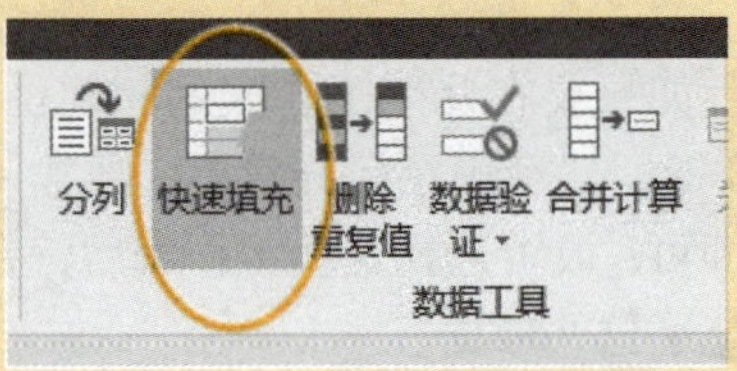

图2-84 "快速填充"命令按钮

这样,就自动在每个单元格填充了科目编码,如图 2-85 所示。

图2-85 填充输入的科目编码

先在单元格 C2 中输入第一个单元格的科目名称"现金",然后选择包括单元格 C2 在内的单元格区域 C2:C14,如图 2-86 所示。

	A	B	C
1	科目	科目编码?	科目名称?
2	1001现金	1001	现金
3	1002银行存款	1002	
4	100201银行存款—中国银行	100201	
5	100202银行存款—工商银行	100202	
6	217101应交增值税	217101	
7	21710101应交增值税—进项税额	21710101	
8	21710102应交增值税—销项税额	21710102	
9	21710103应交增值税—已交税金	21710103	
10	21710104应交增值税—转出未交增值税	21710104	
11	21710105应交增值税—减免税款	21710105	
12	21710106应交增值税—出口退税	21710106	
13	21710107应交增值税—进项税额转出	21710107	
14	21710108应交增值税—转出多交增值税	21710108	
15			

图2-86　输入第一个单元格数据，然后选择区域

单击"数据"→"快速填充"命令按钮，就得到如图2-87所示的结果。

	A	B	C
1	科目	科目编码?	科目名称?
2	1001现金	1001	现金
3	1002银行存款	1002	银行存款
4	100201银行存款—中国银行	100201	银行存款—中国银行
5	100202银行存款—工商银行	100202	银行存款—工商银行
6	217101应交增值税	217101	应交增值税
7	21710101应交增值税—进项税额	21710101	应交增值税—进项税额
8	21710102应交增值税—销项税额	21710102	应交增值税—销项税额
9	21710103应交增值税—已交税金	21710103	应交增值税—已交税金
10	21710104应交增值税—转出未交增值税	21710104	应交增值税—转出未交增值税
11	21710105应交增值税—减免税款	21710105	应交增值税—减免税款
12	21710106应交增值税—出口退税	21710106	应交增值税—出口退税
13	21710107应交增值税—进项税额转出	21710107	应交增值税—进项税额转出
14	21710108应交增值税—转出多交增值税	21710108	应交增值税—转出多交增值税
15			

图2-87　自动填充输入科目名称

Chapter 03

利用智能表格管理表单

表单设计完成后,表单数据的日常管理和维护就是一个非常重要的工作了。

您可能经常做这样的事情吧:在一个表单中,某几列是公式,但是日常工作中经常会出现需要在表单中插入新的一行的情况,这样插入的行是空的,没有公式,需要将上面的公式往下复制。

还有这样的情况:希望在表单的底部计算合计数,但是数据行不断往下移动增加,怎么办?每次数据增加了都要修改公式,有人说,我在第 1000 行来计算合计数,行够用了吧?

正确的做法是对表单创建智能表格,这样不仅可以往下自动复制公式,还可以利用智能表格做基本的数据分析。

3.1 创建智能表格

智能表格是集基本数据处理（筛选、汇总、美化）于一体的表格，智能表格不仅具有普通筛选所有功能，还可以自动复制公式，添加汇总行，做不同的汇总计算，可以设置不同的表格样式，还可以使用切片器快速筛选数据。

3.1.1 使用智能表格的前提

智能表格是以数据库为基础的，也就是说，设计的表单必须是一个标准的数据库结构：不能有合并单元格，不能有多行标题，不能有空行和空列，每列是同一种类型的数据，不能有非法数据等。如果不满足这样的基本要求，就必须重新设计表单，除非不想使用智能表格这个工具。

3.1.2 创建智能表格的基本方法

案例3-1

以第2章的案例2-14的表单数据为例（表单中的公式只做到最后一行），创建智能表格的方法如下。

步骤① 单击数据区域的任一单元格。

步骤② 单击"插入"→"表格"命令按钮，如图3-1所示。

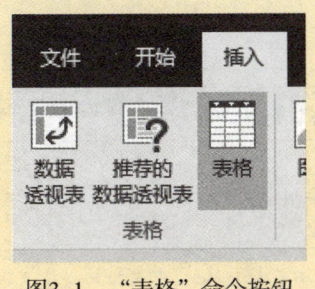

图3-1 "表格"命令按钮

步骤 3 打开“创建表”对话框。

步骤 4 检查是否选择了“表包含标题”复选框，如果没有，一定要选择，如图3–2所示。

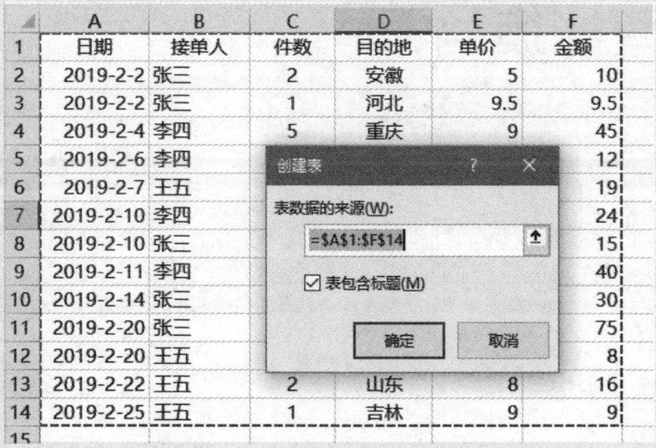

	A	B	C	D	E	F
1	日期	接单人	件数	目的地	单价	金额
2	2019-2-2	张三	2	安徽	5	10
3	2019-2-2	张三	1	河北	9.5	9.5
4	2019-2-4	李四	5	重庆	9	45
5	2019-2-6	李四				12
6	2019-2-7	王五				19
7	2019-2-10	李四				24
8	2019-2-10	张三				15
9	2019-2-11	李四				40
10	2019-2-14	张三				30
11	2019-2-20	张三				75
12	2019-2-20	王五				8
13	2019-2-22	王五	2	山东	8	16
14	2019-2-25	王五	1	吉林	9	9
15						

图3–2 “创建表”对话框

步骤 5 单击“确定”按钮，就将原始的表单创建为智能表格，如图3–3所示。

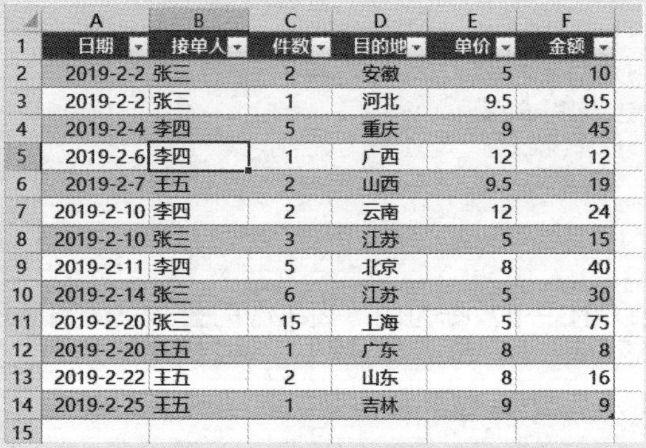

	A	B	C	D	E	F
1	日期	接单人	件数	目的地	单价	金额
2	2019-2-2	张三	2	安徽	5	10
3	2019-2-2	张三	1	河北	9.5	9.5
4	2019-2-4	李四	5	重庆	9	45
5	2019-2-6	李四	1	广西	12	12
6	2019-2-7	王五	2	山西	9.5	19
7	2019-2-10	李四	2	云南	12	24
8	2019-2-10	张三	3	江苏	5	15
9	2019-2-11	李四	5	北京	8	40
10	2019-2-14	张三	6	江苏	5	30
11	2019-2-20	张三	15	上海	5	75
12	2019-2-20	王五	1	广东	8	8
13	2019-2-22	王五	2	山东	8	16
14	2019-2-25	王五	1	吉林	9	9
15						

图3–3 创建的智能表格

3.2 智能表格的格式设置与美化

创建智能表格后，会在功能区出现一个“设计”选项卡，用于对智能表格进行设置，如图 3–4 所示。

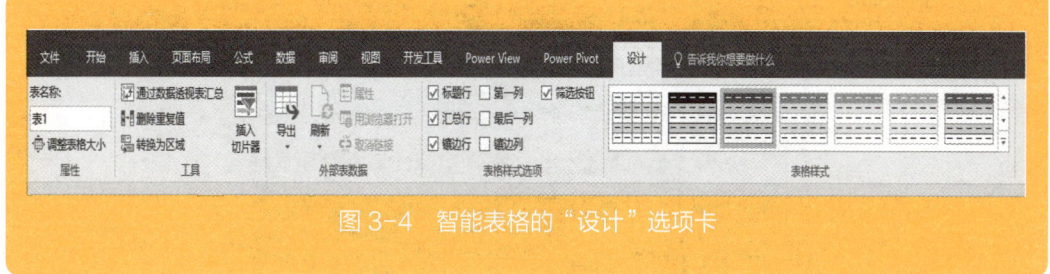

图 3-4 智能表格的"设计"选项卡

3.2.1 智能表格"设计"选项卡的各项功能介绍

智能表格"设计"选项卡的主要命令按钮的功能如下。

（1）属性：用于修改表格名称。默认情况下，创建的第一个智能表格名称是"表1"，也可以对其重命名。在此功能组中，还可以单击"调整表格大小"按钮，用于修改智能表格的数据范围。

（2）工具：有4个按钮，通过数据透视表汇总、删除重复值、转换为区域（就是把智能表格恢复为普通的数据区域）、插入切片器。

（3）外部表数据：该功能只有在智能表格是通过外部数据查询得到时才能用。

（4）表格样式选项：用于对表格的样式进行设置，例如，在表格底部添加汇总行、镶边行（列）等，还可以设置是否显示筛选按钮。

（5）表格样式：用于设计表格的样式，有浅色、中等深浅、深色3种样式可供选择套用。

3.2.2 设置表格样式

我们可以在"设计"选项卡中对表格的样式进行设置，以便使其更加美观，如图3-5和图3-6所示。用户可以根据需求选择一个自己喜欢的样式，或者自定义表格样式。

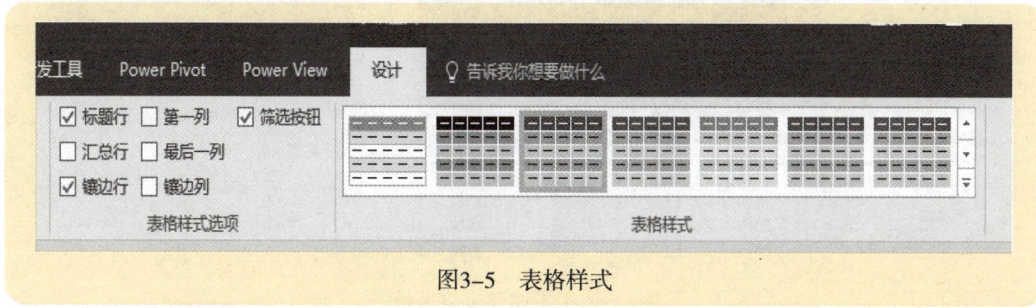

图3-5 表格样式

图3-6 重新设置表格样式

3.2.3 手工调整表格区域

在表格区域右下角单元格的右下角有一个小标记，如图3-7所示。鼠标对准此标记，按住左键拖动鼠标，就可以手工扩展或缩小表格。图3-8所示就是把表格区域缩小到D列和第10行。

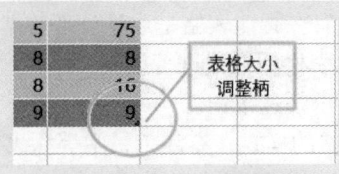

图3-7 表格大小调整柄

图3-8 手工调整表格区域

当在表格底部输入新的数据时，表单是无法往下自动填充格式及自动复制公式的，此时，需要手工把表格区域往下扩展，以实现表格格式及公式的往下填充和复制。

图 3–9 所示就是往下扩展表格区域后的情形，E 列和 F 列的公式往下复制了。

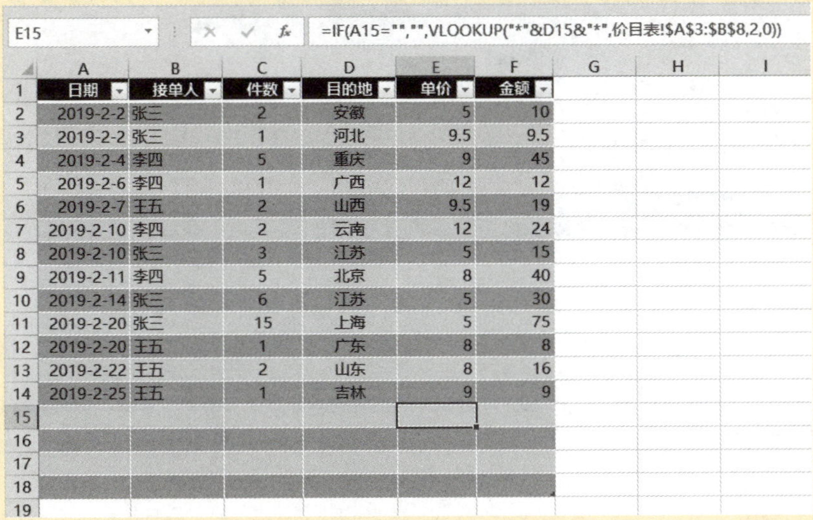

E15 =IF(A15="","",VLOOKUP("*"&D15&"*",价目表!$A$3:$B$8,2,0))

日期	接单人	件数	目的地	单价	金额
2019-2-2	张三	2	安徽	5	10
2019-2-2	张三	1	河北	9.5	9.5
2019-2-4	李四	5	重庆	9	45
2019-2-6	李四	1	广西	12	12
2019-2-7	王五	2	山西	9.5	19
2019-2-10	李四	2	云南	12	24
2019-2-10	张三	3	江苏	5	15
2019-2-11	李四	5	北京	8	40
2019-2-14	张三	6	江苏	5	30
2019-2-20	张三	15	上海	5	75
2019-2-20	王五	1	广东	8	8
2019-2-22	王五	2	山东	8	16
2019-2-25	王五	1	吉林	9	9

图3–9 往下扩展表格区域，复制格式和公式

3.3 智能表格的几个重要功能

智能表格与普通表格的根本区别在于，智能表格有很多普通表格所不具备的功能，例如，自动复制公式、在表格底部添加汇总行、美化表格、添加计算列等。

3.3.1 可以选择多种表格样式，也可以新建表格样式

正如前面介绍的，智能表格有多种表格样式可以选择套用，也可以新建自定义表格样式，这样可以使表格的阅读性大大增强，数据维护也非常方便。

新建自定义表格样式需要单击“表格样式”底部的“新建表格样式”命令按钮，打开“新建表样式”对话框，然后对各项表元素进行格式设置即可，如图 3–10 和图 3–11 所示。

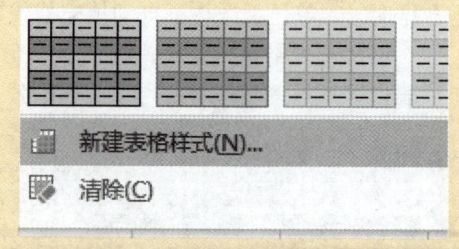

图3-10 "新建表格样式"命令按钮

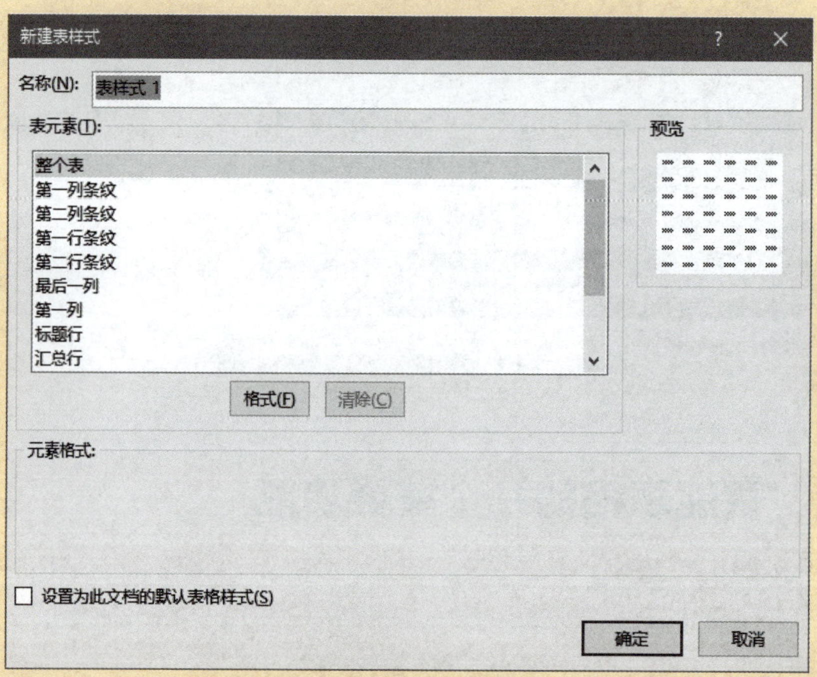

图3-11 "新建表样式"对话框

3.3.2 在表单中间插入行时,公式会自动复制

我们经常会做这样的事情:在表格中插入空行后,没有公式,不得不往下复制公式,是不是很烦心?

对于智能表格而言,这个问题已经不是问题了,不管是插入一个空行,还是插入几个空行,公式会自动复制,如图3-12所示。

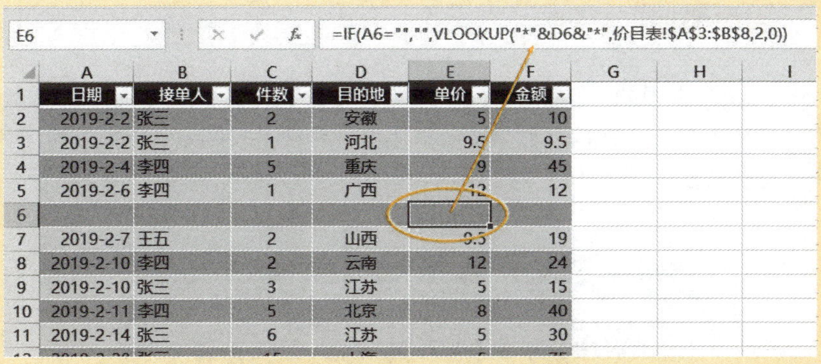

E6　=IF(A6="","",VLOOKUP("*"&D6&"*",价目表!$A$3:$B$8,2,0))

	A	B	C	D	E	F
1	日期	接单人	件数	目的地	单价	金额
2	2019-2-2	张三	2	安徽	5	10
3	2019-2-2	张三	1	河北	9.5	9.5
4	2019-2-4	李四	5	重庆	9	45
5	2019-2-6	李四	1	广西	12	12
6						
7	2019-2-7	王五	2	山西	9.5	19
8	2019-2-10	李四	2	云南	12	24
9	2019-2-10	张三	3	江苏	5	15
10	2019-2-11	李四	5	北京	8	40
11	2019-2-14	张三	6	江苏	5	30

图3-12　插入空行，公式自动复制

3.3.3 先创建智能表格后做公式时，公式引用的是字段名称，并能自动复制

如果是对数据区域先创建智能表格，然后才输入公式，那么单元格的引用就不是一个具体的单元格地址了，而是一个“@ 字段标题”的引用方式（如图 3-13 所示），并且每个单元格的公式是一模一样的，这点与常规的公式引用是完全不同的，务必注意。

在图 3-13 所示的表中，E 列的每个单元格公式都是：

=VLOOKUP("*"&[@目的地]&"*",价目表!$A$3:$B$8,2,0)

而 F 列的每个单元格公式都是：

=[@件数]*[@单价]

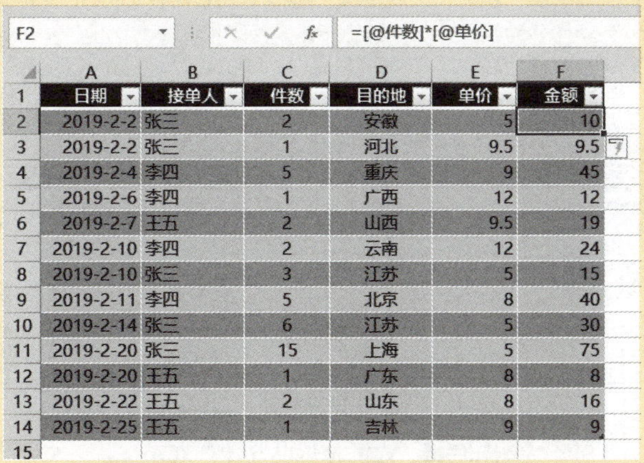

F2　=[@件数]*[@单价]

	A	B	C	D	E	F
1	日期	接单人	件数	目的地	单价	金额
2	2019-2-2	张三	2	安徽	5	10
3	2019-2-2	张三	1	河北	9.5	9.5
4	2019-2-4	李四	5	重庆	9	45
5	2019-2-6	李四	1	广西	12	12
6	2019-2-7	王五	2	山西	9.5	19
7	2019-2-10	李四	2	云南	12	24
8	2019-2-10	张三	3	江苏	5	15
9	2019-2-11	李四	5	北京	8	40
10	2019-2-14	张三	6	江苏	5	30
11	2019-2-20	张三	15	上海	5	75
12	2019-2-20	王五	1	广东	8	8
13	2019-2-22	王五	2	山东	8	16
14	2019-2-25	王五	1	吉林	9	9
15						

图3-13　智能表格中公式引用单元格的方式是“@字段标题”

3.3.4 为表格添加汇总行

选择“设计”选项卡中的“汇总行”复选框，就会在表格底部插入一个汇总行，默认情况下，只是在最右边的列下有汇总数据，如果是数字字段，默认是求和；如果是文本字段，默认是计数。这个汇总公式使用了 SUBTOTAL 函数，引用了字段名称，如图 3-14 所示。

	A	B	C	D	E	F
1	日期	接单人	件数	目的地	单价	金额
2	2019-2-2	张三	2	安徽	5	10
3	2019-2-2	张三	1	河北	9.5	9.5
4	2019-2-4	李四	5	重庆	9	45
5	2019-2-6	李四	1	广西	12	12
6	2019-2-7	王五	2	山西	9.5	19
7	2019-2-10	李四	2	云南	12	24
8	2019-2-10	张三	3	江苏	5	15
9	2019-2-11	李四	5	北京	8	40
10	2019-2-14	张三	6	江苏	5	30
11	2019-2-20	张三	15	上海	5	75
12	2019-2-20	王五	1	广东	8	8
13	2019-2-22	王五	2	山东	8	16
14	2019-2-25	王五	1	吉林	9	9
15	汇总					312.5
16						

图3-14 在表格底部插入的汇总行

单击汇总行的某个单元格，右侧出现下拉箭头，单击它，就会展开汇总计算方式列表（如图 3-15 和图 3-16 所示），我们可以对不同的列选择不同的汇总计算方式，从而进行不同的计算分析。

11	2019-2-20	张三	15	上海	5	75
12	2019-2-20	王五	1	广东	8	8
13	2019-2-22	王五	2	山东	8	16
14	2019-2-25	王五	1	吉林	9	9
15	汇总					312.5
16			无			
17			平均值			
18			计数			
19			数值计数			
20			最大值			
21			最小值			
22			求和			
23			标准偏差			
			方差			
			其他函数...			

图3-15 为汇总行设置计算方式

图3-16 为汇总行的不同列设置不同的计算结果

如果不再想要汇总行了，就取消选择"设计"选项卡中的"汇总行"复选框。

3.3.5 为表格添加列、插入行

为表格添加列有两种方法：如果是在表格内部，直接采用普通的方法插入列，也可以在表格中右击，在弹出的快捷菜单中选择"插入"命令下的相关命令（如图3-17所示），即可为表格插入新列或新行。

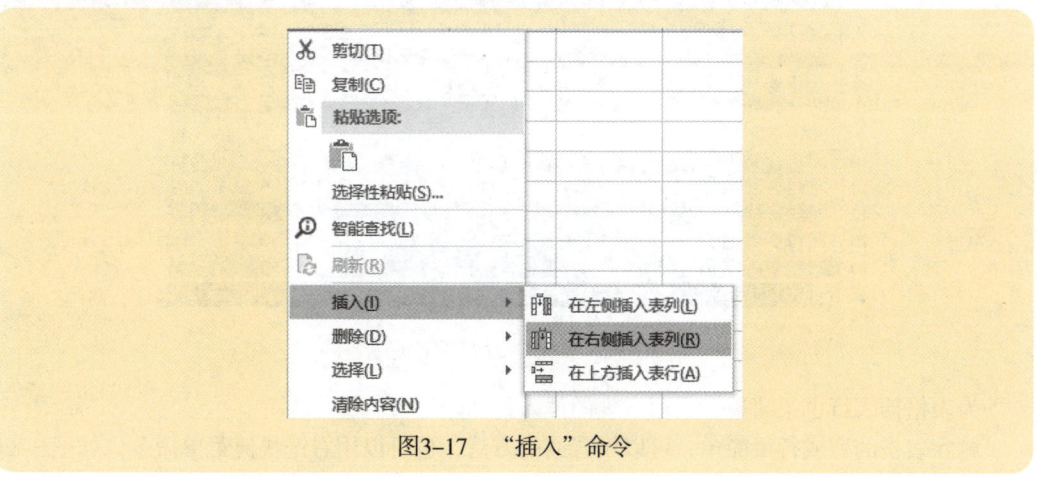

图3-17 "插入"命令

图 3-18 所示就是在"件数"字段右侧插入了一列。

	A	B	C	D	E	F	G
1	日期	接单人	件数	列1	目的地	单价	金额
2	2019-2-2	张三	2		安徽	5	10
3	2019-2-2	张三	1		河北	9.5	9.5
4	2019-2-4	李四	5		重庆	9	45
5	2019-2-6	李四	1		广西	12	12
6	2019-2-7	王五	2		山西	9.5	19
7	2019-2-10	李四	2		云南	12	24
8	2019-2-10	张三	3		江苏	5	15
9	2019-2-11	李四	5		北京	8	40
10	2019-2-14	张三	6		江苏	5	30
11	2019-2-20	张三	15		上海	5	75
12	2019-2-20	王五	1		广东	8	8
13	2019-2-22	王五	2		山东	8	16
14	2019-2-25	王五	1		吉林	9	9
15	汇总	13	46		13		312.5

图3-18 在表格右侧插入一列

插入的新列字段名称默认是"列1""列2"等，可以根据实际情况，将默认列名改为具体的名称。例如，在本例中，将这个字段名称改为"类别"，然后输入每个快件的类别，如图3-19所示。

	A	B	C	D	E	F	G
1	日期	接单人	件数	类别	目的地	单价	金额
2	2019-2-2	张三	2	文件	安徽	5	10
3	2019-2-2	张三	1	包裹	河北	9.5	9.5
4	2019-2-4	李四	5	文件	重庆	9	45
5	2019-2-6	李四	1	文件	广西	12	12
6	2019-2-7	王五	2	文件	山西	9.5	19
7	2019-2-10	李四	2	包裹	云南	12	24
8	2019-2-10	张三	3	包裹	江苏	5	15
9	2019-2-11	李四	5	包裹	北京	8	40
10	2019-2-14	张三	6	文件	江苏	5	30
11	2019-2-20	张三	15	文件	上海	5	75
12	2019-2-20	王五	1	文件	广东	8	8
13	2019-2-22	王五	2	文件	山东	8	16
14	2019-2-25	王五	1	文件	吉林	9	9
15	汇总	13	46		13		312.5

图3-19 修改默认的字段名称

为表格插入行也很简单，采用常规的插入行命令即可。

删除表格的列或行很简单，可以用普通的方法，也可以用右键快捷菜单命令，如图3-20所示。

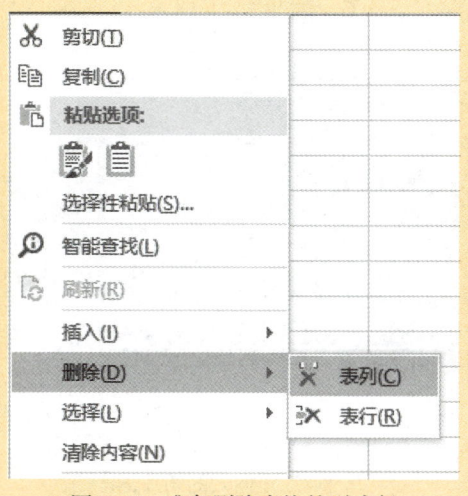

图3-20 准备删除表格的列或行

3.3.6 使用切片器筛选数据非常方便

我们可以为智能表格插入切片器,并用切片器来控制筛选,非常方便。

具体方法是:单击"设计"选项卡中的"插入切片器"按钮,或单击功能区的"插入"→"切片器"按钮,就会打开"插入切片器"对话框,选择要筛选的字段即可,如图3-21所示。

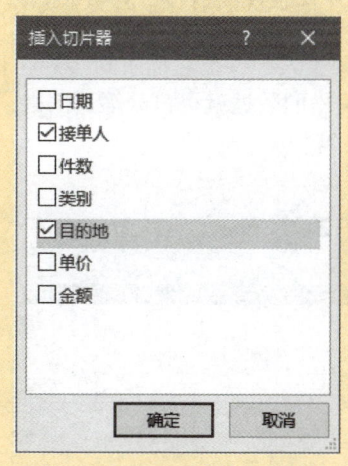

图3-21 选择要筛选的字段

这样，就能得到相应的切片器了，如图3-22所示。

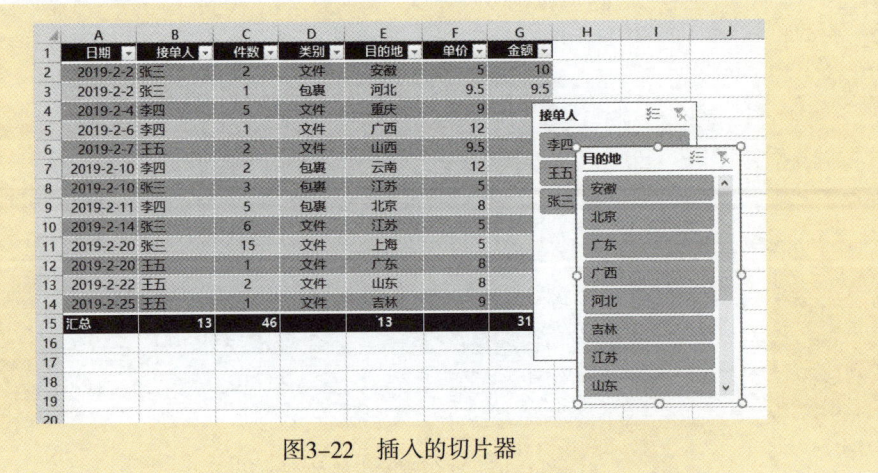

图3-22　插入的切片器

当选择某个切片器时，在功能区就会出现一个"选项"选项卡，它是用来对切片器进行设置的，如样式、名称、大小、切片器项目列数等，如图3-23所示。

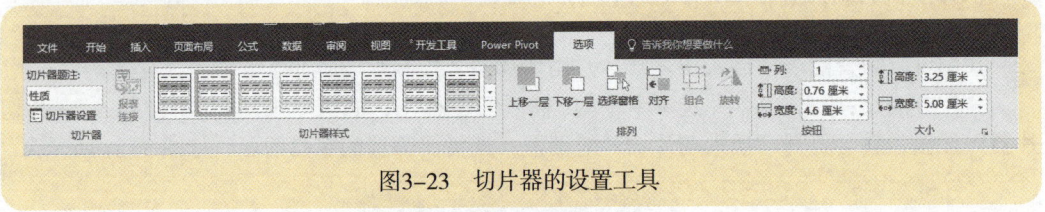

图3-23　切片器的设置工具

然后设置切片器的格式，调整大小，把它们重新排列，得到如图3-24所示的效果，只要单击切片器里的某个项目，表格的数据就会自动筛选出来，而底部的汇总行数据也随之改变（因为使用的是SUBTOTAL函数）。

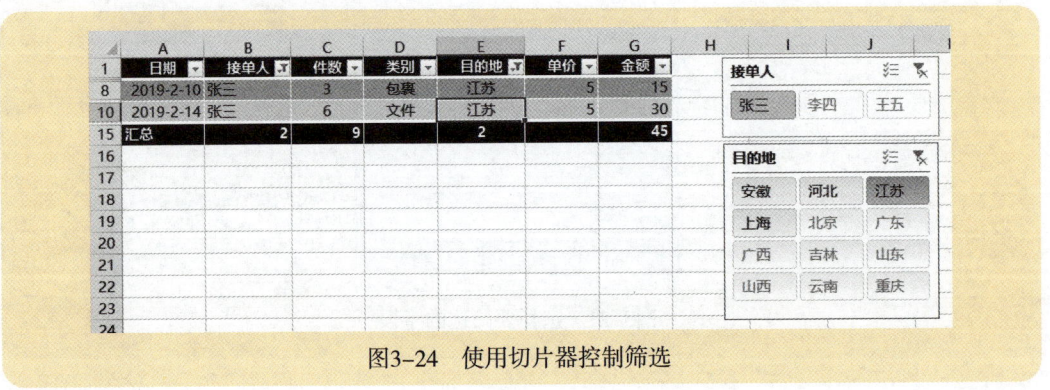

图3-24　使用切片器控制筛选

3.4 转换为默认数据区域

如果不想继续使用智能表格管理数据，可以将表格转换为区域。在智能表格的"设计"选项卡中单击"转换为区域"命令按钮，就会打开一个信息框，询问是否要转换，如图 3-25 和图 3-26 所示。

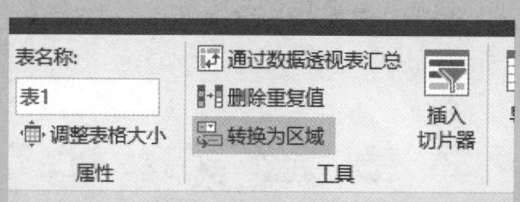

图 3-25 "转换为区域"命令按钮　　　　图 3-26 选择是否转换区域

转换为普通区域后，会保留已经设置的表格样式，而单元格的公式也会自动转换为普通的单元格引用方式，如图 3-27 所示。

日期	接单人	件数	类别	目的地	单价	金额
2019-2-2	张三	2	文件	安徽	5	10
2019-2-2	张三	1	包裹	河北	9.5	9.5
2019-2-4	李四	5	文件	重庆	9	45
2019-2-6	李四	1	文件	广西	12	12
2019-2-7	王五	2	文件	山西	9.5	19
2019-2-10	李四	2	包裹	云南	12	24
2019-2-10	张三	3	包裹	江苏	5	15
2019-2-11	李四	5	包裹	北京	8	40
2019-2-14	张三	6	文件	江苏	5	30
2019-2-20	张三	15	文件	上海	5	75
2019-2-20	王五	1	文件	广东	8	8
2019-2-22	王五	2	文件	山东	8	16
2019-2-25	王五	1	文件	吉林	9	9
汇总		13	46		13	312.5

F2 =VLOOKUP("*"&接单记录!$E2&"*",价目表!$A$3:$B$8,2,0)

图 3-27 转换为普通区域的表单

如果不想要这些表格样式，可以重新设置单元格格式。不过，最好的方法是在转换前把表样式清除，再转换区域。

Chapter

04

表单设计的常用函数公式及应用

不论是设计基础表单,还是依据基础表单来制作各种统计报表,都需要使用函数来创建公式。

例如,在设计基础表单时,我们需要限制单元格只能输入 18 位不重复的身份证号码,此时就需要联合使用 LEN 函数、COUNTIF 函数和 AND 函数来构建自定义数据验证公式。

(1)用 LEN 函数判断输入数据的位数是否为 18 位。
(2)用 COUNTIF 函数统计输入数据的个数是否为一个。
(3)用 AND 函数将以上两个条件进行组合。

在表单设计及统计分析中,我们使用到的函数并不多,本章,我们就常用的函数及其应用进行简要的回顾,关于函数的详细介绍,请参阅系列丛书的其他著作。

4.1 必须具备的公式函数基本知识

在使用公式和函数之前,首先必须了解并掌握关于函数和公式的几个最基本的规则和知识,而这些规则和知识是学习和应用函数公式不可或缺的。

4.1.1 公式的基本概念

公式就是以等号(=)开头,按照指定的运算规则对数据进行计算。

例如,公式"=A1+A2-100"就是将单元格 A1 与 A2 相加,然后减去 100,在这个公式中,数据是 3 个(单元格 A1 的数据、单元格 A2 的数据和常数 100),计算规则是算术运算。

例如,公式"=A1>=100"就是将单元格 A1 与 100 进行比较,判断 A1 单元格的数据是否大于或等于 100,这个公式使用了比较运算规则。

例如,公式"=VLOOKUP(" 张三 "A1,工资表表 !A:M,6,0)"就是从工作表"工资表"中查找张三的第 6 列工资数据,这个公式的运算规则就是 VLOOKUP 函数自身的规则。

单独的算术运算是公式,单独的比较运算也是公式,单独的一个函数也是公式,几个函数嵌套起来也是公式。

1. 运算规则

实际中,我们常见的运算有以下 4 种。

- 算术运算:常用的是加(+)、减(-)、乘(*)、除(/)、百分比(%)。例如公式"=A1+A2-A5*200+20.5%*A3"。
- 比较运算:包括等于(=)、不等于(<>)、大于(>)、大于或等于(>=)、小于(<)、小于或等于(<=)。例如公式"=A1>100"。
- 连接运算:用于连接字符串(&)。例如公式"=A1&B1&" 北京 ""。
- 引用运算:用于连接单元格引用(:)。例如公式"=A1:A10"。

2. 单元格引用

单元格引用就是使用单元格地址来代表单元格数据,例如,公式"=A1+100"就是将单元格 A1 的数据与数值 100 相加,这个 A1 就是引用工作表的第一个单元格(A 列的第 1 行)。

在复制公式时，要注意合理设置单元格引用方式：绝对引用或相对引用。

- 绝对引用：在复制公式时，引用的单元格位置不发生变化。绝对引用使用符号（$）来限定。例如，公式"=$A$10"，不论这个公式复制到何处，引用的单元格总是 A10。
- 相对引用：在复制公式时，引用的单元格位置随着复制发生相对位移。相对引用没有符号（$）的限定。例如，公式"=A10"，当将这个公式往右复制 3 列、往下复制 2 行时，就得到新的引用 D12。
- 半绝对半相对：包括行绝对列相对、行相对列绝对。例如，公式"=$A10"就是列绝对行相对，不论将这个公式往右复制到何列，总是引用 A 列的数据，但是将公式往下或者往上复制时，引用的行就发生了变化。

转换绝对引用和相对引用的快捷键是 F4 键。

4.1.2 使用条件表达式

为了解决复杂的判断问题，我们常常在公式中使用条件表达式。

条件表达式就是根据指定的条件准则对两个项目进行比较，得到要么是 TRUE、要么是 FALSE 的判定值。

1. 项目比较

只能是两个项目进行比较，不能是三个以上的项目做比较。例如公式"=100>200"就是判断 100 是否大于 200，结果是 FALSE。而公式"=100>200>300"的判断逻辑是先判断 100 是否大于 200，结果为 FALSE，再把这个结果 FALSE 与 300 进行判断，因此这个公式是两个判断的过程，其结果是 TRUE。

2. 条件表达式的结果

条件表达式的结果是两个逻辑值：TRUE 或 FALSE，而逻辑值 TRUE 和 FALSE 分别以 1 和 0 来代表，在 Excel 中也遵循这个规定，因此在公式中逻辑值 TRUE 和 FALSE 分别以 1 和 0 来参与运算。

例如，下面的公式会得到不同的结果。

= ISNUMBER(A1)
= ISNUMBER(A1)*100

第一个公式只能返回 TRUE 或 FALSE，而第二个公式将根据实际情况返回 0 或 100。当单元格 A1 的数据为数字时，第一个公式的结果是 TRUE，而第二个公式的结果是 100（即 TRUE*100=1*100=100）。

3. 简单的条件表达式

当只对两个项目进行比较时，可以建立一个简单的条件表达式。例如，下面的公式都是简单的条件表达式，它们对两个项目进行比较。

= A1>B1
= A1<>(C1–200)
= A1="华东"
= SUM(A1:A10)>=2000

这些条件表达式都是返回逻辑值 TRUE 或 FALSE。

4. 复杂的条件表达式

在实际工作中，我们会经常需要将多个条件表达式进行组合，设计更为复杂的逻辑判断条件，以完成更为复杂的任务。例如，下面的条件表达式结果不是 1 就是 0。

=(A1>100)*(A1<1000)
= (A1="彩电")+(A1="冰箱")
= ((A1="彩电")+(A1="冰箱"))*(B1="A级")

乘号（*）与 AND 函数的功能是一样的，它们都是构建多个条件的与关系，也就是这些条件必须同时满足。

加号（+）与 OR 函数的功能也是一样的，它们都是构建多个条件的或关系，也就是这些条件只要有一个满足即可。

利用乘号（*）或加号（+）构建的条件表达式，其结果要么是数字 1（条件都成立），要么是数字 0（至少有一个条件不成立）。

4.1.3 使用名称

为了能够简化公式，或者能够得到一个随数据源变化而变化的数据区域，我们常常使用名称进行计算。

例如，下面的公式就是使用了两个名称"客户"和"销量"分别代表两个不同的单元格区域。

=SUMIF(客户,"中兴",销量)

1. 定义名称的规则

定义名称要遵循以下规则：

- 名称的长度不能超过 255 个字符。

- 名称中不能含有空格,但可以使用下画线和句点。例如,名称不能是"Month Total",但可以是"Month_Total"或"Month.Total"。
- 名称中不能使用除下画线和句点以外的其他符号。
- 名称的第一个字符必须是字母、汉字,不能使用单元格地址、阿拉伯数字。
- 避免使用 Excel 本身预设的一些特殊用途的名称,如 Extract、Criteria、Print_Area、Print_Titles、Database 等。
- 名称中的字母不区分大小写。例如,名称"MYNAME""myname"和"myName"是相同的,在公式中使用哪个都是可以的。
- 我们可以为一个单元格或单元格区域定义多个名称,不过这么做似乎没有什么意义。

2. 使用名称框定义名称

使用名称框定义名称是一种比较简单、易于操作的方法。其基本步骤是:首先选取要定义名称的单元格区域(不论是整行、整列、连续的单元格区域,还是不连续的单元格区域),然后在名称框中输入名称,最后按 Enter 键即可,如图 4-1 所示。

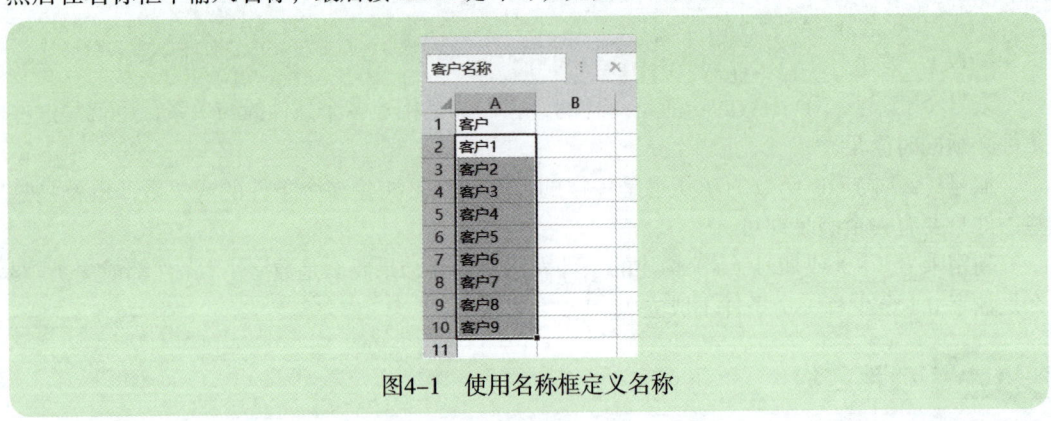

图4-1 使用名称框定义名称

3. 使用"新建名称"对话框

使用"新建名称"对话框来定义名称,就是单击"定义名称"命令按钮,在打开的"新建名称"对话框中定义名称(如图 4-2 所示),基本步骤如下。

步骤① 单击"公式"→"定义名称"命令按钮。
步骤② 打开"新建名称"对话框。
步骤③ 在"名称"文本框中输入要定义的名称。
步骤④ 在"引用位置"文本框中选择要定义名称的单元格区域。
步骤⑤ 单击"确定"按钮。

> **说明**
>
> 名称的"范围"可以保持默认的"工作簿",也就是定义的名称适用于本工作簿的所有工作表。

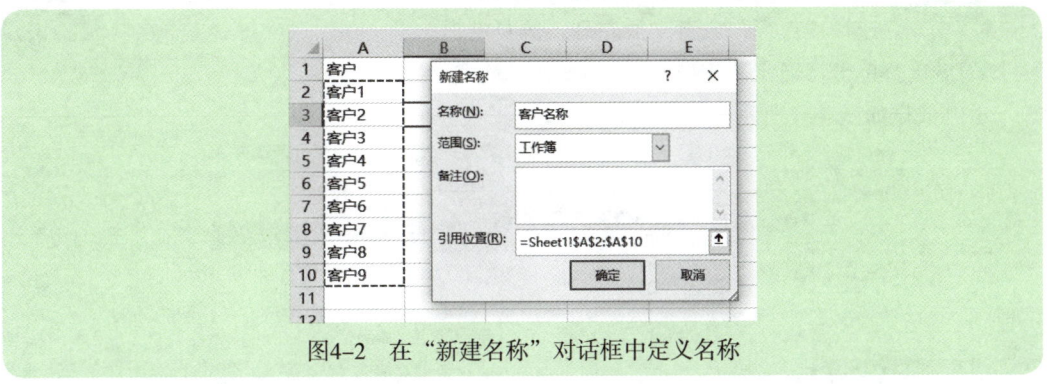

图4-2 在"新建名称"对话框中定义名称

4. 使用名称管理器

如果一次要定义几个不同的名称,可以单击"公式"→"名称管理器"命令按钮,打开"名称管理器"对话框,再单击"新建"按钮(如图4-3所示),打开"新建名称"对话框,定义好名称并确定,返回"名称管理器"对话框,所有名称都定义完毕后,关闭"名称管理器"对话框。

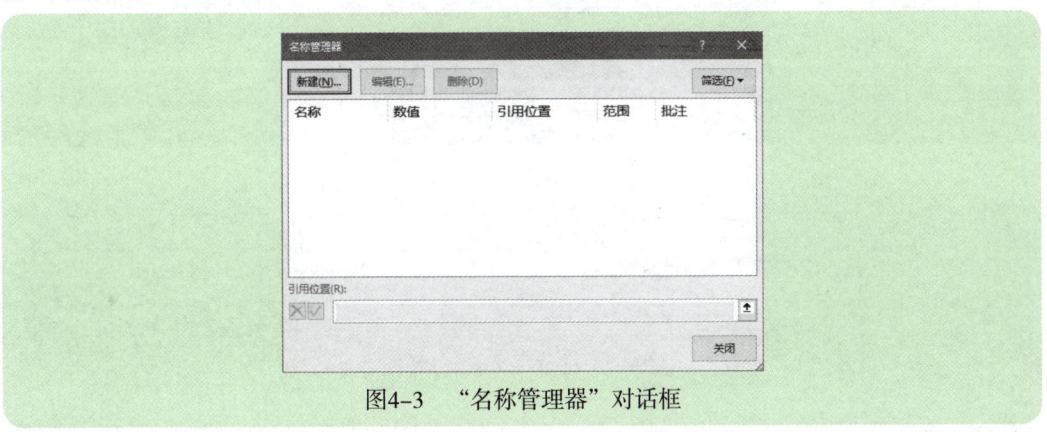

图4-3 "名称管理器"对话框

5. 批量定义名称

当工作表的数据区域有行标题或列标题,而我们希望把这些标题文字作为名称使用时,就可以利用"根据所选内容创建"命令按钮自动快速定义多个名称,具体步骤如下。

步骤① 选择要定义行名称和列名称的数据区域(要包含行标题或列标题)。

步骤② 单击"公式"→"根据所选内容创建"命令按钮。

步骤③ 打开"根据所选内容创建名称"对话框。

步骤④ 选择"首行"或者"最左列"等复选框。

步骤⑤ 单击"确定"按钮。

示例数据如图4-4所示。

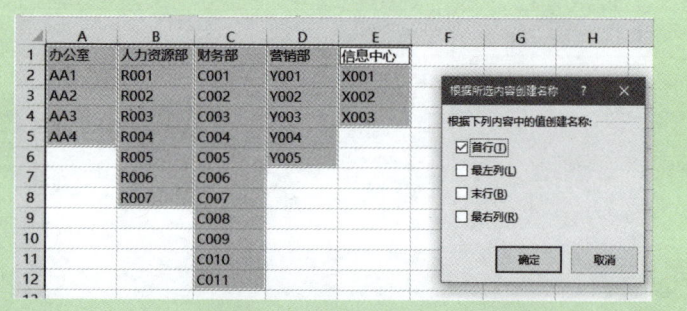

图4-4 根据行标题或列标题定义名称

打开"名称管理器"对话框,就可以看到批量定义了5个名称,如图4-5所示。

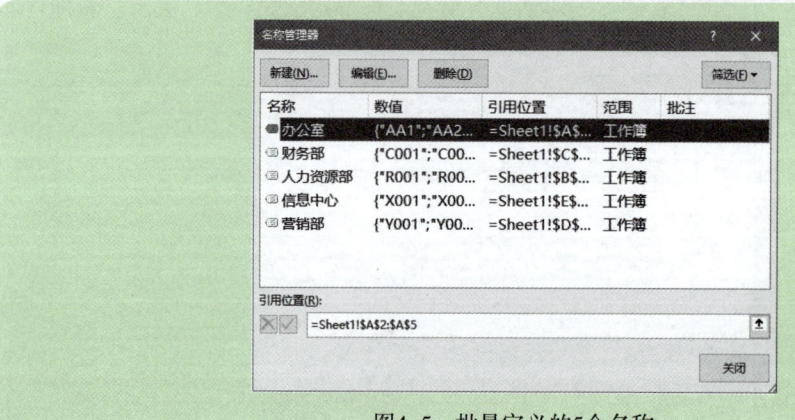

图4-5 批量定义的5个名称

4.1.4 函数基本语法

函数就是我们在公式中使用的一种 Excel 内置工具,它用来迅速完成简单的或复杂的计算，并得到一个计算结果。

大多数函数的计算结果是根据指定的参数值计算出来的，例如，公式"=SUM(A1:A10,100)"就是合计单元格区域 A1:A10 的数值再加上 100。

也有一些函数不需要指定参数而直接得到计算结果，例如，公式"=TODAY()"就是得到系统当前的日期。

在使用函数时，必须遵循一定的规则，即函数都有自己的基本语法。函数的基本语法如下：

= 函数名(参数1, 参数2, ..., 参数n)

在使用函数时，应注意以下几个问题。

- 函数也是公式，所以当公式中只有一个函数时，函数前面必须有等号（=）。
- 函数也可以作为公式中表达式的一部分，或者作为另外一个函数的参数，此时在函数名前就不能输入等号了。
- 函数名与其后的小括号"("之间不能有空格。
- 参数的前后必须用小括号"("和")"括起来，也就是说，一对括号是函数的组成部分。如果函数没有参数，则函数名后面必须带有小括号"()"。
- 当有多个参数时，参数之间要用逗号","分隔。
- 参数可以是数值、文本、逻辑值、单元格或单元格区域地址、名称，也可以是各种表达式或函数。
- 函数中的逗号","、引号""等都是半角字符，而不是全角字符。
- 在有些函数的参数中，某些参数可以是可选参数，那么这些函数是否输入具体的数据可依实际情况而定。从语法上来说，不输入这些可选参数是合法的。

4.1.5 了解函数本身逻辑

每个函数都有其自身独有的逻辑及应用方法。我们使用函数创建公式，不仅仅要了解函数本身，还要了解函数的逻辑及其应用注意事项。

例如，SUM 函数是一个简单的求和，但只能对数字求和，会忽略空单元格和逻辑值。但是，如果单元格区域内有错误值，SUM 函数的结果就会报错。

如果要对满足指定条件的数据进行求和呢？就产生了如下的两个条件求和函数。

SUM + IF = SUMIF：单条件求和

SUM + IFS = SUMIFS：多条件求和

简单来说，SUMIF 就是先 IF 再 SUM，就是先判断是否满足指定条件，然后再求和。SUMIFS 就是先做几个 IF 再 SUM，也就是先判断是否满足指定的这几个条件，然后再求和。

再如，VLOOKUP函数是最常用的查找函数，这个函数的逻辑就是：在数据区域最左边的列匹配是否满足指定条件的数据，然后从数据区域右边某列把满足该条件的数据提取出来。既然是列的查找，那么就应该理解这个函数第一个字母V的含义：垂直的（Vertical）。

反过来，如果条件在数据区域的第一行，但结果在数据区域的下面某行，那用什么函数来提取数据呢？这时候，HLOOKUP函数就派上用场了。H——Horizontal，即水平的。

4.1.6 尽可能使用参数对话框输入函数

很多人在单元格中输入函数时，特别喜欢一个字母、一个逗号、一个括号地往单元格输入，殊不知这样很容易出错，即使对函数的语法比较熟悉，也容易搞错参数，或者漏掉参数，或者逗号加错了位置，或者括号加错了位置。

输入函数最好的方法是单击编辑栏中的插入函数按钮 f_x，打开"函数参数"对话框，就可以快速准确地输入函数的参数了。

图4-6所示就是VLOOKUP函数的参数对话框，将光标移到每个参数输入框中，就可以看出该参数的含义，如果不清楚函数的使用方法，还可以单击对话框左下角的"有关该函数的帮助"标签，打开帮助信息进行查看。

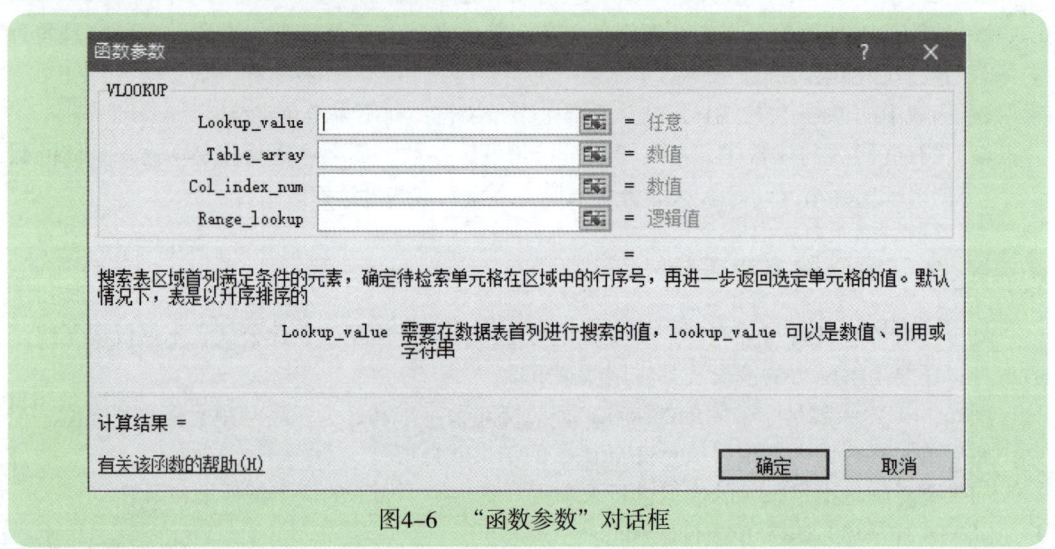

图4-6 "函数参数"对话框

4.1.7 输入嵌套公式函数的基本技能

很多的计算并不是一个函数所能完成的，往往需要几个函数嵌套在一起使用。即使是一个函数，也经常是自己套自己，最典型的就是 IF 嵌套。

对于嵌套函数公式，很多人容易搞错。但是，如果你掌握了如何绘制逻辑思路图，并使用正确的方法输入函数，其实创建嵌套函数公式并不是一件多么难的事情。

逻辑思路图就是详细阅读表格，弄清数据之间的逻辑关系，然后找出解决问题的思路及详细步骤。

如果您经过了系统的学习和训练，可以把逻辑思路图画在脑子里，直接在单元格中创建公式。如果您对函数的使用不熟练，也没有基本的逻辑训练，那么，还是老老实实先学会如何画逻辑思路图吧。

逻辑思路图有两种。

（1）计算机式的逻辑流程图。

（2）函数对话框式的逻辑流程图。

案例4-1

年休假规定如下：工作满 1 年不满 10 年，给 5 天假期；满 10 年不满 20 年，给 10 天假期；满 20 年以上，给 15 天假期。示例数据如图 4-7 所示。

	A	B	C	D
1	今天是：	2017年10月1日		
2				
3	姓名	参加工作时间	工龄	年休假天数
4	A001	1995-5-22	22	15
5	A002	1997-6-18	20	15
6	A003	2003-12-1	13	10
7	A004	2008-5-31	9	5
8	A005	2012-8-12	5	5
9	A006	2015-9-15	2	5
10	A007	2017-6-18	0	0
11				

图4-7 年休假计算示例

这个问题实际上是要处理 4 个结果：0，5，10，15，最简单的是使用 3 个 IF 函数嵌套解决，根据判断的方向，我们可以绘制如图 4-8 和图 4-9 所示的两种逻辑思路图。

这样，按照这个流程做公式就非常方便了，公式如下：

从小到大判断的公式：=IF(C4<1,0,IF(C4<10,5,IF(C4<20,10,15)))

从大到小判断的公式：=IF(C4>=20,15,IF(C4>=10,10,IF(C4>=1,5,0)))

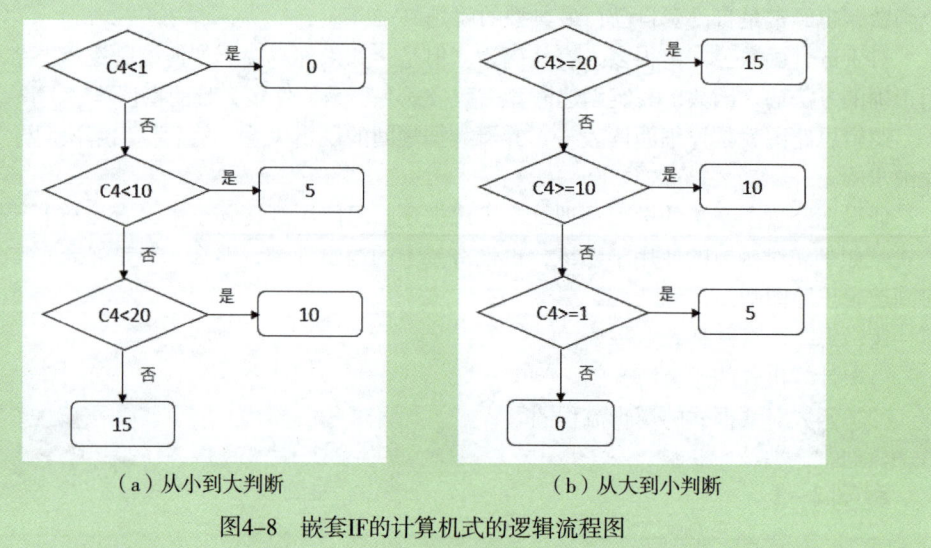

（a）从小到大判断　　　　　　（b）从大到小判断

图4-8　嵌套IF的计算机式的逻辑流程图

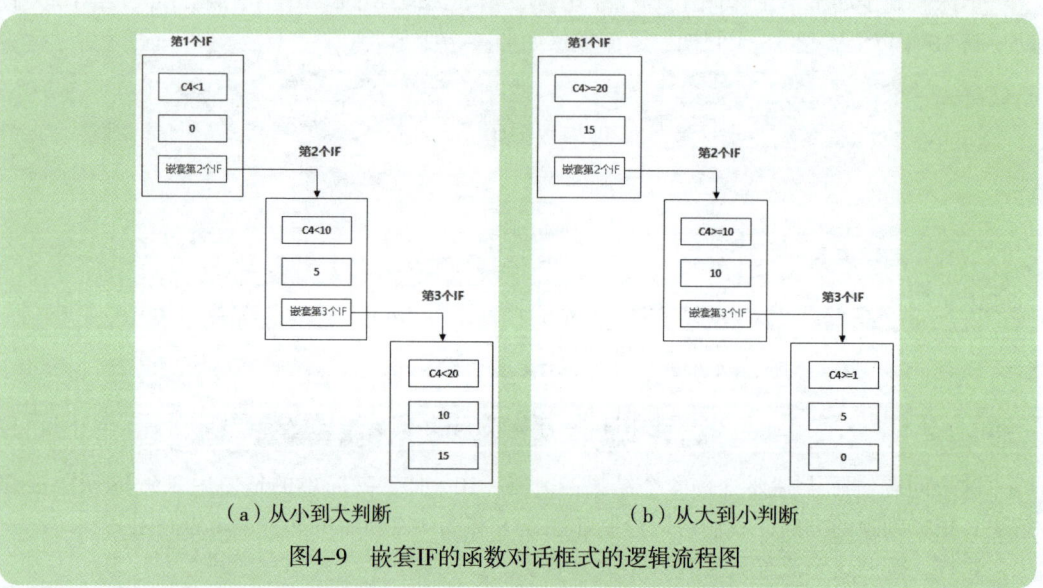

（a）从小到大判断　　　　　　（b）从大到小判断

图4-9　嵌套IF的函数对话框式的逻辑流程图

了解了嵌套函数的基本逻辑思路后，就可以通过"函数参数"对话框一步一步地把函数嵌套起来，下面是具体步骤。

步骤① 插入第1个IF函数，输入条件表达式和条件成立的结果，如图4-10所示。

第4章　表单设计的常用函数公式及应用

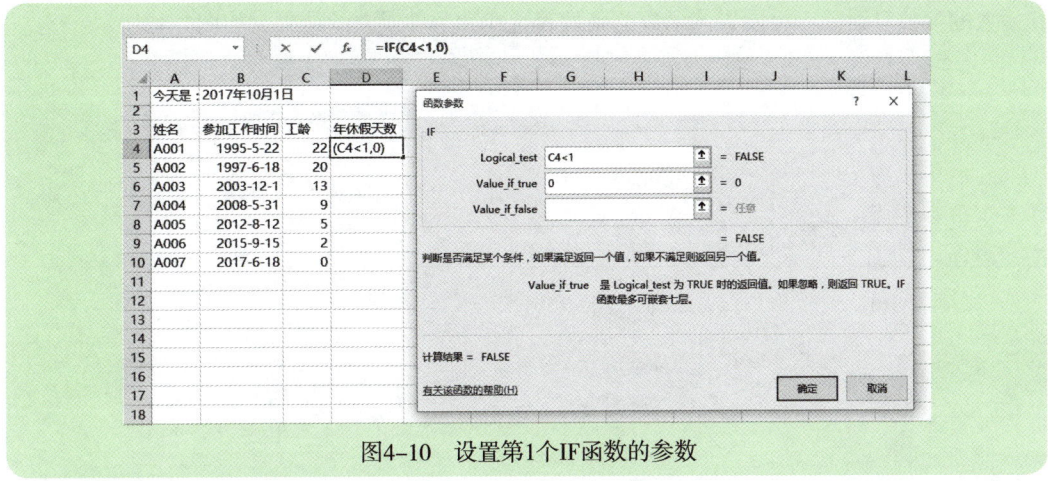

图4-10　设置第1个IF函数的参数

步骤② 将光标移到IF函数的第3个参数输入框中，单击名称框中出现的IF函数，打开第2个IF函数的参数对话框，再设置该函数的条件表达式和条件成立的结果，如图4-11和图4-12所示。

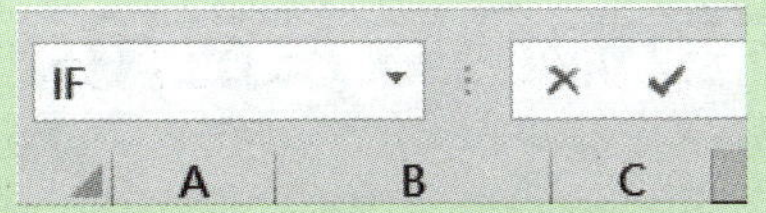

图4-11　编辑栏左侧的名称框出现了IF函数

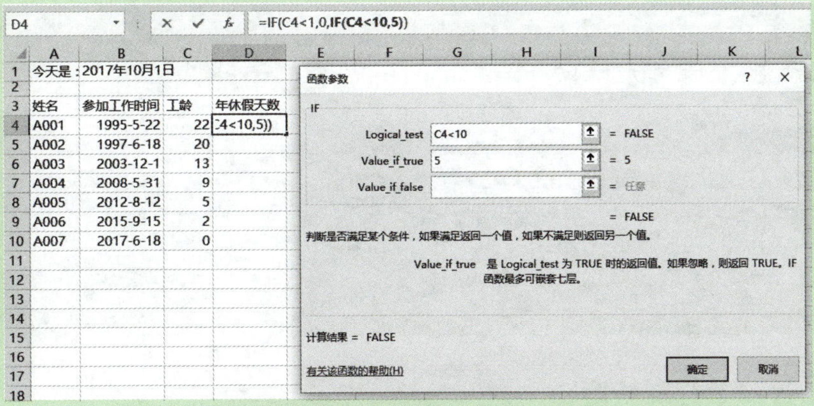

图4-12　设置第2个IF函数的参数

步骤③ 将光标移到IF函数的第3个参数输入框中，单击名称框中的IF函数，打开第3个

91

IF函数的参数对话框，再设置该函数的条件表达式和条件成立的结果，如图4-13所示。

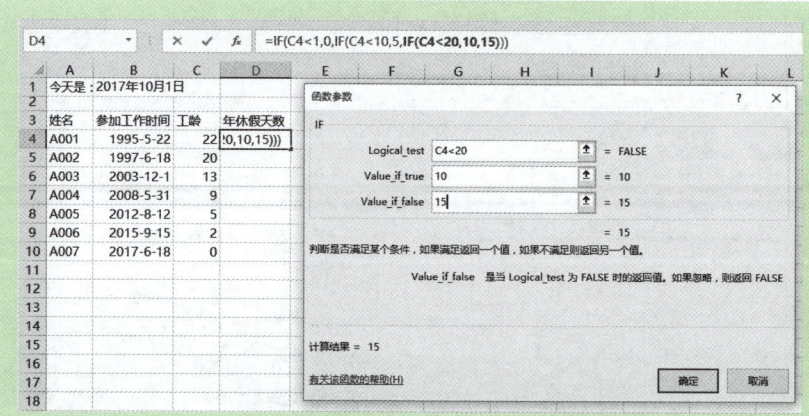

图4-13 设置第3个IF函数的参数

步骤 4 单击"确定"按钮，完成公式输入。

4.2 处理文本数据函数及应用

在实际工作中，我们要处理大量的文本数据，例如，从摘要中提取关键词，从地址中提取邮政编码，从身份证号码中提取生日和性别等，这些都需要使用文本函数。

常用的文本函数有如下6个。
- LEN 函数：计算字符串长度（字符数）。
- LEFT 函数：从字符串左侧截取数据。
- RIGHT 函数：从字符串右侧截取数据。
- MID 函数：从字符串指定位置截取数据。
- FIND 函数：查找指定字符在字符串中出现的位置。
- TEXT 函数：将数字或日期转换为指定格式的文本。

4.2.1 计算字符串长度

计算字符串长度要使用 LEN 函数，例如，下面的公式结果是 8，因为共有 8 个字符

（2个汉字和6个数字）。

=LEN("北京100083")

在设计表单中，我们常常使用LEN函数来限制输入固定位数的数据。例如，在A列里只能输入6位文本数字。注意，这里有两个条件：①必须是数字，而且必须是文本型数字；②只能是6位数字。

数据验证设置（如图4-14所示）如下。
- 在"允许"下拉列表中选择"自定义"选项。
- 在"公式"文本框中输入下面的公式。

=AND(LEN(A2)=6,ISNUMBER(1*A2))

这个公式不难理解：LEN(A2)=6是判断输入的数字是否为6位；ISNUMBER(1*A2)是判断输入的是否为数字（因为文本型数字可以做加减乘除）。

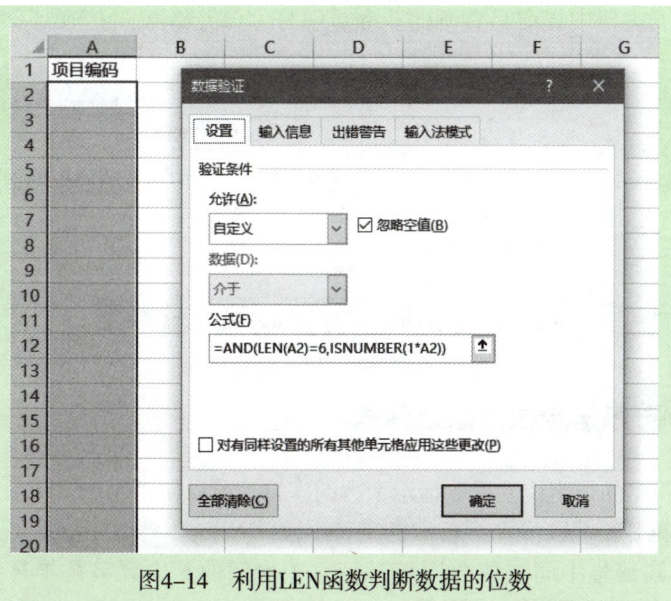

图4-14　利用LEN函数判断数据的位数

4.2.2　从字符串左侧截取数据

从字符串左侧截取数据可以使用LEFT函数，其使用方法是：

=LEFT(字符串,要截取的字符个数)

例如，当输入科目编码时，自动提取前4位的总账科目编码数字，单元格C2的公式为"=LEFT(A2,4)"，如图4-15所示。

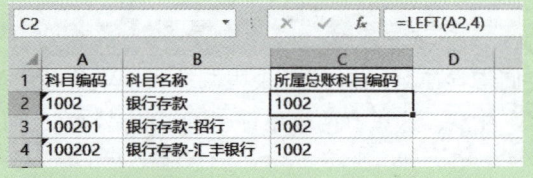

图4-15　使用LEFT函数提取字符串左侧字符

4.2.3 从字符串右侧截取数据

从字符串右侧截取数据可以使用 RIGHT 函数，其使用方法是：
=RIGHT(字符串,要截取的字符个数)

例如，从合同编码中提取最右侧的业务员编号，单元格 B2 的公式为"=RIGHT(A2,2)"，如图 4-16 所示。

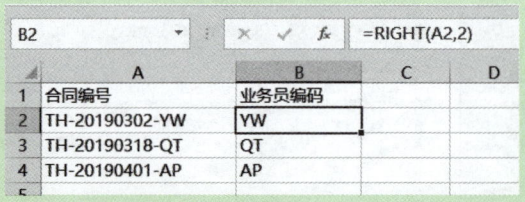

图4-16　使用RIGHT函数提取字符串右侧字符

4.2.4 从字符串指定位置截取数据

如果要从字符串的指定位置提取指定个数的字符，可以使用 MID 函数，其使用方法是：
=MID(字符串,开始截取位置,要截取的字符个数)

例如，从合同编号中间提取合同年月信息（中间的 6 位数字是年月信息，如中间的 201903 是从第 4 个字符开始算，个数是 6），公式为"=MID(A2,4,6)"，如图 4-17 所示。

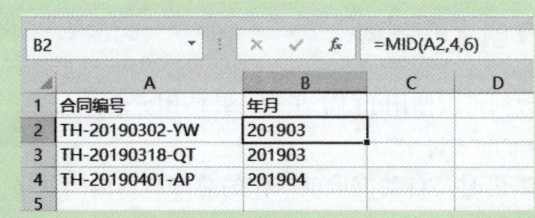

图4-17　使用MID函数提取字符串中间指定位置的字符

4.2.5 从字符串不定位置截取数据

在某些情况下，我们要从字符串中不定的位置提取字符，此时有明显的分隔符来指定位置和个数，此时可以先用 FIND 函数确定位置并计算要截取的个数，再使用 MID 函数提取字符。

FIND 函数的功能是查找指定字符在字符串中的位置，其用法如下：

=FIND(要查找的字符,字符串,指定查找的开始位置)

这里如果忽略“指定查找的开始位置”，就是从字符串的第一个字符开始查找。

例如，从科目名称中提取最右侧的项目名称。但是每个单元格中项目的起始位置是不一样的，项目的前面都有斜杠“/”（从第 6 个字符以后开始出现斜杠，如图 4-18 所示），这样就可以创建如下的公式：

=MID(A2,FIND("/",A2,6)+1,100)

这个公式很容易理解：FIND("/",A2,6) 就是从第 6 个字符往右查找斜杠的位置，此位置数字加 1 就是要抓取项目名称的开始位置，然后使用 MID 函数将右侧的名称抓取出来。

由于是提取最后一个斜杠右侧的所有字符，所以 MID 函数的第 3 个参数设置了一个很大的数字，也就是有多少就要多少。

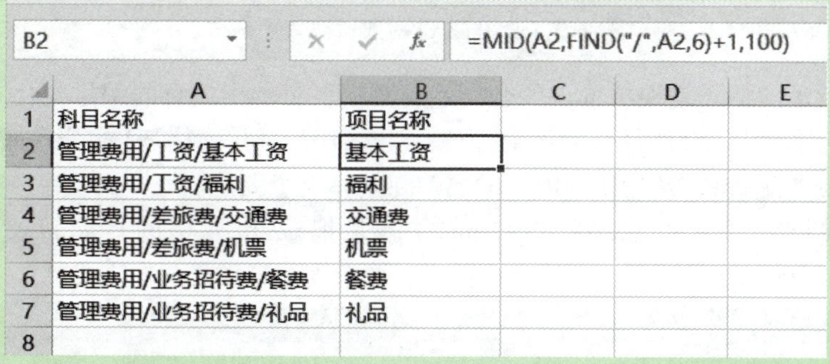
B2　=MID(A2,FIND("/",A2,6)+1,100)

	A	B	C	D	E
1	科目名称	项目名称			
2	管理费用/工资/基本工资	基本工资			
3	管理费用/工资/福利	福利			
4	管理费用/差旅费/交通费	交通费			
5	管理费用/差旅费/机票	机票			
6	管理费用/业务招待费/餐费	餐费			
7	管理费用/业务招待费/礼品	礼品			
8					

图4-18　使用MID函数提取字符串中间指定位置的字符

4.2.6 将数字转换为指定格式的文字

在设计表单和分析数据中，我们常常需要将数字或日期转换成指定格式的字符，以自动填写某列数据，或者直接使用原始数据进行汇总计算分析。此时，可以使用 TEXT 函数来处理数据。

TEXT 函数的功能就是将数字转换为指定格式的文字，其用法如下：

=TEXT(数字,指定的格式代码)

例如，下面的公式就是将日期“2019-4-22”转换为中文月份名称“4 月”。

=TEXT("2019-4-22","m月")

下面的公式就是将数字 22 转换为 4 位数的文本“0022”，由于其位数不足 4 位，因此就在前面补足 0。

=TEXT(22,"0000")

图 4-19 所示的例子是在 A 列产生一个连续的、从 1 开始的 4 位数序号，单元格 A2 的公式如下：

=TEXT(ROW()-1,"0000")

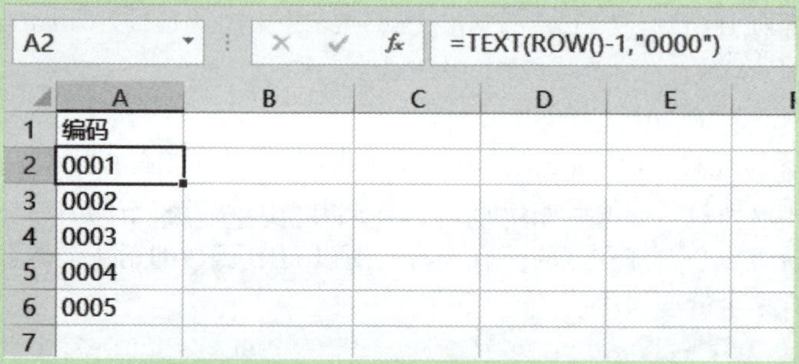

A2 =TEXT(ROW()-1,"0000")

	A	B	C	D	E
1	编码				
2	0001				
3	0002				
4	0003				
5	0004				
6	0005				
7					

图4-19　使用TEXT函数转换数字格式

图 4-20 所示的例子是根据输入的合同签订日期，自动生成合同编号，合同编号的编制规则是：4 位年份数字 +2 位月份数字 +3 位数字连续序号。单元格 A2 的公式如下：

=TEXT(C2,"yyyymm")&TEXT(ROW()-1,"0000")

这个公式很好理解：TEXT(C2,"yyyymm") 就是把 C2 单元格的日期转换为 6 位数字，TEXT(ROW()-1,"0000") 是获取连续的 3 位数字，两个连起来就是我们需要的合同编码。

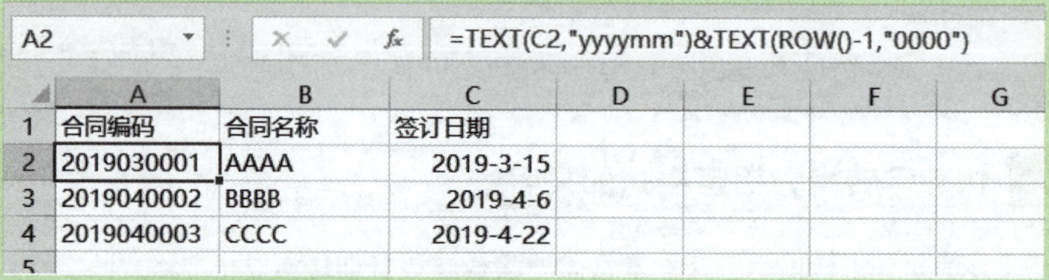

A2 =TEXT(C2,"yyyymm")&TEXT(ROW()-1,"0000")

	A	B	C	D	E	F	G
1	合同编码	合同名称	签订日期				
2	2019030001	AAAA	2019-3-15				
3	2019040002	BBBB	2019-4-6				
4	2019040003	CCCC	2019-4-22				
5							

图4-20　TEXT函数的简单应用

4.3 处理日期数据函数及应用

日期是 Excel 表单的重要数据之一，几乎所有的财务表单都是有日期数据的，对日期进行各种计算也就成了财务数据处理的主要内容之一。例如，计算应收账款的逾期天数、计算固定资产折旧月数等。下面介绍几个常用的日期函数及其应用。

4.3.1 获取当前日期

要获取当天日期，可以使用 TODAY 函数，这个函数没有参数，其结果是计算机系统当天的日期，使用很简单，如下所示。

=TODAY()

例如，图 4-21 所示的例子就是计算离到期日还剩的天数，单元格 C5 的公式如下：

=B5-TODAY()

而单元格 B2 的公式如下：

=TEXT(TODAY(),"yyyy年m月d日 aaaa")

	A	B	C	D
1				
2	今天是:	2019年4月22日	星期一	
3				
4	合同名称	合同到期日	到期天数	
5	A001	2019-5-18	26	
6	A002	2019-5-26	34	
7	A003	2019-6-23	62	
8	A004	2019-9-20	151	

图4-21 TODAY函数的应用

需要注意的是，两个日期相减后，单元格格式会自动默认为日期格式，此时需要把单元格的格式设置为常规，以显示正确的天数数字，因为两个日期相减后的结果是天数。

4.3.2 计算一定时间后或前的日期

当需要计算一定时间后或前的日期时，如果这个时间是以天计算的，那么直接相加减即可。例如，下面的公式就是从今天开始 30 天以后的日期。

```
=TODAY()+30
```

下面的公式是从今天开始倒退 20 天的日期。

```
=TODAY()–20
```

图 4–22 所示的例子是计算应收账款逾期天数，正数表示已经逾期，负数表明还没有到期，0 表示当前到期。单元格 C5 的公式如下：

```
=TODAY()–B5
```

C5 =TODAY()-B5

	A	B	C	D
1				
2	今天是:	2019年4月22日 星期一		
3				
4	合同名称	合同到期日	逾期天数	
5	A001	2019-5-18	-26	
6	A002	2019-3-26	27	
7	A003	2019-4-22	0	
8	A004	2019-2-20	61	

图4–22　计算应收账款逾期天数

当时间是年数或月数时，需要使用 EDATE 函数来计算。EDATE 函数的用法如下：

```
=EDATE(基准日期,总月数)
```

这个函数的第 2 个参数是总月数。如果时间是年，则需要转换为月数。

图 4–23 所示的例子是计算预付款的到期日，这个到期日是签订日期过后的指定月份，单元格 D2 的公式如下：

```
=EDATE(B2,C2)–1
```

D2 =EDATE(B2,C2)-1

	A	B	C	D	E
1	合同名称	合同签订日	预付月数	到期日	
2	A001	2019-3-18	2	2019-5-17	
3	A002	2019-3-26	2	2019-5-25	
4	A003	2019-4-22	3	2019-7-21	
5					

图4–23　计算预付款截止日

EDATE 函数的结果在默认情况下是一个正整数，需要把单元格格式设置为日期格式。

图 4–24 所示的例子是计算合同到期日，合同期限是按年数表述的，单元格 D2 的公式如下：

=EDATE(B2,C2*12) –1

D2　=EDATE(B2,C2*12)-1

	A	B	C	D	E
1	合同名称	合同签订日	期限(年)	到期日	
2	A001	2019-3-18	3	2022-3-17	
3	A002	2019-3-26	2	2021-3-25	
4	A003	2019-4-22	3	2022-4-21	

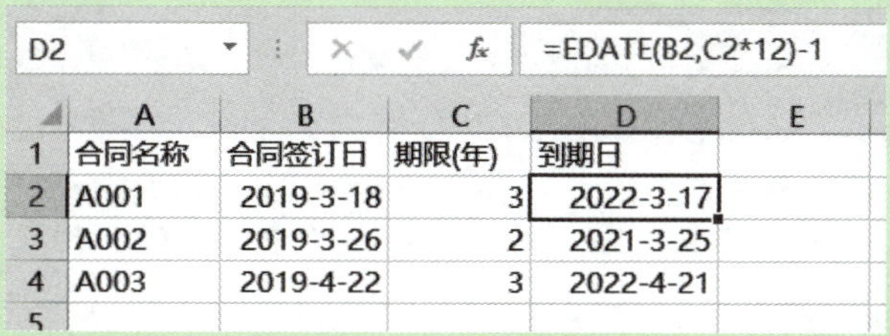

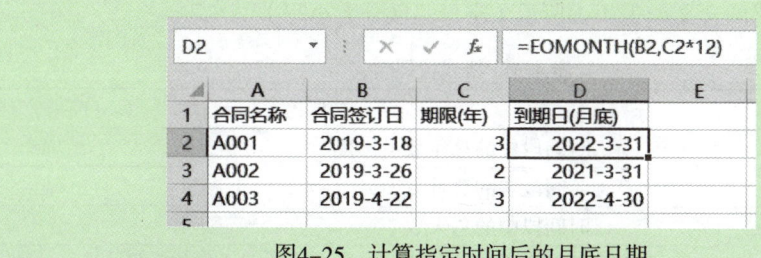

图4–24　计算合同到期日

还有一种情况是要计算一段时间后或前的月底日期，此时需要使用 EOMONTH 函数来计算。EOMONTH 函数的使用方法如下：

=EOMONTH(基准日期,总月数)

与 EDATE 函数一样，这个函数的第 2 个参数是表述的总月数。如果时间是年，则需要转换为月数。

例如，在上面的例子中，假如合同到期是几年后的那个月的月底日期 (如图 4–25 所示)，则单元格 D2 的公式如下：

=EOMONTH(B2,C2*12)

D2　=EOMONTH(B2,C2*12)

	A	B	C	D	E
1	合同名称	合同签订日	期限(年)	到期日(月底)	
2	A001	2019-3-18	3	2022-3-31	
3	A002	2019-3-26	2	2021-3-31	
4	A003	2019-4-22	3	2022-4-30	

图4–25　计算指定时间后的月底日期

图 4–26 所示的例子是计算入库日期：如果是当月 20 日以前的时间，就按当月 20 日计；如果是当月 20 日以后的时间，就按下个月的 20 日计。单元格 C2 的公式如下：

=IF(DAY(B2)<20,EOMONTH(B2,–1)+20,EOMONTH(B2,0)+20)

这个公式很好理解：先用 DAY 函数取出日数，判断这个日数是在 20 日以前还是在 20 日以后。如果是在 20 日以前，就计算上个月的月底日期然后加上 20 天就是本月的 20 日；如果是 20 日以后，就计算本月的月底日期加上 20 日，就是下月的 20 日。

这个公式还可以简化为更简单的形式。

=EOMONTH(B2,IF(DAY(B2)<20,–1,0))+20

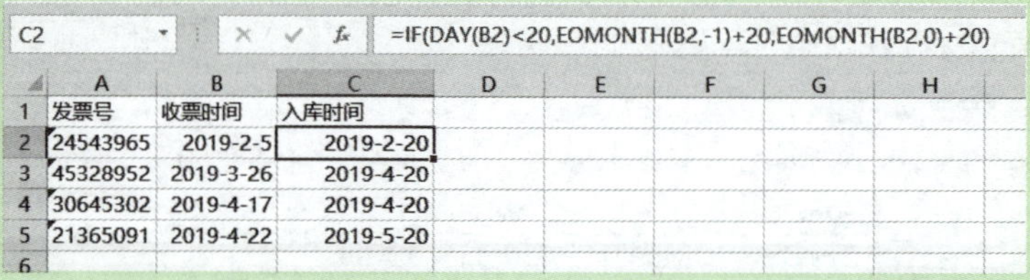

图4–26 计算入库时间

4.3.3 计算两个日期之间的期限

当给定两个日期，需要计算两个日期之间的天数时，要依据不同的情况做不同的公式。

如果是计算两个日期之间的天数，并且算头算尾，例如，20日至24日出差，出差时间就是5天，此时，两个日期直接相减，并且再加1即可。如果是算头不算尾，或者算尾不算头，则直接相减即可。

当要计算两个日期之间的月数或年数时，例如，计算折旧月数、计算工龄、计算年龄等，此时需要使用DATEDIF函数。

DATEDIF函数用于计算指定的类型下两个日期之间的期限，该函数的使用方法如下：

=DATEDIF(开始日期,截止日期,格式代码)

函数中格式代码的含义如表4–1所示（字母不区分大小写）。

表4-1 格式代码含义

格式代码	结果
"Y"	时间段中的总年数
"M"	时间段中的总月数
"D"	时间段中的总天数
"MD"	两日期中天数的差，忽略日期数据中的年和月
"YM"	两日期中月数的差，忽略日期数据中的年和日
"YD"	两日期中天数的差，忽略日期数据中的年

例如，某职员进公司的日期为2001年3月20日，离职时间为2017年10月28日，那么他在公司工作了多少年零多少月多少天？

整数年：=DATEDIF("2001–3–20","2017–10–28","Y")，结果是16

零几个月：=DATEDIF("2001–3–20","2017–10–28","YM")，结果是7

零几天：=DATEDIF("2001–3–20","2017–10–28","MD")，结果是22

这个函数是隐藏函数，在插入函数对话框中是找不到的，需要自己在单元格中手工输入。在使用这个函数时，一个重要的注意事项就是两个日期的统一标准问题。

在计算期限时，如果开始日期是月初，那么截止日期也要是月初；如果开始日期是月末，那么截止日期也要是月末。

例如，开始日期是 2016-10-1，截止日期是 2017-9-30，要计算这两个日期之间的总月数，很显然应该是 12 个月，但是，下面的公式计算得到的结果却是 11 个月。

=DATEDIF("2016-10-1","2017-9-30","m")

要想得到正确的结果，公式必须改为：

=DATEDIF("2016-10-1","2017-9-30"+1,"m")

图 4-27 所示的例子是计算固定资产已计提月数，单元格 D2 的公式如下：

=DATEDIF(B2-1,C2,"m")

或者

=DATEDIF(B2,C2+1,"m")

● 注意

两个日期的月初月末的调整。

图4-27　计算已计提折旧月数

4.3.4 提取年、月、日数字

从日期中提取年数字、月数字、日数字，可以分别使用 YEAR 函数、MONTH 函数和 DAY 函数。假如单元格 A1 保存的是日期，则提取年、月、日数字的公式分别如下：

提取年数字：=YEAR(A1)

提取月数字：=MONTH(A1)

提取日数字：=DAY(A1)

4.3.5 从日期中提取星期名称

从日期中提取星期名称可以使用 TEXT 函数，也可以使用 WEEKDAY 函数，前者可以得到具体的月份名称，后者得到的仅仅是代表星期几的数字。

例如，日期是 2019 年 4 月 22 日，则使用这两个函数计算星期的公式分别如下：

公式1：=WEEKDAY("2019-4-22",2)，结果为1

公式2：=TEXT("2019-4-22","aaaa")，结果为“星期一”

公式3：=TEXT("2019-4-22","ddd")，结果为“Mon”

4.3.6 判断日期是哪个季度

考虑到一年分成 4 个季度，每个季度有 3 个月，那么就可以使用下面的公式确定某个日期在该年的第几季度（单元格 A2 保存某个日期），它返回一个数字：1 表示 1 季度，2 表示 2 季度，3 表示 3 季度，4 表示 4 季度。

=ROUNDUP(MONTH(A2)/3,0)

如果想要把上述公式返回的数字显示为具体的季度名称（如 1 季度、2 季度、3 季度或 4 季度），可以将公式修改如下：

=TEXT(ROUNDUP(MONTH(A2)/3,0),"0季度")

图 4-28 所示是一个示例。

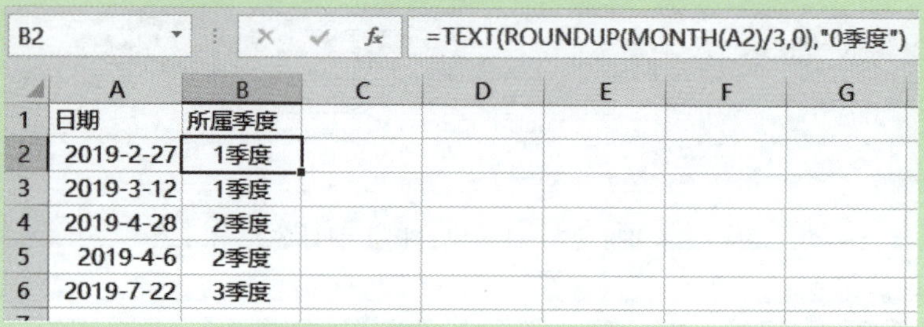
B2　=TEXT(ROUNDUP(MONTH(A2)/3,0),"0季度")

	A	B	C	D	E	F	G
1	日期	所属季度					
2	2019-2-27	1季度					
3	2019-3-12	1季度					
4	2019-4-28	2季度					
5	2019-4-6	2季度					
6	2019-7-22	3季度					

图4-28　判断一个日期所属的季度

4.4 逻辑判断函数及应用

设计表单离不开逻辑判断，数据分析更离不开逻辑判断。在逻辑判断函数中，常用的有以下几个。

- IF 函数：根据指定的条件进行判断，处理要么是 A 要么是 B 的结果。
- AND 函数：把几个条件组合起来，必须都满足才行（与条件）。

- OR 函数：把几个条件组合起来，只要有一个满足就可以（或条件）。
- IFERROR 函数：处理单元格的错误值，把错误值处理为需要的结果。

4.4.1 基本的逻辑判断处理

在做最基本的逻辑判断时，使用 IF 函数即可完成任务。

IF 函数的功能是判断指定的条件是否成立，得到不是 A 就是 B 的结果，其用法和逻辑关系如下（如图 4-29 所示）：

=IF(条件是否成立,条件成立的结果A,条件不成立的结果B)

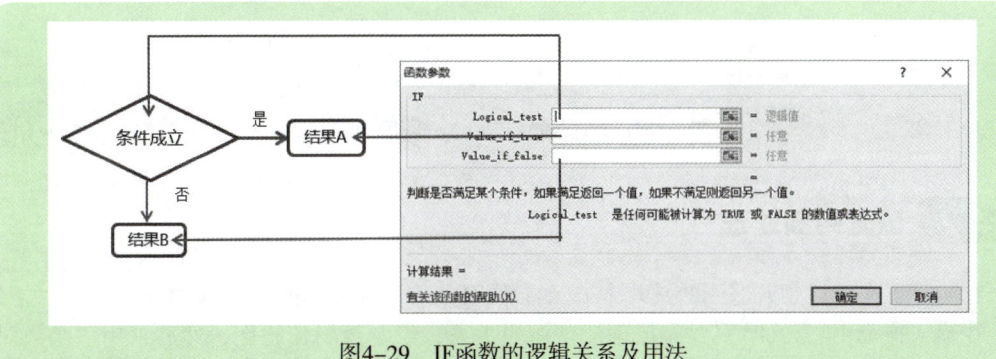

图4-29　IF函数的逻辑关系及用法

案例4-2

下面是一个简单的例子，要根据每个人的签到时间和签退时间计算迟到分钟数和早退分钟数。这里的出勤时间是 8:30—17:30。

这是一个最简单的判断问题。

就迟到判断来说，就是把每个人的签到时间与 8:30 做比较，如果签到时间小于 8:30，代表没迟到，单元格留空；如果签到时间大于 8:30，代表迟到了，那么需要计算迟到分钟数。

同样的道理，把每个人的签退时间与 17:30 做比较，如果签退时间大于 17:30，代表没早退，单元格留空；如果签退时间小于 17:30，代表早退了，那么需要计算早退分钟数，如图 4-30 所示。

计算公式分别如下。

单元格 G2，迟到分钟数：

=IF(E2>8.5/24,(E2-8.5/24)*24*60,"")

单元格 H2，早退分钟数：

=IF(F2<17.5/24,(17.5/24-F2)*24*60,"")

G2 =IF(E2>8.5/24,(E2-8.5/24)*24*60,"")

	A	B	C	D	E	F	G	H
1	登记号码	姓名	部门	日期	签到时间	签退时间	迟到分钟数	早退分钟数
2	3	李四	总公司	2019-8-2	9:35	17:18	65	12
3	3	李四	总公司	2019-8-3	9:13	16:15	43	75
4	3	李四	总公司	2019-8-4	8:33	18:06	3	
5	3	李四	总公司	2019-8-9	8:44	17:59	14	
6	3	李四	总公司	2019-8-10	9:21	18:11	51	
7	3	李四	总公司	2019-8-12	7:06	18:54		
8	3	李四	总公司	2019-8-14	8:27	18:26		
9	3	李四	总公司	2019-8-15	8:09	18:39		
10	3	李四	总公司	2019-8-19	8:12	17:06		24
11	3	李四	总公司	2019-8-20	9:28	18:19	58	
12	3	李四	总公司	2019-8-21	9:10	16:44	40	46
13	3	李四	总公司	2019-8-25	8:45	16:12	15	78

图4-30 计算每个人的迟到分钟数和早退分钟数

4.4.2 嵌套判断处理

在实际工作中，频繁遇到的是几个 IF 函数嵌套使用，称之为嵌套 IF 公式。

在输入嵌套 IF 公式时，要先梳理清楚逻辑关系，绘制逻辑流程图，然后采用“函数对话框＋名称框”的方法快速准确地输入 IF 函数，创建正确的计算公式。前面介绍了这样的一个例子（计算年休假），下面再介绍一个例子。

案例4-3

图 4-31 所示是计算考核工资的例子，根据考核成绩分数有不同的考核工资计算标准。具体计算标准分为 6 种情况，因此需要使用 5 个 IF 函数串联嵌套。

绘制的逻辑流程图如图 4-32 所示，使用“函数对话框 + 名称框”的操作方法创建如下的判断计算公式：

```
=IF(C2>=110,B2+200,
  IF(C2>=105,B2+100,
  IF(C2>=100,B2,
  IF(C2>=95,B2*80%,
```

IF(C2>=90,B2*60%,
B2*40%)))))

	A	B	C	D	E	F	G	H
1	姓名	目标考核工资	考核成绩分数	实发考核工资			考核工资计算标准	
2	AAA1	1200	120	1400			成绩	考核工资比例
3	AAA2	800	98	640			≥110分	100%基础上,再额外奖励200元
4	AAA4	900	110	1100			≥105分	100%基础上,再额外奖励100元
5	AAA5	600	102	600			≥100分	100%
6	AAA6	850	100	850			≥95分	80%
7	AAA7	788	98	630.4			≥90分	60%
8	AAA8	309	118	509			不合格<90分	40%
9	AAA9	950	65	380				
10	AAA10	602	90	361.2				
11								

图4-31 计算考核工资

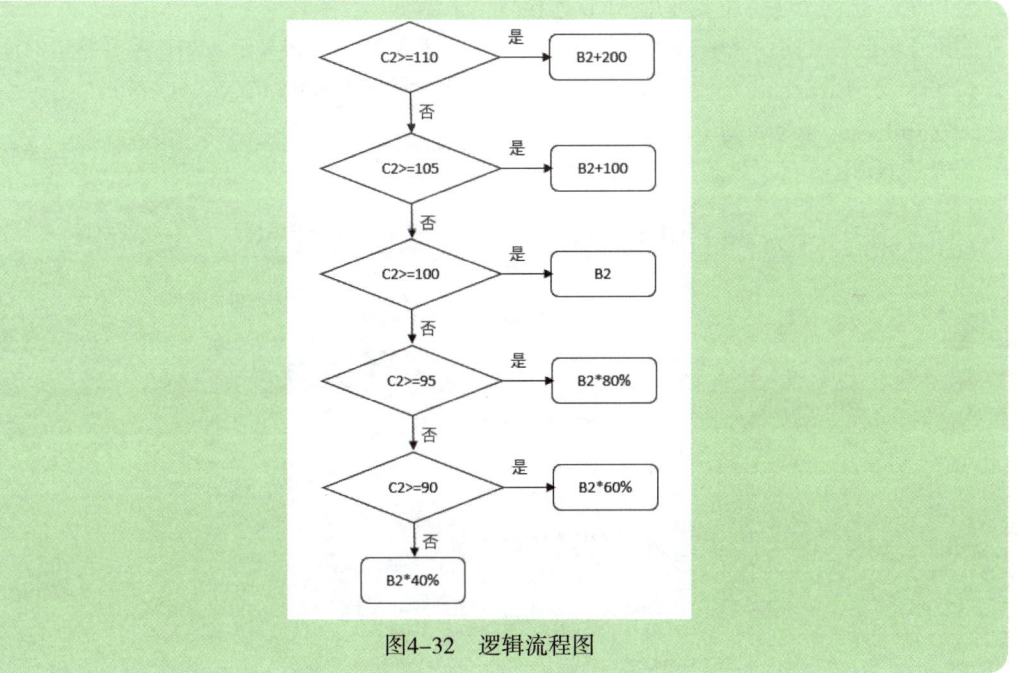

图4-32 逻辑流程图

4.4.3 组合条件进行综合判断

有些实际数据的判断处理要复杂得多,需要联合使用 IF 函数、AND 函数、OR 函数来解决，也就是把复杂的条件组合起来进行综合判断。

AND 函数用来组合几个与条件，也就是这几个条件必须同时满足，其使用方法如下：

=AND(条件1,条件2,条件3,...)

OR 函数用来组合几个或条件，也就是这几个条件中，只要有一个满足即可，其使用方法如下：

=OR(条件1,条件2,条件3,...)

案例4-4

如图 4-33 所示，要从指纹考勤数据中进行统计，如何把那些正常出勤的人筛选出来，也把非正常出勤的人筛选出来？

所谓正常出勤，就是既不迟到也不早退的人，也就是签到时间小于 8:30，同时签退时间大于 17:30，这两个条件需要使用 AND 连接。

所谓非正常出勤，就是迟到或者早退的人，也就是签到时间大于 8:30，或者签退时间小于 17:30，这两个条件需要使用 OR 连接。这样，单元格 G2 和 H2 的公式分别如下。

单元格 G2，正常出勤：

=IF(AND(E2<=8.5/24,F2>=17.5/24),"是","")

单元格 H2，非正常出勤：

=IF(OR(E2>8.5/24,F2<17.5/24),"是","")

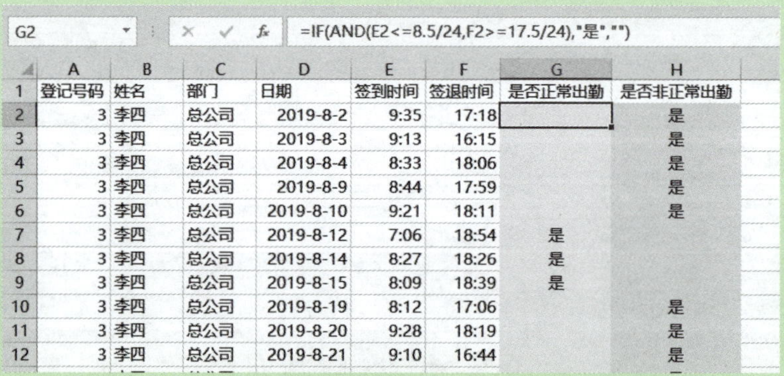

G2 =IF(AND(E2<=8.5/24,F2>=17.5/24),"是","")

	A	B	C	D	E	F	G	H
1	登记号码	姓名	部门	日期	签到时间	签退时间	是否正常出勤	是否非正常出勤
2	3	李四	总公司	2019-8-2	9:35	17:18		是
3	3	李四	总公司	2019-8-3	9:13	16:15		是
4	3	李四	总公司	2019-8-4	8:33	18:06		是
5	3	李四	总公司	2019-8-9	8:44	17:59		是
6	3	李四	总公司	2019-8-10	9:21	18:11		是
7	3	李四	总公司	2019-8-12	7:06	18:54	是	
8	3	李四	总公司	2019-8-14	8:27	18:26	是	
9	3	李四	总公司	2019-8-15	8:09	18:39	是	
10	3	李四	总公司	2019-8-19	8:12	17:06		是
11	3	李四	总公司	2019-8-20	9:28	18:19		是
12	3	李四	总公司	2019-8-21	9:10	16:44		是

图4-33　使用AND函数和OR函数组合条件进行综合判断处理

4.4.4 处理错误值

在制作数据分析模板时，常常会遇到公式出现错误的场合，但并不是说公式做错了，而是由于源数据的问题导致公式出现计算错误，此时可以使用 IFERROR 来处理错误值。

IFERROR 的功能就是把一个错误值处理为要求的结果，其用法如下：

=IFERROR(表达式,错误值要处理成的结果)

也就是说，如果表达式的结果是错误值，就把错误值处理为你想要的结果，如果不是错误值，就不用管它。

图 4-34 所示是一个简单的例子。由于有的项目没做预算，这样计算执行率时就出现错误值，使用 IFERROR 进行处理，如果单元格公式出现错误值，就留空单元格；否则就是公式计算出的结果。

D2　=IFERROR(C2/B2,"")

	A	B	C	D	E
1	项目	预算	实际	执行率	
2	项目1	557	667	119.75%	
3	项目2	819	661	80.71%	
4	项目3	748	488	65.24%	
5	项目4		765		
6	项目5	747	535	71.62%	
7	项目6	855	833	97.43%	
8	项目7		239		

图4-34　计算执行率

还有一种情况是需要使用 ISERROR 函数进行处理。ISERROR 函数的功能是判断一个表达式或单元格数据是否为错误值，如果是错误值，就进行其他的进一步处理。

ISERROR 函数的用法如下：

=ISERROR(表达式或单元格引用)

ISERROR 函数的结果是逻辑值，要么是 TRUE（判断出为错误值），要么是 FALSE（判断出不是错误值）。

这个函数比较简单，这里不再举例说明。

4.5 分类汇总函数及应用

在表单设计和数据分析中，数据的分类汇总计算比比皆是。例如，计算每日的余额、计算各个合同的发票张数及发票总金额、计算每个项目的付款次数及付款总金额等，这些计算要使用一些分类汇总函数。

在实际工作中，常用的分类汇总函数包括以下 5 个。

- COUNTA：统计单元格区域内非空单元格的个数（只要有数据就算在内）。

●COUNTIF：统计单元格区域内满足某个指定条件的单元格个数（单条件计数）。

●COUNTIFS：统计单元格区域内满足多个指定条件的单元格个数（多条件计数）。

●SUMIF：统计单元格区域内满足某个指定条件的单元格数据的合计数（单条件求和）。

●SUMIFS：统计单元格区域内满足多个指定条件的单元格数据的合计数（多条件求和）。

4.5.1 统计单元格区域非空单元格个数

这种统计经常用于获取一个动态的数据区域或者数据列表。

例如，有一个发票信息表，数据在不断增加，此时希望依据一个数据不断增加的动态数据区域制作数据透视表，需要使用 OFFSET 函数来获取这样的数据区域，但数据区域的行数则可以使用 COUNTA 函数来统计。

COUNTA 函数就是统计单元格区域内不为空的单元格个数，使用非常简单。

=COUNTA(单元格区域)

但是，这个函数只是剔除真正的空单元格。如果单元格是使用逻辑判断得到的空字符单元格（""），那么这样的单元格是有数据的，因为它们是零长度的字符串。

图 4-35 所示就是使用 COUNTA 函数统计的结果比较。

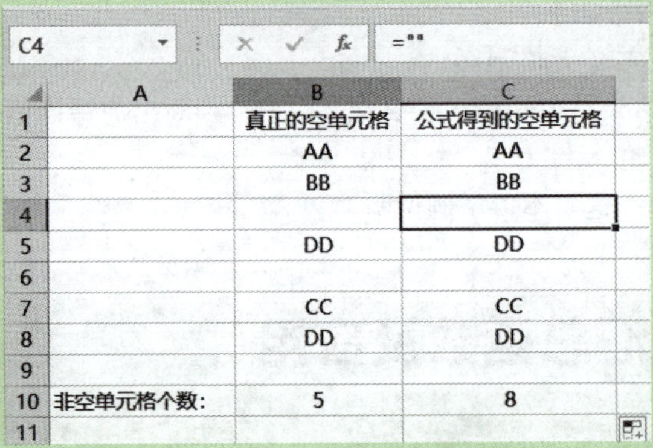

	A	B	C
1		真正的空单元格	公式得到的空单元格
2		AA	AA
3		BB	BB
4			
5		DD	DD
6			
7		CC	CC
8		DD	DD
9			
10	非空单元格个数:	5	8
11			

图4-35　要区分是否为真正的空单元格

4.5.2 统计单元格区域满足某个指定条件的单元格个数

当需要统计单元格区域满足某个指定条件的单元格个数时，可以使用 COUNTIF 函数。

例如，设计数据验证时，只能输入不重复的数据、统计某个合同的发票张数、统计某个产品的订单数等。

COUNTIF 函数的用法如下：

=COUNTIF(统计区域,条件值)

函数的第 2 个参数是条件值，可以是精确的一个匹配值，也可以是大于或小于某个值的条件，还可以是诸如开头是、结尾是、包含等这样的关键词模糊匹配。

图 4-36 和图 4-37 所示就是使用 COUNTIF 函数来设置自定义数据验证，只能输入不重复的合同号，自定义公式如下：

=COUNTIF($A:$A,A2)=1

图4-36 只能输入不重复的合同号

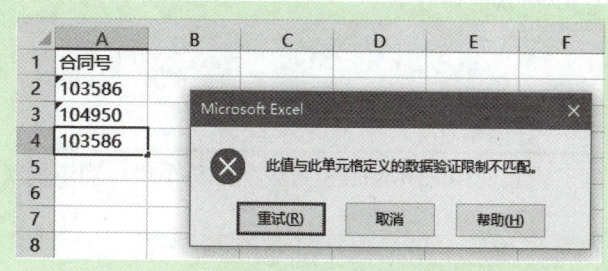

图4-37 输入的合同号重复

案例4-5

图 4-38 所示的例子就是统计各个供应商签订的合同数,统计分析表中单元格 B2 的公式如下:

=COUNTIF(合同信息!C:C,A2)

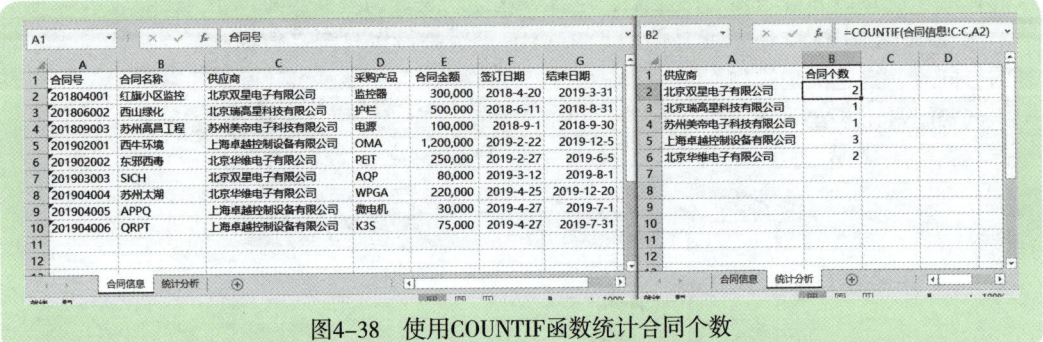

图4-38 使用COUNTIF函数统计合同个数

4.5.3 统计单元格区域满足多个指定条件的单元格个数

当对单元格区域内的数据进行判断,同时满足多个条件的单元格个数是多少时,就是多条件计数问题。多条件计数可以使用 COUNTIFS 函数。

COUNTIFS 函数用于统计满足多个指定条件的单元格个数,也就是说,给定了多个条件,当这些条件都满足时,才去计数。函数用法如下:

=COUNTIFS(统计区域1,条件值1,
 统计区域2,条件值2,
 统计区域3,条件值3,
 ...)

案例4-6

图 4-39 所示的例子就是使用 COUNTIFS 函数统计每个供货商不同类型的合同数,单元格 C4 的公式如下:

=COUNTIFS(合同信息!$D:$D,$B4,合同信息!$C:C,C3)

第4章 表单设计的常用函数公式及应用

图4-39 使用COUNTIFS函数统计合同个数

4.5.4 对单元格区域满足某个指定条件的数据求和

求和计算是财务数据处理中最常见的计算，其中用得最多的是单条件求和。例如，计算每个合同的发票总金额、每个供货商的合同总金额等，此时，需要使用SUMIF函数。

SUMIF函数就是单条件求和函数，也就是先判断是否满足指定的条件，然后把满足条件的数据进行求和，其用法如下：

=SUMIF(判断区域,条件值,求和区域)

与COUNTIF函数相比较，SUMIF函数多了第3个参数：求和区域。

例如，在前面的案例4-5中，不仅要统计每个供应商的合同数，还要计算合同总金额，因此可以在单元格C2中输入下面的公式(如图4-40所示)。

=SUMIF(合同信息!C:C,A2,合同信息!E:E)

图4-40 使用SUMIF函数计算每个供应商的合同总金额

111

4.5.5 对单元格区域满足多个指定条件的数据求和

当需要满足多个条件才求和时,就可以使用 SUMIFS 函数,其使用方法如下:
=SUMIFS(求和区域,
　　　　判断区域1,条件值1,
　　　　判断区域2,条件值2,
　　　　判断区域3,条件值3,
　　　　...)

与 COUNTIFS 函数相比较,SUMIFS 函数多了第 1 个参数:求和区域。

例如,在前面的案例 4-6 中,要计算每个供货商、每个类别合同的总金额,则可以在单元格 I4 中输入下面的公式(如图 4-41 所示)。

=SUMIFS(合同信息!$G:$G,合同信息!$D:$D,$B4,合同信息!$C:C,I3)

	A	B	C	D	E	F	G	H	I	J	K	L
1												
2			合同数统计表						合同总金额统计表			
3		供货商	采购	施工	服务	合计		供货商	采购	施工	服务	合计
4		供货商A	1	2		3		供货商A	50,000	366,000	-	416,000
5		供货商B	3	1		4		供货商B	1,273,000	99,000	-	1,372,000
6		供货商C	1	3		4		供货商C	750,000	915,000	-	1,665,000
7		供货商D	2	1	1	4		供货商D	539,000	737,000	47,000	1,323,000
8		供货商E	1	1	1	3		供货商E	605,000	200,000	582,000	1,387,000
9		合计	8	8	2	18		合计	3,217,000	2,317,000	629,000	6,163,000

图4-41 使用SUMIFS函数计算每个供货商、每个类别合同的总金额

4.6 查找引用函数及应用

如何从一个表格中把满足条件的数据查找出来,保存到第二个表格中?如何引用一个动态的数据区域,以便能够随时更新报表?如何利用函数来制作动态的明细表,而不是用手工的办法筛选复制粘贴?

诸如此类的问题,可以使用查找引用函数来解决。在实际工作中,常用的查找引用函数有以下几个。

- VLOOKUP 函数:匹配查询满足条件的数据。
- MATCH 函数:定位指定数据的位置。

- INDEX 函数：把指定位置的数据取出来。
- INDIRECT 函数：间接引用单元格区域。
- OFFSET 函数：引用动态的数据区域。

4.6.1 常规表格中的最基本数据查找

对于常规表格中的数据查找问题，使用最多的是 VLOOKUP 函数。

例如，从工资表中把某个人的个税查找出来、从合同信息表中把某个合同的合同金额查找出来、从产品价目表中把某个产品的价格查找出来等。

这类查找表格的一个特征就是：要匹配的条件（如姓名）在数据区域的左边一列，要查找的结果（如个税）在匹配条件的右边一列，并且要匹配的条件没有重复，这种情况下，就是 VLOOKUP 函数大显身手的时候了。

VLOOKUP 函数就是根据指定的一个条件，在指定的数据列表或区域内，在第一列里匹配是否满足指定的条件，然后从右边某列取出该项目的数据，使用方法如下：

=VLOOKUP(匹配条件,查找列表或区域,取数的列号,匹配模式)

该函数的 4 个参数说明如下。

- 匹配条件：就是指定的查找条件。
- 查找列表或区域：是一个至少包含一列数据的列表或单元格区域，并且该区域的第一列必须含有要匹配的数据，也就是说谁是匹配值，就把谁选为区域的第一列。
- 取数的列号：是指定从单元格区域的哪列取数。
- 匹配模式：是指做精确定位单元格查找和模糊定位单元格查找（当为 TRUE 或者 1 或者忽略时做模糊定位单元格查找，当为 FALSE 或者 0 时做精确定位单元格查找）。

VLOOKUP 函数的应用是有条件的，并不是任何表格、任何查询问题都可以使用 VLOOKUP 函数。要使用 VLOOKUP 函数，必须满足以下 5 个条件。

- 查询区域必须是列结构的，也就是数据必须按列保存（这就是该函数的第一个字母是 V 的原因，V 就是英文单词 vertical 的缩写）。
- 匹配条件必须是单条件的。
- 查询方向是从左往右的，也就是说，匹配条件在数据区域的左边某列，要取的数在匹配条件的右边某列。
- 在查询区域中，匹配条件不允许有重复数据。
- 匹配条件不区分大小写。

把 VLOOKUP 函数的第一个参数设置为具体的值，从查询表中数出要取数的列号，并且将第 4 个参数设置为 FALSE 或者 0，这是最常见的用法。

案例4-7

图 4-42 所示是一个合同信息表，现在要制作一个查询表（如图 4-43 所示），查找指定合同号的合同信息数据。

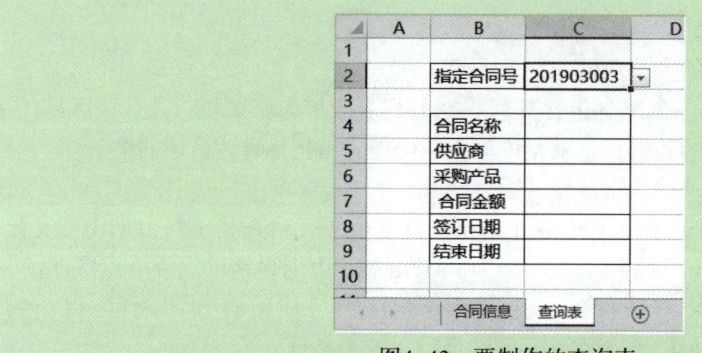

图4-42　合同信息表

图4-43　要制作的查询表

假如要从"合同信息"表中查询指定合同号的合同金额，那么 VLOOKUP 函数的查找数据的逻辑描述如下。

- 合同号"201903003"是条件，是查找的依据（匹配条件），因此 VLOOKUP 函数的第 1 个参数是单元格 C2 指定的具体合同号。
- 搜索的方法是从"合同信息"表的 B 列里从上往下依次匹配哪个单元格是"201903003"，如果是，就不再往下搜索，转而往右到 F 列里取出该合同的合同金额，因此 VLOOKUP 函数的第 2 个参数从"合同信息"表的 B 列开始，到 H 列结束的区域。

- 我们是取"合同金额"这列的数,从合同号这列算起,往右数到第 5 列是要提取的数据,因此 VLOOKUP 函数的第 3 个参数是 5。
- 因为要在"合同信息"表的 B 列里精确定位到保存有"201903003"的单元格,所以 VLOOKUP 函数的第 4 个参数要输入 FALSE 或者 0。

这样,"查询表"工作表单元格 C7 的查找公式如下(如图 4-44 所示):

=VLOOKUP(C2,合同信息!B:H,5,0)

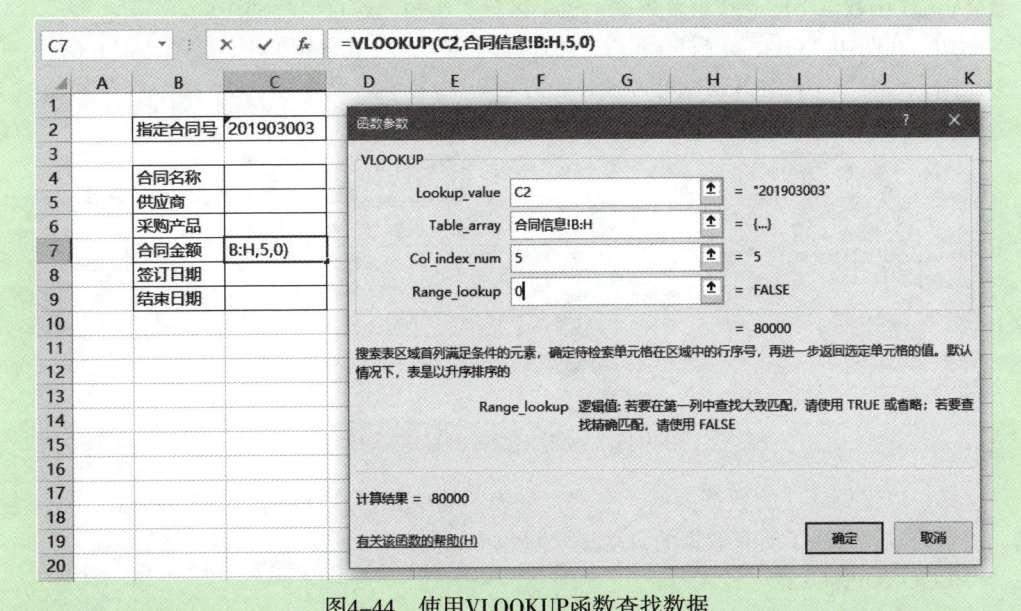

图4-44 使用VLOOKUP函数查找数据

4.6.2 先定位再查找数据

上面介绍了如何使用 VLOOKUP 函数查找数据,仅仅是查找指定合同的合同金额。但是我们要查询的是合同的所有信息,这里有 6 列数据要提取,我们总不能在 6 个单元格里做 6 个公式分别指定 VLOOKUP 函数的第 3 个参数吧?假如原始表格有 100 列,但是我们仅仅是查找其中的 40 列数据,难道要做 40 个公式来分别指定 40 个位置吗?

此时,可以借助于 MATCH 函数帮助我们定位。

MATCH 函数用来从一列或一行中或者从一个一维数组中把指定数据所在的位置确定出来。该函数得到的结果不是单元格的数据,而是指定数据的单元格位置。其公式如下:

=MATCH(查找值,查找区域,匹配模式)

这里的查找区域只能是一列、一行或者一个一维数组。

匹配模式是一个数字 -1、0 或者 1。

- 如果是 1 或者忽略，查找区域的数据必须做升序排序。
- 如果是 -1，查找区域的数据必须做降序排序。
- 如果是 0，则可以是任意顺序。

一般情况下，我们设置成 0，做精确匹配查找。

MATCH 函数也不能查找重复数据，也不区分大小写，这点要特别注意。

例如，在图 4-45 中，查找字母"C"的位置都是 5，公式分别如下。

左图：=MATCH("C",B3:B9,0)

右图：=MATCH("C",B3:H3,0)

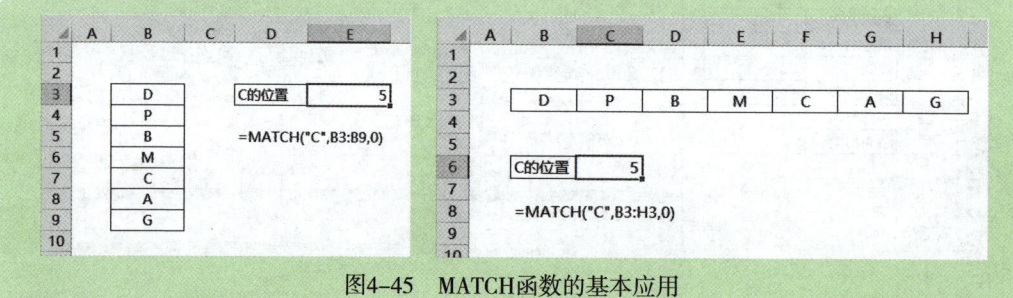

图4-45　MATCH函数的基本应用

这样，以案例 4-7 的数据为例，在"查询表"的单元格 C4 中输入下面的公式，往下复制，一个公式就解决了所有数据的自动提取问题（如图 4-46 所示）。

=VLOOKUP($C$2,
　　合同信息!B:H,
　　MATCH(B4,合同信息!$B$1:$H$1,0),
　　0)

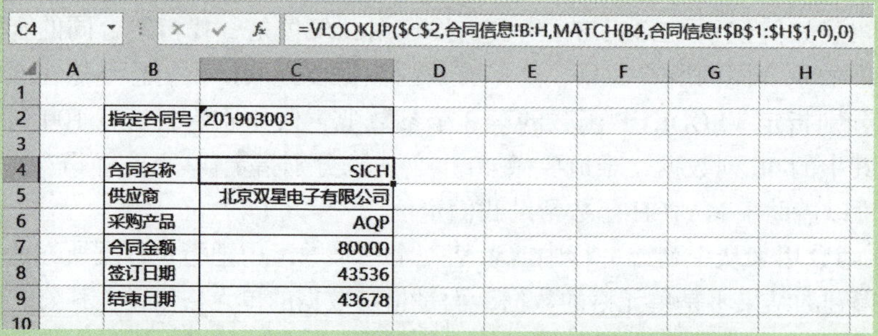

图4-46　联合使用MATCH函数和VLOOKUP函数创建高效查询公式

4.6.3 提取指定位置的数据

假如已经知道从指定的单元格区域内的第几行、第几列取数，也就是给定了坐标，要把这行这列交叉单元格的数据取出来，此时可以使用 INDEX 函数。

INDEX 函数的用法如下：

=INDEX(要取数的区域,指定行号,指定列号)

例如：

公式“=INDEX(A:A,6)”就是从 A 列里取出第 6 行的数据，也就是单元格 A6 的数据。

公式“=INDEX(2:2,,6)”就是从第 2 行里取出第 6 列的数据，也就是单元格 F2 的数据。

公式“=INDEX(C2:H9,5,3)”就是从单元格区域 C2:H9 的第 5 行、第 3 列交叉的单元格取数，也就是单元格 E6 的数据。

案例4-8

图 4-47 所示是从 K3 导出的各个产品成本数据，现在要将各个产品的单位成本取出，做成一个各个产品的单位成本汇总表。

仔细观察表格结构，每个产品下都有 5 个成本项目，G 列的每个产品的最后一个项目就是该产品的单位成本，这样，只要我们能够在 B 列里确定某产品的位置，在此位置上加上 4，就是该产品单位成本数据所在的行，这样，“查询表”中单元格 C3 的公式如下：

=INDEX(成本表!G:G,MATCH(B3,成本表!B:B,0)+4)

	A	B	C	D	E	F	G	H
1	产品代码	产品名称	实际产量	成本项目代码	成本项目名称	实际成本	单位实际成本	
2	H204.12	产品A	230	4001	直接材料	70,631.07	321.05	
3				4002	直接人工	4,041.45	18.37	
4				4003	制造费用	18,533.02	84.24	
5				4004	模具费用	4,972.00	22.60	
6	小计		230			98,177.54	446.26	
7	H204.14	产品B	210	4001	直接材料	14,120.88	70.60	
8				4002	直接人工	2,174.45	10.87	
9				4003	制造费用	9,971.41	49.86	
10				4004	模具费用	802.00	4.01	
11	小计		210			27,068.74	135.34	
12	H204.16	产品D	500	4001	直接材料	156,715.53	313.43	
13				4002	直接人工	8,997.71	18.00	
14				4003	制造费用	41,260.96	82.52	
15				4004	模具费用	12,845.00	25.69	
16	小计		500			219,819.20	439.64	

成本表　查询表

	A	B	C	D	E
1					
2		产品名称	单位实际成本		
3		产品A	446.26		
4		产品B	135.34		
5		产品D	439.64		
6		产品E	446.50		
7		产品F	464.52		
8		产品G	91.61		
9		产品H	86.75		
10		产品P	558.27		
11		产品Y	285.60		
12					
13					
14					
15					
16					

成本表　查询表

图4-47　联合使用MATCH函数和INDEX函数从导出的原始表格查找数据

在后面的表单设计与明细表制作中，我们经常会联合使用 MATCH 函数和 INDEX 函数来提取数据。

4.6.4 间接引用单元格区域

在第 2 章介绍的数据验证中，介绍的设置二级下拉菜单、三级下拉菜单，就是使用了 INDIRECT 函数，那么，INDIRECT 函数到底是什么？怎么使用？使用时要注意哪些事项？能解决什么复杂的问题？

INDIRECT 函数的功能是把一个字符串表示的单元格地址转换为引用，其公式如下：
=INDIRECT(字符串表示的单元格地址,引用方式)

这里需要注意的几点是：

- INDIRECT 函数转换的对象是一个字符串（文本）。
- 这个字符串（文本）必须是能够表达为正确的单元格或单元格区域的地址，例如 "C5" "合同信息 !C5"，如果这个字符串不能表达为单元格地址，就会出现错误，比如 "合同信息 C5" 就是错误的，它少了一个感叹号。
- 这个字符串（文本）是我们自己连接（&）起来的。
- INDIRECT 函数转换的结果是这个字符串所代表的单元格或单元格区域的引用。如果是一个单元格，会得到该单元格的值；如果是一个单元格区域，结果可能是一个值，也可能是错误值，不要感到奇怪。
- 函数的第 2 个参数如果忽略或者输入 TRUE，表示的是 A1 引用方式（就是常规的方式，列标是字母，行号是数字，例如，C5 就是 C 列第 5 行）；如果输入 FALSE，表示的是 R1C1 引用方式（此时的列标是数字，行号是数字，例如，R5C3 表示第 5 行第 3 列，也就常规的单元格 C5）。
- 在大部分情况下，第 2 个参数忽略即可，个别情况需要设置为 FALSE，这样可以简化公式，解决移动取数的问题。

案例4-9

图 4-48 所示是一个简单的例子，目前有 5 个月的工作表，每个工作表中保存的是各个项目的金额，第 10 行是所有项目的合计数，现在要求把每个月份工作表的第 10 行合计数查询汇总到 "汇总表" 中。

> 🗨 注意
>
> 月度工作表会随时增加，要求制作一个通用的公式，能够自动从新加的月份工作表中提取数据。

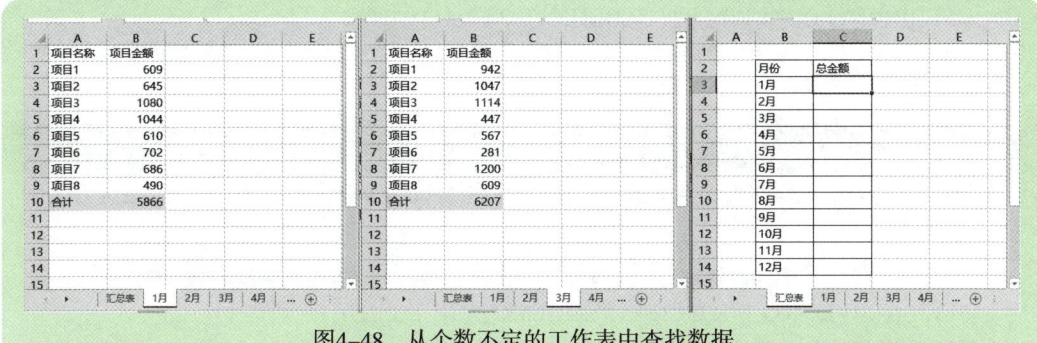

图4-48 从个数不定的工作表中查找数据

如果是手工一个一个工作表连接公式,"汇总表"的单元格C3、C4的公式分别如下:

='1月'!B10

='2月'!B10

这个公式很有规律:第一部分就是B列的月份名称,其后跟一个感叹号,然后就是固定的单元格B10,这样,我们就可以利用B列的月份名称来构建间接引用,做成一个通用的公式,单元格C3的公式如下,往下复制就得到各个月的合计数,如图4-49所示。

=IFERROR(INDIRECT(B3&"!B10"),"")

当工作表增加时,数据自动汇总出来,如图4-50所示。

图4-49 制作的滚动汇总公式 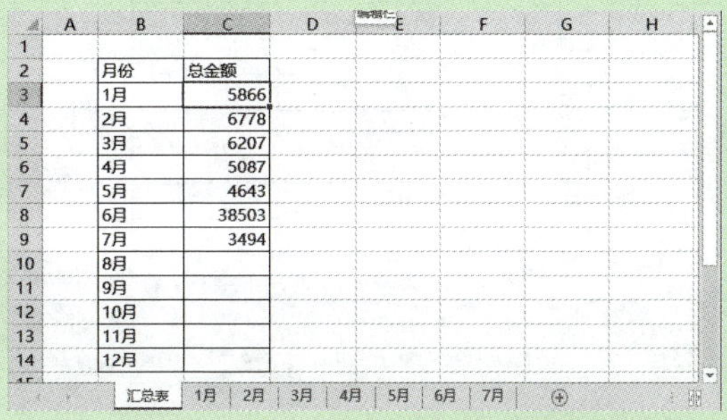　　　　图4-50 工作表增加,数据自动汇总

问题探讨1

假如每个月的合计数不是固定的第10行,而是位置变化的,因为每个月的项目有多有少,这样的查询公式如何做?

很简单,使用VLOOKUP函数查找"合计",引用区域使用INDIRECT函数做成间接引用就可以了,公式如下:

=IFERROR(VLOOKUP("合计",INDIRECT(B3&"!A:B"),2,0),"")

实际上，这是一个通用的公式。

问题探讨2

假如要制作一个查询表，查找指定项目各个月的数据（如图4-51所示），这样的查询表公式如何做？

设计查询表，单元格C2指定要查询的项目名称，那么单元格C5的公式如下：

=IFERROR(VLOOKUP($C$2,INDIRECT(B5&"!A:B"),2,0),"")

这个公式仍然是使用VLOOKUP函数从不同的工作表里查询数据，工作表引用是间接引用。

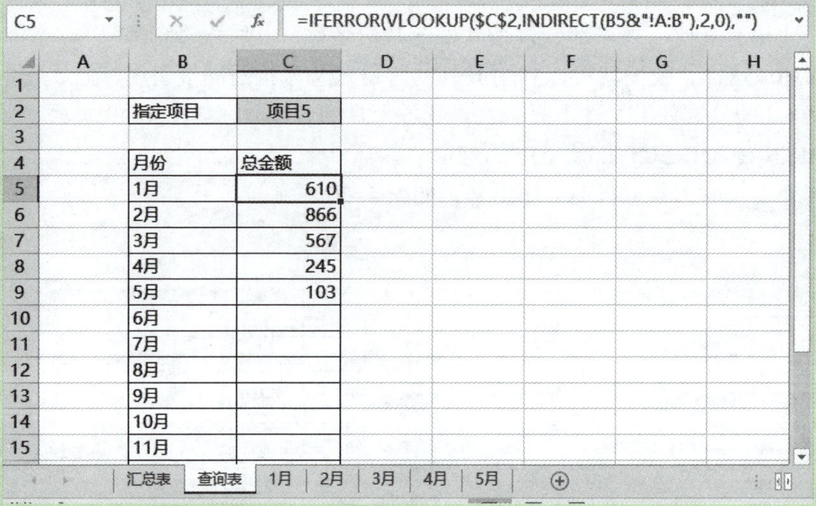

图4-51 查询指定项目各个月的数据

INDIRECT函数非常有用，在后面的明细表制作案例中，这个函数跟MATCH函数和INDEX函数一起，使用是最频繁的。

4.6.5 引用不定的单元格区域

当需要引用一个大小随时会变化的数据区域时，需要使用OFFSET函数（有时还要联合其他的函数，如COUNTA函数、MATCH函数等）来完成这个任务。

1. 基本语法

OFFSET 函数的功能是从一个基准单元格出发，向下（向上）偏移一定的行、向右（向左）偏移一定的列，到达一个新的单元格，然后引用这个单元格，或者引用一个以这个单元格为顶点、指定行数、指定列数的新单元格区域。

OFFSET 函数的语法如下：

=OFFSET(基准单元格,偏移行数,偏移列数,新区域行数,新区域列数)

这里，有如下几个注意点。

- 如果省略了最后两个参数（新区域行数和新区域列数），OFFSET 函数就只是引用一个单元格，得到的结果就是该单元格的数值。
- 如果设置了最后两个参数（新区域行数和新区域列数），OFFSET 函数引用的是一个新单元格区域。
- 偏移的行数如果是正数，是往下偏移；偏移的行数如果是负数，是往上偏移。
- 偏移的列数如果是正数，是往右偏移；偏移的列数如果是负数，是往左偏移。

2. 引用一个单元格

例如，以单元格 A1 为基准，向下偏移 5 行，向右偏移 2 列，就到达单元格 C6，如果忽略最后两个参数，或者设置为 1，那么 OFFSET 函数的结果就是单元格 C6 的数值了，此时 OFFSET 函数的公式如下：

=OFFSET(A1,5,2)

或者

=OFFSET(A1,5,2,1,1)

3. 引用一个新单元格区域

以单元格 A1 为基准，向下偏移 5 行，向右偏移 2 列，就到达单元格 C6，这里再给定第 4 个参数是 3，第 5 个参数是 5，那么 OFFSET 函数的结果就是新的单元格区域 C6:G8，它以偏移到达的单元格 C6 为左上角单元格，扩展了 3 行高、5 列宽，是一个新的单元格区域，此时 OFFSET 函数的公式如下：

=OFFSET(A1,5,2,3,5)

4. 引用一列里的几行区域

如果想得到一个以单元格 A1 为第一个单元格，10 行高、1 列宽的区域，也就是单元格区域 A1:A10，OFFSET 函数的公式如下：

=OFFSET(A1,,,10,1)

5. 引用一行里的几列区域

如果想得到一个以单元格 A1 为第一个单元格，1 行高，10 列宽的区域，也就是单元格区域 A1:J1，OFFSET 函数的公式如下：

=OFFSET(A1,,,1,10)

6. 引用一个几行高几列宽的单元格区域

如果想得到一个以单元格 A1 为第一个单元格，10 行高，5 列宽的区域，也就是单元格区域 A1:E10，OFFSET 函数的公式如下：

=OFFSET(A1,,,10,5)

7. 获取 A 列动态区域

例如，客户名称保存在 A 列，第一个单元格就是客户名称，但是客户数目会增减，此时可以用 OFFSET 函数定义一个动态名称，以便在基础表单中随时更新数据验证中的序列。OFFSET 函数的公式如下：

=OFFSET($A$1,,,COUNTA($A:$A),1)

这个公式不允许 A 列数据区域内存在空单元格，因为使用了 COUNTA 函数统计 A 列不为空的单元格个数，而这个统计出来的个数就是实际数据区域的行数。

利用这个公式定义动态名称，可以制作数据源变动的数据验证序列。

8. 获取一个矩形区域

要获取以单元格 A1 为顶点、实际行数和列数大小的单元格区域，OFFSET 函数的公式如下：

=OFFSET($A$1,,,COUNTA($A:$A),COUNTA($1:$1))

这里，利用 COUNTA 函数统计 A 列有多少个非空单元格，就得到数据区域有多少行；利用 COUNTA 函数统计第 1 行（假如第 1 行是标题）有多少个非空单元格，就得到数据区域有多少列。

Chapter 05

资金管理与分析表单

资金是企业的血液,必须随时监测血象,让资金顺畅流动起来,这样才能发挥资金的时间价值。有句话说得好:要让钱去挣钱,而不是让人去挣钱。

5.1 收款管理表

记录每天的收款数据，是哪个客户，以什么方式收的款，收款到哪个银行，每个客户的本月收款总额是多少等，根据这些信息，可以建立一个收款管理表。

本案例的文件是"案例5-1.xlsx"。

5.1.1 建立客户基本信息

既然是收款管理，那被收款的对象就是客户，因此必须有客户的基本信息，如客户编码、客户名称、地区、客户地址等。

对于客户编码，可以根据业务来编制，也可以根据所在地区来编制。例如，根据地区编制编码，可以做成"地区缩写+序号"的方式。

图 5-1 所示是客户基本信息表结构及示例数据，我们根据地区来编码，即地区编码+2位序号。

	A	B	C	D
1	地区	客户编码	客户名称	客户地址
2	江苏省	01	江苏新材料科技股份有限公司	江苏省南京市雨花台路200号
3	北京市	BJ01	北京新墩信息技术有限公司	北京市亦庄经济技术开发区元环路28号
4	上海市	SH01	上海市荷西财税服务公司	上海市浦东新区彭浦新路2222号
5	北京市	BJ02	网盾（北京）新技术公司	北京市海淀区上地西街8号

图5-1 客户基本资料表

地区编码数据保存在另外一个工作表"地区编码"中，如图 5-2 所示。

在客户资料表中，A 列是设置了数据验证来快速输入地区名称，其数据验证设置如图 5-3 所示。其中：

（1）在"允许"下拉列表中选择"序列"选项。

（2）在"来源"文本框中输入公式"= 地区编码 !$A$2:$A$33"。

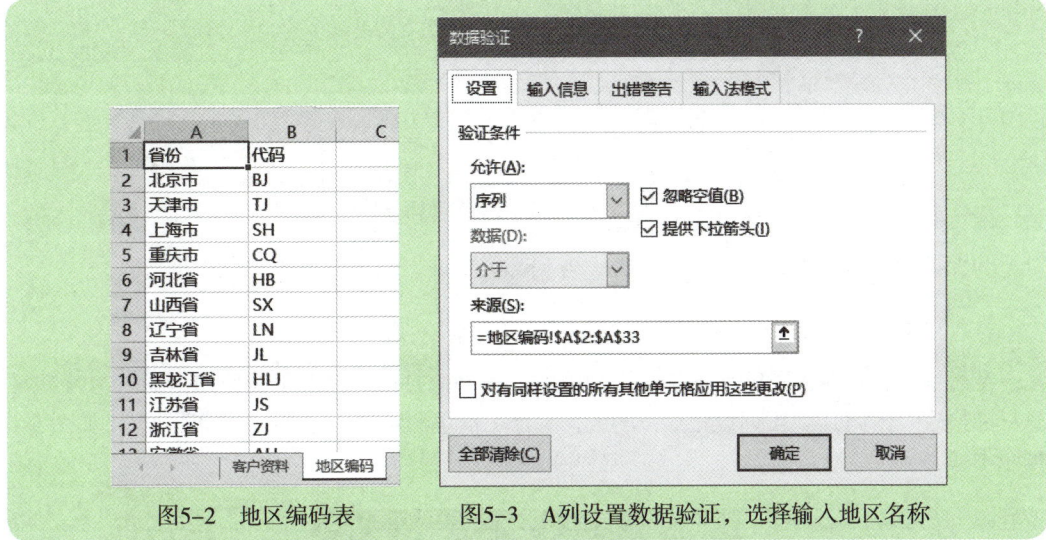

图5-2 地区编码表　　图5-3 A列设置数据验证，选择输入地区名称

B列是客户编码，按照"地区编码+2位序号"的规则自动编制（不允许手工输入），因此需要设计如下的公式来自动完成。

=IFERROR(VLOOKUP(A2,地区编码!A:B,2,0)&TEXT(COUNTIF($A$2:A2,A2),"00"),"")

在这个公式中：
- VLOOKUP(A2,地区编码!A:B,2,0) 是根据A列输入的地区名称，从地区编码表中获取该地区的编码。
- COUNTIF($A$2:A2,A2) 是统计输入的地区名称的累计个数。
- TEXT(COUNTIF($A$2:A2,A2),"00") 是把统计出的地区个数换成两位数字。
- VLOOKUP(A2,地区编码!A:B,2,0)&TEXT(COUNTIF($A$2:A2,A2),"00") 就是把地区名称与两位数字连接起来。
- 最后是使用IFERROR来处理公式错误值，因为我们要往下复制多行公式。

这样，先在A列单元格选择输入地区名称，就在B列自动得到该地区新客户的编码，剩下的任务就是手工输入客户名称和客户地址等信息了。

5.1.2 设计收款明细表

收款明细表至少包含以下字段：收款日期、客户编号、客户名称、银行、金额等，如果还涉及了进出口业务，还要分别记录本币金额和外币金额。

图5-4所示是一个收款明细表的简单结构的例子。

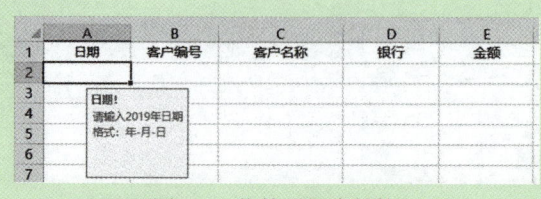

图5-4 收款明细表结构

为保证以后数据统计分析的准确性，各列都需要设置数据验证来规范数据输入。

1. A列的日期

A列是收款日期，必须保证是一个规范的、正确的日期，绝对不能使用诸如"2019.5.16"这样的格式，因此，对A列设置如下的数据验证（这里假定只能输入2019年日期）（如图5-5所示）。

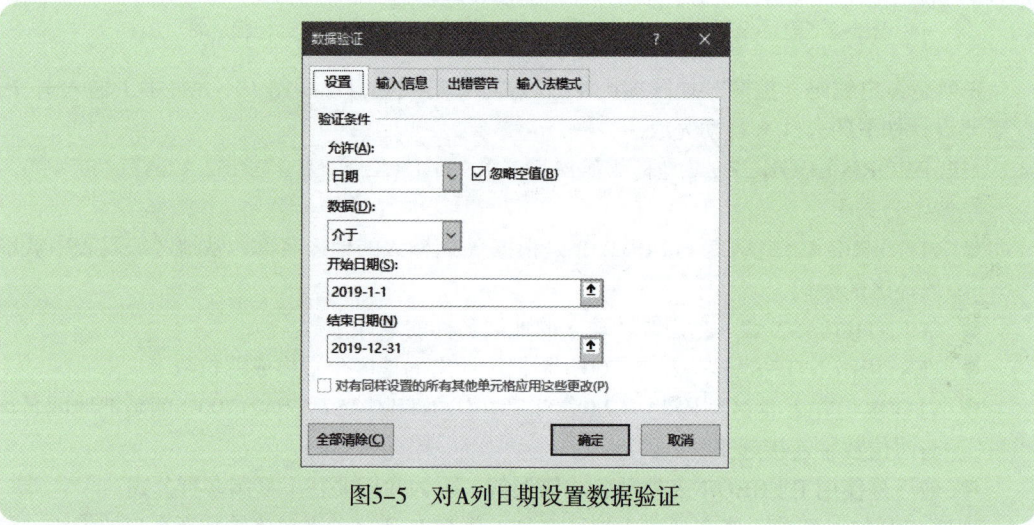

图5-5 对A列日期设置数据验证

（1）在"允许"下拉列表中选择"日期"选项。
（2）在"数据"下拉列表中选择"介于"选项。
（3）在"开始日期"文本框中输入"2019-1-1"。
（4）在"结束日期"文本框中输入"2019-12-31"。
（5）在"输入信息"选项卡中输入"请输入2019年日期 格式：年-月-日"的文字。

2. B列的客户编码

B列的客户编码既可以使用数据验证来快速选择输入，又可以根据输入的客户名称来使用公式自动获取。

从易操作的角度来说，输入编码是比较不容易的，尤其是当有很多客户时，因为我们记不住这么多的客户编码。此时，可以先输入客户名称，再根据客户名称来自动匹配客户编码。

因此，在 B 列输入下面的公式，自动获取客户编码。

IF(A2="","",IFERROR(INDEX(客户资料!B:B,MATCH(收款明细!C2,客户资料!C:C,0)),"没有这个客户!"))

在这个公式中，联合使用 MATCH 函数和 INDEX 函数来获取指定客户的编码：先用 MATCH 函数从客户资料的 C 列定位该客户位置，再用 INDEX 函数从客户资料的 B 列获取客户编码。

当然，我们也可以使用 VLOOKUP 函数来做反向查找，不过，这样的公式会大大降低计算速度。

=VLOOKUP(C2,IF({1,0},客户资料!C:C,客户资料!B:B),2,0)

3．C 列的客户名称

我们说了，B 列的客户编码是根据客户名称来获取的，那么客户名称就需要我们手工输入。

为了保证客户名称的正确性，对 C 列设置数据验证来快速准确地选择输入客户名称，如图 5-6 所示。这里，我们使用了 OFFSET 函数来获取动态的客户名称列表，也就是说，有几个客户算几个客户，一点也不多算也不少算。

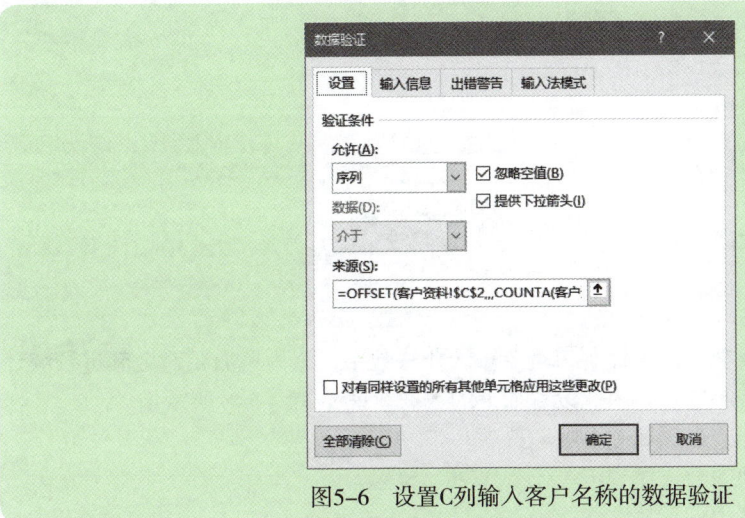

图5-6　设置C列输入客户名称的数据验证

（1）在"允许"下拉列表中选择"序列"选项。

（2）在"来源"文本框中输入下面的公式。

=OFFSET(客户资料!$C$2,,,COUNTA(客户资料!$C:$C)-1,1)

也许有人会说：那么多的客户，我从下拉列表里选择输入客户非常不方便，能不能输入一个关键词来缩小选择范围呢？这个问题可以设置关键词匹配的数据验证来解决，设置方法在第2章做过详细介绍，感兴趣的读者可以自己补充。

4. D列的银行

在D列要输入收款银行，这个也利用数据验证来快速选择输入。

假如有以下几个银行及票据类别：工行、招行、浦发、电票、纸票等，就直接在数据验证中输入这几个名称，如图5-7所示。

（1）在"允许"下拉列表中选择"序列"选项。

（2）在"来源"文本框中输入"工行,招行,浦发,电票,纸票"。

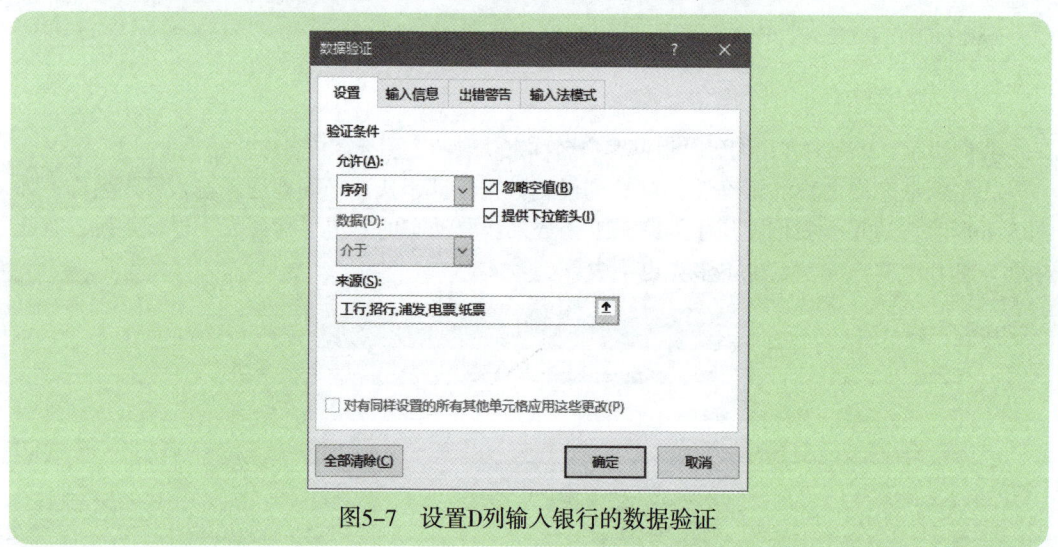

图5-7　设置D列输入银行的数据验证

5. E列的金额

E列的金额输入也用数据验证来控制，避免输入非法数字，因为后面要对金额进行统计汇总。金额是数字，可以带小数点，因此设置如下的数据验证（如图5-8所示）。

（1）在"允许"下拉列表中选择"小数"选项。

（2）在"数据"下拉列表中选择"不等于"选项。

（3）在"数值"文本框中输入数字0。

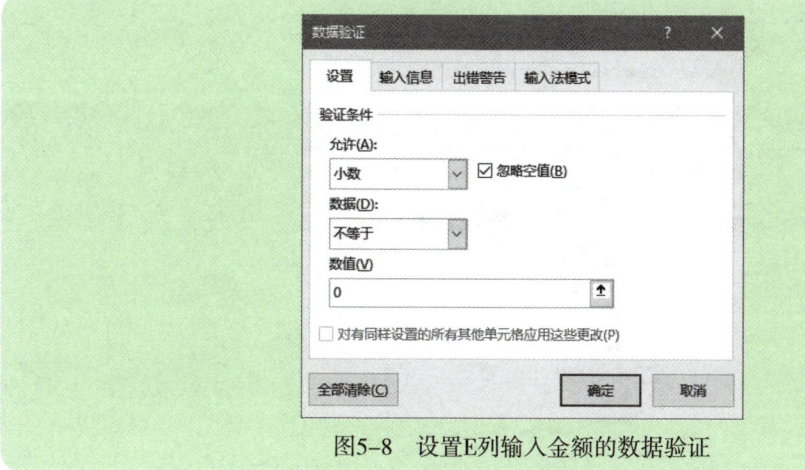

图5-8 设置E列输入金额的数据验证

6. 工作表的保护

在本表中,有的列是使用数据验证输入数据,有的列是公式自动匹配数据,为了保证数据验证和公式的安全性,可以对工作表实施特殊保护。

步骤1 选择A列、C列、D列和E列的数据区域,打开"设置单元格格式"对话框,切换到"保护"选项卡,取消选择"锁定"复选框,如图5-9所示。

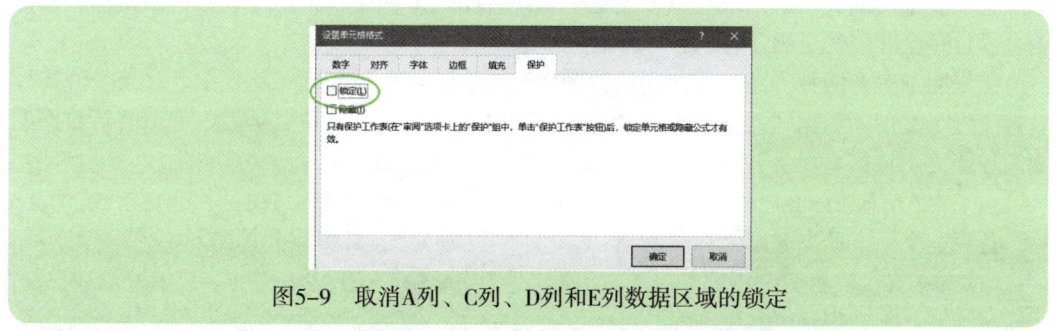

图5-9 取消A列、C列、D列和E列数据区域的锁定

这个设置的目的是在保护工作表后,能够在这几列中输入或编辑数据。因为在默认情况下,工作表所有的单元格都是被锁定的,也就是说,如果保护了工作表,所有的单元格都是不能操作的。

步骤2 单击"审阅"→"保护工作表"命令按钮,打开"保护工作表"对话框,输入保护密码"12345",并取消选择"选定锁定单元格"复选框(取消选择该复选框的目的是不允许用鼠标单击被保护的单元格,但其他没有被保护的单元格可以单击),如图5-10所示。

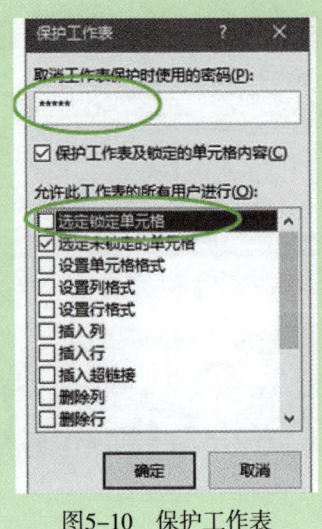

图5-10 保护工作表

其实,我们也可以采用相同的方法对前面设计的客户资料表进行保护。

5.1.3 制作客户收款统计表

有了收款明细表,我们就可以根据这个基础数据表来制作收款统计表,例如,每个银行的金额,每个客户的金额,每周、每月的金额等。

制作明细表有两种方法:①使用函数制作统计表,优点是立即更新数据,缺点是公式计算速度慢;②使用数据透视表制作统计表,优点是不牺牲速度,缺点是需要手工刷新数据透视表才能更新数据。

由于收款信息表的客户及日期都是变化的,因此这里我们使用数据透视表来制作收款统计表。

首先定义一个动态名称"客户明细"(如图5-11所示),其引用公式如下:

=OFFSET(收款明细!$A$1,,,COUNTA(收款明细!$A:$A),5)

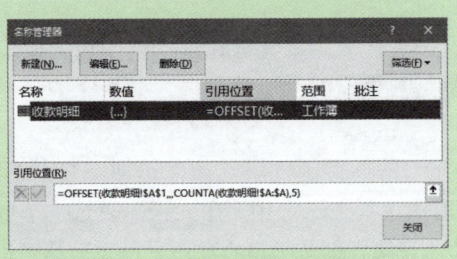

图5-11 定义的动态名称"收款明细"

然后利用这个动态名称制作数据透视表，如图5-12和图5-13所示。

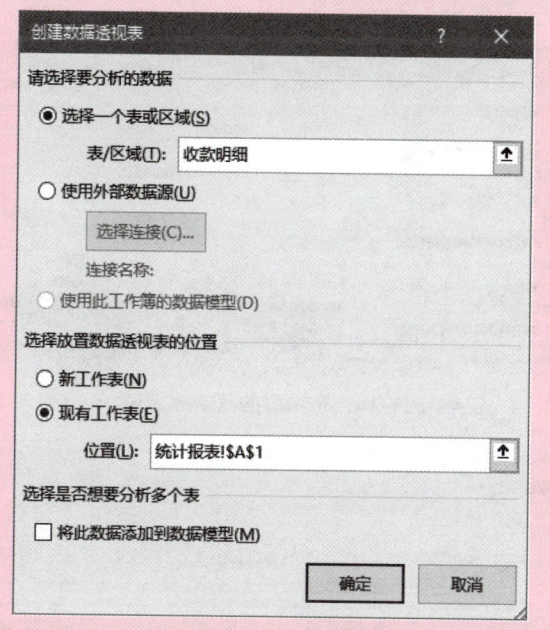

图5-12　基于动态名称所代表的数据区域创建数据透视表

	A	B	C	D	E	F	G
1	银行	(全部)					
2							
3	求和项:金额		日期				
4	客户编号	客户名称	1月	2月	3月	4月	总计
5	BJ01	北京新墩信息技术有限公司	20450.39	300000			320450.39
6	BJ02	网盾（北京）新技术公司		50000	30000		80000
7	HB01	河北雄安建设公司			48693.22		48693.22
8	JS01	江苏新材料科技股份公司			575606.09		575606.09
9	JS02	苏州九华环保有限公司				100000	100000
10	SH01	上海市荷西财税服务公司	104840.58				104840.58
11	总计		125290.97	350000	654299.31	100000	1229590.28

图5-13　各个客户各个月的收款总金额统计表示例

对这个透视表做设置和美化，下面是设置和美化的主要内容。
（1）对创建的数据透视表进行基本的布局，如图5-14所示。
（2）从"数据透视表样式"中选择一个喜欢的样式，如图5-15所示。

	A	B	C	D	E	F
1	银行	(全部)				
2						
3	求和项:金额		列标签			
4	行标签		1月	2月	3月	4月	总计
5	⊟BJ01		20450.39	300000			320450.39
6	北京新墩信息技术有限公司		20450.39	300000			320450.39
7	⊟BJ02				50000	30000	80000
8	网盾（北京）新技术公司				50000	30000	80000
9	⊟HB01				48693.22		48693.22
10	河北雄安建设公司				48693.22		48693.22
11	⊟JS01				575606.09		575606.09
12	江苏新材料科技股份公司				575606.09		575606.09
13	⊟JS02					100000	100000
14	苏州九华环保有限公司					100000	100000
15	⊟SH01		104840.58				104840.58
16	上海市荷西财税服务公司		104840.58				104840.58
17	总计		125290.97	350000	654299.31	100000	1229590.28

图5-14　布局后的基本透视表

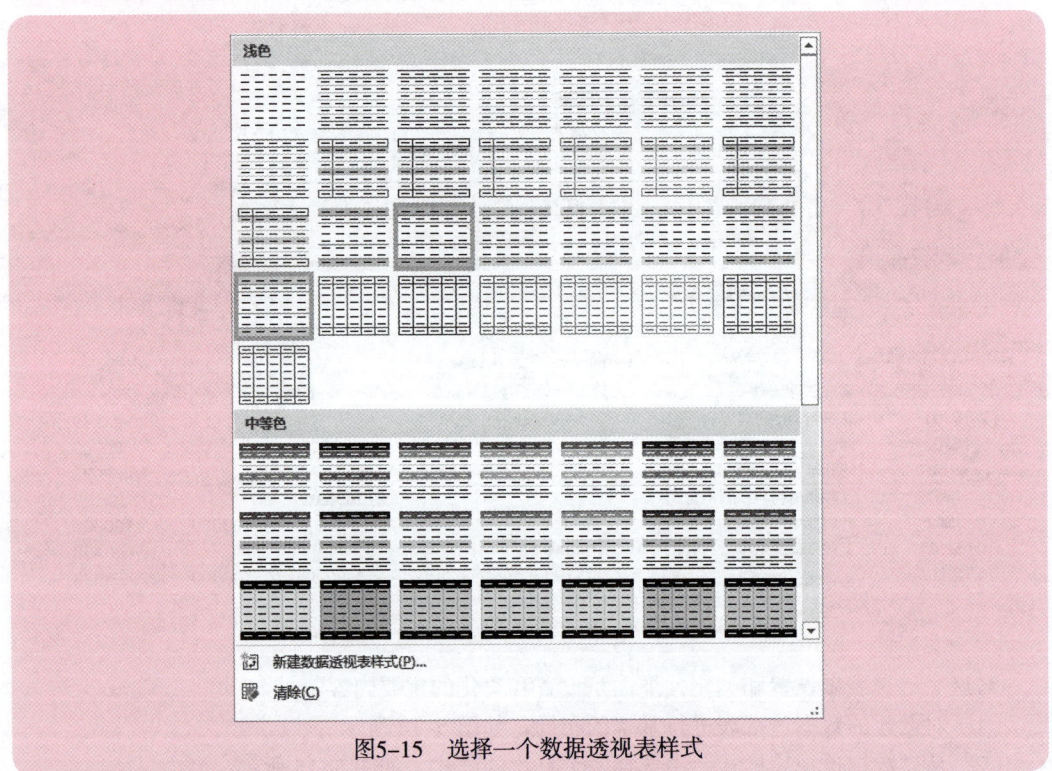

图5-15　选择一个数据透视表样式

（3）单击"设计"→"分类汇总"→"不显示分类汇总"命令按钮（如图5-16所示），

取消透视表所有字段的分类汇总。

（4）单击"设计"→"报表布局"→"以表格形式显示"命令按钮，如图5-17所示，将透视表的显示格式设置为表格形式。

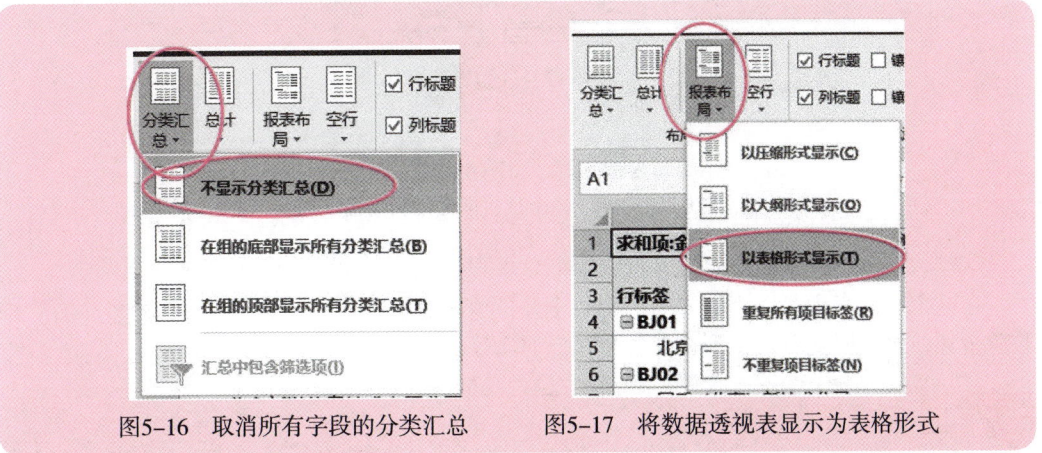

图5-16 取消所有字段的分类汇总　　图5-17 将数据透视表显示为表格形式

（5）在日期或月份的位置右击，在弹出的快捷菜单中选择"组合"命令（如图5-18所示），打开"组合"对话框，将"起始于"和"终止于"两个日期保持默认的自动状态，在下面的步长列表中仅选择"月"，如图5-19所示。

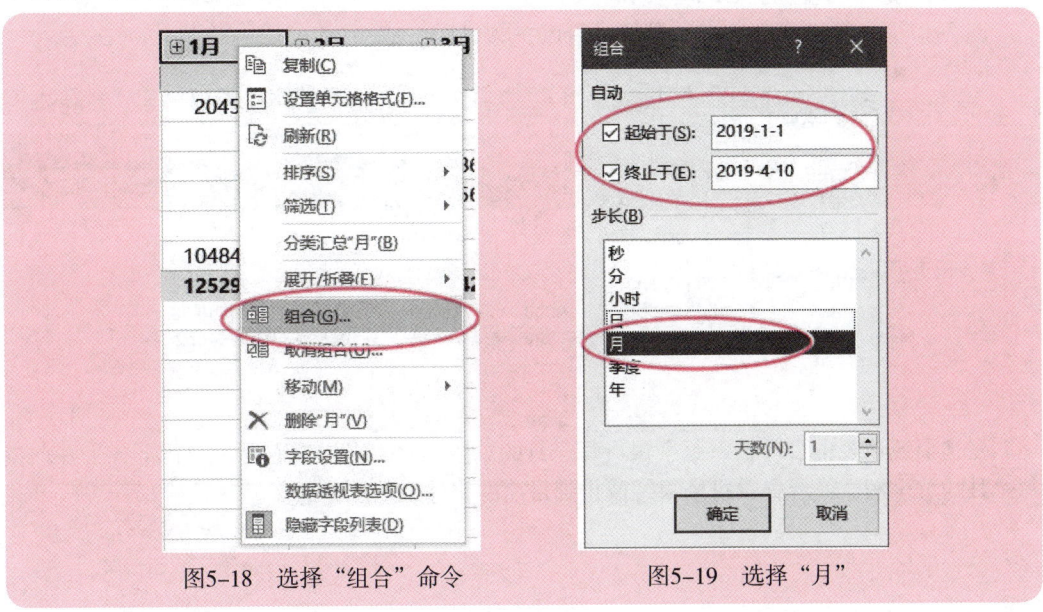

图5-18 选择"组合"命令　　图5-19 选择"月"

（6）单击"分析"→"+/-按钮"命令按钮，取消透视表中字段各个项目前面的折叠展开按钮，如图5-20所示。

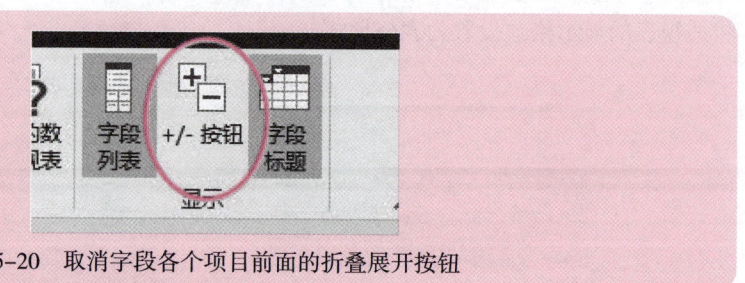

图5-20 取消字段各个项目前面的折叠展开按钮

这样，就得到了我们需要的客户收款汇总表。

在这个统计表中可以查看每个客户每个月的收款金额，或者查看某个银行下各个客户的收款金额，也可以查看截止到目前各个客户的累计收款金额。

5.1.4 制作银行收款统计表

银行收款统计表的制作方法同前面介绍的客户统计报表。为了能够在刷新任意一个数据透视表时自动更新客户统计表和银行统计表，不要重新制作数据透视表，而是把前面做好的数据透视表复制一份，然后重新布局即可。

图5-21所示就是各个银行收款统计表的示例数据。

	A	B	C	D	E	F
1	客户名称	(全部)				
2						
3	求和项:金额	日期				
4	银行	1月	2月	3月	4月	总计
5	工行		300000	48693.22		348693.22
6	浦发			575606.09	100000	675606.09
7	招行	20450.39				20450.39
8	电票	104840.58	50000	30000		184840.58
9	总计	125290.97	350000	654299.31	100000	1229590.28

图5-21 银行收款统计报表

在这个统计表中可以查看每个银行每个月的总金额，也可以查看每个银行下各个客户在每个月的总金额，或者查看每个银行截止到目前的累计收款总金额。

5.2 制作银行资金余额表

我们可以从财务软件里导出银行账户余额明细表，这样，就可以以此明细表来制作一个动态的银行资金余额表，我们要做的工作只需要每日从系统导出数据并覆盖原始的数据表即可。

本案例的文件是"案例5-2.xlsx"。

5.2.1 每日资金科目余额表

每日资金科目余额表是一个基础表，一般不需要手工设计，直接从财务软件导出来即可。图5-22所示就是这样的一个表格示例。

	A	B	C	D	E	F	G
1	科目编码	科目名称	币种	今日借方发生额	今日贷方发生额	方向	今日余额
2	1001	库存现金	RMB	25,002.78	-	借	606,190.25
3	1002	银行存款	RMB	40,334,045.07	25,802,573.20	借	890,727,621.99
4	100201	工行4858	RMB	20,167,022.54	12,901,286.60	借	523,518,979.98
5	100202	工行科技专户5888	RMB	7,921,985.51	-	借	40,406,120.22
6	100203	工行人民币10406	RMB	-	-	借	200,124.91
7	100204	建行3995	RMB	-	-	借	7,031,512.73
8	100205	建行理财户4997	RMB	-	-	借	69,189.20
9	100206	建行结算户50977340	RMB	1,875,208.81	-	借	22,869,174.30
10	100207	招行7990	RMB	-	-	借	320,061.64
11	100208	招行保证金户10485	RMB	-	-	借	29,723,559.19
12	100209	招行人民币53012	RMB	-	174,119.39	借	39,898,498.07
13	100210	工行结算户030411	RMB	-	-	借	50,182.52
14	100211	招行学院路支行003949	RMB	10,369,828.21	9,573,478.54	借	60,799,510.72
15	100212	招行中关村支行239042	RMB	-	-	借	3,273,980.32
16	100213	招行理财专户406598	RMB	-	-	借	15,347.21
17	100214	建行酒仙桥支行65465	RMB	-	3,153,688.67	借	157,881,188.19
18	100215	工行丰台支行3232	RMB	-	-	借	274,977.49
19	100216	工行财户654365	RMB	-	-	借	4,395,215.30

图5-22 每日资金科目余额表示例数据

5.2.2 制作银行资金余额表：按账户

根据导出的每日资金科目余额表数据可以制作各个银行账户的每日资金余额表，如图5-23所示。这个余额表是以每个银行为大类，每个银行下的各个账户为小类进行汇总。

	A	B	C	D	E
1		今天是	2019-4-18		
2		科目编码	银行名称	人民币余额	占比
3			工行合计	568,845,600.42	63.86%
4		100201	工行4858	523,518,979.98	
5		100202	工行科技专户5888	40,406,120.22	
6		100203	工行人民币10406	200,124.91	
7		100210	工行结算户030411	50,182.52	
8		100215	工行丰台支行3232	274,977.49	
9		100216	工行理财户654365	4,395,215.30	
10			招行合计	134,030,957.15	15.05%
11		100207	招行7990	320,061.64	
12		100208	招行保证金户10485	29,723,559.19	
13		100209	招行人民币53012	39,898,498.07	
14		100211	招行学院路支行003949	60,799,510.72	
15		100212	招行中关村支行239042	3,273,980.32	
16		100213	招行理财专户406598	15,347.21	
17			建行合计	187,851,064.42	21.09%
18		100204	建行3995	7,031,512.73	
19		100205	建行理财户4997	69,189.20	
20		100206	建行结算户50977340	22,869,174.30	
21		100214	建行酒仙桥支行65465	157,881,188.19	
22			合计	890,727,621.99	100.00%

图5-23　银行资金余额表

每个银行下的各个账户余额使用 VLOOKUP 函数从"每日资金余额表"中提取，例如，单元格 D4 的查找公式如下：

=VLOOKUP(B4,每日资金余额表!A:G,7,0)

而每个银行的总余额是简单的 SUM 函数求和。例如，单元格 D3 的公式是"=SUM(D4:D9)"，以此类推。

为了了解每个银行余额的占比情况，在 E 列计算占比数字，例如，单元格 E3 的公式如下：

=D3/$D$22

将每个银行合计数行的单元格字体进行设置，以区分合计数行与各个账户数行的区别，这里设置为蓝色字体加下划线。

将最底部的总金额设置为深红色，加双下划线。

另外，为了在 C 列中明显区分银行合计行和各个账户名称，将每个账户单元格的数据缩进 2 个字符，这样就从外观上有了层次感（切记不要在每个银行账户名称前加空格），如图 5-24 所示。

为了能够在每个账户金额和总金额之间切换查看，对每个银行下的所有账户数据进行组合，制作两层分级显示。

由于每个银行合计数是用 SUM 函数求和的，因此可以直接单击"数据"→"组合"→"自动建立分级显示"命令按钮,那么就把每个银行下的各个账户行进行了组合,如图5-25所示。

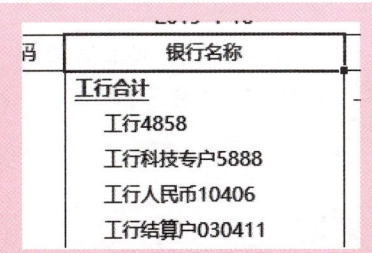
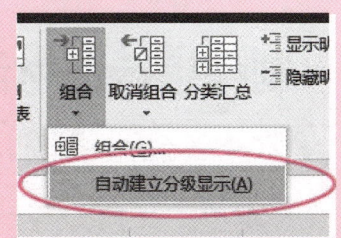

图5-24　合计行和明细行层次感分明　　图5-25　"自动建立分级显示"命令按钮

这样,单击工作表左侧的1级按钮 1 ,就是各个银行合计数的报表;而单击2级按钮 2 ,就是合计数与明细数一起显示的报表,如图5-26所示。

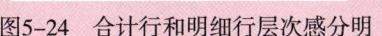

科目编码	银行名称	人民币余额	占比
	工行合计	568,845,600.42	63.86%
	招行合计	134,030,957.15	15.05%
	建行合计	187,851,064.42	21.09%
	合计	890,727,621.99	100.00%

今天是　2019-4-18

图5-26　折叠起表格,仅仅查看各个银行的总金额

5.2.3　制作银行资金余额表:按种类

根据导出的每日资金科目余额表数据还可以按照资金种类制作各个银行账户的每日资金余额表。这种分类是根据各个企业自身的情况来确定的。图5-27所示是一个示例,仅供参考。这个表格的数据是从上一个"按账户资金余额"中计算得出来的。

资金类别	人民币余额	占比
活期资金	816,118,190.87	91.62%
保证金	29,723,559.19	3.34%
理财	4,479,751.71	0.50%
科技专户	40,406,120.22	4.54%
合计	890,727,621.99	100.00%

今天是　2019-4-18

图5-27　按资金类别的余额表

5.3 制作银行理财管理表

很多企业会把闲置资金进行理财，购买银行的理财产品，这样，就必须设计一个理财管理表单来监控每笔理财的进度情况，盘活自有资金。本案例的文件是"案例5-3.xlsx"。

5.3.1 银行理财表结构设计

图5-28所示是一个银行理财表格示例。在这个表格中，大部分数据依据理财产品数据来填写，需要计算的主要是估算到期利息收入和离到期日剩余天数。其中，H列计算到期利息收入的公式如下：

=ROUND(F5*G5/360*D5,2)

I列距到期日还剩有的天数的计算公式如下：

=E5-TODAY()

银行	类型	起息日	期限（天）	到期日	本金（万元）	参考利率	预计利息收入（万元）	距到期日还有（天）
工行	保本稳利364天BBWL364	2019-3-8	364	2020-3-5	500	3.75%	18.96	322
	鑫得利核心优选181天GS19036	2019-4-12	181	2019-10-9	1800	3.92%	35.48	174
	保本型稳利91天款	2019-4-22	91	2019-7-21	1200	3.78%	11.47	94
招行	聚益生金系列A款91天理财计划	2019-5-9	91	2019-8-7	3000	3.96%	30.03	111
	聚益生金系列A款181天理财计划	2019-5-19	181	2019-11-15	2800	4.05%	57.02	211
建行	保本浮动收益型结构性存款	2019-6-23	254	2020-3-2	5000	4.28%	150.99	319
汇总					14300		303.95	

今天是 2019年4月18日 星期四

图5-28 银行理财表格结构参考

已经对原始的普通数据区域建立了智能表格，因此在底部显示了汇总行，计算本金总额和预计利息收入总额。

5.3.2 到期提前提醒

一般来说，银行都会发送短信，提前几天告知哪个理财产品快要到期。但我们自己也可以在这个表格中，使用条件格式来建立提前提醒功能。

例如，要提前5天提醒，那么建立提前提醒的具体步骤如下。

步骤① 选择数据区域（这里是从第2行开始选择，不包括最底部的汇总行）。

步骤② 单击"开始"→"条件格式"→"新建规则"命令按钮，打开"新建格式规则"对话框，如图5-29和图5-30所示。

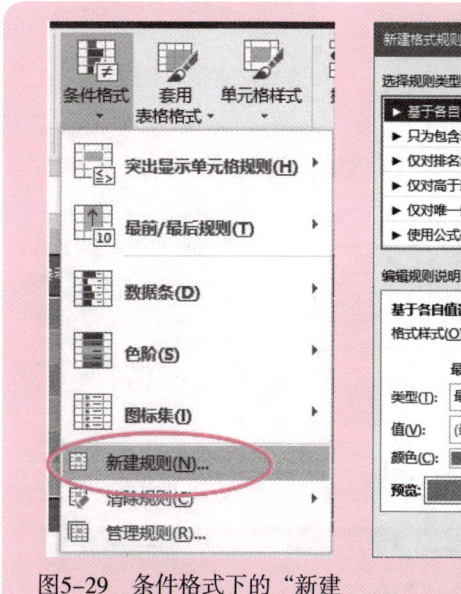
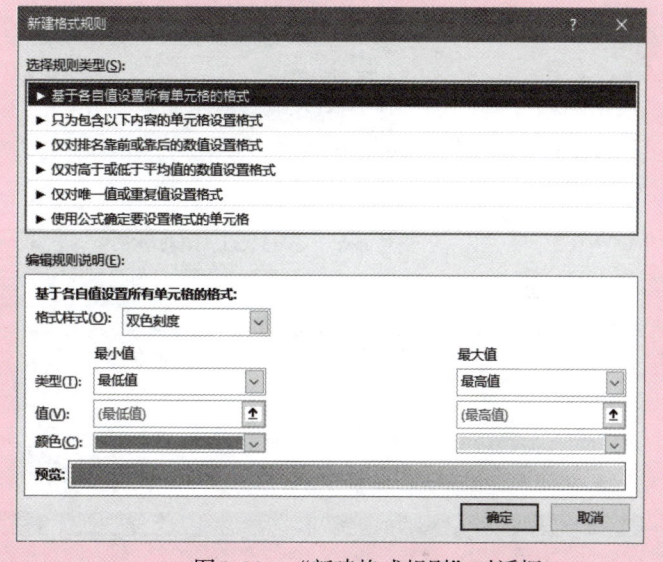

图5-29 条件格式下的"新建规则"命令按钮

图5-30 "新建格式规则"对话框

步骤③ 在这个对话框中做如下设置。

（1）在上部的"选择规则类型"列表中选择"使用公式确定要设置格式的单元格"选项。

（2）在随之出现的"为符合此公式的值设置格式"文本框中输入下面的条件公式。

=$I5<=5

（3）单击"格式"按钮，打开"设置单元格格式"对话框，设置单元格的格式。这里，我们把单元格填充颜色设置为黄色，字体颜色设置为加粗红色。

设置完毕的对话框如图5-31所示。

这样，当某笔理财5天内即将到期时，该行就显示为黄色背景、加粗字体的格式，如图5-32所示。

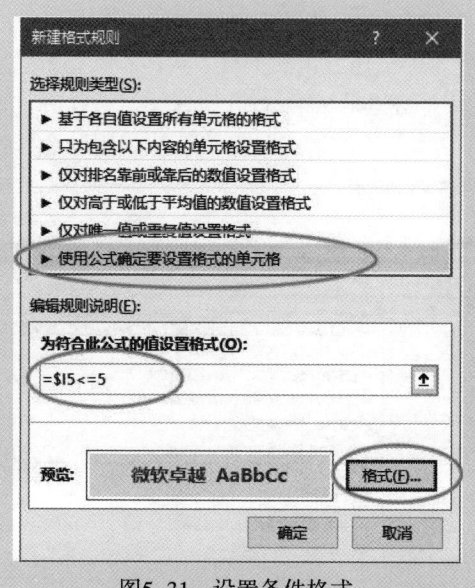

图5-31　设置条件格式

今天是 2019年7月18日 星期四

银行	类型	起息日	期限（天）	到期日	本金（万元）	参考利率	预计利息收入（万元）	距到期日还有（天）
工行	保本稳利364天BBWL364	2019-3-8	364	2020-3-5	500	3.75%	18.96	231
	鑫得利核心优选181天GS19036	2019-4-12	181	2019-10-9	1800	3.92%	35.48	83
	保本型稳利91天款	2019-4-22	91	2019-7-21	1200	3.78%	11.47	3
招行	聚益生金系列A款91天理财计划	2019-5-9	91	2019-8-7	3000	3.96%	30.03	20
	聚益生金系列A款181天理财计划	2019-5-19	181	2019-11-15	2800	4.05%	57.02	120
建行	保本浮动收益型结构性存款	2019-6-23	254	2020-3-2	5000	4.28%	150.99	228
汇总					14300		303.95	

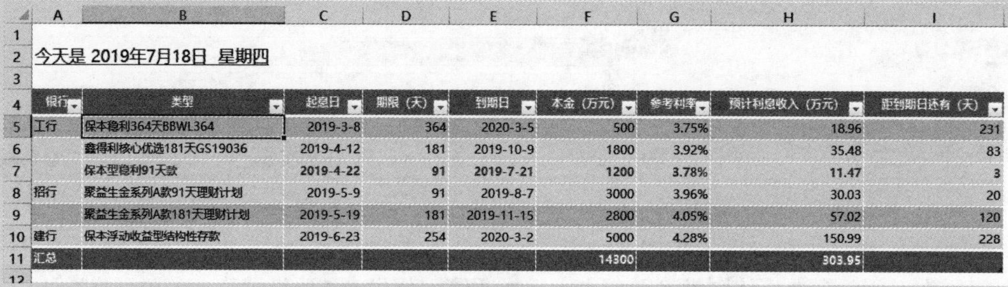

图5-32　条件格式提醒即将到期的理财产品

5.4 设计自动化资金管理模板

我们还可以自己设计一个基于 Excel 表单的资金管理模板，从数据的录入保存到数据的统计分析实现一体化、自动化。下面是一个简单的例子，本案例的文件是“案例 5-4.xlsx”。

5.4.1 绘制逻辑架构图

　　资金管理表是了解企业资金流入流出的一张非常重要的表单，管理的核心数据就是资金这个对象。资金管理与分析的主要目的是跟踪每个账户的资金进出情况和余额情况，以及分析每个资金流入流出发生在哪些项目，可以按日、按周、按月进行跟踪分析。

　　很多人的做法是：每个账户一张表，这样就建立了很多表格，汇总分析很不方便。资金管理只要一张资金进出的流水表单就够了。如图 5-33 所示是一个简单的资金管理表单基本字段的逻辑图。

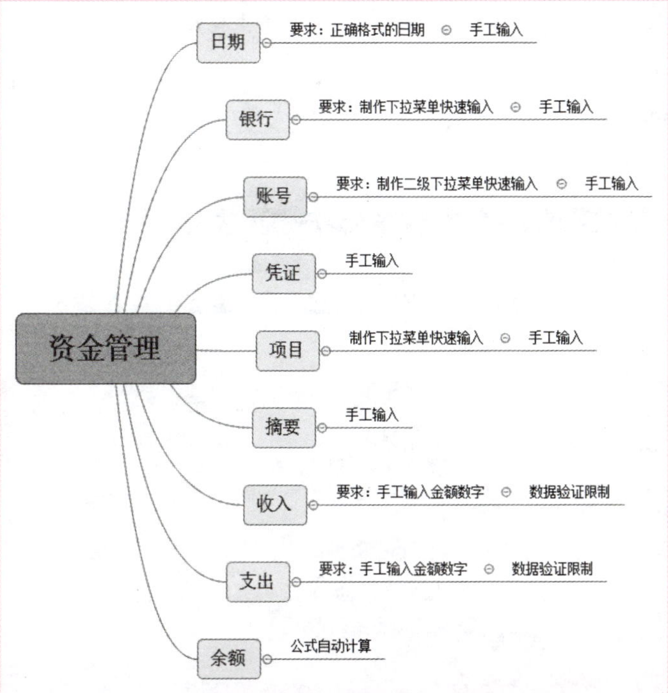

图5-33　资金管理主要字段

　　在这些字段中，银行和账号的输入是利用一个银行账号资料表通过制作一级和二级数据验证来快速选择输入。

　　项目是利用项目资料表通过数据验证制作下拉菜单快速输入。

　　其他字段都是直接手工输入，但要注意数据的规范性、合法性。

5.4.2 设计银行账号资料表

设计如图 5-34 所示的银行简称及其属下的银行账号资料表,这么设计的目的是定义名称,并在制作二级数据验证中使用。

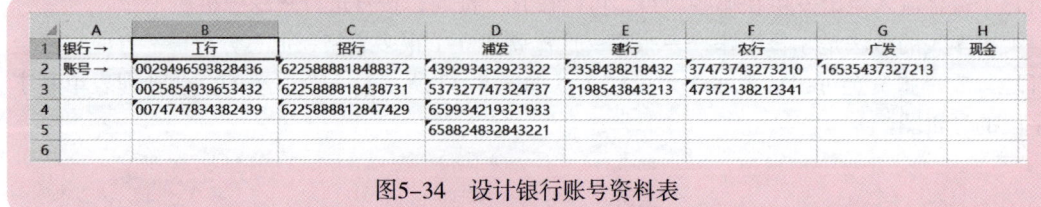

图5-34 设计银行账号资料表

将第一行的银行名称区域(单元格区域 B1:H1)定义为一个名称"银行"。

将每个银行下面第 2 行开始的数据区域分别定义为第一行银行名字的名称。定义的名称如图 5-35 所示。

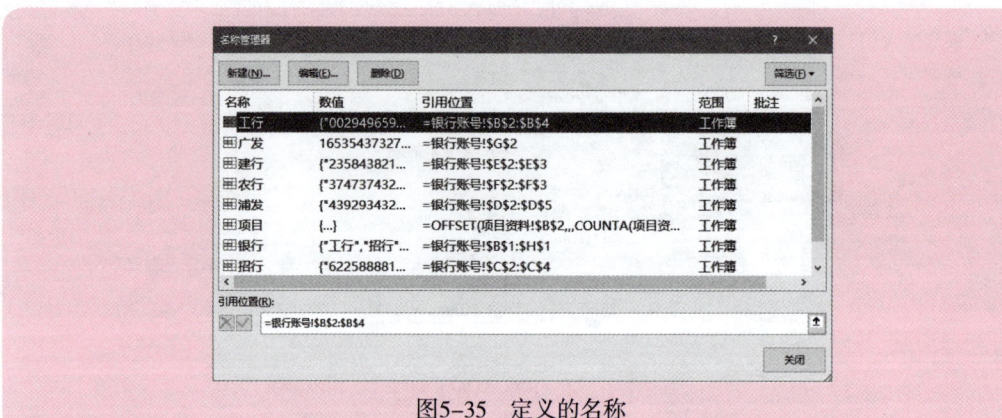

图5-35 定义的名称

5.4.3 设计项目资料管理表

项目资料管理表很简单,就是单独对项目基本信息进行管理,如项目编号、项目名称、项目金额、负责人等,如图 5-36 所示。然后定义一个动态名称"项目",便于在后面的资金台账中使用,其引用公式如下:

=OFFSET($B$2,,,COUNTA($B:$B)–1,1)

这个公式的含义就是获取一个以单元格 B2 为第一个单元格,共有 COUNTA($B:$B) –1 行和 1 列的单元格区域,也就是项目名称的区域。

项目编码	项目名称	项目金额	负责人
X001	项目A		
X002	项目B		
X003	项目C		
X004	项目D		
X005	项目E		

图5-36　项目基本资料

5.4.4 设计年初余额表

年初余额表是上期各个银行各个账户的余额表，复制粘贴过来即可，其结构如图 5-37 所示。

银行	账户	年初余额
工行	0029496593828436	5,321.19
工行	0025854939653432	3,214.02
工行	0074747834382439	5,532.36
招行	6225888818488372	2,433.98
招行	6225888818438731	10,654.37
招行	6225888812847429	4,588.24
浦发	439293432923322	7,058.57
浦发	537327747324737	38,802.73
浦发	659934219321933	233,853.23
浦发	658824832843221	458,865.12
建行	2358438218432	4,848.37
建行	2198543843213	937,342.65
农行	37473743273210	38,835.24
农行	47372138212341	69,392.54
广发	16535437327213	28,848.76
现金		746,255.65
合计		2,595,847.02

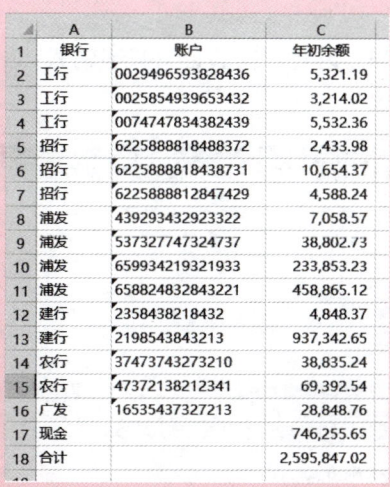

图5-37　银行账户年初余额表

5.4.5 设计资金管理台账

资金管理台账是资金管理系统的核心表单，记录每笔业务的资金流入、流出，以及当日余额情况。

1. 表格结构

资金管理台账是一个流水账单，因此设计为数据库，表结构如图 5-38 所示。其中，在

第 2 行输入期初余额。

	A	B	C	D	E	F	G	H	I	J
1	日期	银行	账号	凭证	项目	摘要	收入	支出	余额	备注
2	2019-1-1					上期余额			2,595,847.02	
3										
4										

图5-38 资金管理台账

2. 表格数据的规范输入

表格各列数据的规范输入有的是通过数据验证来限制的。在设置数据验证时,可以根据实际情况选择一定行数的单元格区域,但不建议选择整列。下面我们设置数据验证时,都是选到了 1000 行。

3. A 列日期输入

选择单元格区域 A2:A1000,设置数据验证,只能输入 2019 年的合法日期,如图 5-39 所示。

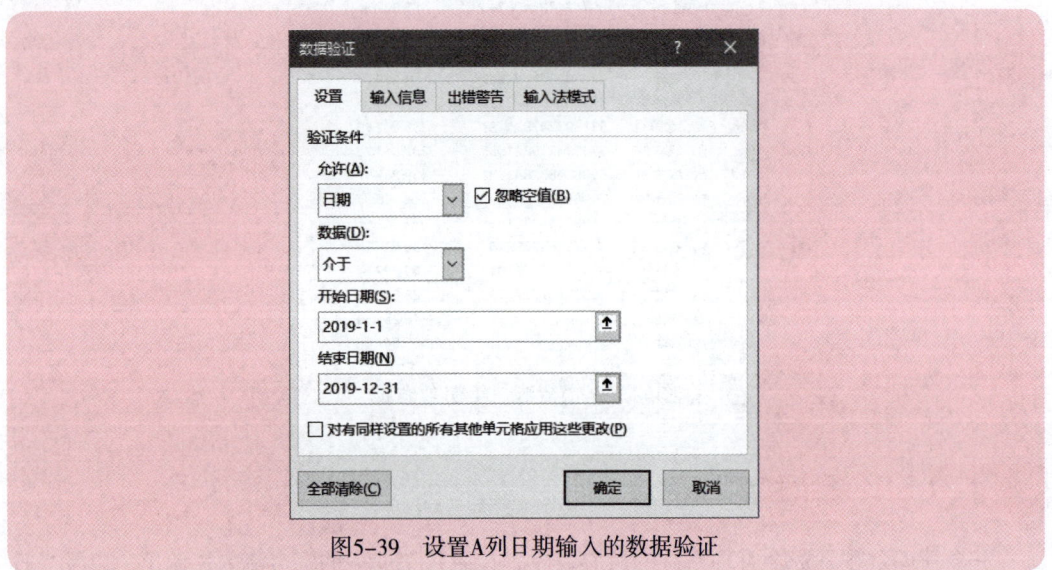

图5-39 设置A列日期输入的数据验证

4. B 列银行输入

选择单元格区域 B3:B1000,设置其数据验证,系列的"来源"是公式"=银行",制作下拉菜单,快速输入银行名称,如图 5-40 所示。

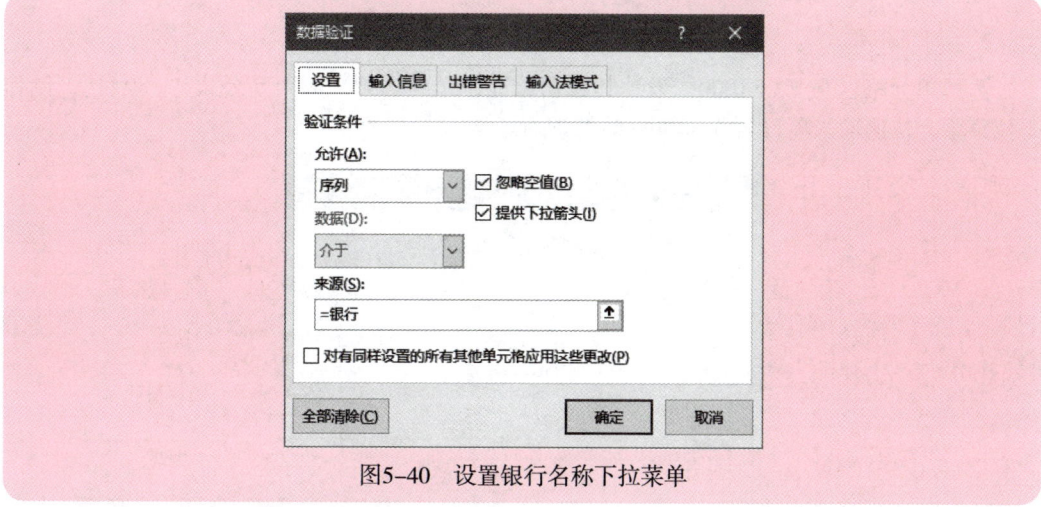

图5-40 设置银行名称下拉菜单

5. C列账号输入

选择单元格区域C3:C1000,设置其数据验证,系列的"来源"是公式"=INDIRECT(B3)",制作下拉菜单,快速输入指定银行下的账号,如图5-41所示。

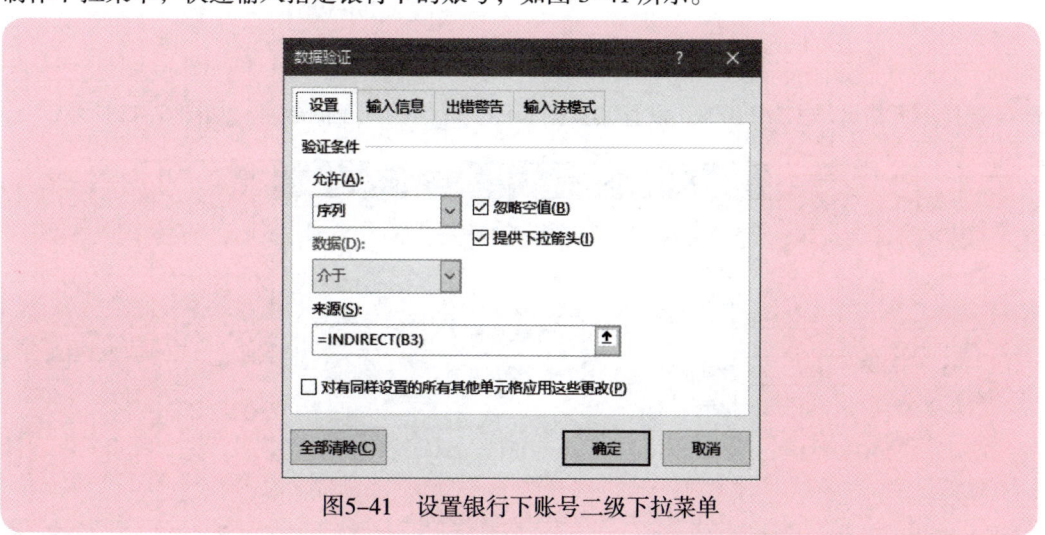

图5-41 设置银行下账号二级下拉菜单

6. D列凭证号输入

在本案例中,D列凭证号的输入没有什么特别的要求和限制。

7. E列项目输入

选择单元格区域 E3:E1000，设置其数据验证，系列的"来源"是公式"= 项目"，制作下拉菜单，快速输入项目名称，如图 5-42 所示。

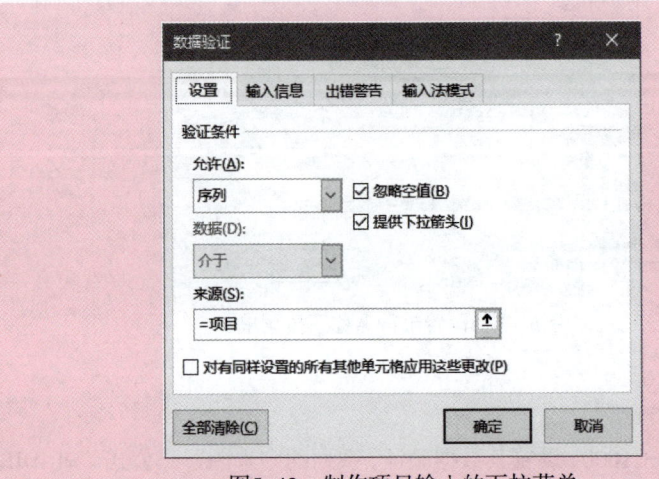

图5-42　制作项目输入的下拉菜单

8. H列金额输入

选择单元格区域 G3:H1000，设置其数据验证，只能输入正的数字，如图 5-43 所示。

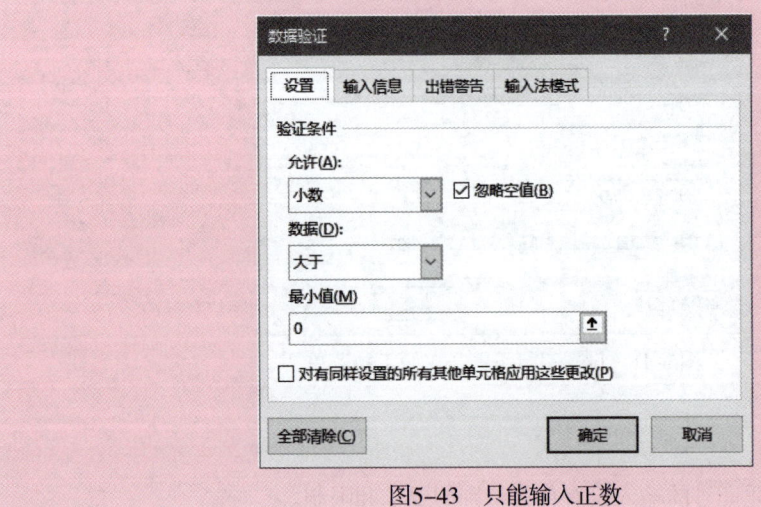

图5-43　只能输入正数

9. I 列余额输入与计算

单元格 I2 的年初余额用 VLOOKUP 函数自动取出,公式如下:
=VLOOKUP("合计",年初余额!A:C,3,0)
在单元格 I3 中输入下面的公式,然后往下复制到 1000 行,得到资金余额。
=IF(A3="","",I2+G3-H3)

10. 模板数据示例

这样,一个简单的资金管理模板就设计完毕,如图 5-44 所示的模板包括 4 个工作表:银行账号、项目资料、年初余额、总流水账。后面我们就可以在这 4 个基本工作表的基础上分析资金流入和流出,可以制作各种统计分析报表。

	A	B	C	D	E	F	G	H	I	J
1	日期	银行	账号	凭证	项目	摘要	收入	支出	余额	备注
2	2019-1-1					上期余额			2,595,847.02	
3	2019-1-1	工行	0029496593828436		项目A	PHUJY[P		24,737.32	2,571,109.70	
4	2019-1-1	工行	0025854939653432		项目B	XTAIQEC	20,000.00		2,591,109.70	
5	2019-1-5	现金			项目E	UDCJZKS		200,000.00	2,391,109.70	
6	2019-1-12	建行	2358438218432		项目C	QYSIT[O		6,837.34	2,384,272.36	
7	2019-1-22	农行	47372138212341		项目B	BANTRYP	72,132.00		2,456,404.36	
8	2019-1-25	现金			项目E	ZOAZWDR		4,543.00	2,451,861.36	
9	2019-2-5	建行	2358438218432		项目C	WOOSXMY	6,343.23		2,458,204.59	
10	2019-2-5	工行			项目D	DKXCPHZ	4,324.09		2,462,528.68	
11	2019-2-8	工行	0029496593828436		项目A	JEOGVDV		53,454.00	2,409,074.68	
12	2019-3-5	工行	0025854939653432		项目D	MVFFJXE	6,454.00		2,415,528.68	
13	2019-3-8	工行	0074747834382439		项目D	FRDXJMN		6,432.00	2,409,096.68	
14	2019-3-15	现金			项目D	I[KHTKE	5,737.00		2,414,833.68	
15	2019-3-22	现金			项目C	HHVTXRK		1,275.00	2,413,558.68	
16	2019-4-2	工行	0025854939653432		项目C	FXIOINK	7,532.00		2,421,090.68	

图 5-44 资金日常管理台账

5.4.6 制作各个银行当前余额统计分析表

图 5-45 所示是各个账户当前余额的统计分析表,使用 VLOOKUP 函数和 SUMIF 函数来制作。相关单元格的参考公式如下:

单元格 C2: =VLOOKUP(B2,年初余额!B:C,2,0)
单元格 D2: =SUMIF(总流水账!C:C,B2,总流水账!G:G)
单元格 E2: =SUMIF(总流水账!C:C,B2,总流水账!H:H)
单元格 F2: =C2+D2-E2
单元格 D17,计算现金: =SUM(总流水账!G:G)-SUM(D2:D16)
单元格 E17,计算现金: =SUM(总流水账!H:H)-SUM(E2:E16)

	A	B	C	D	E	F
1	银行	账户	期初余额	本期累计收入	本期累计支出	当前余额
2	工行	0029496593828436	5,321.19	4,324.09	78,191.32	-68,546.04
3		0025854939653432	3,214.02	37,743.88	4,755.00	36,202.90
4		0074747834382439	5,532.36	5,433.00	6,432.00	4,533.36
5	招行	6225888818488372	2,433.98	8,762.27	-	11,196.25
6		6225888818438731	10,654.37	-	5,383.68	5,270.69
7		6225888812847429	4,588.24	-	8,374.18	-3,785.94
8	浦发	439293432923322	7,058.57			7,058.57
9		537327747324737	38,802.73		4,959.87	33,842.86
10		659934219321933	233,853.23	39,574.12		273,427.35
11		658824832843221	458,865.12			458,865.12
12	建行	2358438218432	4,848.37	6,343.23	6,837.34	4,354.26
13		2198543843213	937,342.65		6,432.00	930,910.65
14	农行	37473743273210	38,835.24	2,948.36	5,736.37	36,047.23
15		47372138212341	69,392.54	74,586.36		143,978.90
16	广发	16535437327213	28,848.76	37,471.00		66,319.76
17	现金		746,255.65	5,737.00	214,580.00	537,412.65
18	合计		2,595,847.02	222,923.31	341,681.76	2,477,088.57

图5-45　各个账户统计汇总

图5-46所示是各个银行资金统计表，相关单元格的公式如下：

单元格I2：=SUMIF(年初余额!A:A,H2,年初余额!C:C)

单元格J2：=SUMIF(总流水账!$B:$B,$H2,总流水账!G:G)

单元格K2：=SUMIF(总流水账!$B:$B,$H2,总流水账!H:H)

单元格L2：=I2+J2-K2

	H	I	J	K	L
1	银行	期初余额	本期累计收入	本期累计支出	当前余额
2	工行	14,067.57	47,500.97	89,378.32	-27,809.78
3	招行	17,676.59	8,762.27	13,757.86	12,681.00
4	浦发	738,579.65	39,574.12	4,959.87	773,193.90
5	建行	942,191.02	6,343.23	13,269.34	935,264.91
6	农行	108,227.78	77,534.72	5,736.37	180,026.13
7	广发	28,848.76	37,471.00	-	66,319.76
8	现金	746,255.65	5,737.00	214,580.00	537,412.65
9	合计	2,595,847.02	222,923.31	341,681.76	2,477,088.57
10					

图5-46　各个银行资金统计表

5.4.7　制作各个银行的明细表

在这个资金模板中，核心表单是"总流水账"，它保存了所有银行所有账户的资金流入流出数据，这对于查看每个银行的数据是不方便的。不过，我们可以利用函数设计公式，从这个总流水台账中快速制作各个银行的明细表。

以工行数据为例，制作这个明细表的主要方法和步骤如下。

步骤① 插入一个工作表，将工作表名称修改为"工行"——这点很重要，我们要批量制作明细表。

步骤② 表格第2行是表格标题，可以从总流水账中复制过来，如图5-47所示。

图5-47 设计明细表结构

步骤③ 在单元格B1中输入下面的公式，自动提取工作表名称，如图5-48所示。

=MID(CELL("filename",$A$1),FIND("]",CELL("filename",$A$1))+1,100)

这个公式的原理就是：

（1）先用CELL函数提取当前工作簿的名称，这个名称带路径，并且这个名称字符串最后一个方括号"]"的右边就是工作表名称。

（2）用FIND函数找出这个方括号"]"的位置。

（3）用MID函数把方括号"]"右边的所有字符取出，就是工作表名称。

图5-48 在单元格B1中自动获取工作表名称

步骤④ 在单元格B3中输入年初日期"2019-1-1"，在单元格G2中输入文字"年初余额"，然后在单元格J3中输入下面的公式，提取工行的年初余额。

=SUMIF(年初余额!A:A,B1,年初余额!C:C)

步骤⑤ 在A列做辅助列，利用MATCH函数和INDIRECT函数做滚动查找，从总流水账工作表中把每个工行所在的行号确定出来，如图5-49所示。其中：

单元格A4公式：=MATCH(B1,总流水账!B:B, 0)

单元格A5公式：=MATCH($B$1,INDIRECT("总流水账!B"&A4+1& ":B10000"),0)+A4

然后把A5公式往下复制一定的行（例如复制500行，可以根据实际数据量来定）。

149

	A	B	C	D	E	F	G	H	I	J	K
1		工行									
2		日期	银行	账号	凭证	项目	摘要	收入	支出	余额	备注
3	0	2019-1-1					年初余额			14,067.57	
4	3										
5	4										
6	10										
7	11										
8	12										
9	13										
10	16										
11	23										
12	27										
13	#N/A										
14	#N/A										
15	#N/A										
16	#N/A										
17	#N/A										
18	#N/A										

图5-49 定位出每个工行数据的行号

步骤 6 在单元格B4中输入下面的公式,并往右复制到I列,然后往下复制一定的行,就得到了图5-50所示的结果。

=IF(ISERROR(INDEX(总流水账!A:A,$A4)),"",
　　IF(INDEX(总流水账!A:A,$A4)="","",
　　　　INDEX(总流水账!A:A,$A4)))

	A	B	C	D	E	F	G	H	I	J	K
1		工行									
2		日期	银行	账号	凭证	项目	摘要	收入	支出	余额	备注
3	0	2019-1-1						年初余额			14,067.57	
4	3	2019-1-1	工行	0029496593828436		项目A	PHUJYJP		24,737.32		
5	4	2019-1-1	工行	0025854939653432		项目B	XTAIQEC	20,000.00			
6	10	2019-2-5	工行	0029496593828436		项目D	DKXCPHZ	4,324.09			
7	11	2019-2-8	工行	0029496593828436		项目A	JEOGVDV		53,454.00		
8	12	2019-3-5	工行	0025854939653432		项目D	MVFFJXE	6,454.00			
9	13	2019-3-8	工行	0074747834382439		项目D	FRDXJMN		6,432.00		
10	16	2019-4-2	工行	0025854939653432		项目C	FXIOINK	7,532.00			
11	23	2019-5-5	工行	0074747834382439		项目B	GWVQTJK	5,433.00			
12	27	2019-5-6	工行	0025854939653432		项目E	NBBWTKA	3,757.88	4,755.00		
13	#N/A										
14	#N/A										
15	#N/A										
16	#N/A										
17	#N/A										
18	#N/A										

图5-50 创建查找引用公式

步骤 7 在单元格J4中输入下面的公式,然后往下复制,得到每笔业务后的账户余额。

=IF(ISNUMBER(A4),N(J3)+N(H4)-N(I4),"")

步骤 8 B列引用过来的日期格式不对,因此选择B列,将单元格格式设置为日期格式。

步骤 9 将H列、J列和I列的数字格式设置为会计格式。

步骤⑩ 从第3行的B列开始选择数据区域，例如，选择单元格区域B3:K500（要跟A列做公式的行数相同），为这个区域设置条件格式，以便自动为查找出的数据区域设置边框，达到自动美化明细表的目的。条件格式设置情况如图5-51所示。其中，条件格式的公式如下：

=ISNUMBER($A3)

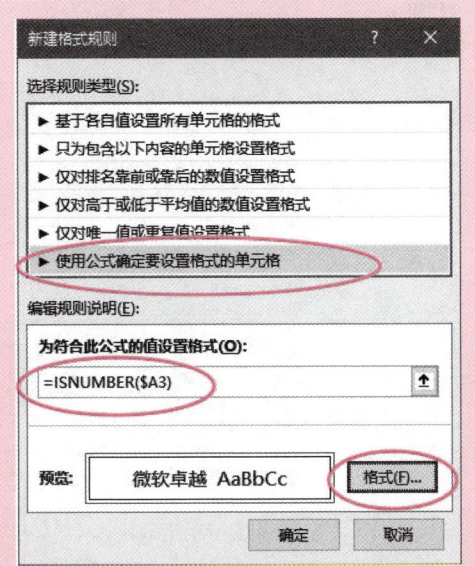

图5-51 为查询出的数据区域设置条件格式，自动添加边框

步骤⑪ 将A列隐藏起来。

步骤⑫ 使工作表不显示网格线，如图5-52所示。

	B	C	D	E	F	G	H	I	J	K
1	工行									
2	日期	银行	账号	凭证	项目	摘要	收入	支出	余额	备注
3	2019-1-1					年初余额			14,067.57	
4	2019-1-1	工行	0029496593828436		项目A	PHUJY[P		24,737.32	-10,669.75	
5	2019-1-1	工行	0025854939653432		项目B	XTAIQEC	20,000.00		9,330.25	
6	2019-2-5	工行	0029496593828436		项目D	DKXCPHZ	4,324.09		13,654.34	
7	2019-2-8	工行	0029496593828436		项目A	JEOGVDV		53,454.00	-39,799.66	
8	2019-3-5	工行	0025854939653432		项目D	MVFFJXE	6,454.00		-33,345.66	
9	2019-3-8	工行	0074747834382439		项目D	FRDXJMN		6,432.00	-39,777.66	
10	2019-4-2	工行	0025854939653432		项目C	FXIOINK	7,532.00		-32,245.66	
11	2019-5-5	工行	0074747834382439		项目D	GWVQT[K	5,433.00		-26,812.66	
12	2019-5-6	工行	0025854939653432		项目E	NBBWTKA	3,757.88	4,755.00	-27,809.78	
13										

图5-52 美观整齐的明细表

步骤⑬ 在单元格G1中输入文字"收支合计→",在单元格"K1"中输入文字"←最新余额"。

步骤⑭ 计算收入合计数、支出合计数及当前余额数,分别保存在单元格H1、I1和J1中,公式分别如下:

单元格H1:=SUM(H3:H500)

单元格I1:=SUM(I3:I500)

单元格J1:=J3+H1-I1

这样,就在表格的第一行显示合计数及最新余额,如图5-53所示。

	B	C	D	E	F	G	H	I	J	K
1	工行					收支合计→	47,500.97	89,378.32	-27,809.78	←最新余额
2	日期	银行	账号	凭证	项目	摘要	收入	支出	余额	备注
3	2019-1-1					年初余额			14,067.57	
4	2019-1-1	工行	0029496593828436		项目A	PHUJY[P		24,737.32	-10,669.75	
5	2019-1-1	工行	0025854939653432		项目B	XTAIQEC	20,000.00		9,330.25	
6	2019-2-5	工行	0029496593828436		项目D	DKXCPHZ	4,324.09		13,654.34	
7	2019-2-8	工行	0029496593828436		项目A	JEOGVDV		53,454.00	-39,799.66	
8	2019-3-5	工行	0025854939653432		项目D	MVFFJXE	6,454.00		-33,345.66	
9	2019-3-8	工行	0074747834382439		项目D	FRDXJMN		6,432.00	-39,777.66	
10	2019-4-2	工行	0025854939653432		项目C	FXIOINK	7,532.00		-32,245.66	
11	2019-5-5	工行	0074747834382439		项目B	GWVQT[K	5,433.00		-26,812.66	
12	2019-5-6	工行	0025854939653432		项目E	NBBWTKA	3,757.88	4,755.00	-27,809.78	
13										

图5-53 工行明细表

这个明细表就是一个通用的模板。只要把这个工作表完整复制一份,然后将工作表名称改为银行的名称,就自动得到该银行的明细表。

例如,将这个工作表完整复制一份,然后将工作表名称修改为"招行",即得到招行的明细表,如图5-54所示。

	B	C	D	E	F	G	H	I	J	K
1	招行					收支合计→	8,762.27	13,757.86	12,681.00	←最新余额
2	日期	银行	账号	凭证	项目	摘要	收入	支出	余额	备注
3	2019-1-1					年初余额			17,676.59	
4	2019-4-22	招行	6225888818438731		项目A	HGJJGWK		5,383.68	12,292.91	
5	2019-5-5	招行	6225888818488372		项目A	IRSYDNQ	8,762.27		21,055.18	
6	2019-5-24	招行	6225888812847429		项目D	MHCUHMU		8,374.18	12,681.00	
7										

图5-54 招行明细表

将工行工作表完整复制一份,然后将工作表名称修改为"现金",即得到现金的明细表,如图5-55所示。

	B	C	D	E	F	G	H	I	J	K
1	现金					收支合计→	5,737.00	214,580.00	537,412.65	←最新余额
2	日期	银行	账号	凭证	项目	摘要	收入	支出	余额	备注
3	2019-1-1					年初余额			746,255.65	
4	2019-1-5	现金				项目E	UDCJZKS		200,000.00	546,255.65
5	2019-1-25	现金				项目E	ZOAZWDR		4,543.00	541,712.65
6	2019-3-15	现金				项目D	I|KHTKE	5,737.00		547,449.65
7	2019-3-22	现金				项目C	HHVTXRK		1,275.00	546,174.65
8	2019-5-5	现金				项目E	ZEEYEMT		8,762.00	537,412.65
9										

图5-55　现金明细表

5.4.8 制作各个月各个账户的资金流入流出报表

我们还可以制作各个月各个账户的资金流入流出报表，这样的报表无非就是使用函数或者数据透视表来制作。这里，我们使用数据透视表制作这样的报表是最方便的。

为了能够让报表随着总流水账表数据的增加而更新，定义一个动态名称"Data"，其引用区域如下：

=OFFSET(总流水账!$A$1,,,COUNTA(总流水账!$A:$A),10)

这样，利用这个动态名称"Data"制作数据透视表并进行布局，对日期进行组合，美化报表，就得到如图5-56所示的各个月各个账户的资金流入流出报表。

	B	C		1月		2月		3月		4月		5月	
3													
4	银行	账号		收入	支出	收入	支出	收入	支出	收入	支出	收入	5月 (日期)
5	⊟工行			20000	24737.32	4324.09	53454	6454	6432		7532	9190.88	列: 5月 755
6		0025854939653432		20000				6454			7532	3757.88	4755
7		0029496593828436			24737.32	4324.09	53454						
8		0074747834382439							6432			5433	
9	⊟广发											37471	
10		16535437327213										37471	
11	⊟建行					6837.34	6343.23				6432		
12		2198543843213									6432		
13		2358438218432				6837.34	6343.23						
14	⊟农行			72132						2948.36	5736.37	2454.36	
15		37473743273210								2948.36	5736.37		
16		47372138212341		72132								2454.36	
17	⊟浦发									39574.12	4959.87		
18		537327747324737									4959.87		
19		659934219321933								39574.12			
20	⊟现金					204543		5737	1275			8762	
21						204543		5737	1275			8762	

图5-56　制作的各个月各个账户的资金流入流出报表

5.4.9 制作各个月各个项目的资金流入流出报表

用同样的方法，我们可以使用透视表制作各个月各个项目的资金流入流出报表，如

图 5-57 所示。

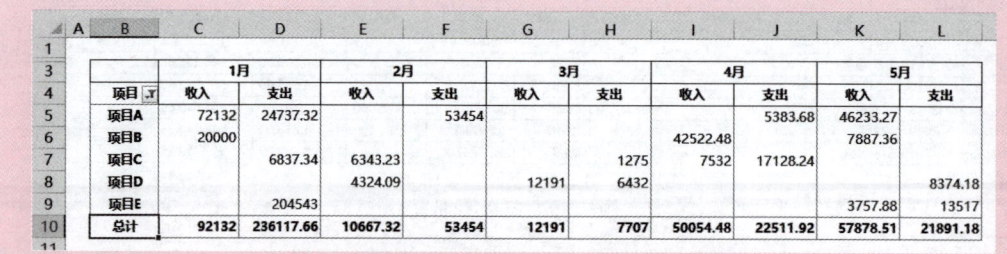

图5-57　各个月各个项目的资金流入流出报表

Chapter

06

固定资产管理表单

固定资产是指使用期限超过一年、单位价值在规定的标准以上，并且在使用过程中保持原有物质形态的资产，包括房屋及建筑物、机器设备、运输设备以及达到标准的工具和器具等。固定资产是企业经营不可缺少的条件，合理有效地组织固定资产的管理和核算工作，对于保证其完整性并充分发挥其效能具有重要的意义。

本章我们将介绍一个动态的固定资产管理模板，使固定资产的管理、折旧计算、费用分配等实现自动化，还可以自动生产指定固定资产卡片。本章案例的文件是"案例6-1.xlsx"。

6.1 建立动态固定资产管理表格

动态固定资产管理表格就是对固定资产进行管理、核算等，实现所有项目的自动计算和归类，并根据需要生成重要的财务报表。

6.1.1 表单结构设计

固定资产管理表单结构如图 6-1 所示。

	A	B	C	D	E	F	G	H	I	J	K	L	M	N	O
1	计算月份		折旧方法：平均年限法												
2															
3	编码	名称	型号	类别	使用部门	增加方式	购入日期	预计使用月份	开始计提日期	到期日期	已计提月数	剩余月数	原值	预计净残值	本月折旧额
4	FW200806001	厂房	100万平米	房屋	一分公司	自建	2008-6-18	360	2008-7-1	2038-6-30	130	230	16,000,000.00	800,000.00	42,222.22
5	FW200903002	仓库	60万平米	房屋	销售部	自建	2009-3-26	300	2009-4-1	2034-3-31	121	179	2,000,000.00	100,000.00	6,333.33
6	SC201006001	吊车	QH-20S	生产设备	一分公司	购入	2010-6-17	12	2010-7-1	2011-6-30	已提足月数	已提足月数	1,200,000.00	60,000.00	0.00
7	FW201005003	办公楼	10万平米	房屋	信息部	自建	2010-5-22	360	2010-6-1	2040-5-31	107	253	5,000,000.00	250,000.00	13,194.44
8	YS201110001	货车	20吨	运输工具	销售部	购入	2011-10-8	96	2011-11-1	2019-10-31	90	6	300,000.00	15,000.00	2,968.75
9	SC201110002	机床	JC-GH65	生产设备	二分公司	购入	2011-10-16	120	2011-11-1	2021-10-31	90	30	650,000.00	32,500.00	5,145.83
10	SC201110003	机床	JC-GH68	生产设备	二分公司	购入	2011-10-16	120	2011-11-1	2021-10-31	90	30	456,000.00	22,800.00	3,610.00
11	BG201203001	笔记本电脑	IBM	办公设备	信息部	购入	2012-3-21	60	2012-4-1	2017-3-31	已提足月数	已提足月数	12,000.00	600.00	0.00
12	BG201203002	笔记本电脑	IBM	办公设备	后勤部	购入	2012-3-21	60	2012-4-1	2017-3-31	已提足月数	已提足月数	12,000.00	600.00	0.00
13	BG201302003	传真机	松下	办公设备	办公室	购入	2013-2-19	60	2013-3-1	2018-2-28	已提足月数	已提足月数	6,000.00	300.00	0.00
14	BG201508004	复印机	佳能	办公设备	后勤部	购入	2015-8-15	60	2015-9-1	2020-8-31	44	16	15,000.00	750.00	237.50
15	BG201804005	传真机	松下	办公设备	信息部	购入	2018-4-11	60	2018-5-1	2023-4-30	12	48	6,000.00	300.00	95.00

图6-1　固定资产折旧表

单元格 B1 设置了数据验证，用于选择要查看固定资产折旧表的月份，例如，选择“2019-4-30”就是要制作 2019 年 4 月份的折旧表。

固定资产折旧统一采用平均年限法。

表单的第 3 行是标题，从第 4 行开始是每个固定资产的基本数据和折旧数据了，基本信息数据由人工进行输入和管理，其他的数据（如编号、月折旧、累计折旧等）由已经设计好的公式自动计算。

6.1.2 指定制作固定资产报表月份

单元格 B1 用于选择制作固定资产的月份，是设置的数据验证，数据验证的序列是一个月底日期序列，如图 6-2 所示。

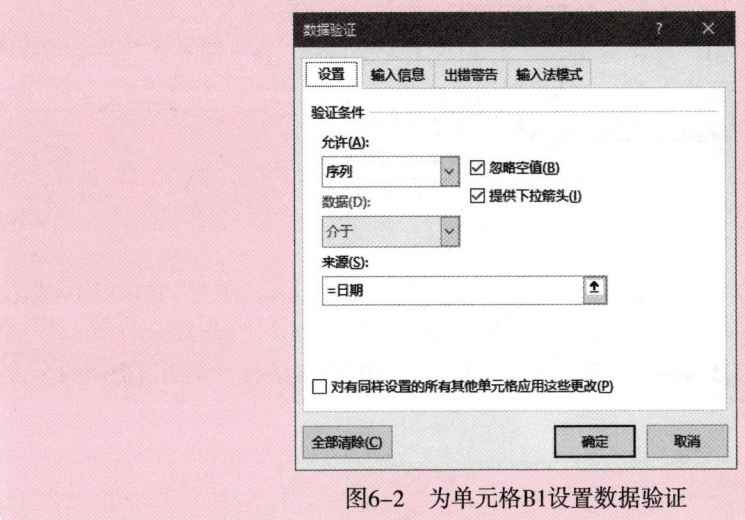

图6-2 为单元格B1设置数据验证

日期序列保存在工作表"基本资料"的A列中(如图6-3所示),然后将这个序列定义名称为"日期",引用公式如下:

=OFFSET(日期列表!$A$1,,,COUNTA(日期列表!$A:$A),1)

图6-3 "基本资料"工作表,A列的各月月底日期

6.1.3 自动编制固定资产编号

A列的固定资产编号是文本型数字,编号规则是根据购买固定资产的日期自动编制,编制规则是:

类别编号+年份4位数字+月份2位数字+该类别的3位数字连续序号

例如,2019年4月23日购置了一台计算机,属于办公设备,并且办公设备的最后编号

已经是 286，那么这台计算机的编号是 BG201904287。

固定资产类别编码保存在"基本资料"工作表的 D 列和 E 列，参见图 6-3。

在单元格 A4 中输入下面的公式，自动编制固定资产号码。

=VLOOKUP(D4,基本资料!D:E,2,0)
&TEXT(G4,"yyyymm")
&TEXT(COUNTIF($D$4:D4,D4),"000")

这个公式由 3 个字符连接而成。

第 1 部分 VLOOKUP(D4, 基本资料 !D:E,2,0) 是固定资产类别编码，使用 VLOOKUP 提取。

第 2 部分 TEXT(G4,"yyyymm") 是年份的 6 位数，使用 TEXT 函数进行转换。

第 3 部分 TEXT(COUNTIF($D$4:D4,D4),"000") 是先用 COUNTIF 统计某类固定资产的个数，然后再用 TEXT 函数转换为 3 位。

6.1.4 输入固定资产类别

固定资产类别是固定资产大类名称，可使用数据验证快速准确地输入，数据验证的设置如图 6-4 所示，数据来源是"基本资料"表里的数据。

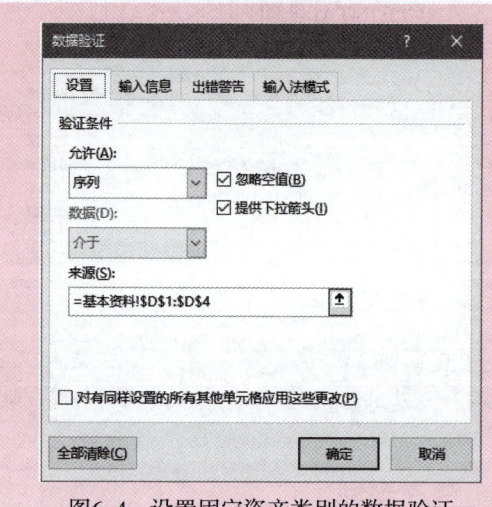

图6-4　设置固定资产类别的数据验证

6.1.5 输入部门名称

部门名称的输入使用数据验证，其设置如图 6-5 所示，数据来源是保存在"基本资料"

中的部门名称。

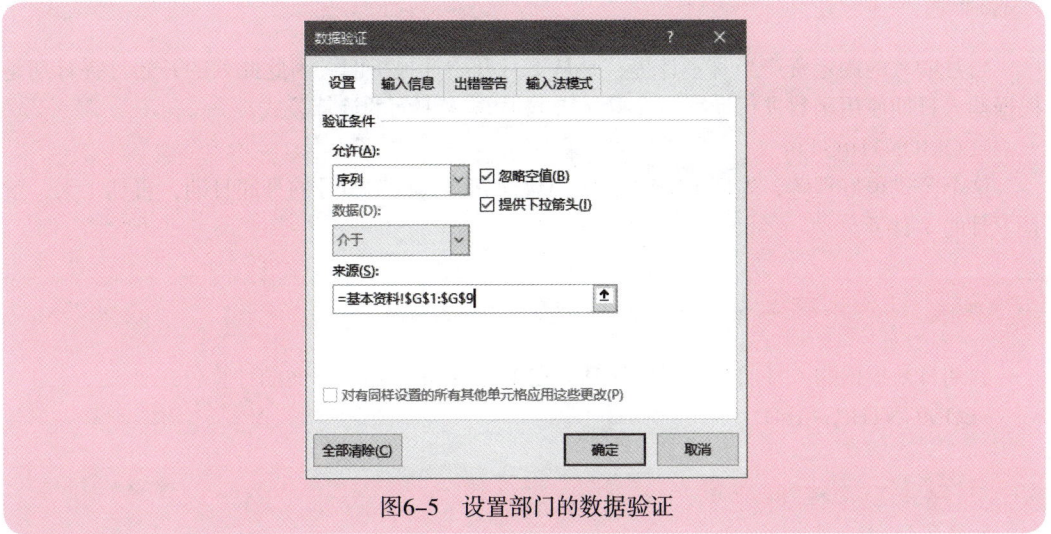

图6-5　设置部门的数据验证

6.1.6　输入增加方式

这列数据比较简单，仅仅输入两种数据："购入"和"自建"，因此也设置如图6-6所示的数据验证来快速输入。

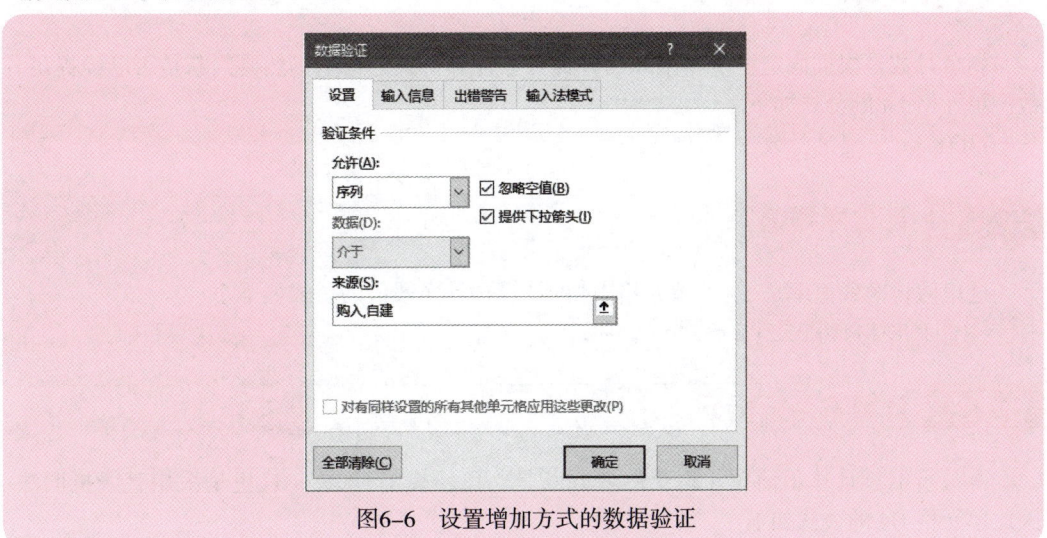

图6-6　设置增加方式的数据验证

6.1.7 计算开始计提日期

当月购入的固定资产当月不计提,是从下月开始计提折旧,因此此列的开始计提日期是根据购入日期使用函数进行计算。在单元格 I4 中输入下面的计算公式。

=EOMONTH(G4,0)+1

这个公式很好理解,先用 EOMONTH 函数计算购入日期当月的月底日期,再加 1 天,就是下月的 1 日了。

6.1.8 计算到期日

到期日是根据购入日期和年限来计算,在单元格 J4 中输入下面的计算公式。

=EOMONTH(G4,H4)

6.1.9 计算已计提月数

已计提月数是使用 DATEDIF 函数,根据开始计提日期和指定的编制月份进行计算。不过,要判断是否已经计提完毕。单元格 K4 的公式如下:

=IF(DATEDIF(I4,$B$1+1,"m")>H4,"已提足月数",DATEDIF(I4,$B$1+1,"m"))

6.1.10 计算剩余月数

剩余月数是根据固定资产年限和已计提月数计算得到,这里仍然要判断是否已经提足月数。单元格 L4 的公式如下:

=IF(K4="已提足月数",K4,H4–K4)

6.1.11 计算净残值

这里假设净残值率是 5%,单元格 N4 的计算预计净残值的公式如下:

=ROUND(M4*0.05,2)

6.1.12 计算本月折旧额

本月折旧额计算很简单(但仍然要判断是否已经提足月数),这里是采用直线折旧法,因此单元格 O4 的公式如下:

```
=IF(OR(K4="已提足月数",K4=0),0,ROUND(SLN(M4,N4,H4),2))
```

6.1.13 计算本年度累计折旧额

本年度累计折旧额计算要根据固定资产的具体情况来判断并计算，单元格 P4 的公式如下：
```
=ROUND(SLN(M4,N4,H4),2)
  *IF(K4="已提足月数",IF(YEAR(J4)=YEAR($B$1),MONTH(J4),0),
    IF(YEAR($B$1)=YEAR(I4),DATEDIF(I4,$B$1+1,"m"),MONTH($B$1)))
```

这个公式稍微复杂，主要是要判断固定资产的使用状况来计算本年度累计折旧。有三种情况要考虑。

第 1 种情况是，如果是以前年度购置的固定资产，并且在上年度已经计提完毕，那么本年度累计折旧就是 0。

第 2 种情况是，如果是以前年度购置的固定资产，并且在本年度某个月已经计提完毕，那么本年度累计折旧就从 1 月份开始，计算到该月的累计折旧额。

第 3 种情况是，如果是当年度购置的固定资产，那么本年度累计折旧就从开始计提日期开始，截止到指定月份的累计折旧额。

6.1.14 计算总累计折旧

总累计折旧是固定资产从投入使用开始，截止到指定月份的总累计折旧，单元格 Q4 的公式如下（要判断是否已经提足月数）：
```
=IF(K4="已提足月数",M4−N4,K4*O4)
```

6.1.15 计算本月末账面净值

单元格 R4 是计算本月末账面净值，公式如下：
```
=M4−N4−Q4
```

6.1.16 输入折旧费用类别

为了便于以后对折旧费用进行归类处理，最后一列是指定某个固定资产的折旧费用类别，使用数据验证来快速准确地输入，如图 6-7 所示。

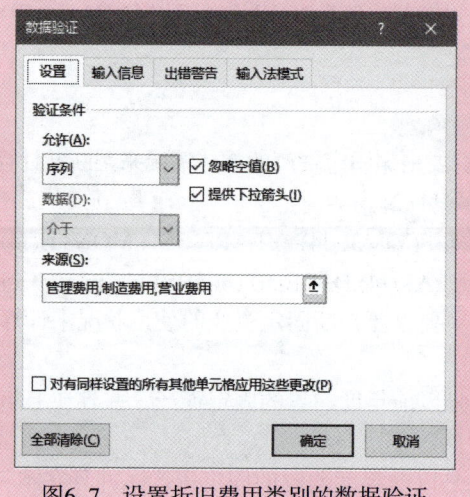

图6-7 设置折旧费用类别的数据验证

6.1.17 将普通区域转换为智能表格

截止到目前，我们都是在第4行设置数据验证和公式的，并没有一下子选择数百行或者上千行来设置。这个不用担心数据验证和公式往下复制的问题，只要把这个数据区域转换为智能表格就可以了。然后，把这个智能表格重命名为"data"，如图6-8所示。

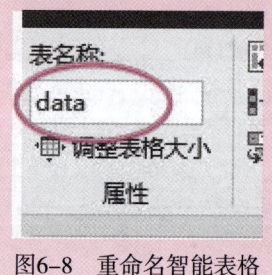

图6-8 重命名智能表格

6.1.18 固定资产管理表单的使用

至此，固定资产管理表单已经设计完毕，可以正常使用了。在每行的基本信息单元格中输入基本信息，其他单元格的数据就会自动计算出来。

6.2 制作折旧费用分配表和记账凭证清单

6.2.1 制作折旧费用分配表

企业应设置"累计折旧"科目以核算固定资产折旧数额。企业按月计提固定资产折旧时，应根据固定资产的受益对象（部门）借记有关的成本费用科目，贷记"累计折旧"科目。

由于固定资产的受益对象（部门）不同，固定资产折旧费的借记科目也不同，因此需要对固定资产的折旧按受益对象（部门）进行分配汇总，即编制固定资产折旧费用分配表。

由于对基础表已经建立了智能表格，在此表格基础上，制作一个数据透视表并进行布局，就得到了折旧费用分配表，如图6-9所示。

	A	B	C	D	E	F
1			折旧费用分配表			
2						
3	折旧费用类别	原值	本年度累计折旧额	累计折旧额	本月末账面净值	本月折旧额
4	管理费用	17412000	216,167.20	6,545,240.80	9,996,159.20	54,041.80
5	营业费用	5015000	53,727.76	1,422,255.08	3,341,994.92	13,431.94
6	制造费用	3230000	25,333.32	1,934,832.93	1,133,667.07	6,333.33
7	总计	25657000	295,228.28	9,902,328.81	14,471,821.19	73,807.07
8						

图6-9 折旧费用分配表

如果基础表格中的固定资产增加了，或者核算的月份改变了，那么只要刷新数据透视表，该月的折旧费用分配表就自动完成。

6.2.2 制作记账凭证清单

记账凭证清单就是按受益对象（部门）的不同，将固定资产折旧费用分别借记到不同的科目中，其中：企业管理部门使用的固定资产，其折旧费借记到"管理费用"科目；生产经营部门使用的固定资产，其折旧费根据行业的特点，借记到相应的成本费用科目中。例如，工业企业的生产部门使用的固定资产，其折旧费借记到"制造费用"科目，附营业务所使用的固定资产，其折旧费借记到"其他业务支出"科目，专设销售机构使用的固定资产，其折旧费借记到"营业费用"科目。

在上面建立的折旧费用分配表的基础上，可以很方便地编制记账凭证清单。记账凭证清单工作表的结构如图 6-10 所示，单元格公式如下：

单元格E4：=VLOOKUP(D4,折旧费用分配表!A:F,6,0)
单元格E5：=VLOOKUP(D5,折旧费用分配表!A:F,6,0)
单元格E6：=VLOOKUP(D6,折旧费用分配表!A:F,6,0)
单元格F7：=VLOOKUP("总计",折旧费用分配表!A:F,6,0)

	A	B	C	D	E	F	G	H	I
1	记账凭证清单								
2									
3	日期	附件	摘要	科目名称	借方金额	贷方金额	制单人	审核人	记账人
4	4月30日	1	计提折旧	管理费用	54041.8				
5	4月30日	1	计提折旧	营业费用	13431.94				
6	4月30日	1	计提折旧	制造费用	6333.33				
7	4月30日	1	计提折旧	累计折旧		73807.07			

图6-10　记账凭证清单

6.3 制作固定资产卡片

固定资产卡片是指按固定资产项目开设，用以进行固定资产明细核算的账簿。根据企业的具体情况，固定资产卡片的格式依企业不同而有所不同。这里，我们假设某固定资产卡片格式就是从基础表中查询指定编码的固定资产，将其参数全部查询到此表上。

6.3.1 基本数据的提取

图 6-11 所示是一个固定资产卡片示例。

单元格 D4 是要查询的固定资产编码，此单元格设置了一个动态数据列表的数据验证（如图 6-12 所示），其序列来源是动态名称"编码"，其引用位置如下：

=OFFSET(固定资产折旧表!$A$4,,,COUNTA(固定资产折旧表!$A$4:$A$10000)-1,1)

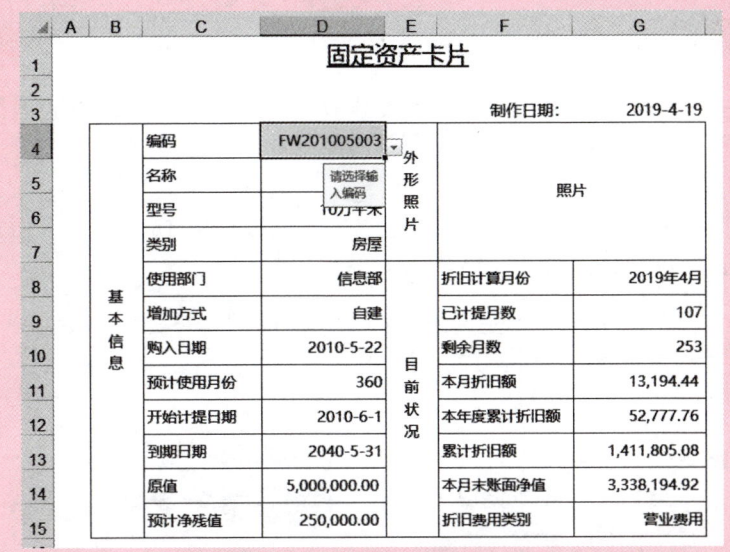

图6-11　制作固定资产卡片

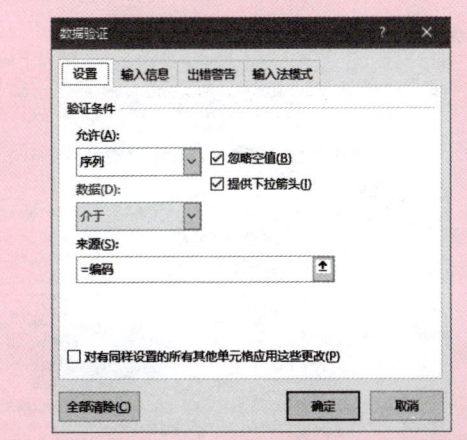

图6-12　设置数据验证，快速输入固定资产编码

单元格D5的公式是一个通用公式，具体公式如下：
=VLOOKUP($D$4,固定资产折旧表!$A:$S,MATCH(C5,固定资产折旧表!$3:$3,0),0)
将单元格D5的公式复制到其他单元格，就得到该固定资产的各个数据。
但是，单元格G8的公式是一个特殊公式。
=固定资产折旧表!B1

6.3.2 显示固定资产照片

在这个卡片上，还预留了显示固定资产照片的位置。假如某些固定资产有照片，可以把这些照片保存到一个文件夹，然后将每个照片文件命名为该资产的编号，这样可以使用宏来显示指定资产的照片。

我们也可以单独设置一个工作表，保存每个资产的编号及对应的照片（照片的大小要合适，正好保存在单元格内），如图 6–13 所示。

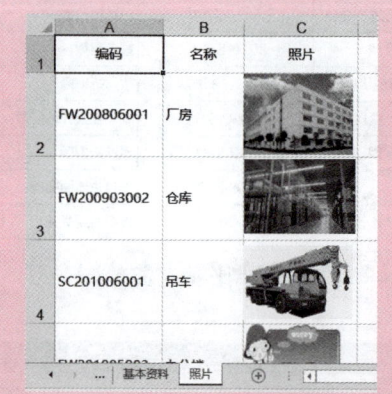

图6–13　工作表“照片”，保存每个资产的照片

这样，我们就可以在固定资产卡片上显示指定的固定资产照片了，如图 6–14 所示。

固定资产卡片

制作日期: 2019-4-19

基本信息	编码	SC201006001	外形照片		
	名称	吊车			
	型号	QH-20S			
	类别	生产设备			
	使用部门	一分公司	目前状况	折旧计算月份	2019年4月
	增加方式	购入		已计提月数	已提足月数
	购入日期	2010-6-17		剩余月数	已提足月数
	预计使用月份	12		本月折旧额	-
	开始计提日期	2010-7-1		本年度累计折旧额	-
	到期日期	2011-6-30		累计折旧额	1,140,000.00
	原值	1,200,000.00		本月末账面净值	-
	预计净残值	60,000.00		折旧费用类别	制造费用

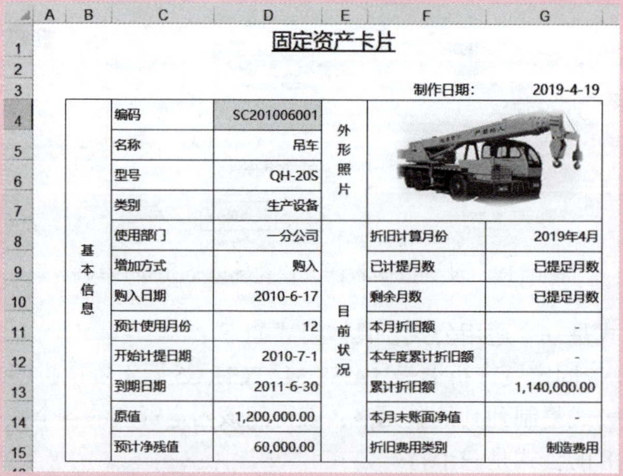

图6–14　显示照片的固定资产卡片

下面是显示照片的详细设置方法和步骤。

步骤 1 首先定义一个动态名称"照片"（如图6-15所示），其引用公式如下：
=INDEX(照片!$C:$C,MATCH(固定资产卡片!$D$4,照片!$A:$A,0))

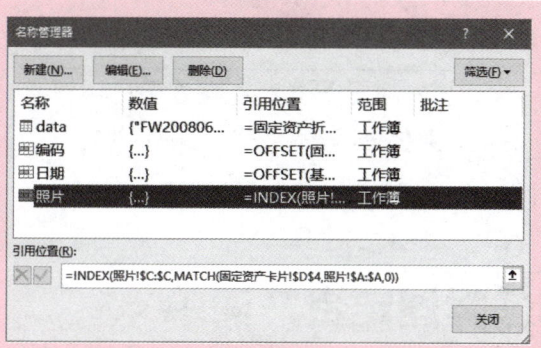

图6-15 定义动态名称"照片"

步骤 2 在卡片工作表的照片位置，随便插入一张图片，如图6-16所示。

图6-16 插入一张图片

步骤 3 选择图片，将光标移到公式编辑栏中，输入公式"=照片"，如图6-17所示。

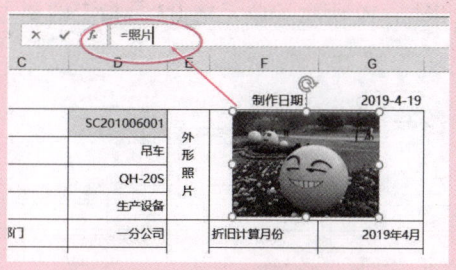

图6-17 在编辑栏输入公式

步骤 4 按Enter键，就将照片显示为该固定资产的照片，如图6-18所示。

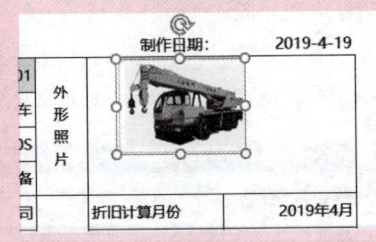

图6-18　显示为指定设备的照片

步骤5　调整图片大小，设置格式，就大功告成了。

6.4 制作各类固定资产清单

基础表单是公司全部固定资产清单。在实际工作中，有时候需要指定各类固定资产清单，例如，把指定部门的所有固定资产查询出来、把已计提完毕的固定资产查询出来等。

制作这样的明细表，一般的方法是手工制作：筛选、复制、粘贴，尽管容易操作，但是在基础表单上“动手动脚”很容易损坏基础数据，因此不建议这么做。

我们可以利用滚动循环查找技术来制作动态的明细查询表，这种方法在上一章资金管理中已经有所介绍。

6.4.1 按部门制作固定资产明细表

部门固定资产查询表如图6–19所示。单元格B3是指定的要查询的部门。第6行开始就是该部门的固定资产清单了。

	A	B	C	D	E	F	G	H	I	J	K	L
1	部门固定资产查询表											
2												
3	查询部门	信息部										
4												
5	编码	名称	型号	类别	使用部门	增加方式	购入日期	预计使用月份	到期日期	原值	已计提月数	剩余月数
6	FW201005003	办公楼	10万平米	房屋	信息部	自建	2010-5-22	360	2040-5-31	5,000,000.00	107	253
7	BG201203001	笔记本电脑	IBM	办公设备	信息部	购入	2012-3-21	60	2017-3-31	12,000.00	已提足月数	已提足月数
8	BG201804005	传真机	松下	办公设备	信息部	购入	2018-4-11	60	2023-4-30	6,000.00	12	48
9												

图6–19　部门固定资产查询表

下面是具体制作步骤。

步骤 1 在P列设计辅助列，定位指定部门在基础表单中的行号，如图6-20所示。
单元格 P6 的公式如下：
=MATCH(B3,固定资产折旧表!E:E,0)
单元格 P7 的公式如下，然后往下复制到一定的行。
=MATCH($B$3,INDIRECT("固定资产折旧表!E"&P6+1&":E1000"),0)+P6

步骤 2 单元格A6的公式如下，往右往下复制，即得所有数据的查找公式。
=IFERROR(INDEX(固定资产折旧表!$A:$S,$P6,
　　　　　MATCH(A$5,固定资产折旧表!$3:$3,0)),"")

步骤 3 选择从第6行开始的单元格区域，设置如图6-21所示的条件格式，条件格式公式为"=$A6<>"""，其原理就是：如果A列查询出了数据，就把本行的单元格设置边框。

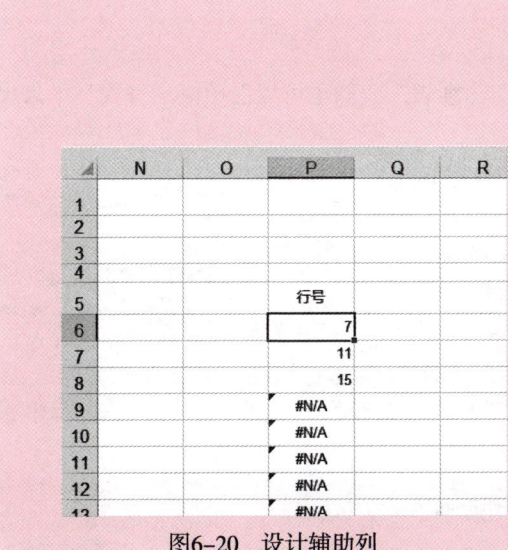

图6-20　设计辅助列

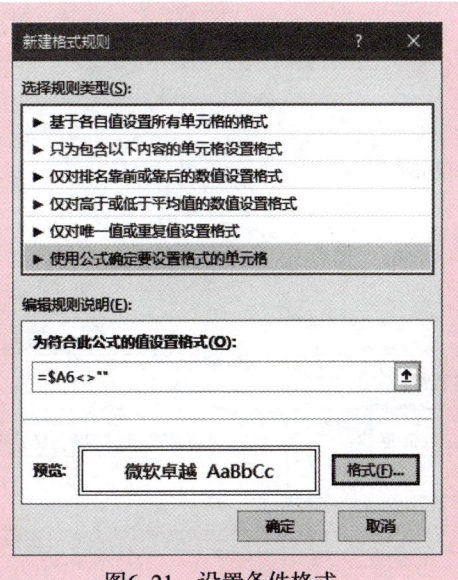

图6-21　设置条件格式

步骤 4 不显示工作表的网格线。

6.4.2　按类别制作固定资产明细表

按类别制作固定资产明细表，其方法与上面介绍的按部门制作明细表完全一样，我们可以将上面的表格复制一份，然后进行修改，如图6-22所示。

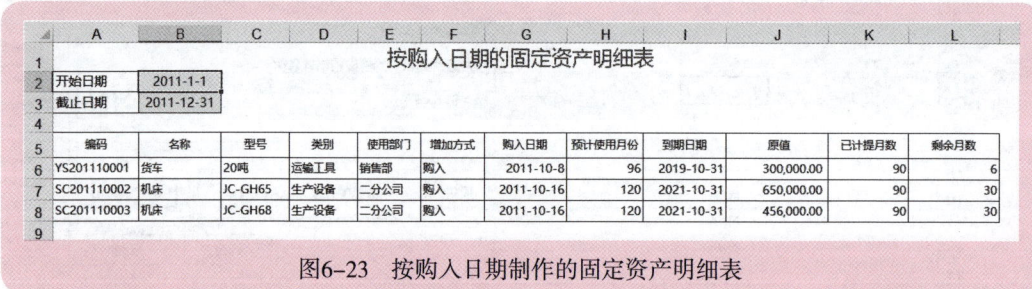

图6-22 按类别制作的固定资产明细表

辅助区域仍然在 P 列，但公式要修改如下：

单元格P6：=MATCH(B3,固定资产折旧表!D:D,0)

单元格P7：=MATCH($B$3,INDIRECT("固定资产折旧表!D"&P6+1&":D1000"),0)+P6

6.4.3 按购入日期制作固定资产明细表

如果要制作指定日期区间内新增的固定资产明细表，我们也可以使用滚动查找技术来设计，只不过此时是两个条件的查询了。

图 6-23 所示就是一个示例。单元格 B2 和 B3 分别指定开始日期和截止日期，就得到该时间段内的所有新增的固定资产明细。

编码	名称	型号	类别	使用部门	增加方式	购入日期	预计使用月份	到期日期	原值	已计提月数	剩余月数
	开始日期	2011-1-1									
	截止日期	2011-12-31									
YS201110001	货车	20吨	运输工具	销售部		2011-10-8	96	2019-10-31	300,000.00	90	6
SC201110002	机床	JC-GH65	生产设备	二分公司	购入	2011-10-16	120	2021-10-31	650,000.00	90	30
SC201110003	机床	JC-GH68	生产设备	二分公司	购入	2011-10-16	120	2021-10-31	456,000.00	90	30

图6-23 按购入日期制作的固定资产明细表

辅助区域在 O 列和 P 列，如图 6-24 所示。

O 列是判断是否在指定时间区间的判断结果，1 表示是，0 表示不是，单元格 O4 的公式如下：

=(固定资产折旧表!G4>=$B$2)*(固定资产折旧表!G4<=$B$3)

P 列是获取满足条件的行号，其中单元格 P6 的公式如下：

=MATCH(1,O:O,0)

单元格 P7 的公式如下：

=MATCH(1,INDIRECT("O"&P6+1&":O1000"),0)+P6

	N	O	P	Q
1				
2				
3		条件是否满足		
4		0		
5		0	行号	
6		0	8	
7		0	9	
8		1	10	
9		1	#N/A	
10		1	#N/A	
11		0	#N/A	
12		0	#N/A	

图6–24　设计辅助区域

数据提取的公式与前面介绍的完全相同。

6.4.4 制作已提足月数的固定资产明细表

制作的已提足月数的固定资产明细表如图 6–25 所示。

已提足月数的固定资产明细表

编码	名称	型号	类别	使用部门	增加方式	购入日期	预计使用月份	到期日期	原值	已计提月数	剩余月数
SC201006001	吊车	QH-20S	生产设备	一分公司	购入	2010-6-17	12	2011-6-30	1,200,000.00	已提足月数	已提足月数
BG201203001	笔记本电脑	IBM	办公设备	信息部	购入	2012-3-21	60	2017-3-31	12,000.00	已提足月数	已提足月数
BG201203002	笔记本电脑	IBM	办公设备	后勤部	购入	2012-3-21	60	2017-3-31	12,000.00	已提足月数	已提足月数
BG201302003	传真机	松下	办公设备	办公室	购入	2013-2-19	60	2018-2-28	6,000.00	已提足月数	已提足月数

图6–25　已提足月数的固定资产明细表

这个查询表的辅助区域与部门明细表相同，只不过是定位公式不同，其中，

单元格 P6 公式如下：

=MATCH("已提足月数",固定资产折旧表!K:K,0)

单元格 P7 公式如下：

=MATCH("已提足月数",INDIRECT("固定资产折旧表!K"&P6+1&":K1000"),0)+P6

6.4.5 制作仍在使用的固定资产明细表

制作仍在使用的固定资产明细表如图 6-26 所示。

编码	名称	型号	类别	使用部门	增加方式	购入日期	预计使用月份	到期日期	原值	已计提月数	剩余月数
FW200806001	厂房	100万平米	房屋	一分公司	自建	2008-6-18	360	2038-6-30	16,000,000.00	130	230
FW200903002	仓库	60万平米	房屋	销售部	自建	2009-3-26	300	2034-3-31	2,000,000.00	121	179
FW201005003	办公楼	10万平米	房屋	信息部	自建	2010-5-22	360	2040-5-31	5,000,000.00	107	253
YS201110001	货车	20吨	运输工具	销售部	购入	2011-10-8	96	2019-10-31	300,000.00	90	6
SC201110002	机床	JC-GH65	生产设备	二分公司	购入	2011-10-16	120	2021-10-31	650,000.00	90	30
SC201110003	机床	JC-GH68	生产设备	二分公司	购入	2011-10-16	120	2021-10-31	456,000.00	90	30
BG201508004	复印机	佳能	办公设备	后勤部	购入	2015-8-15	60	2020-8-31	15,000.00	44	16
BG201804005	传真机	松下	办公设备	信息部	购入	2018-4-11	60	2023-4-30	6,000.00	12	48

图6-26 仍在使用的固定资产明细表

这个明细表的辅助区域与日期区间的明细表相同，只不过是 O 列的条件判断公式不同，其中单元格 O4 的公式如下（如图 6-27 所示）：

=(固定资产折旧表!K4<>"已提足月数")*(固定资产折旧表!K4<>"")

	N	O	P	Q	R
1					
2					
3		条件是否满足			
4		1			
5		1	行号		
6		0	4		
7		1	5		
8		1	7		
9		1	8		
10		1	9		
11		0	10		
12		0	14		
13		0	15		
14		1	#N/A		
15		1	#N/A		

图6-27 辅助区域的判断条件

Chapter 07

应付款管理表单

应付款项是指企业在经济活动中应当支付而尚未支付的各种款项，也就是企业在生产经营活动过程中，因采购商品物资、原材料、接受劳务供应时应付未付供货单位的款项，包括应付款、应付票据和其他应付款。本章我们介绍如何使用 Excel 设计应付款管理表单，本案例文件是"案例 7-1"。

7.1 供应商管理表单

建立供应商档案主要是为企业的采购管理、库存管理、应付账款管理服务。在填制采购入库单、采购发票和进行采购结算、应付款结算和有关供货单位统计时都会用到供货单位档案,因此必须应先设立供应商档案,以便减少工作差错。在输入单据时,如果单据上的供货单位不在供应商档案中,则必须在此建立该供应商的档案。

7.1.1 供应商基本信息表单

供应商基本信息包括名称、地址、邮政编码、营业执照、注册资本、联系人、部门、职务、电话、传真、E-mail、主要产品、备注等。

在 Excel 上的表格结构如图 7-1 所示,此工作表名称是"供应商信息"。

这里在 C 列填写邮政编码时,要注意先把 C 列单元格格式设置为文本。

为了便于后面的发票管理、付款管理和数据汇总分析等,要定义下面的动态名称"供应商",它代表 A 列的所有供应商名称列表,引用区域公式如下:

=OFFSET(供应商信息!$A$2,,,COUNTA(供应商信息!$A$2:$A$1000),1)

表格区域的自动美化是通过把数据区域转换成智能表格来实现的。

	A	B	C	D	E	F	G	H	I
1	名称	地址	邮政编码	公司法人	营业执照	注册资本	联系人	部门	职务
2	北京瑞高星科技有限公司	北京区上地七街29号	100395	熊春茂	K10304	200万	蒋清伟	销售部	经理
3	北京金盾金属制品有限公司	北京市石景山区苹果园路102号	102957	邓左伍	G49497	1000万	邹海前	销售部	销售代表
4	北京双星电子有限公司	北京市亦庄经济技术开发区纬三路19号	100398	陈正林	Parts82	400万	郑克超	销售部	经理
5	北京华维电子有限公司	北京市海淀区中关村大街320号	101045	杨庆	FHFD20	500万	李岩	贸易部	经理
6	苏州嘉利贸易有限公司	江苏省苏州市工业园区苏胜路87号	215029	蔡凌艳	RU4054	100万	孙红丹	销售部	经理
7	苏州美帝电子科技有限公司	江苏省苏州市高新区长江路298号	216507	陈立富	DG0320	6000万	陈杰	贸易部	销售代表
8	上海卓越控制设备有限公司	上海市浦东新区沪南公路4230号	214582	向文喜	OY9030	9000万	宋明明	市场部	销售代表
9	上海国驰五金机电有限公司	上海市浦闵行区虹梅路122号	210029	吴德彪	PE8491	2000万	姚茜	销售部	经理
10	北京永霞有限公司	北京市昌平区学前街90号	100194	曾永霞	5T3020	800万	杜建振	贸易部	经理
11	北京顺风科技有限公司	北京市海淀区学院路30号	100083	李攀峰	YU-802	500万	吴德斌	市场部	销售代表

图7-1 供应商基本信息表

7.1.2 制作供应商信息查询表(可以根据关键词查询)

有了供应商的基本信息数据库,我们就可以设计一个供应商信息查询表,把指定供应商的基本信息查询出来。

供应商信息查询表如图7-2所示，工作表名是"供应商查询表"。

各个单元格的公式是利用最基本的查找函数VLOOKUP函数实现的。其中单元格C4的查询公式如下，其他单元格公式可复制得到。

=VLOOKUP($C$3,供应商信息!$A:$N,MATCH(B4,供应商信息!$1:$1,0),0)

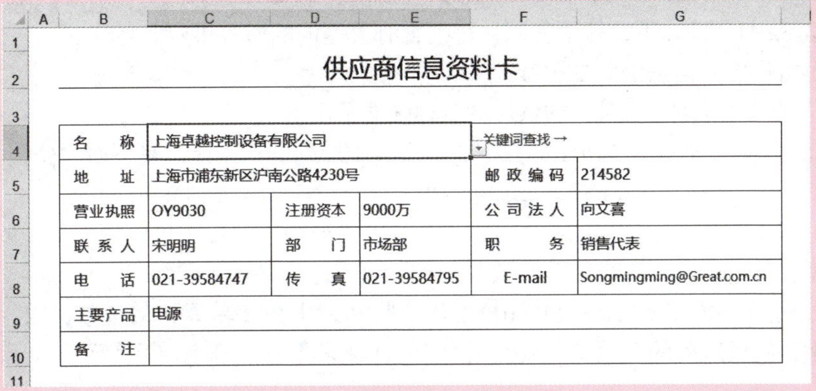

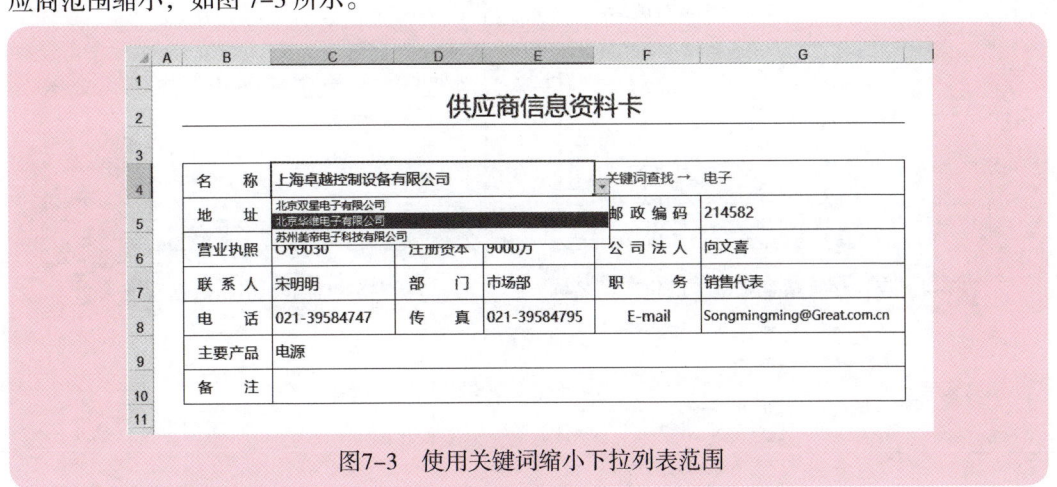

图7-2　供应商信息查询表

单元格C4是选择要查询的供货商，是设置了的一个数据验证。

但由于供货商很多，这样从下拉列表中选择是很麻烦的，因此，这个数据验证可以输入关键词来缩小选择范围。也就是在单元格G4中输入关键词，那么C4单元格下拉列表中的供应商范围缩小，如图7-3所示。

图7-3　使用关键词缩小下拉列表范围

这个功能是通过一个辅助区域制作的，如图 7-4 所示。

单元格 R2 的公式用于查找关键词在供应商信息表 A 列第一次出现的位置，公式如下：

=MATCH("*"&$G$4&"*",供应商信息!$A:$A,0)

单元格 R3 的公式如下，此公式为通用公式，往下复制到一定行，用于查找关键词其他各次的出现位置。

=MATCH("*"&$G$4&"*",INDIRECT("供应商信息!A"&R2+1&":A1000"),0)+R2

单元格 S2 的公式如下，往下复制，得到含有关键词的所有供应商名称。

=INDEX(供应商信息!$A:$A,R2)

这样，就把含有指定关键词的供应商名称筛选了出来。

对单元格 C4 做如图 7-5 所示的数据验证，其中序列的"来源"是下面的公式。

=IF($G$4="",供应商,OFFSET($S$2,,,COUNT($R$2:$R$1000),1))

这个公式不难理解：如果 G4 单元格没有输入关键词，就使用供应商表单中的原始名单作为序列来源；否则，就使用辅助区域 R 列的新名单作为序列来源。

这里，使用了 COUNT($R$2:$R$1000) 来获取 R 列中数字单元格的个数，数字的个数就是含有关键词的供应商的个数，然后使用 OFFSET 来获取这个新名单。

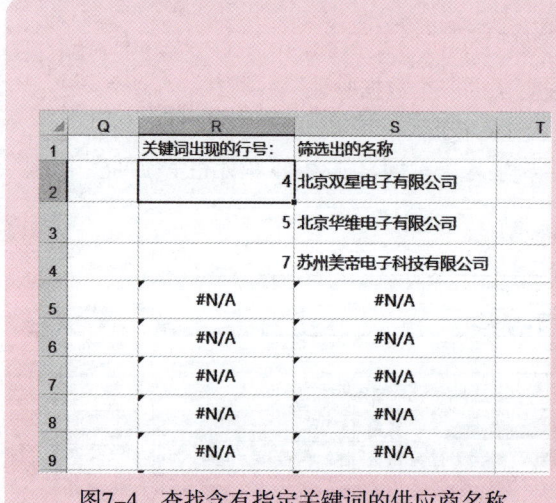

图7-4　查找含有指定关键词的供应商名称

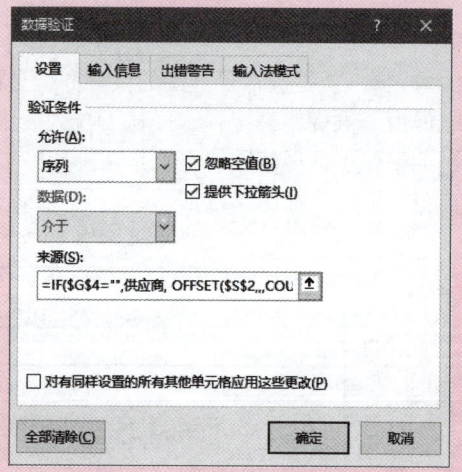

图7-5　C4单元格的数据验证

7.2 合同管理表单

合同管理表单记录了与供应商签订的各个采购合同，管理所有的合同信息，以备对合同执行情况进行跟踪。

7.2.1 合同管理表单合计

合同管理表单至少应该包括的字段有：合同号、合同名称、供应商、采购产品、合同金额、签订日期、结束日期、预付款金额、预付款日期、到货款金额、到货款日期、尾款金额、尾款日期等。

图 7-6 所示是一个简单的合同信息表单结构。其中，一些字段需要手工输入，如合同名称、采购产品、合同金额等；一些字段需要使用数据验证限制规范，如金额、日期；一些字段需要用公式自动获取，如合同号；一些字段需要使用数据验证做下拉列表快速选择输入，如供应商等。

	A	B	C	D	E	F	G	H	I	J	K	L	M
1	合同号	合同名称	供应商	采购产品	合同金额	签订日期	结束日期	预付款金额	预付款日期	到货款金额	到货款日期	尾款金额	尾款日期
2													
3													
4													

图7-6 合同信息表单结构

1. 合同号自动编制

A 列的合同号自动编制，编码规则是：
4位年份数字+2位月份数字+该年度的3位序号
当在 F 列输入签订日期后，自动生成合同号。A2 单元格的公式如下：
=IF(F2="","",TEXT(F2,"yyyymm")
&TEXT(SUMPRODUCT((YEAR($F$2:F2)=YEAR(F2))*1),"000"))

这个公式不难理解：
TEXT(F2,"yyyymm") 用于将 F2 的签订日期转换为 4 位年份数字 +2 位月份数字。
SUMPRODUCT((YEAR($F$2:F2)=YEAR(F2))*1) 用于获取 F2 日期的年份，并统计该年份的合同数。

TEXT(SUMPRODUCT((YEAR($F$2:F2)=YEAR(F2))*1),"000") 就是把这个年份合同数转换为 3 位数字序号。

2. 供应商快速输入

C 列供应商使用数据验证做下拉菜单，快速输入供应商名称，如图 7-7 所示。

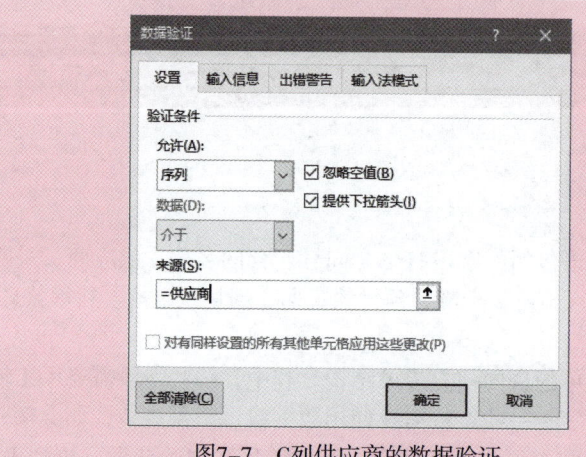

图7-7　C列供应商的数据验证

3. 金额列的规范输入

合同金额、预付款金额、到货款金额、尾款金额都是数字，因此为避免输入错误格式的数字，要对这几列设置数据验证，只能输入大于 0 的小数，如图 7-8 所示。

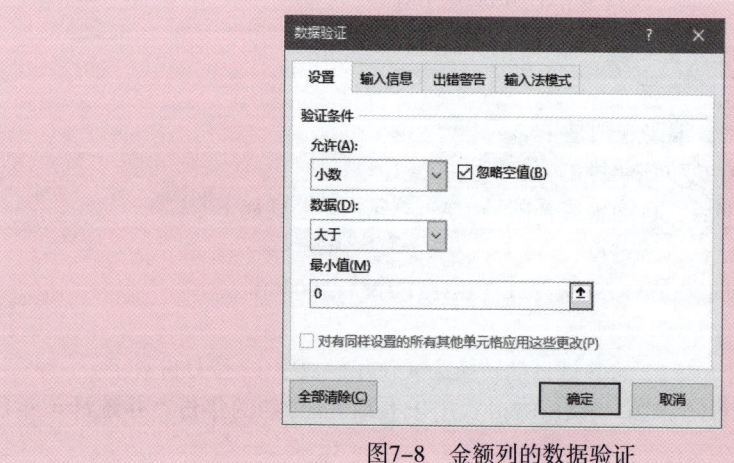

图7-8　金额列的数据验证

另外，预算款金额、到货款金额和尾款金额均不能大于合同金额，三者合计应正好是合同金额。这样的限制也可以使用自定义数据验证来解决，但这就不方便在单元格修改各个金额数字了。

不过，我们可以设置一个条件格式，当预算款金额、到货款金额和尾款金额的合计数不等于合同金额时，本行变为浅蓝色，如图7-9所示。条件格式公式如下：

=$E2<>$H2+$J2+$L2

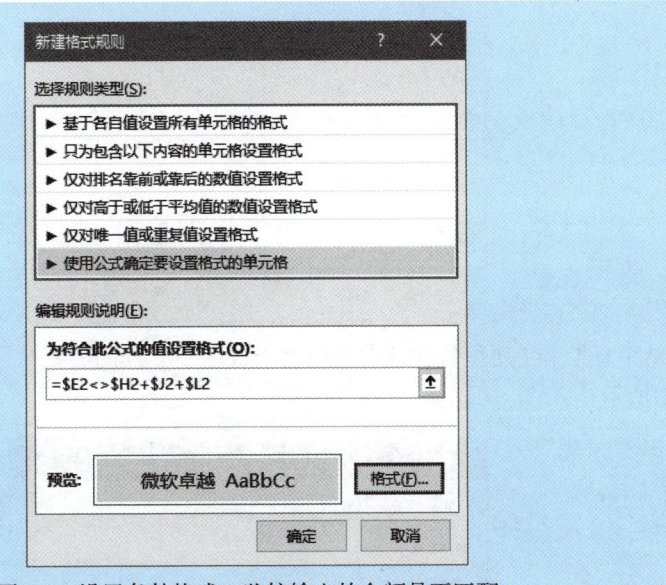

图7-9　设置条件格式，监控输入的金额是否匹配

4. 日期列的规范输入

签订日期、结束日期、预付款日期、到货款日期、尾款日期这5列日期都是日期数据，因此必须规范输入。各列日期的规范性要求如下，这里仅仅是一个示例思路参考。

- 所有日期都必须是真正的日期，不能是诸如"2019.4.18"这样的错误日期。
- 结束日期必须大于签订日期。
- 预付款日期必须大于或等于签订日期。
- 到货款日期必须大于或等于预付款日期。
- 尾款日期必须大于或等于到货款日期，并且必须小于或等于结束日期。

这样，对F列设置签订日期的数据验证只能输入2018年以后的日期（也可以限制只能输入2019年日期），如图7-10所示。

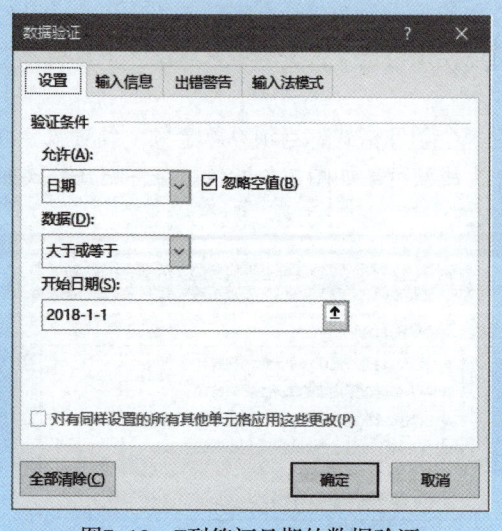

图7-10　F列签订日期的数据验证

G列结束日期和I列预付款日期必须大于或等于F列的签到日期，因此其数据验证设置如图 7-11 所示。

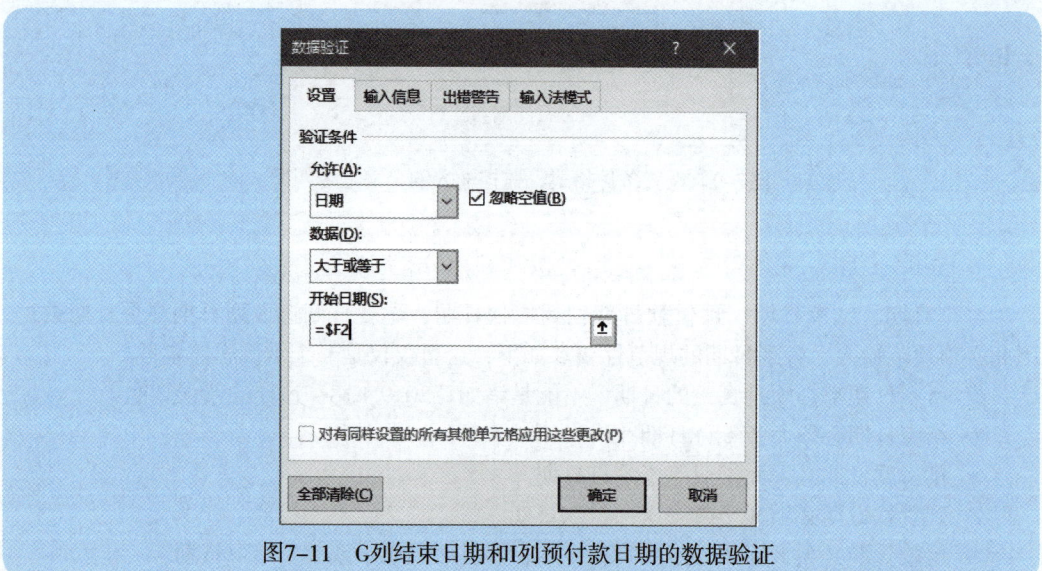

图7-11　G列结束日期和I列预付款日期的数据验证

到货款日期必须大于或等于预付款日期，因此 K 列到货款日期的数据验证设置如图 7-12 所示。

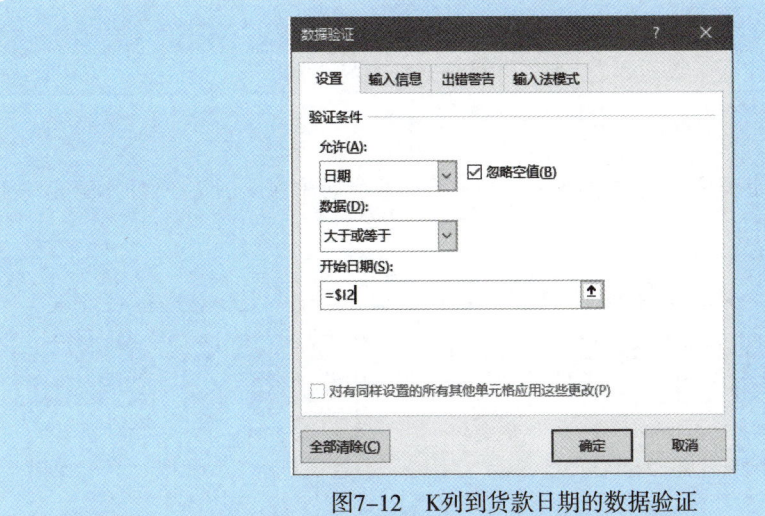

图7-12　K列到货款日期的数据验证

M列尾款日期的数据验证设置如图7-13所示。

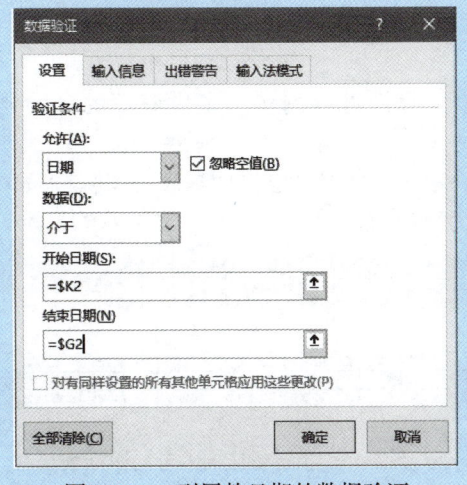

图7-13　M列尾款日期的数据验证

5. 定义名称

将合同信息表A列的数据区域定义一个动态"合同号"，以便在发票信息表和付款信息表使用这个数据，引用公式如下：
=OFFSET($A$2,,,COUNTA($C:$C)−1,1)

> 注意
>
> 这里不使用A列来统计函数，因为A列是计算公式，容易出错。

6. 示例数据

将数据区域建立智能表格，按照上面的要求一条一条合同输入。图 7-14 所示就是一个示例数据。

图7-14 合同信息示例数据

7.2.2 制作指定供货商的合同明细表

有了合同基本信息表，我们可以制作指定供应商的合同明细表，基本思路是使用 INDIRECT 函数做滚动查找。

插入一个工作表，重命名为"供货商合同明细表"，其效果如图 7-15 所示。其中单元格 B2 是选择输入要查出的供货商名称。

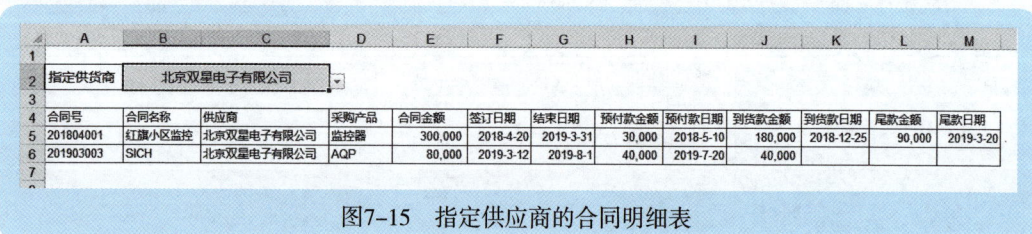

图7-15 指定供应商的合同明细表

首先，设计辅助区域 T 列，用于确定指定供应商的各个合同数据的位置。
其中，单元格 T5 的公式如下：
=MATCH(B2,合同信息!C:C,0)
单元格 T6 的公式如下，并往下复制到一定行。
=MATCH($B$2,INDIRECT("合同信息!C"&T5+1&":C1000"),0)+T5

然后，在单元格 A5 输入下面的公式，往右往下复制即可。
=IF(ISERROR(INDEX(合同信息!A:A,$T5)),"",
　　IF(INDEX(合同信息!A:A,$T5)="","",INDEX(合同信息!A:A,$T5)))

最后，选择数据区域，设置条件格式，根据查询出的数据区域大小自动设置边框，美化表格，如图 7-16 所示。条件格式公式如下：
=$A5<>""

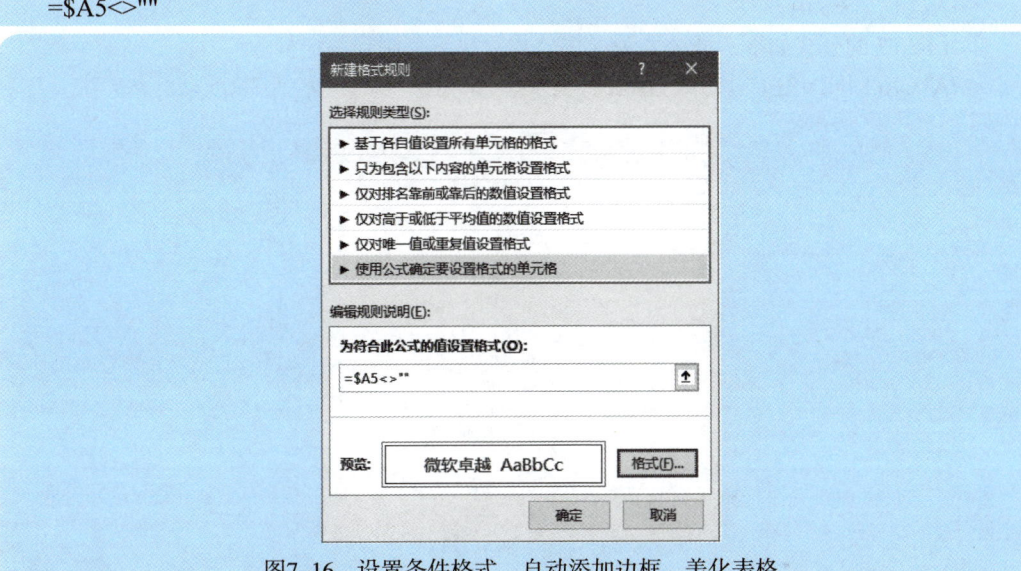

图7-16　设置条件格式，自动添加边框，美化表格

7.2.3　制作指定时间段的合同明细表

我们也可以制作指定某一时间段内的签到合同明细表，这种明细表的制作也是使用 INDIRECT 函数做滚动查找，明细表效果如图 7-17 所示。

合同号	合同名称	供应商	采购产品	合同金额	签订日期	结束日期	预付款金额	预付款日期	到货款金额	到货款日期	尾款金额	尾款日期
	开始日期	2019-1-1										
	开始日期	2019-3-31										
201902001	西牛环境	上海卓越控制设备有限公司	OMA	1,200,000	2019-2-22	2019-12-5	240,000	2019-3-15	800,000	2019-8-13	160,000	
201902002	东邪西毒	北京华维电子有限公司	PEIT	250,000	2019-2-27	2019-6-5	50,000	2019-3-31	200,000	2019-5-28		
201903003	SICH	北京双星电子有限公司	AQP	80,000	2019-3-12	2019-8-1	40,000	2019-7-20	40,000			

图7-17　指定签到日期时间段内的合同明细表

单元格 B2 和 B3 分别指定合同签到日期的开始查找日期和截止日期，从第 6 行开始保存

183

查询出的数据。

做如图 7-18 所示的辅助区域，其中 S 列判断合同信息表的各行数据的日期是否满足条件，单元格 S2 的公式如下，往下复制到一定的行。

=(合同信息!F2<>"")*(合同信息!F2>=$B$2)*(合同信息!F2<=$B$3)

T 列是获取满足日期条件的合同都在哪些行，其中单元格 T6 的公式如下：

=MATCH(1,S:S,0)

单元格 T7 的公式如下，此公式为通用公式，往下复制到一定行。

=MATCH(1,INDIRECT("S"&T6+1&":S1000"),0)+T6

	R	S	T	U	V
1		日期条件			
2		0			
3		0			
4		0			
5		1	位置		
6		1	5		
7		1	6		
8		0	7		
9		0	#N/A		
10		0	#N/A		
11		0	#N/A		
12		0	#N/A		
13		0	#N/A		
14		0	#N/A		

图7-18 辅助区域

然后在单元格 A6 输入下面的公式，往右往下复制，就得到满足条件的所有合同数据。

=IF(ISERROR(INDEX(合同信息!A:A,$T6)),"",
　IF(INDEX(合同信息!A:A,$T6)="","",INDEX(合同信息!A:A,$T6)))

最后对明细数据区域设置条件格式，根据查询出的数据区域大小自动设置单元格边框，美化表格。

7.3 发票管理表单

发票是从事生产、经营的企事业单位和个人，以其在销售商品或提供应税劳务及从事其他经营活动时取得的应税收入为对象向付款方开具的收款凭证。对于企业的应付款管理来说，发票管理包括发票的保存、统计等。

7.3.1 建立发票记录表

发票信息的参考结构如图 7-19 所示，此工作表名称是"发票信息"。

	A	B	C	D	E	F	G
1	合同号	合同名称	开票单位	开票日期	入票日期	发票号	含税总价
2							
3							

图7-19　发票信息表结构

1. 在 A 列输入合同号

每张发票是属于某个合同的，因此发票信息表的 A 列就是需要输入的合同号，合同号是通过数据验证的下拉菜单来快速选择输入的，数据验证如图 7-20 所示，系列的"来源"是引用公式"= 合同号"。

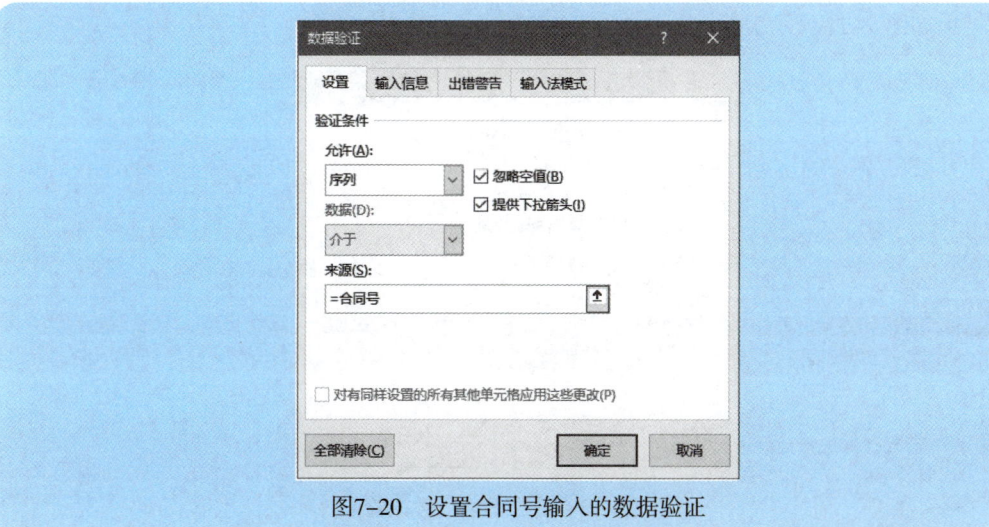

图7-20　设置合同号输入的数据验证

2. 在 B 列自动提取合同名称

有了 A 列的合同号，就可以根据该合同号自动提取合同名称，使用最简单的 VLOOKUP 函数即可，公式如下：

=IF(A2="","",VLOOKUP(A2,合同信息!A:B,2,0))

3. 在 C 列输入开票单位

开票单位一般就是合同信息表中的供应商，因此也可以使用 VLOOKUP 函数从合同信息表中抓取供应商名称，公式如下：

=IF(A2="","",VLOOKUP(A2,合同信息!A:C,3,0))

4. 在 D 列输入开票日期、在 E 列输入入票日期

这两个日期的输入必须保证日期的规范性，同时，入票日期还必须大于开票日期。另一方面，一般来说，开票日期是在合同签订日之后，因此开票日期必须大于合同签订日期（尽管开票日期是供应商决定的，但还是需要保证数据的准确性）。

（1）开票日期，设置如下的数据验证。

- 在"允许"下拉列表中选择"日期"。
- 在"数据"下拉列表中选择"大于或等于"。
- 在"开始日期"文本框中输入公式" =VLOOKUP($A2,合同信息!$A:$F,6,0)"。

结果如图 7-21 所示。

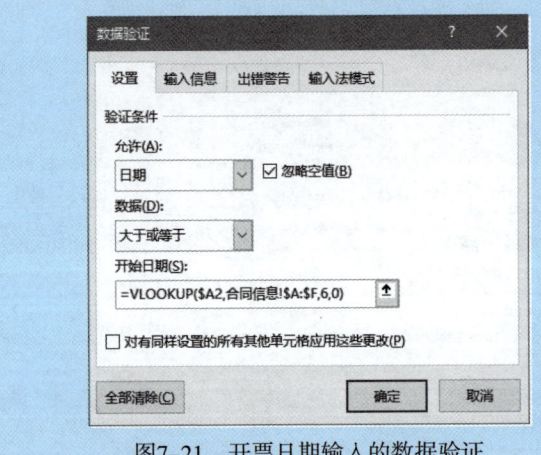

图7-21　开票日期输入的数据验证

（2）入票日期，设置如下的数据验证。

- 在"允许"下拉列表中选择"日期"。
- 在"数据"下拉列表中选择"大于或等于"。
- 在"开始日期"文本框中输入公式" =$D2"。

结果如图 7-22 所示。

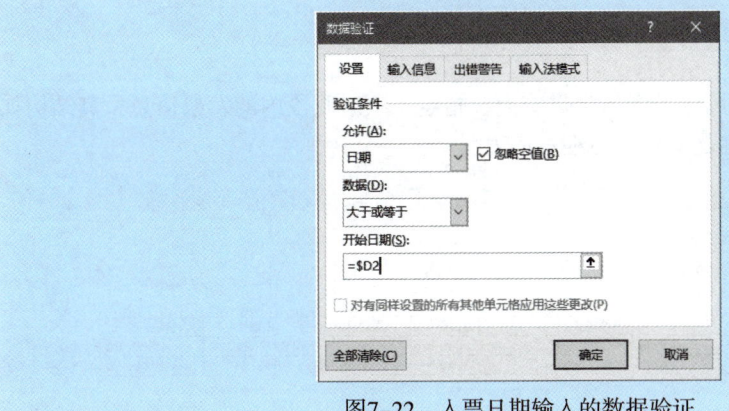

图7-22　入票日期输入的数据验证

5. 在F列输入发票号

在此列要先把单元格格式设置为文本，因为发票号是文本型数字。

6. 在G列输入发票金额

金额是数字，因此必须要保证数字的合法性（不能是文本型，不能有特殊字符），因此也使用数据验证来确保数据的规范性，也就是输入的数字必须是大于0的数字。

7. 示例数据

设置好各列的数据验证及公式后，就可以按部就班地输入发票数据了。图7-23所示是一个示例数据。

> **说明**
> 纯属模拟数据，没有实际价值，也不见得满足勾稽关系，仅仅是数字而已。

	A	B	C	D	E	F	G
1	合同号	合同名称	开票单位	开票日期	入票日期	发票号	含税总价
2	201806002	西山绿化	北京瑞高星科技有限公司	2018-6-22	2018-7-3	395959392	50,000.00
3	201806002	西山绿化	北京瑞高星科技有限公司	2018-7-21	2018-7-25	939394922	400,000.00
4	201809003	苏州高昌工程	苏州美帝电子科技有限公司	2018-9-20	2018-9-23	345869546	50,000.00
5	201809003	苏州高昌工程	苏州美帝电子科技有限公司	2018-10-5	2018-10-17	596928130	50,000.00
6	201804001	红旗小区监控	北京双星电子有限公司	2018-12-31	2019-1-9	583992392	180,000.00
7	201804001	红旗小区监控	北京双星电子有限公司	2019-2-25	2019-3-2	038485931	30,000.00
8	201902001	西牛环境	上海卓越控制设备有限公司	2019-3-3	2019-3-15	586939234	240,000.00
9	201902002	东邪西毒	北京华维电子有限公司	2019-3-6	2019-3-13	300324858	50,000.00
10	201903003	SICH	北京双星电子有限公司	2019-4-1	2019-4-9	500603249	40,000.00
11	201904004	苏州太湖	北京华维电子有限公司	2019-5-5	2019-5-16	879327172	80,000.00

图7-23　发票信息示例数据

7.3.2 制作发票查询表

设计一个发票查询表，可以查询指定供应商、指定入票时间段内的发票信息，其结构如图7-24所示，此工作表名称是"发票明细查询表"。

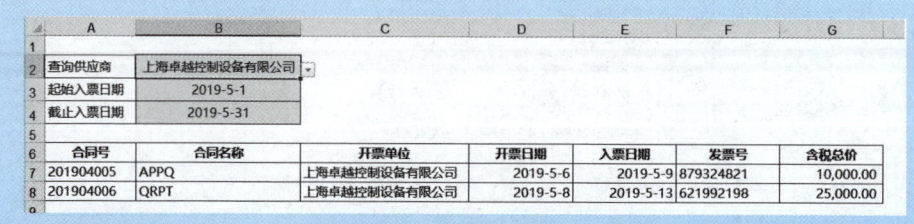

图7-24　发票明细查询表

设计辅助列，如图7-25所示。

图7-25　设计辅助列

在单元格T2中输入下面的公式，用于判断发票信息表中的每行记录是否满足条件，满足条件的就是1，不满足条件的就是0。在这个公式中，我们增加了一个判断：如果B2没有选择任何供应商，就是查找所有供应商。

=IF($B$2="",(发票信息!E2>=$B$3)*(发票信息!E2<=$B$4),
(发票信息!C2=$B$2)*(发票信息!E2>=$B$3)*(发票信息!E2<=$B$4))

在单元格U7中输入下面的公式，用于查找第一个满足条件的数据所在的行。

=MATCH(1,T:T,0)

在单元格U8中输入下面的公式，并往下复制，查找其他所有满足条件的数据所在的行。

=MATCH(1,INDIRECT("T"&U7+1&":T1000"),0)+U7

单元格A7的查找公式如下，往右往下复制，即得所有满足条件的发票信息。

=IFERROR(INDEX(发票信息!A:A,$U7),"")

最后设置条件格式，自动美化查询表。

7.4 付款管理表单

付款管理是指对每次的汇款数据进行记录保存，建立一个付款记录数据表单，以便于以后进行统计分析。

7.4.1 建立付款记录表

付款信息表的结构如图 7-26 所示，此工作表名称是"付款信息"。

	A	B	C	D	E	F	G
1	合同号	合同名称	开票单位	付款日期	付款方式	付款节点	付款金额
2							
3							

图7-26 付款信息表结构示例

在这个表格中，A 列至 C 列输入方法与前面介绍的发票信息是一样的。

D 列的付款日期使用数据验证来控制输入规范的日期。

E 列的付款方式可以使用数据验证来选择输入，如图 7-27 所示。

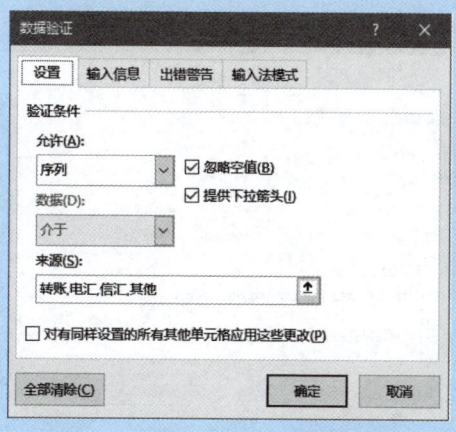

图7-27 付款方式输入的数据验证

F 列使用数据验证来快速选择输入各个付款节点，如图 7-28 所示。

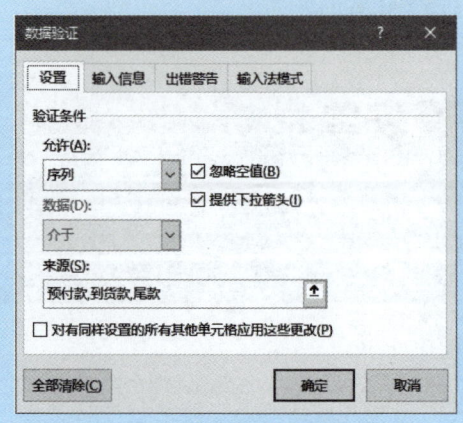

图7-28　付款节点输入的数据验证

G 列的付款金额也可以使用数据验证来控制每次输入的金额加上前面对同一个合同付款额的合计数，不能大于合同总金额，数据验证设置如下：

- 在"允许"下拉列表中选择"自定义"。
- 在"公式"文本框中输入下面的公式。

=SUMIF($A$2:$A2,$A2,$G$2:G2)<=VLOOKUP($A2,合同信息!$A:$E,5,0)

这个公式很好理解：用 SUMIF 函数计算该合同的总付款额（包括本次的付款额），用 VLOOKUP 函数查取出该合同的合同金额。然后比较两个数值的大小，如果总付款额超过了合同额，就是非法的，如图 7-29 所示。

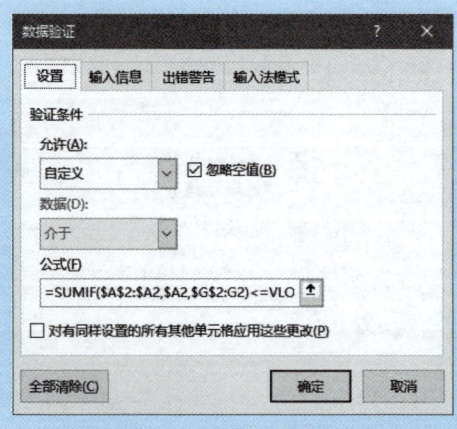

图7-29　付款金额输入的数据验证

将数据区域建立表格，便于快速复制公式及数据验证。然后就可以按部就班地输入并保存付款数据了。图 7-30 所示就是一个付款的示例数据，纯属模拟数字。

	A	B	C	D	E	F	G
1	合同号	合同名称	开票单位	付款日期	付款方式	付款节点	付款金额
2	201804001	红旗小区监控	北京双星电子有限公司	2018-5-20	转账	预付款	30,000.00
3	201804001	红旗小区监控	北京双星电子有限公司	2019-1-15	转账	到货款	180,000.00
4	201804001	红旗小区监控	北京双星电子有限公司	2019-3-25	转账	尾款	90,000.00
5	201904004	苏州太湖	北京华维电子有限公司	2019-4-28	电汇	预付款	80,000.00
6	201902001	西牛环境	上海卓越控制设备有限公司	2019-3-15	电汇	预付款	240,000.00
7	201806002	西山绿化	北京瑞高星科技有限公司	2018-6-15	转账	预付款	50,000.00
8	201806002	西山绿化	北京瑞高星科技有限公司	2018-7-10	转账	到货款	400,000.00
9	201806002	西山绿化	北京瑞高星科技有限公司	2018-9-8	转账	尾款	50,000.00

图7-30　付款记录表

7.4.2 付款查询

付款查询表的设计与发票查询表基本一样，也就是查找指定供应商、指定时间段内的所有汇款明细数据，得到一个明细表，其结构和效果如图 7-31 所示，该工作表名称是“付款明细查询表”。

	A	B	C	D	E	F	G
1							
2	查询供应商	北京双星电子有限公司					
3	起始入票日期	2019-1-1					
4	截止入票日期	2019-6-30					
5							
6	合同号	合同名称	开票单位	付款日期	付款方式	付款节点	付款金额
7	201804001	红旗小区监控	北京双星电子有限公司	2019-1-15	转账	到货款	180,000.00
8	201804001	红旗小区监控	北京双星电子有限公司	2019-3-25	转账	尾款	90,000.00
9	201903003	SICH	北京双星电子有限公司	2019-4-28	电汇	预付款	40,000.00

图7-31　付款明细查询表

付款明细查询这个表格的制作同样也是通过辅助列来解决的，辅助列如图 7-32 所示。各个主要单元格公式如下：

单元格T2：=IF($B$2="",(付款信息!D2>=$B$3)*(付款信息!D2<=$B$4),
(付款信息!C2=$B$2)*(付款信息!D2>=$B$3)*(付款信息!D2<=$B$4))

单元格U7：=MATCH(1,T:T,0)

单元格M8：=MATCH(1,INDIRECT("T"&U7+1&":T1000"),0)+U7

单元格A7：=IFERROR(INDEX(付款信息!A:A,$U7),"")

	S	T	U	V	W
1		条件			
2		0			
3		1			
4		1			
5		0			
6		0	位置		
7		0	3		
8		0	4		
9		0	10		
10		1	#N/A		
11		0	#N/A		
12		0	#N/A		
13		0	#N/A		

图7-32　付款明细查询表的辅助列区域

7.5 制作基本统计汇总表

前面我们建立了供应商基本信息表、发票表和付款表等基础数据表格，以这些表格数据为基础，就可以制作一些基本统计汇总表。

7.5.1 制作供应商对账单

编制供应商对账单就是把指定供应商、指定时间段内的发票和付款明细集中到一个工作表中，并汇总计算该时间段内的发票张数、汇款次数、当前余额情况，以及发票明细和汇款明细，其结构如图7-33所示，该工作表名称是"供应商对账单"。

	A	B	C	D	E	F	G	H	I
2		查询供应商	北京双星电子有限公司		请仔细核对发票和汇款明细数据				
3		起始日期	2019-1-1						
4		截止日期	2019-6-30						
5									
6		发票			付款				
7		期内发票张数	3		期内付款次数	3			
8		期内发票合计	250,000.00		期内付款合计	310,000.00			
9									
10		发票明细				付款明细			
11		合同号	入票日期	发票号	发票金额	合同号	汇款日期	付款节点	付款金额
12		201804001	2019-1-9	583992392	180,000.00	201804001	2019-1-15	到货款	180,000.00
13		201804001	2019-3-2	038485931	30,000.00	201804001	2019-3-25	尾款	90,000.00
14		201903003	2019-4-5	500603249	40,000.00	201903003	2019-4-28	预付款	40,000.00

图7-33　供应商对账单

供应商对账单这个表格由三部分组成。
- 左上角是选择输入要查询的供应商名称、起始日期以及截止日期。
- 中间的是指定供应商在该时间段内的发票和付款情况,由函数自动汇总计算。
- 下面的是发票明细和付款明细,是一个利用滚动循环查找技术得到的明细表。

1. 计算发票和汇款情况

各单元格公式如下:

单元格 C7,计算发票张数。
```
=COUNTIFS(发票信息!C:C,$C$2,
    发票信息!E:E,">="&$C$3,
    发票信息!D:D,"<="&$C$4)
```

单元格 C8,计算发票总金额。
```
=SUMIFS(发票信息!G:G,
    发票信息!C:C,$C$2,
    发票信息!E:E,">="&$C$3,
    发票信息!E:E,"<="&$C$4)
```

单元格 E7,计算汇款次数。
```
=COUNTIFS(付款信息!C:C,$C$2,
    付款信息!D:D,">="&$C$3,
    付款信息!D:D,"<="&$C$4)
```

单元格 E8,计算汇款总金额。
```
=SUMIFS(付款信息!G:G,
    付款信息!C:C,$C$2,
    付款信息!D:D,">="&$C$3,
    付款信息!D:D,"<="&$C$4)
```

2. 查取发票明细

发票明细是通过辅助列区域来做循环查找的,如图 7-34 所示。辅助列的公式如下:
单元格R2: =(发票信息!C2=$C$2)*(发票信息!E2>=$C$3)*(发票信息!E2<=$C$4)
单元格S12: =MATCH(1,R:R,0)
单元格S13: =MATCH(1,INDIRECT("R"&S12+1&":R1000"),0)+S12
然后根据辅助列得到的符合条件的发票位置,利用 INDEX 提取数据,公式如下:
单元格B12: =IFERROR(INDEX(发票信息!A:A,$S12),"")

单元格C12：=IFERROR(INDEX(发票信息!E:E,$S12),"")
单元格D12：=IFERROR(INDEX(发票信息!F:F,$S12),"")
单元格E12：=IFERROR(INDEX(发票信息!G:G,$S12),"")

	Q	R	S	T
1		发票条件		
2		0		
3		0		
4		0		
5		0		
6		1		
7		1		
8		0		
9		0		
10		1		
11		0	发票位置	
12		0	6	
13		0	7	
14		0	10	
15		0	#N/A	
16		0	#N/A	
17		0	#N/A	

图7-34　发票明细查询辅助列

3. 查取付款明细

付款明细也是通过辅助列区域来做循环查找的，如图7-35所示，辅助列的公式如下。

	T	U	V	W	X
1		汇款条件			
2		0			
3		1			
4		1			
5		0			
6		0			
7		0			
8		0			
9		0			
10		1			
11		0	汇款位置		
12		0	3		
13		0	4		
14		0	10		
15		0	#N/A		
16		0	#N/A		
17		0	#N/A		
18		0	#N/A		
19		0	#N/A		

图7-35　付款明细查询辅助列

单元格U2：=(付款信息!C2=$C$2)*(付款信息!D2>=$C$3)*(付款信息!D2<=$C$4)
单元格V12：=MATCH(1,U:U,0)
单元格V13：=MATCH(1,INDIRECT("U"&V12+1&":U1000"),0)+V12

然后根据辅助列得到的符合条件的付款数据位置，利用 INDEX 提取数据，公式如下：

单元格F12：=IFERROR(INDEX(付款信息!A:A,$V12),"")
单元格G12：=IFERROR(INDEX(付款信息!D:D,$V12),"")
单元格H12：=IFERROR(INDEX(付款信息!F:F,$V12),"")
单元格I12：=IFERROR(INDEX(付款信息!G:G,$V12),"")

4. 设置条件格式，美化表格

选择 B 列到 I 列的第 12 行开始往下的数据区域，设置如图 7-36 所示的条件格式，条件格式公式如下：

=COUNTIF($B12:$I12,"*")<>8

图7-36　设置条件格式，美化表格

●注意

　　这个公式是使用COUNTIF函数来统计B12:I12中文本的个数是不是不等于8，因为我们查到的结果既有文本，又有数字。
　　这样，如果查询出来了结果，那么COUNTIF($B12:$G12,"*")的结果肯定不等于8，因此就设置边框。

如果既没有查询到发票结果也没有查询到付款结果，那么这个公式得到的结果肯定就是6（因为在上述的查找公式中，使用了IFERROR函数判断是否查询到数据，如果查询不到数据，单元格的数据就是一个零长度的字符串，它实际上就是文本），就不设置边框。

7.5.2 制作供应商应付汇总表

根据已经建立的合同信息表、发票信息表和付款信息表，我们可以制作供应商应付汇总表，如图 7-37 所示就是一个示例报表，仅供参考。

供应商	合同状况				开票情况			付款情况				目前应付			
	合同总额	预付款总额	到货款总额	尾款总额	发票张数	开票总金额	未开票金额	已付预付款	已付到货款	已付尾款	已付总额	应付预付款	应付到货款	应付尾款	应付总额
北京瑞高星科技有限公司	500,000.00	50,000.00	400,000.00	50,000.00	3	500,000.00	-	50,000.00	400,000.00	50,000.00	500,000.00	-	-	-	-
北京金盾金属制品有限公司	-	-	-	-		-	-	-	-	-	-	-	-	-	-
北京双星电子有限公司	300,000.00	30,000.00	180,000.00	90,000.00	4	340,000.00	-40,000.00	70,000.00	180,000.00	90,000.00	340,000.00	-40,000.00	-	-	-40,000.00
北京华维电子有限公司	250,000.00	50,000.00	200,000.00	-	4	450,000.00	-200,000.00	80,000.00	250,000.00	-	330,000.00	-30,000.00	-50,000.00	-	-80,000.00
苏州瀚利贸易有限公司	-	-	-	-		-	-	-	-	-	-	-	-	-	-
苏州美帝电子科技有限公司	100,000.00	50,000.00	50,000.00	-	2	100,000.00	-	-	-	-	-	50,000.00	50,000.00	-	100,000.00
上海卓越控制设备有限公司	1,200,000.00	240,000.00	800,000.00	160,000.00	6	1,135,000.00	65,000.00	240,000.00	-	-	240,000.00	-	800,000.00	160,000.00	960,000.00
上海国驰五金机电有限公司	-	-	-	-		-	-	-	-	-	-	-	-	-	-
北京京晶电器有限公司	-	-	-	-		-	-	-	-	-	-	-	-	-	-
北京顺风科技有限公司	-	-	-	-		-	-	-	-	-	-	-	-	-	-
合计	2,350,000.00	420,000.00	1,630,000.00	300,000.00	19	2,525,000.00	-175,000.00	440,000.00	830,000.00	140,000.00	1,410,000.00	-20,000.00	800,000.00	160,000.00	940,000.00

图7–37 供应商应付汇总表

下面是第 4 行各个单元格的公式，其他各行可以往下复制得到。

单元格C4：=IFERROR(VLOOKUP($B4,合同信息!$C:$M,3,0),0)
单元格D4：=IFERROR(VLOOKUP($B4,合同信息!$C:$M,6,0),0)
单元格E4：=IFERROR(VLOOKUP($B4,合同信息!$C:$M,8,0),0)
单元格F4：=IFERROR(VLOOKUP($B4,合同信息!$C:$M,10,0),0)
单元格G4：=COUNTIF(发票信息!C:C,B4)
单元格H4：=SUMIF(发票信息!C:C,B4,发票信息!G:G)
单元格I4：=C4–H4
单元格J4：=SUMIFS(付款信息!$G:$G,付款信息!$C:$C,$B4,付款信息!$F:$F,"预付款")
单元格K4：=SUMIFS(付款信息!$G:$G,付款信息!$C:$C,$B4,付款信息!$F:$F,"到货款")
单元格L4：=SUMIFS(付款信息!$G:$G,付款信息!$C:$C,$B4,付款信息!$F:$F,"尾款")
单元格M4：=SUMIF(付款信息!C:C,B4,付款信息!G:G)
单元格N4：=D4–J4
单元格O4：=E4–K4
单元格P4：=F4–L4
单元格Q4：=C4–M4

这些公式是很简单的，无非是使用 VLOOKUP 函数查找数据，或者使用 COUNTIF 函数进行计数，或者使用 SUMIF 函数和 SUMIFS 函数进行条件求和。

7.5.3 制作已完成合同明细表

哪些合同业已完成？所谓完成的合同，就是全部开票并且全部付款的合同。下面介绍如何利用函数来制作这样的明细表。

步骤1 插入一个新工作表，重命名为"完成合同明细"。

步骤2 设计如图7-38所示的辅助区域。各个单元格公式如下：

单元格V2：=IF(合同信息!A2="","",合同信息!A2)

单元格W2：=IF(合同信息!E2="","",合同信息!E2)

单元格X2：=IF(V2="","",SUMIF(发票信息!A:A,V2,发票信息!G:G))

单元格Y2：=IF(V2="","",SUMIF(付款信息!A:A,V2,付款信息!G:G))

单元格Z2：=IF(V2="","",IF(AND(W2=X2,X2=Y2),"y",""))

单元格AB2：=MATCH("y",Z:Z,0)

单元格AB3：=MATCH("y",INDIRECT("Z"&AB2+1&":Z1000"),0)+AB2

	U	V	W	X	Y	Z	AA	AB	AC
1		合同号	各个合同额	已开票额	已付款额	是否完工		完工的行	
2		201804001	300000	300000	300000	y		2	
3		201806002	500000	500000	500000	y		3	
4		201809003	100000	100000	0			6	
5		201902001	1200000	1040000	240000			#N/A	
6		201902002	250000	250000	250000	y		#N/A	
7		201903003	80000	40000	40000			#N/A	
8		201904004	220000	200000	80000			#N/A	
9		201904005	30000	30000	0			#N/A	
10		201904006	75000	65000	0			#N/A	
11									
12								#N/A	
13								#N/A	
14								#N/A	

图7-38 辅助区域

步骤3 这样，利用这个辅助区域的AB列所确定出的已完工合同的行号，就可以制作下面的已完成合同明细表，如图7-39所示。其中，单元格A2的公式如下，往右往下复制即可。

=IFERROR(INDEX(合同信息!A:A,$AB2),"")

步骤4 设置条件格式，自动美化表格。

	A	B	C	D	E	F	G
1	合同号	合同名称	供应商	采购产品	合同金额	签订日期	结束日期
2	201804001	红旗小区监控	北京双星电子有限公司	监控器	300,000.00	2018-4-20	2019-3-31
3	201806002	西山绿化	北京瑞高星科技有限公司	护栏	500,000.00	2018-6-11	2018-8-31
4	201902002	东邪西毒	北京华维电子有限公司	PEIT	250,000.00	2019-2-27	2019-6-5
5							

图7-39 已完成合同明细表

> **问题探讨**
>
> 如何利用函数制作指定已完成合同的所有发票明细和付款明细？

7.5.4 制作未完成合同明细表

这里定义未完成合同是：开票总额不等于合同总额，或者付款总额不等于合同总额，或者付款总额不等于开票总额。

这样的表格制作也不难，与上面的已完工合同明细表制作基本相同。

首先设计辅助区域，如图7-40所示。在这个辅助区域中，Z2单元格公式如下：
=IF(V2="","",IF(OR(W2<>X2,W2<>Y2,X2<>Y2),"y",""))

其他单元格的公式与前面介绍的已完工明细表辅助区域的公式完全相同，这里就不再列示这些公式了。

图7-40 在辅助区域中输入公式

图7-41所示是未完成合同明细表，A列至G列的公式与已完成合同明细表完全相同，H列至K列的公式分别如下：

单元格H列：=IF(A2="","",SUMIF(发票信息!A:A,A2,发票信息!G:G))

单元格I列：=IF(A2="","",E2-H2)

单元格J列：=IF(A2="","",SUMIF(付款信息!A:A,A2,付款信息!G:G))

单元格K列：=IF(A2="","",E2-J2)

图7-41 未完成合同明细表

Chapter 08

应收账款管理表单

应收账款是公司因销售商品、提供劳务等业务应向购买方、接受劳务的单位或个人收取的款项。形成应收账款的直接原因是赊销。

虽然大多数公司希望现销而不愿赊销,但是面对竞争,为了稳定自己的销售渠道、扩大商品销路、开拓并占领市场,降低商品的仓储费用、管理费用、增加收入,不得不面向客户采用信用政策,提供信用业务。公司采用赊销,虽能给公司带来以上好处,但也要付出一定的代价,给公司带来风险。如客户拖欠货款,应收账款收回难度越来越大,甚至收不回。所以,应收账款管理是一个企业管理的重中之重。

本章就应收账款的几个常见问题及其 Excel 解决方案进行介绍,包括基于手工台账的应收账款管理与分析、基于财务软件的应收账款分析等。

8.1 基于手工台账的应收账款管理表

根据实际需要，企业可能需要手工建立应收账款管理台账，并以此进行日常管理和统计分析。下面我们介绍一个这样的表单模板案例，文件名称是"案例8-1"。

8.1.1 建立购货方资料库

购货方资料库就是保存购货方的基本信息，是一个基本资料表格，其结构如图8-1所示，该工作表名称是"购货方资料"。

定义一个动态名称"客户"，以备在其他的表格中使用，其引用位置公式如下：
=OFFSET(购货方资料!$A$2,,,COUNTA(购货方资料!$A$2:$A$1000),1)

	A	B	C	D	E	F	G	H
1	购货方名称	公司地址	公司电话	公司传真	联系人	移动电话	邮箱	QQ
2	AA001							
3	AA002							
4	AA003							
5	AA004							
6	AA005							
7	AA006							
8	AA007							
9	AA008							

图8-1 购货方资料库

8.1.2 建立应收账款发生基础表

应收账款发生基础表保存每笔应收账款基本数据，以及需要的计算分析结果，例如，到期日、判断是否逾期、累计收款额、加权平均收款天数、未收款余额等信息，其结构如图8-2所示，该工作表名称是"发生基础表"。

在这个工作表中，各个单元格数据的输入方法是不同的。开票日期、发票编号、客户名称、合同金额、信用期需要手工输入，但要注意数据的准确性，可以使用数据验证来规范数据输入。例如，开票日期可以使用数据验证只能输入规定格式的日期，发票编号只能输入文本数据，合同金额只能输入正数，信用期天数只能输入正整数。

客户名称使用了数据验证快速选择输入，如图8-3所示。

	A	B	C	D	E	F	G	H	I	J	K	L	M	N	O
1	序号	应收账款编号	开票日期	发票编号	客户名称	合同金额	信用期(天)	到期日	是否逾期	累计已收金额	加权平均收款天数	未收余额	未收余额逾期天数	未收余额账龄天数	结清日期
2	1	YS2019001	2019-1-4	306007	AA007	94,500.00	45	2019-2-17	逾期	-		94,500.00	63	108	
3	2	YS2019002	2019-1-6	306004	AA003	70,000.00	30	2019-2-4	逾期	-		70,000.00	76	106	
4	3	YS2019003	2019-1-10	306001	AA003	100,000.00	45	2019-2-23	逾期	-		100,000.00	57	102	
5	4	YS2019004	2019-1-10	306025	AA003	19,400.00	60	2019-3-10	逾期	-		19,400.00	42	102	
6	5	YS2019005	2019-1-14	306013	AA002	33,700.00	15	2019-1-28	逾期	-		33,700.00	83	98	
7	6	YS2019006	2019-1-15	306003	AA001	32,000.00	15	2019-1-29	逾期	-		32,000.00	82	97	
8	7	YS2019007	2019-1-17	305992	AA004	60,000.00	30	2019-2-15	逾期	-		60,000.00	65	95	
9	8	YS2019008	2019-1-17	306008	AA010	66,000.00	60	2019-3-17	逾期	-		66,000.00	35	95	
10	9	YS2019009	2019-1-23	306016	AA008	23,500.00	45	2019-3-8	逾期	-		23,500.00	44	89	
11	10	YS2019010	2019-2-5	305969	AA006	40,000.00	30	2019-3-6	逾期	-		40,000.00	46	76	
12	11	YS2019011	2019-2-10	306021	AA006	83,200.00	20	2019-3-1	逾期	-		83,200.00	51	71	
13	12	YS2019012	2019-2-11	306009	AA004	74,600.00	90	2019-5-11	未逾期	-		74,600.00		70	
14	13	YS2019013	2019-2-15	306020	AA009	44,700.00	10	2019-2-24	逾期	20,000.00	35	24,700.00	56	66	
15	14	YS2019014	2019-2-21	306022	AA007	86,000.00	45	2019-4-6	逾期	10,000.00	33	76,000.00	15	60	
16	15	YS2019015	2019-2-23	306010	AA005	35,000.00	60	2019-4-23	未逾期	30,000.00	81	5,000.00		58	
17	16	YS2019016	2019-3-5	306012	AA007	40,900.00	30	2019-4-3	逾期	35,000.00	58	5,900.00	18	48	

图8-2 应收账款发生基础表

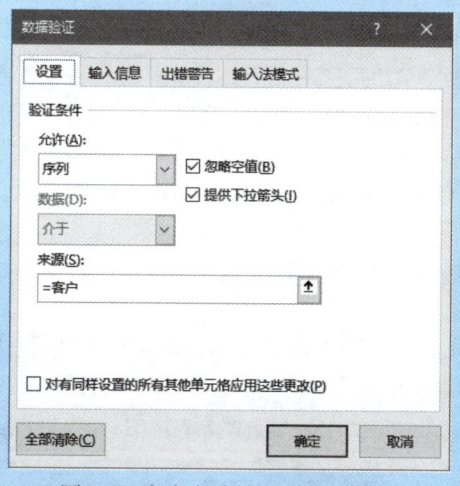

图8-3 客户名称输入的数据验证

其他的单元格是公式自动计算的结果,各单元格公式分别如下:

单元格 A2,自动输入连续的序号。

=ROW(-1

单元格 B2,自动编制应收账款编号。

="YS"&YEAR(C2)&TEXT(ROW()-1,"000")

单元格 H2,自动计算到期日。

=C2+G2-1

单元格 I2,自动判断该笔应收账款是否已结清、是否逾期、是否未逾期。

=IF(O2<>"","已结清",IF(H2<TODAY(),"逾期","未逾期"))

单元格 J2,自动计算该笔应收账款的累计收款额。

=SUMIF(收款明细表!C:C,B2,收款明细表!E:E)

单元格 K2,自动计算该笔应收账款所有已收款项的加权平均收款天数。

=IF(J2>0,SUMPRODUCT((收款明细表!$C$2:$C$25=B2)*(收款明细表!$B$2:$B$25-C2)*收款明细表!$E$2:$E$25)/J2,"")

单元格 L2,计算未收余额。

=F2–J2

单元格 M2,计算未收余额的逾期天数。

=IF(I2="逾期",TODAY()–H2,"")

单元格 N2,计算未收余额的账龄天数。

=IF(L2>0,TODAY()–C2+1,"")

单元格 O2,计算该笔应收账款的结清日期。

=IF(J2=F2,MAX((B2=收款明细表!$C$2:$C$1000)*收款明细表!$B$2:$B$1000),"")

此外,还定义一个动态的名称"应收账款编号",以便于在收款明细表中快速选择输入应收账款编号,其引用位置公式如下:

=OFFSET(发生基础表!$B$2,,,COUNTA(发生基础表!$B$2:$B$1000),1)

8.1.3 建立收款明细表

收款明细表保存每笔应收账款的每次收款数据,如收款日期、应收账款编号、客户名称、收款金额、收款天数等,其结构如图 8-4 所示,该工作表名称是"收款明细表"。

	A	B	C	D	E	F
1	序号	收款日期	应收账款编号	客户名称	收款金额	收款天数
2	1	2019-3-22	YS2019013	AA009	20,000.00	35
3	2	2019-3-26	YS2019014	AA007	10,000.00	33
4	3	2019-5-15	YS2019015	AA005	30,000.00	81
5	4	2019-5-2	YS2019016	AA007	35,000.00	58
6	5	2019-5-21	YS2019017	AA003	10,000.00	74
7	6	2019-4-11	YS2019018	AA001	20,000.00	33
8	7	2019-6-11	YS2019019	AA011	60,000.00	88
9	8	2019-5-11	YS2019020	AA010	26,000.00	53
10	9	2019-5-11	YS2019024	AA004	33,000.00	1
11						

图8-4 收款明细表

收款日期和收款金额需要手工输入,其他单元格的数据由公式自动计算得出,有关公式分别如下。

单元格 A2,自动输入连续的序号。

=ROW()–1

单元格 D2，自动查找该笔应收账款所属的购货方名称。
=VLOOKUP(C2,发生基础表!B:E,4,0)
单元格 F2，计算该笔回款的收款天数。
=B2-VLOOKUP(C2,发生基础表!B:C,2,0)
应收账款编号是使用数据验证快速选择输入，如图 8-5 所示。

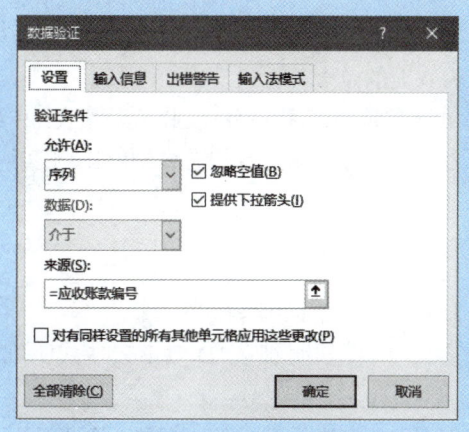

图8-5 应收账款编号输入的数据验证

8.1.4 收款统计分析表

有了应收账款基础表和收款表，我们就可以对应收账款进行各种统计分析了，例如，分析各个客户应收账款的回款率和回款天数，以便了解每个客户的已收款的情况，其表格结构如图 8-6 所示，该工作表名称为"收款分析"。

客户回款率和回款天数分析

购货方名称	合同总金额	0天		1-15天		16-30天		31-45天		46-60天		61-90天		90天以上		合计	
		回款额	回款率	回款额	回款率	回款额	回款率	回款额	回款率	回款额	回款率	回款额	回款率	回款额	回款率	回款额	回款率
AA001	118800							20000	16.84%							20000	16.84%
AA002	33700																
AA003	252700									10000	3.96%					10000	3.96%
AA004	229600			33000	14.37%											33000	14.37%
AA005	94200											30000	31.85%			30000	31.85%
AA006	123200																
AA007	221400							10000	4.52%	35000	15.81%					45000	20.33%
AA008	118100																
AA009	44700							20000	44.74%							20000	44.74%
AA010	149200									26000	17.39%					26000	17.39%
AA011	118600											60000	50.59%			60000	50.59%
合计	1504200			33000	2.19%			50000	3.32%	61000	4.05%	100000	6.65%			244000	16.22%

图8-6 收款分析表

在收款分析表中，第 5 行各个单元格的公式分别如下。

1. 合同总金额

单元格 C5，计算合同总金额。

=SUMIF(发生基础表!E:E,B5,发生基础表!F:F)

2. 0 天账龄

单元格 D5，计算账龄为 0 天的总金额。

=SUMIFS(收款明细表!E:E,收款明细表!D:D,B5,收款明细表!F:F,0)

单元格 E5，计算账龄为 0 天的总金额占合同总金额的比例。

=D5/$C5

3. 1 ~ 15 天账龄

单元格 F5，计算账龄为 1 ~ 15 天的总金额。

=SUMIFS(收款明细表!E:E,收款明细表!D:D,B5,收款明细表!F:F,">=1",收款明细表!F:F,"<=15")

单元格 G5，计算账龄为 16 ~ 30 天的总金额占合同总金额的比例。

=F5/$C5

4. 16 ~ 30 天账龄

单元格 H5，计算账龄为 16 ~ 30 天的总金额。

=SUMIFS(收款明细表!E:E,收款明细表!D:D,B5,收款明细表!F:F,">=16",收款明细表!F:F,"<=30")

单元格 I5，计算账龄为 16 ~ 30 天的总金额占合同总金额的比例。

=H5/$C5

5. 31 ~ 45 天账龄

单元格 J5，计算账龄为 31 ~ 45 天的总金额。

=SUMIFS(收款明细表!E:E,收款明细表!D:D,B5,收款明细表!F:F,">=31",收款明细表!F:F,"<=45")

单元格 K5，计算账龄为 31 ~ 45 天的总金额占合同总金额的比例。

=J5/$C5

6. 46～60天账龄

单元格L5，计算账龄为46～60天的总金额。

=SUMIFS(收款明细表!E:E,收款明细表!D:D,B5,收款明细表!F:F,">=46",收款明细表!F:F,"<=60")

单元格M5，计算账龄为46～60天的总金额占合同总金额的比例。

=L5/$C5

7. 61～90天账龄

单元格N5，计算账龄为61～90天的总金额。

=SUMIFS(收款明细表!E:E,收款明细表!D:D,B5,收款明细表!F:F,">=61",收款明细表!F:F,"<=90")

单元格O5，计算账龄为61～90天的总金额占合同总金额的比例。

=N5/$C5

8. 90天以上账龄

单元格P5，计算账龄90天以上的总金额。

=SUMIFS(收款明细表!E:E,收款明细表!D:D,B5,收款明细表!F:F,">90")

单元格Q5，计算账龄90天以上的总金额占合同总金额的比例。

=P5/$C5

9. 合计数

单元格R5，计算各个客户总应收账款总金额。

=SUMIF(收款明细表!D:D,B5,收款明细表!E:E)

单元格S5，计算各个客户总应收账款占合同总金额的比例。

=R5/$C5

8.1.5 未收款账龄分析表

未收款账龄分析是指对每个客户的未收款的账龄进行分析，以便了解未收款账龄分布情况、各个账龄的金额及其所占比例，如图8-7所示。

在分析表中，第5行各个单元格的公式如下。

购货方名称	信用期内		1-30天		31-60天		61-90天		91-180天		181天~1年		1年以上		总未收金额
	金额	占比	金额	占比	金额	占比	金额	占比	金额	占比	金额	占比	金额	占比	
AA001	66800	67.61%							32000	32.39%					98800
AA002									33700	100.00%					33700
AA003					53300	21.96%			189400	78.04%					242700
AA004	136600	69.48%							60000	30.52%					196600
AA005	64200	100.00%													64200
AA006							123200	100.00%							123200
AA007					81900	46.43%			94500	53.57%					176400
AA008	94600	80.10%					23500	19.90%							118100
AA009							24700	100.00%							24700
AA010	57500	46.56%							66000	53.44%					123500
AA011	58600	100.00%													58600
所有客户	478300	37.95%			135200	10.73%	171400	13.60%	475600	37.73%					1260500

图8-7 未收款账龄分析

1. 信用期内

单元格 C5，计算信用期内的未收款总金额。

=SUMIFS(发生基础表!L:L,发生基础表!E:E,B5,发生基础表!I:I,"未逾期")

单元格 D5，计算信用期内未收款总金额占该客户全部未收额的比例。

=C5/$Q5

2. 1～30天

单元格 E5，计算 1～30 天的未收款总金额。

=SUMIFS(发生基础表!L:L,发生基础表!E:E,B5,发生基础表!I:I,"逾期",发生基础表!N:N,">=1",发生基础表!N:N,"<=30")

单元格 F5，计算 1～30 天未收款总金额占该客户全部未收款总金额的比例。

=E5/$Q5

3. 31～60天

单元格 G5，计算 31～60 天的未收款总金额。

=SUMIFS(发生基础表!L:L,发生基础表!E:E,B5,发生基础表!I:I,"逾期",发生基础表!N:N,">=31",发生基础表!N:N,"<=60")

单元格 H5，计算 31～60 天未收款总金额占该客户全部未收款总金额的比例。

=G5/$Q5

4. 61～90天

单元格 I5，计算 61～90 天的未收款总金额。

=SUMIFS(发生基础表!L:L,发生基础表!E:E,B5,发生基础表!I:I,"逾期",发生基表!N:N,">=61",发生基础表!N:N,"<=90")

单元格J5，计算61～90天未收款总金额占该客户全部未收款总金额的比例。

=I5/$Q5

5. 91～180天

单元格K5，计算91～180天的未收款总金额。

=SUMIFS(发生基础表!L:L,发生基础表!E:E,B5,发生基础表!I:I,"逾期",发生基础表!N:N,">=91",发生基础表!N:N,"<=180")

单元格L5，计算91～180天未收款总金额占该客户全部未收款总金额的比例。

=K5/$Q5

6. 181天至1年

单元格M5，计算181天至1年的未收款总金额。

=SUMIFS(发生基础表!L:L,发生基础表!E:E,B5,发生基础表!I:I,"逾期",发生基础表!N:N,">=181",发生基础表!N:N,"<=365")

单元格N5，计算181天至1年未收款总金额占该客户全部未收款总金额的比例。

=M5/$Q5

7. 1年以上

单元格O5，计算1年以上未收款总金额。

=SUMIFS(发生基础表!L:L,发生基础表!E:E,B5,发生基础表!I:I,"逾期",发生基础表!N:N,">=366")

单元格P5，计算1年以上未收款总金额占该客户全部未收款总金额的比例。

=O5/$Q5

8. 未收款总金额

单元格Q5，计算每个客户未收款总金额。

=SUMIF(发生基础表!E:E,B5,发生基础表!L:L)

8.1.6 制作对账单

应收账款对账单如图8-8所示，只要在单元格B2中选择输入指定的客户名称，就将该客户的应收账款明细和收款明细查询出来。

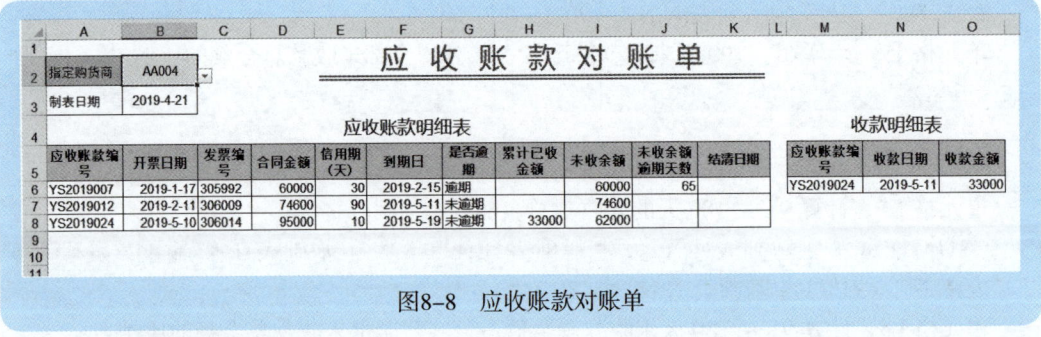

图8-8 应收账款对账单

这个对账单分成两部分:左侧是应收账款明细,右侧是收款明细,分别从工作表"发生基础表"和"收款明细表"中查询。

由于是制作指定客户的明细表,因此使用了辅助列来查询数据,辅助列区域如图8-9所示的R列和S列。

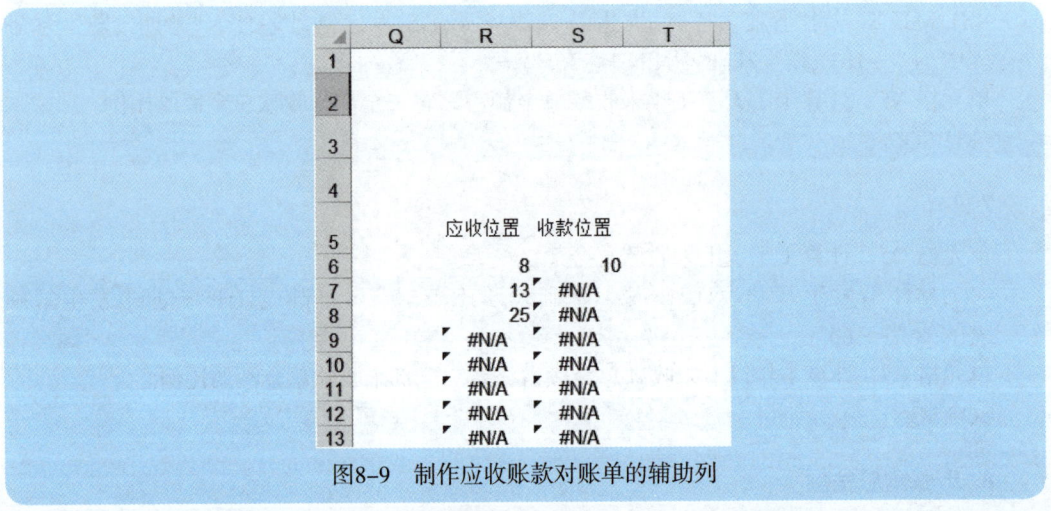

图8-9 制作应收账款对账单的辅助列

1. 应收明细数据定位

辅助列R列保存指定客户在工作表"发生基础表"的行号。各个单元格的查找公式如下:

单元格R6:=MATCH(B2,发生基础表!E:E,0)

单元格R7:=MATCH($B$2,INDIRECT("发生基础表!E"&R6+1&":E1000"),0)+R6

2. 收款明细数据定位

辅助列S列保存指定客户在工作表"收款明细表"的行号。各个单元格的查找公式如下:

单元格S6：=MATCH(B2,收款明细表!D:D,0)

单元格S7：=MATCH($B$2,INDIRECT("收款明细表!D"&S6+1&":D1000"),0)+S6

R 列和 S 列第 8 行以下各个单元格的公式可由第 7 行复制得到。

3. 符合条件的明细数据提取

单元格 A1 的取数公式如下，往右往下复制，即得指定客户的应收账款明细表。

=IFERROR(INDEX(发生基础表!$B:$O,$R6,MATCH(A$5,发生基础表!$B$1:$O$1,0)),"")

单元格 M6 的取数公式如下，往右往下复制，即得指定客户的收款明细表。

=IFERROR(INDEX(收款明细表!$B:$E,$S6,MATCH(M$5,收款明细表!$B$1:$F$1,0)),"")

最后分别选择 A 列至 K 列从第 6 行往下的数据区域，以及 M 列至 O 列从第 6 行往下的数据区域，对这两个区域设置条件格式，自动为查到的数据区域设置边框，美化表格。

8.2 基于财务软件数据的应收账款分析表

很多企业的应收账款数据是从系统导出的，这样需要对已有的数据进行统计分析。下面我们介绍一个基于财务软件的应收账款分析模板，文件名称是“案例 8-2”。

8.2.1 导入基础数据

从财务软件导入的基础数据如图 8-10 所示，该表记录每个客户每笔应收账款的数据，如果已经付款，则在 G 列和 H 列分别保存回款日期（Pay Date）和回款额（Paid Amount），而回款额就是发票金额，不存在分次付款的情况，但存在延迟付款的情况。

	A	B	C	D	E	F	G	H
1	Customer	CN#Invoice#	Curr#	Amount	Invoice Date	Due Date	Paid Date	Paid Amount
2	ABC	20190001	CNY	137458.73	2019-3-14	2019-4-28	2019-4-28	137458.73
3	KJDS	20190002	CNY	150798.8	2019-3-14	2019-4-28		
4	ABC	20190003	CNY	296344.21	2019-3-14	2019-4-28	2019-4-28	296344.21
5	ABC	20190004	CNY	93346.34	2019-3-14	2019-4-28	2019-4-28	93346.34
6	ABC	20190005	CNY	54988.13	2019-4-9	2019-5-24	2019-6-19	54988.13
7	PWQ	20190006	CNY	88565.02	2019-4-9	2019-5-24	2019-6-19	88565.02
8	ABC	20190007	CNY	79606.8	2019-4-9	2019-5-24		
9	ABC	20190008	CNY	13267.8	2019-4-9	2019-5-24	2019-6-19	13267.8
10	ABC	20190009	CNY	85357.58	2019-4-18	2019-6-2	2019-6-19	85357.58
11	ABC	20190010	CNY	68331.28	2019-4-18	2019-6-2	2019-6-19	68331.28
12	PWQ	20190010	CNY	65161.51	2019-4-18	2019-6-2	2019-6-19	65161.51
13	ABC	20190011	CNY	113885.46	2019-4-23	2019-6-7	2019-6-19	113885.46
14	PWQ	20190011	CNY	68331.28	2019-4-23	2019-6-7	2019-6-19	68331.28

图8-10 基础数据

8.2.2 客户余额查询表

客户余额查询表的功能是指定一个时间段，汇总这个时间段内的各个客户的发票总金额、已付总金额和未付总金额，这里的时间段是开票日期。表格结构如图 8–11 所示。

单元格 B1 和 B2 指定查询的开始日期和截止日期，第 5 行各个单元格公式如下。

单元格 B5：

=SUMIFS(基础表!D:D,基础表!A:A,A5,基础表!E:E,">="&$B$1,基础表!E:E,"<="&$B$2)

单元格 C5：

=SUMIFS(基础表!H:H,基础表!A:A,A5,基础表!E:E,">="&$B$1,基础表!E:E,"<="&$B$2)

单元格 D5：

=B5–C5

分别以各个客户的发票金额、已付金额、未付金额数据绘制饼图，以便统计分析各个客户的金额占比。

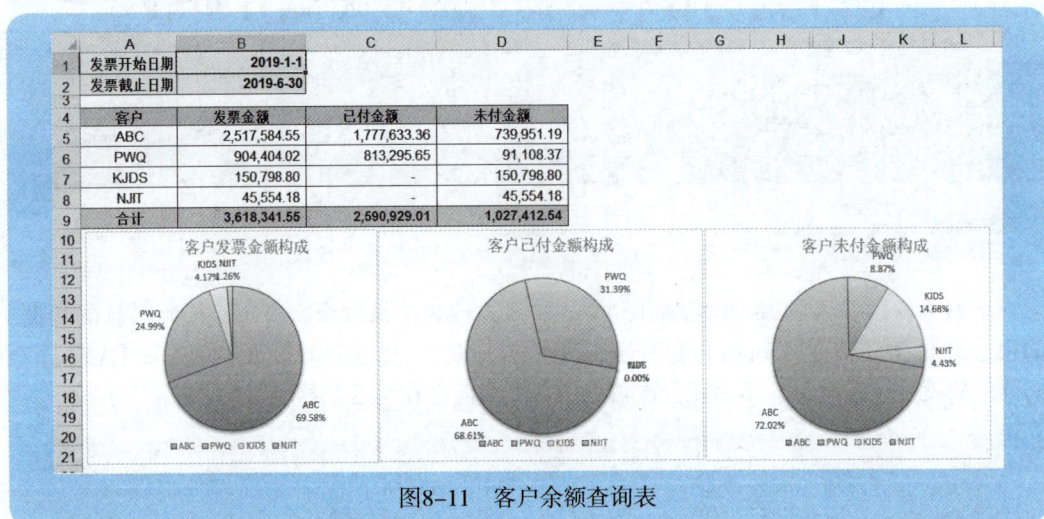

图8–11　客户余额查询表

8.2.3 账龄分析表

账龄分析表结构如图 8–12 所示，在单元格 B1 指定要分析的日期，就自动得到截止到该日期的所有客户的账龄分析表，同时绘制两个能够分别查看指定部门和指定账龄的结构图。

	A	B	C	D	E	F	G
1	分析时间	2019-6-30					
2	客户	30天以内	31-45天	46-60	61-90天	90天以上	总金额
3	ABC	1,818,728.06	79,606.80	-	-	-	1,898,334.86
4	PWQ	181,735.97	-	-	-	-	181,735.97
5	KJDS	233,172.00	-	-	150,798.80	-	383,970.80
6	NJIT	338,663.36	-	-	-	-	338,663.36
7	所有客户	2,572,299.39	79,606.80	-	150,798.80	-	2,802,704.99

图8–12　账龄分析表

各个主要单元格的公式分别如下。

单元格 B3：

=SUMPRODUCT((基础表!$A$2:$A$1000=$A3)*1,
　　　　(基础表!$G$2:$G$1000="")*1,
　　　　($B$1–基础表!$F$2:$F$1000<=30)*1,
　　　　基础表!$D$2:$D$1000)

单元格 C3：

=SUMPRODUCT((基础表!$A$2:$A$1000=$A3)*1,
　　　　(基础表!$G$2:$G$1000="")*1,
　　　　($B$1–基础表!$F$2:$F$1000>=31)*1,
　　　　($B$1–基础表!$F$2:$F$1000<=45)*1,
　　　　基础表!$D$2:$D$1000)

单元格 D3：

=SUMPRODUCT((基础表!$A$2:$A$1000=$A3)*1,
　　　　(基础表!$G$2:$G$1000="")*1,
　　　　($B$1–基础表!$F$2:$F$1000>=46)*1,
　　　　($B$1–基础表!$F$2:$F$1000<=60)*1,
　　　　基础表!$D$2:$D$1000)

单元格 E3：

=SUMPRODUCT((基础表!$A$2:$A$1000=$A3)*1,
　　　　(基础表!$G$2:$G$1000="")*1,
　　　　($B$1–基础表!$F$2:$F$1000>=61)*1,
　　　　($B$1–基础表!$F$2:$F$1000<=90)*1,
　　　　基础表!$D$2:$D$1000)

单元格 F3：

```
=SUMPRODUCT((基础表!$A$2:$A$1000=$A3)*1,
        (基础表!$G$2:$G$1000="")*1,
        ($B$1-基础表!$F$2:$F$1000>90)*1,
        基础表!$D$2:$D$1000)
```

8.2.4 制作对账单

为了方便查看指定客户的应收账款明细数据，设计一个对账单，如图 8-13 所示。

单元格 B1 选择指定的客户，单元格 B2 选择是否付款，单元格 B3 选择是否准时付款，这样，我们就可以查看指定客户、是否付款，以及是否准时付款的所有应收账款明细数据。

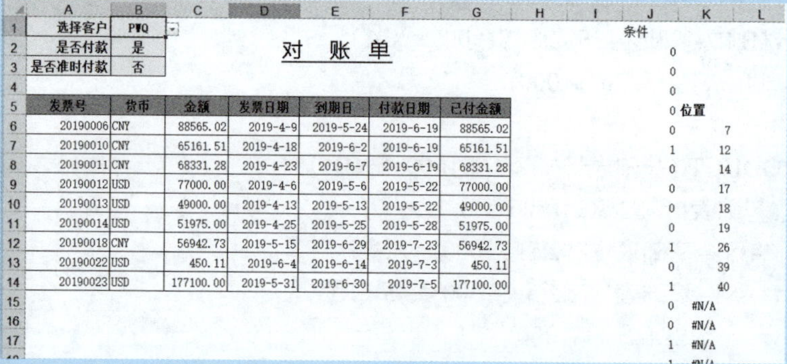

	A	B	C	D	E	F	G	H	I	J	K	L
1	选择客户	PWQ								条件		
2	是否付款	是		对 账 单						0		
3	是否准时付款	否								0		
4										0		
5	发票号	货币	金额	发票日期	到期日	付款日期	已付金额			0	位置	
6	20190006	CNY	88565.02	2019-4-9	2019-5-24	2019-6-19	88565.02			0	7	
7	20190010	CNY	65161.51	2019-4-18	2019-6-2	2019-6-19	65161.51			1	12	
8	20190011	CNY	68331.28	2019-4-23	2019-6-7	2019-6-19	68331.28			0	14	
9	20190012	USD	77000.00	2019-4-6	2019-5-6	2019-5-22	77000.00			0	17	
10	20190013	USD	49000.00	2019-4-13	2019-5-13	2019-5-22	49000.00			0	18	
11	20190014	USD	51975.00	2019-4-25	2019-5-25	2019-5-28	51975.00			0	19	
12	20190018	CNY	56942.73	2019-5-15	2019-6-29	2019-7-23	56942.73			1	26	
13	20190022	USD	450.11	2019-6-4	2019-6-14	2019-7-3	450.11			0	39	
14	20190023	USD	177100.00	2019-5-31	2019-6-30	2019-7-5	177100.00			1	40	
15										0	#N/A	
16										0	#N/A	
17										1	#N/A	

图8-13　对账单

这个对账单采用辅助列的方法来查询，辅助区域是 J 列和 K 列。各个主要单元格的查询公式分别如下。

单元格 J2：

```
=(基础表!A2=对账单!$B$1)*IF($B$2="是",IF(对账单!$B$3="是",(基础表!G2=基础表!F2),(基础表!G2>基础表!F2)),(基础表!G2=""))
```

单元格 K6：

```
=MATCH(1,J:J,0)
```

单元格 K7：

```
=MATCH(1,INDIRECT("J"&K6+1&":J10000"),0)+K6
```

单元格 A6：

```
=IF(ISERROR(INDEX(基础表!B:B,对账单!$K6)),"",INDEX(基础表!B:B,对账单!$K6))
```

为了让对账单表格美观，对明细表区域设置条件格式，以自动美化表格。

8.3 基于合同管理的销售、回款和欠款分析表

假若有这样一张表格,记录有每个合同的金额、回款额、欠款额,而合同有数百之多,那么如何分析这些合同的回款额和欠款额情况?如何分析这些应收账款的账龄分布?

下面我们结合一个实际案例,建立这样一个应收账款分析模板。本案例文件名是"案例 8-3",原始数据如图 8-14 所示。

	A	B	C	D	E	F	G	H
1	本表截止时间:	2019年4月21日						
2	合同名称	合同金额	收款金额	收款比例	欠款金额	欠款比例	完工时间	完工至统计日账龄(天)
3	合同001	95,040.00	95,000.00	99.96%	40.00	0.04%	2018-12-6	136
4	合同002	9,284,079.00	9,278,278.00	99.94%	5,801.00	0.06%	2018-8-16	248
5	合同003	3,840.00	3,720.00	96.88%	120.00	3.13%	2018-7-23	272
6	合同004	7,062,193.50	6,800,000.00	96.29%	262,193.50	3.71%	2018-10-18	185
7	合同005	3,718,414.00	3,500,000.00	94.13%	218,414.00	5.87%	2018-10-23	180
8	合同006	5,830,252.50	5,310,725.00	91.09%	519,527.50	8.91%	2018-7-4	291
9	合同007	119,000.00	100,000.00	84.03%	19,000.00	15.97%	2018-10-10	193
10	合同008	655,013.50	500,000.00	76.33%	155,013.50	23.67%	2018-9-4	229
11	合同009	3,487,575.50	2,600,000.00	74.55%	887,575.50	25.45%	2018-10-1	202
12	合同010	5,881,516.50	4,259,773.50	72.43%	1,621,743.00	27.57%	2018-9-13	216
13	合同011	96,915.00	65,000.00	67.07%	31,915.00	32.93%	2018-10-23	180
14	合同012	399,122.00	250,000.00	62.64%	149,122.00	37.36%	2018-9-13	220
15	合同013	5,732,200.00	2,821,807.00	49.23%	2,910,393.00	50.77%	2018-7-17	278

图 8-14 应收账款清单

8.3.1 应收账款账龄分析

应收账款账龄分析如图 8-15 所示,这个表格是由一个汇总表和一个普通饼图组成的。汇总表的各个单元格公式如下:

单元格C4:=SUMIF(清单!G:G,"在建",清单!E:E)

单元格D4:=SUMIFS(清单!E:E,清单!H:H,">=1",清单!H:H,"<=30")

单元格E4:=SUMIFS(清单!E:E,清单!H:H,">=31",清单!H:H,"<=90")

单元格F4:=SUMIFS(清单!E:E,清单!H:H,">=91",清单!H:H,"<=180")

单元格G4:=SUMIFS(清单!E:E,清单!H:H,">=181",清单!H:H,"<=365")

单元格H4:=SUMIFS(清单!E:E,清单!H:H,">=366",清单!H:H,"<=730")

单元格I4：=SUMIF(清单!H:H,">=731",清单!E:E)
单元格J4：=SUM(C4:I4)

单元格 C5 公式为 "=C4/$J$4"，往右复制即得各个账龄区间的占比。

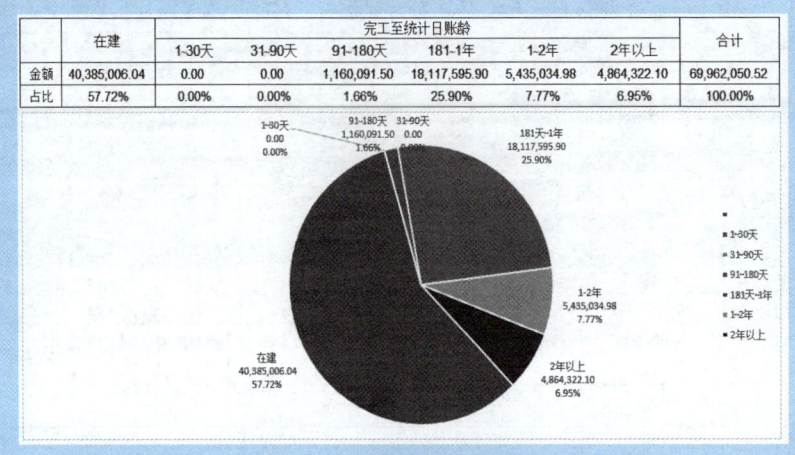

在建		完工至统计日账龄						合计
		1-30天	31-90天	91-180天	181-1年	1-2年	2年以上	
金额	40,385,006.04	0.00	0.00	1,160,091.50	18,117,595.90	5,435,034.98	4,864,322.10	69,962,050.52
占比	57.72%	0.00%	0.00%	1.66%	25.90%	7.77%	6.95%	100.00%

图8-15　应收账款账龄分析

8.3.2　制作超过指定欠款比例和天数的应收账款明细表

如何快速筛选出那些已经完工的、欠款率在 50% 以上的合同？如何快速筛选出那些在建的、欠款率 100% 的合同？如何快速筛选出那些已经完工、欠款率为 100%，并且已经在 1 年以上的合同？此时，我们需要制作一个能够设置这些筛选条件的明细表，效果如图 8-16 所示。

A	B	C	D	E	F	G	H	I
	完工/在建	完工						
	欠款比例多少以上	50%						
	欠款天数多少天以上	180						
	合同名称	合同金额	收款金额	收款比例	欠款金额	欠款比例	完工时间	完工至统计日账龄(天)
	合同013	5,732,200.00	2,821,807.00	49.23%	2,910,393.00	50.77%	2018-7-17	278
	合同014	239,700.00	100,000.00	41.72%	139,700.00	58.28%	2018-9-8	225
	合同016	3,071,839.00	1,000,000.00	32.55%	2,071,839.00	67.45%	2018-8-18	246
	合同018	104,085.00	-	0.00%	104,085.00	100.00%	2014-1-6	1931
	合同019	70,207.50	-	0.00%	70,207.50	100.00%	2018-10-19	184
	合同020	1,518,417.50	-	0.00%	1,518,417.50	100.00%	2018-10-15	193
	合同021	273,530.00	-	0.00%	273,530.00	100.00%	2018-9-24	209
	合同022	279,408.90	-	0.00%	279,408.90	100.00%	2018-8-3	261
	合同031	1,740,654.50	806,570.00	46.34%	934,084.50	53.66%	2018-7-25	270
	合同032	172,980.00	70,550.00	40.79%	102,430.00	59.21%	2018-6-9	316
	合同033	4,982,008.00	1,500,000.00	30.11%	3,482,008.00	69.89%	2018-7-25	270
	合同034	183,535.00	25,000.00	13.62%	158,535.00	86.38%	2018-7-25	270
	合同035	184,500.00	-	0.00%	184,500.00	100.00%	2018-2-28	417
	合同036	56,000.00	-	0.00%	56,000.00	100.00%	2018-2-25	420

图8-16　应收账款明细表

在单元格 C2 中选择合同的状态（完工、在建、全部）；在单元格 C3 中指定全款比例；在单元格 C4 中指定欠款天数。

这是一个典型的多条件明细表制作问题，需要使用辅助列来查询满足条件的数据，如图 8-17 所示。

图8-17　辅助列

M 列为条件判断，单元格 M3 的公式如下所示，往下复制到一定行即得所有满足条件的数字（1 代表满足给定的所有条件，0 代表不满足条件）。

=IF($C$2="全部",(清单!F3>=$C$3)*(清单!H3>=$C$4),
　IF($C$2="完工",(清单!F3>=$C$3)*(清单!H3>=$C$4)*(清单!G3<>"在建"),
　(清单!F3>=$C$3)*(清单!H3>=$C$4)*(清单!G3="在建")))

L 列是定位哪些行数据是满足指定的所有条件，单元格 L7 的公式如下，计算满足所有条件的第一个合同所在的行。

=MATCH(1,M:M,0)

单元格 L8 公式如下所示，往下复制到一定行即得所有满足条件的合同的所在行号。

=MATCH(1,INDIRECT("M"&L7+1&":M1000"),0)+L7

单元格 B7 的公式如下，往右复制到 I 列，再往下复制到一定的行，即可得到所有满足条件的应收账款的明细数据。

=IFERROR(INDEX(清单!A:A,$L7),"")

选择查找数据的单元格区域（如单元格 B7:I400），设置条件格式，当 A 列有数据时就设置单元格边框，这样就对查询表自动美化了。

最后隐藏 L 列和 M 列。

8.4 利用数据透视表制作应收账款账龄分析表

前面介绍的都是使用函数来制作应收账款账龄分析表,对于标准规范的明细数据表单,我们也可以使用数据透视表来快速制作应收账款账龄分析表,使用的功能也很简单:对账龄天数进行组合即可。

8.4.1 示例数据

如图 8-18 所示的表单是从系统导出的汽车销售数据,现在要制作应收账款账龄分析表。

	A	B	C	D	E	F
1	销售订单编号	应收账款余额	发票日期	客户名称	销售经理	渠道
2	WPACBL17	538,704.28	2018-7-4	上海通用	张三	直销
3	WPACBJ07	5,217,234.69	2018-6-27	上海通用	张三	直销
4	WPACBG10	3,863,075.75	2018-7-2	西四环鑫隆	李四	代理商
5	WPACBC13	258,129.13	2018-6-21	丰田汽车	王五	直销
6	WPACAB12	51,920.28	2018-6-17	一汽大众	马六	直销
7	WPAB9317	1,396,169.67	2018-6-18	一汽大众	马六	直销
8	WPAB9215	115,661.71	2018-6-19	西四环鑫隆	李四	代理商
9	WPAB9X03	80,259.91	2018-6-18	一汽大众	马六	直销
10	WPAB9L03	558,358.41	2018-6-14	西四环鑫隆	李四	代理商
11	WPAB7R01	1,044,202.02	2018-5-22	一汽大众	马六	直销
12	WPAB7D06	474,397.07	2018-5-22	一汽大众	马六	直销
13	WPAB5E18	10,459,307.99	2018-5-10	东风雪铁龙	何欣	直销

图8-18 示例数据

8.4.2 计算账龄

既然要进行账龄分析,这个表单还缺少一列数据:账龄。因此,在表单最右的 G 列添加一列"账龄",单元格 G2 的计算公式如下:

=TODAY()-C2

添加"账龄"列后的表单如图 8-19 所示。

	A	B	C	D	E	F	G
1	销售订单编号	应收账款余额	发票日期	客户名称	销售经理	渠道	账龄
2	WPACBL17	538,704.28	2018-7-4	上海通用	张三	直销	291
3	WPACBJ07	5,217,234.69	2018-6-27	上海通用	张三	直销	298
4	WPACBG10	3,863,075.75	2018-7-2	西四环鑫隆	李四	代理商	293
5	WPACBC13	258,129.13	2018-6-21	丰田汽车	王五	直销	304
6	WPACAB12	51,920.28	2018-6-17	一汽大众	马六	直销	308
7	WPAB9317	1,396,169.67	2018-6-18	一汽大众	马六	直销	307
8	WPAB9215	115,661.71	2018-6-19	西四环鑫隆	李四	代理商	306
9	WPAB9X03	80,259.91	2018-6-18	一汽大众	马六	直销	307
10	WPAB9L03	558,358.41	2018-6-14	西四环鑫隆	李四	代理商	311
11	WPAB7R01	1,044,202.02	2018-5-22	一汽大众	马六	直销	334
12	WPAB7D06	474,397.07	2018-5-22	一汽大众	马六	直销	334
13	WPAB5E18	10,459,307.99	2018-5-10	东风雪铁龙	何欣	直销	346

图8-19　添加"账龄"列

8.4.3　创建基本数据透视表

以这个表单为数据源，创建数据透视表，进行布局，就得到如图 8-20 所示的报表。

	A	B	C	D	E	F	G	H	I
1									
2									
3		求和项:应收账款余额	列标签						
4		行标签		18	19	43	51	76	108
5		⊟代理商				2164160.879			
6		西四环鑫隆				2164160.879			
7		亦庄施华工贸							
8		⊟直销		5710057.224	3669511.278	1090385.926	1371899.919	612373.7525	484288.1158	13364
9		北汽福田				700636.2182			
10		东风雪铁龙							
11		丰田汽车		3002328.25					
12		吉利汽车						612373.7525		1336
13		上海通用		2707728.973		389749.7083			484288.1158
14		一汽大众			3669511.278		1371899.919		
15		总计		5710057.224	3669511.278	3254546.806	1371899.919	612373.7525	484288.1158	13364

图8-20　基本的数据透视表

在账龄数字任一单元格右击，在弹出的快捷菜单中选择"组合"命令，打开"组合"对话框，如图 8-21 所示。其中：

- 在"起始于"文本框中输入数字"1"。
- 在"终止于"文本框中输入数字"180"。
- 在"步长"文本框中输入数字"30"。

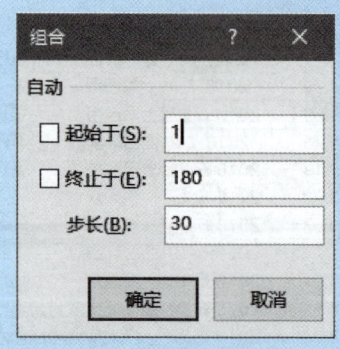

图8-21　设置账龄组合

这样，报表就变为了如图8-22所示的情形。

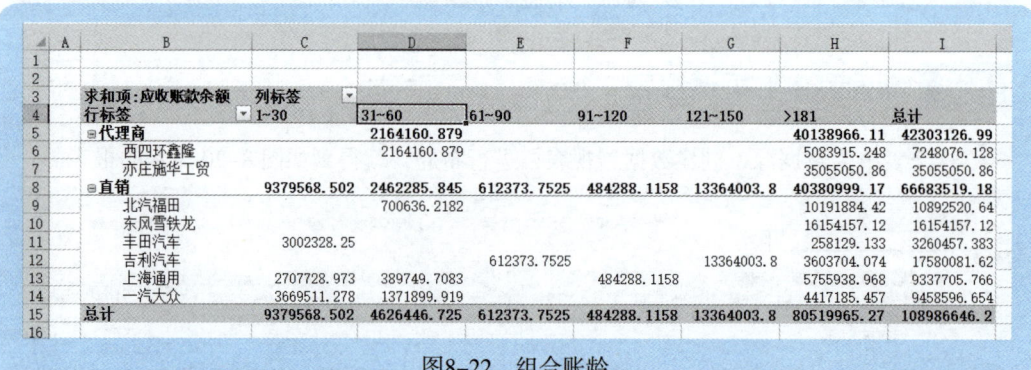

图8-22　组合账龄

选择一个合适的数据透视表样式，并按表格形式显示报表，将得到如图8-23所示的报表。

图8-23　设置报表样式和显示方式

设置金额数字的自定义格式，以万元为单位显示，并把"求和项:应收账款余额"修改为"RMB 万元"，就得到应收账款账龄分析报表，如图 8-24 所示。

	A	B	C	D	E	F	G	H	I	J
1										
2										
3		RMB万元		账龄						
4		渠道	客户名称	1~30	31~60	61~90	91~120	121~150	>181	总计
5		⊟代理商	西四环鑫隆		216.4				508.4	724.8
6			亦庄施华工贸						3505.5	3505.5
7		代理商 汇总			216.4				4013.9	4230.3
8		⊟直销	北汽福田		70.1				1019.2	1089.3
9			东风雪铁龙						1615.4	1615.4
10			丰田汽车	300.2					25.8	326.0
11			吉利汽车			61.2		1336.4	360.4	1758.0
12			上海通用	270.8	39.0		48.4		575.6	933.8
13			一汽大众	367.0	137.2				441.7	945.9
14		直销 汇总		938.0	246.2	61.2	48.4	1336.4	4038.1	6668.4
15		总计		938.0	462.6	61.2	48.4	1336.4	8052.0	10898.7

图8-24 应收账款账龄分析报表

8.4.4 制作渠道的应收账款账龄分析表

将数据透视表复制一份，然后将"客户名称"从数据透视表中取消，就得到渠道的应收账款账龄分析表，如图 8-25 所示。

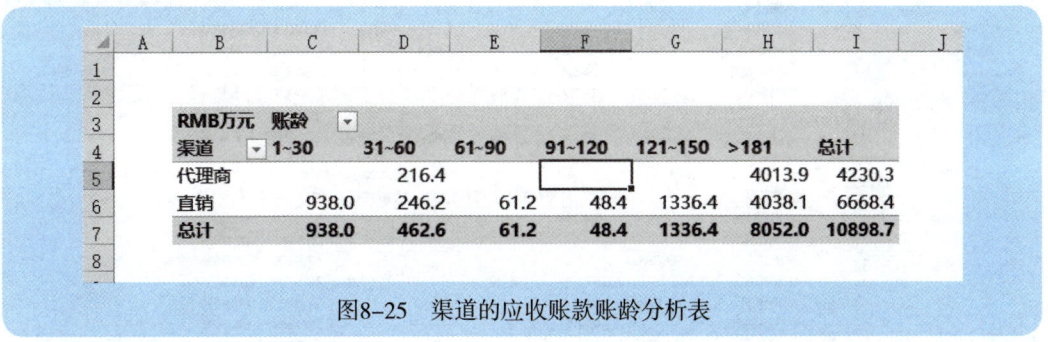

图8-25 渠道的应收账款账龄分析表

再将此数据透视表复制一份，将字段的显示方式设置为"行汇总的百分比"，并设置不显示工作表的数字 0，就得到如图 8-26 所示的显示各个账龄区间占比的账龄分析表。

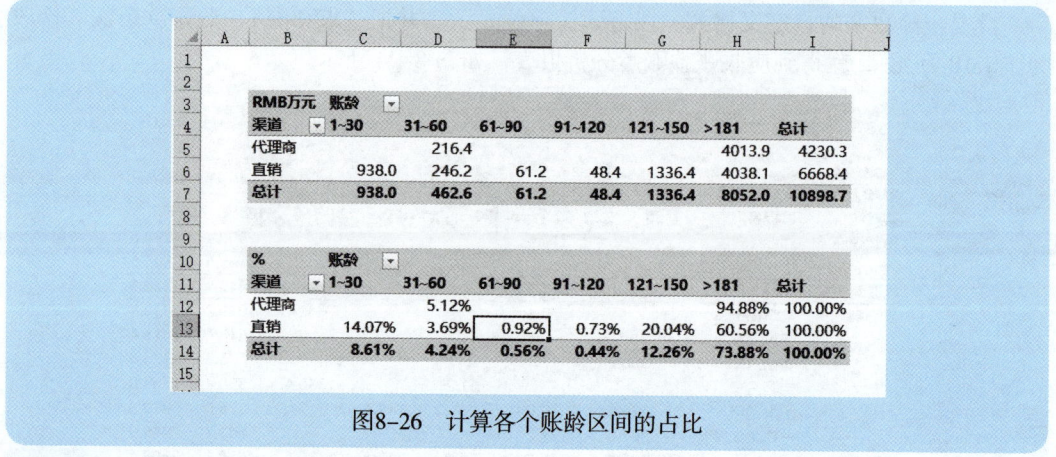

图8-26 计算各个账龄区间的占比

8.4.5 制作客户的应收账款账龄分析表

用同样的方法制作每个客户的应收账款账龄分析表，如图8-27所示。

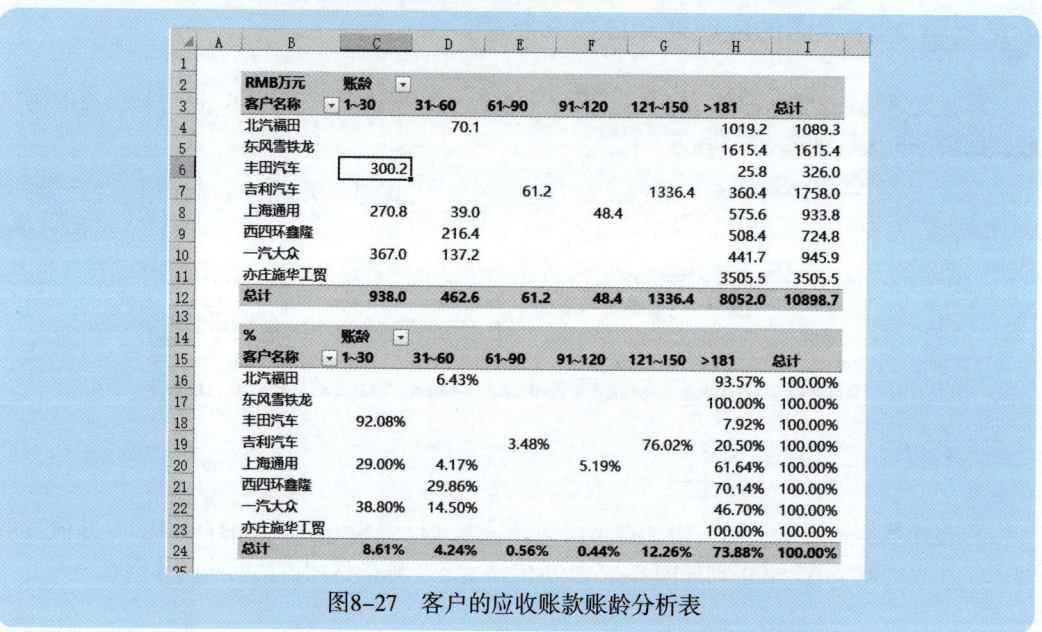

图8-27 客户的应收账款账龄分析表

Chapter 09

存货管理表单

存货是企业在生产经营过程中为销售或者耗用而储备的物资，包括原材料、在产品、产成品等。企业的存货一般在流动资产中占有较大的比重，存货管理水平的高低会对企业的财务状况和经营成果产生很大的影响。因此，加强存货管理具有重要的意义。

9.1 存货日常管理表单

存货管理的基本要求，就是要了解某一种物资或材料在特定时期的所有量，以及在特定时期（比如一个月）的变动情况。存货管理的主要内容包括入库、出库，以及库存数据的日常管理和汇总。下面介绍一个存货日常管理表单，本案例文件是"案例 9-1.xlsx"。

9.1.1 材料基本信息表单

设计材料基本信息表格的目的是为了便于管理这些材料的编码、名称和单位等信息，以及在记录入库和出库数据时快速输入材料信息。

材料基本信息工作表名字为"材料信息"，其基本结构如图 9-1 所示。该工作表有三列数据，分别保存材料的编码、名称和单位。

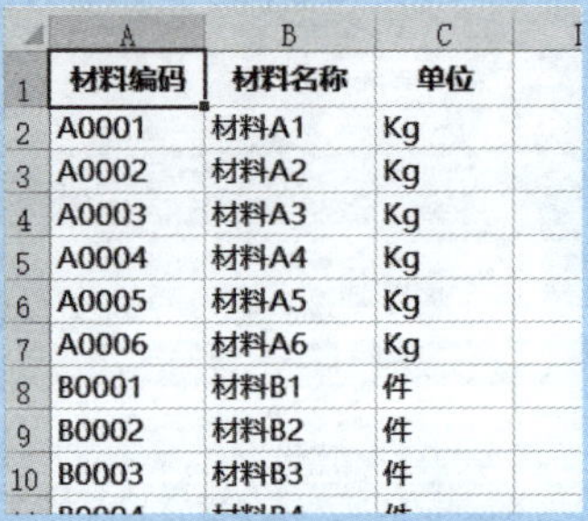

	A	B	C
1	材料编码	材料名称	单位
2	A0001	材料A1	Kg
3	A0002	材料A2	Kg
4	A0003	材料A3	Kg
5	A0004	材料A4	Kg
6	A0005	材料A5	Kg
7	A0006	材料A6	Kg
8	B0001	材料B1	件
9	B0002	材料B2	件
10	B0003	材料B3	件

图9-1 "材料信息"工作表结构

为了在以后增加新数据后仍方便使用这些数据，我们还定义了几个动态名称，如表 9-1 所示，这样在删除旧材料或添加新材料后，仍可以方便地使用这些数据。

表 9-1 工作表"材料信息"的几个动态名称

名 称	引 用 位 置
材料编码	=OFFSET(材料信息 !$A$2,,,COUNTA(材料信息 !$A:$A)-1,1)
材料名称	=OFFSET(材料信息 !$A$2,,,COUNTA(材料信息 !$A:$A)-1,3)
单位	=OFFSET(材料信息 !$B$2,,,COUNTA(材料信息 !$A:$A)-1,1)

9.1.2 期初库存表

设计如图 9-2 所示的期初库存表，保存材料编码、材料名称、期初数和期初金额。其中，期初数和期初金额可以从上期的期末数和期末余额复制过来。

	A	B	C	D
1	材料编码	材料名称	期初数	期初金额
2	A0001	材料A1	672	30,240.66
3	A0002	材料A2	483	9,660.80
4	A0003	材料A3	352	94,688.94
5	A0004	材料A4	6	822.52
6	A0005	材料A5	157	2,670.00
7	A0006	材料A6	0	-
8	B0001	材料B1	43	13,416.40
9	B0002	材料B2	901	147,764.49
10	B0003	材料B3	1200	301,200.61
11	B0004	材料B4	45	4,500.81
12	B0005	材料B5	122	28,914.01
13	B0006	材料B6	165	28,050.75
14	B0007	材料B7	24	7,992.80
15	C0001	材料C1	991	2,973.15
16	C0002	材料C2	595	44,625.96
17	C0003	材料C3	74	32,560.38
18	C0004	材料C4	872	267,704.18
19	C0005	材料C5	22	7,810.27
20	C0006	材料C6	65	17,615.60
21				

图9-2　期初库存表

9.1.3 材料入库记录表单

材料入库记录工作表的名称是"入库记录"，它保存的信息包括材料编码、材料名称、单位、数量、单价、金额、日期、供货单位、收货人、备注等，其结构如图 9-3 所示。

	A	B	C	D	E	F	G	H	I	J
1	材料编码	材料名称	单位	数量	单价	金额	日期	供货单位	收货人	备注
2	A0001	料A1	Kg	50	45	2250	2019-2-5	AAAA	lisan	
3	A0002	材料A2	Kg	100	20	2000	2019-2-5	AAAA	lisan	
4	B0004	材料B4	件	500	100	50000	2019-2-8	BBBB	wangjun	
5	C0001	材料C1	个	1000	3	3000	2019-2-10	CCCC	hechen	
6	A0005	材料A5	Kg	200	17	3400	2019-3-22	AAAA	lisan	
7	B0004	材料B4	件	2000	100	200000	2019-4-24	BBBB	wangjun	

图9-3　"入库记录"工作表结构

为了实现"入库记录"工作表的高效管理，快速准确地输入材料的入库数据，可以使用数据验证、函数、条件格式、特殊保护工作表等工具。

下面是这个工作表设计的主要方法和步骤。

步骤① 选择单元格 A2:A1000（或者到需要的行），设置其序列类型的数据验证，如图 9-4 所示，以便快速准确地输入某个材料的编码。这里序列的来源是公式"= 编码"。

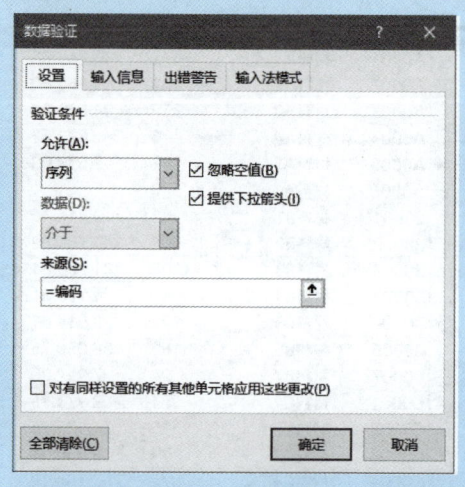

图9-4　设置A列单元格区域的数据验证，快速输入材料编码

步骤② 在单元格 B2 中输入下面的公式，并向下复制到单元格 B1000（或者到需要的行），自动根据材料编码得到该材料的名称。

=IF(A2="","",VLOOKUP(A2,材料信息,2,0))

步骤③ 在单元格 C2 中输入公式，并向下复制到单元格 C1000（或者到需要的行），自动根据材料编码得到该材料的单位。

=IF(A2="","",VLOOKUP(A2,材料信息,3,0))

步骤④ 选择单元格 D2:D1000（或者到需要的行），设置其数据验证，以限制只能输入大于零的整数，如图 9-5 所示。

步骤⑤ 选择单元格 E2:E1000（或者到需要的行），设置其数据验证，以限制只能输入大于零的小数（因为单价可能是小数），如图 9-6 所示。

步骤⑥ 在单元格 F2 中输入下面的公式，并向下复制到单元格 F1000（或者到需要的行），自动计算某材料的金额。

=IF(A2="","",D2*E2)

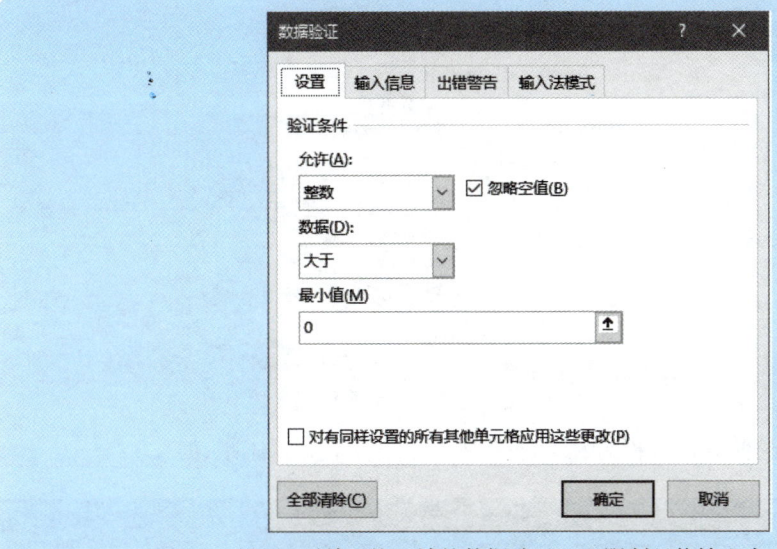

图9-5 设置D列单元格区域的数据验证,以限制只能输入大于零的整数

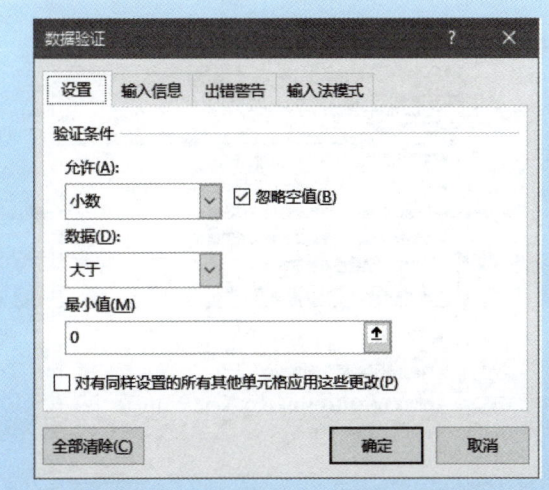

图9-6 设置E列单元格区域的数据验证,以限制只能输入大于零的小数

步骤 7 选择单元格 G2:G1000(或者到需要的行),设置其数据验证,以限制只能输入日期数据,例如,只能输入 2019 年 1 月 1 日以后的日期,如图 9-7 所示。

步骤 8 选择单元格区域 A2:J1000(或者到需要的行),设置条件格式,当某行输入全部数据后,就自动添加边框。

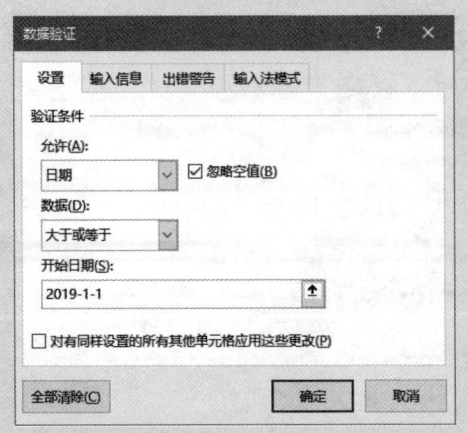

图9-7 设置G列单元格区域的数据验证,以限制只能输入日期数据

注意

最后一列的"备注"不是必需数据,因此在条件公式中使用了OR函数进行判断,如图9-8所示。公式如下:

=OR(COUNTA($A1:$I1)=9,COUNTA($A1:$J1)=10)

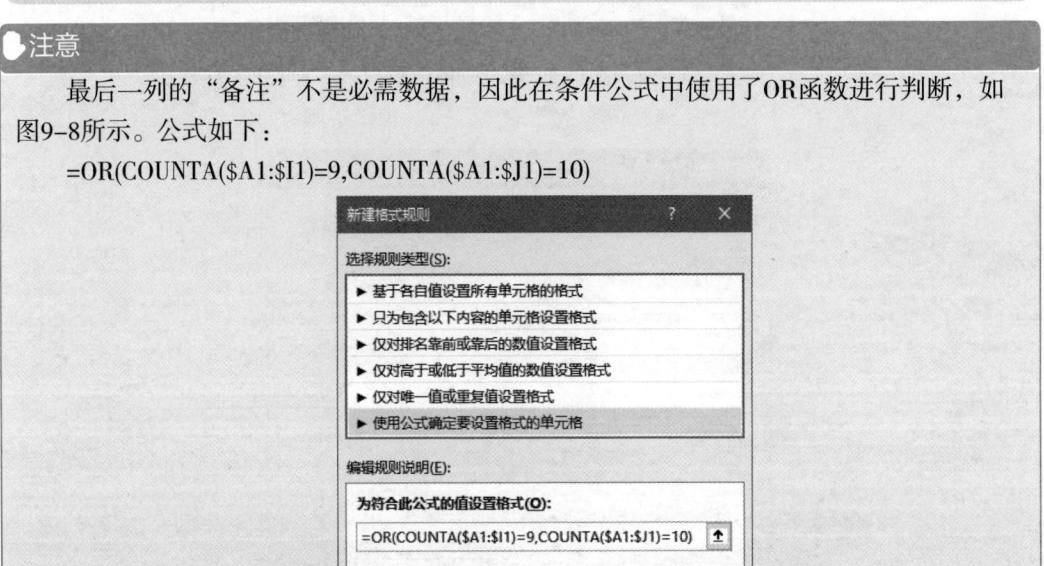

图9-8 设置条件格式(Excel 2003)

步骤⑨ 设置不显示工作表的网格线。

步骤⑩ 为了便于以后进行数据汇总统计,需要定义表9-2所示的几个动态名称。

表 9-2　工作表"入库记录"的几个动态名称

名　　称	引　用　位　置
入库	=OFFSET(入库记录 !$A$1,,,COUNTA(入库记录 !$A:$A),10)
入库材料编码	=OFFSET(入库记录 !$A$2,,,COUNTA(入库记录 !$A:$A)-1,1)
入库数量	=OFFSET(入库记录 !$D$2,,,COUNTA(入库记录 !$A:$A)-1,1)
入库金额	=OFFSET(入库记录 !$F$2,,,COUNTA(入库记录 !$A:$A)-1,1)
入库日期	=OFFSET(入库记录 !$G$2,,,COUNTA(入库记录 !$A:$A)-1,1)

步骤 11 对工作表进行特殊保护，也就是仅仅保护工作表的计算公式和标题，具体方法如下。

（1）选择单元格区域 A2:J1000，打开"设置单元格格式"对话框，取消选择"锁定"选项，如图 9-9 所示。

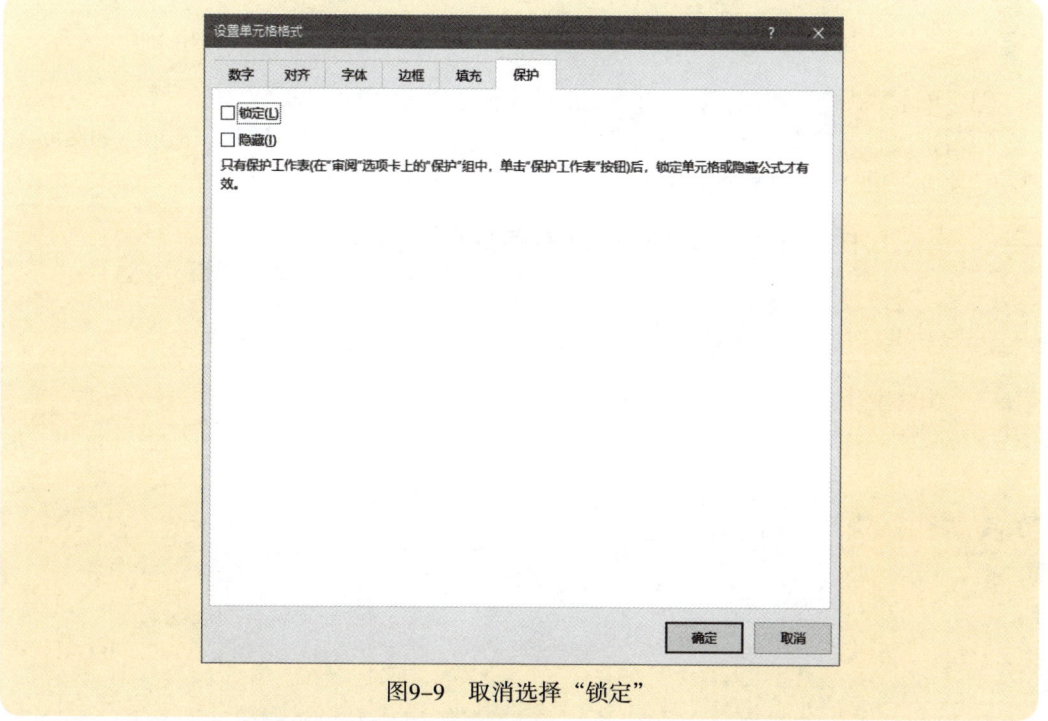

图9-9　取消选择"锁定"

（2）按 Ctrl+G 组合键，打开"定位"对话框，再单击对话框左下角的"定位条件"按钮；打开"定位条件"对话框，选择"公式"选项，如图 9-10 和图 9-11 所示。

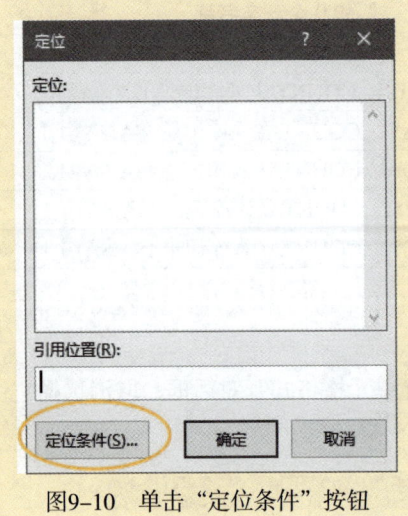

图9-10 单击"定位条件"按钮

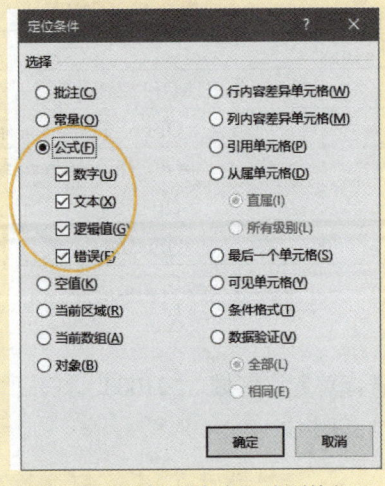

图9-11 选择"公式"选项按钮

（3）单击"确定"按钮，就把有公式的单元格全部选中了。

（4）再次打开"设置单元格格式"对话框，选择"锁定"和"隐藏"选项，如图9-12所示，前者是把公式单元格进行锁定，后者是在保护工作表后隐藏公式。

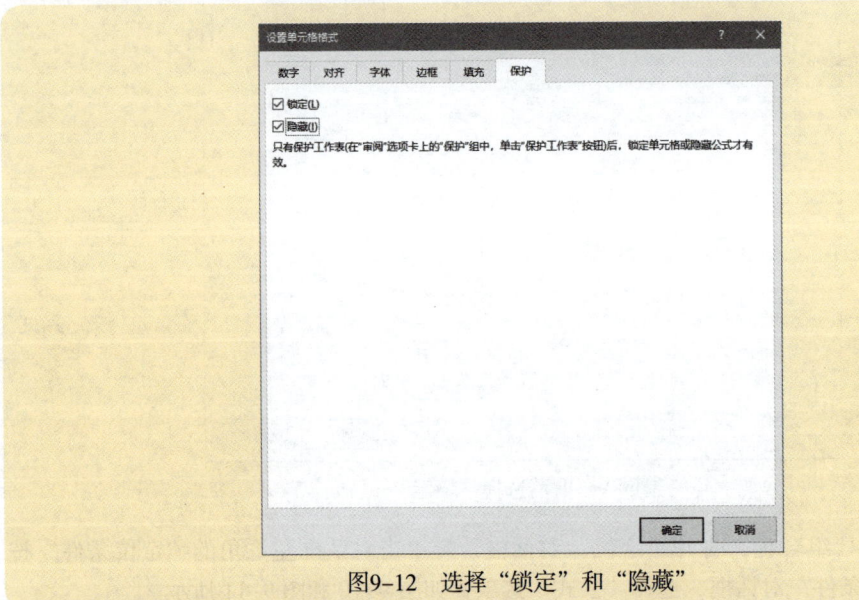

图9-12 选择"锁定"和"隐藏"

（5）执行"审阅"→"保护工作表"命令，对工作表进行保护。

9.1.4 材料出库记录表单

材料出库记录工作表的名称是"出库记录",它保存的信息包括材料编码、材料名称、单位、数量、单价、金额、日期、领用单位、领用人、备注等,其结构如图 9-13 所示。

	A	B	C	D	E	F	G	H	I	J
1	材料编码	材料名称	单位	数量	单价	金额	日期	领用单位	领用人	备注
2	A0001	材料A1	Kg	20	45	900	2019-2-5	AAAA	zhaosna	
3	A0002	材料A2	Kg	300	20	6000	2019-2-5	AAAA	zhaosna	
4	B0004	材料B4	件	20	100	2000	2019-2-8	BBBB	weihua	
5	B0006	材料B6	件	100	3	300	2019-2-10	CCCC	weihua	
6	C0001	材料C1	个	100	34	3400	2019-2-11	AAAA	zhaosna	
7	A0004	材料A4	Kg	4	254	1016	2019-3-12	CCCC	weihua	
8										

图9-13 "出库记录"工作表结构

"出库记录"工作表的设计方法和步骤与"入库记录"工作表完全相同,因此我们可以把"入库记录"工作表复制一份,在此基础上进行修改。

D 列的出库数量要使用数据验证来控制输入,也就是截止到这次出库的累计出库数不能大于期初库存数,如图 9-14 所示,数据验证的自定义公式如下:

=SUMIF($A$2:A2,A2,$D$2:D2)<=VLOOKUP(A2,期初库存!$A:$C,3,0)

这个公式很好理解:SUMIF($A$2:A2,A2,$D$2:D2) 是计算出库总数量,VLOOKUP(A2,期初库存!$A:$C,3,0) 是获取该材料的期初数量,两者之间进行判断,如果出库总数量小于或等于期初库存数,就允许输入。

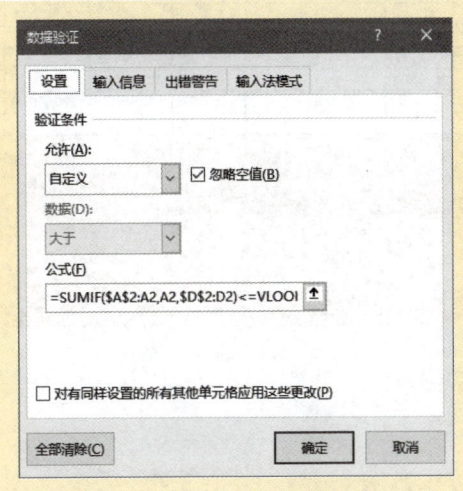

图9-14 设置出库数量的数据验证

再定义4个针对"出库记录"工作表的动态名称,如表9-3所示。

表9-3 工作表"出库记录"的几个动态名称

名 称	引 用 位 置
出库	=OFFSET(出库记录!$A$1,,,COUNTA(出库记录!$A:$A),10)
出库材料编码	=OFFSET(出库记录!$A$2,,,COUNTA(出库记录!$A:$A)-1,1)
出库数量	=OFFSET(出库记录!$D$2,,,COUNTA(出库记录!$A:$A)-1,1)
出库金额	=OFFSET(出库记录!$F$2,,,COUNTA(出库记录!$A:$A)-1,1)
出库日期	=OFFSET(出库记录!$G$2,,,COUNTA(出库记录!$A:$A)-1,1)

9.2 制作库存统计报表

有了入库、出库基本数据表单,我们就可以制作库存基本统计报表,这个报表是对材料的数量和金额进行月度汇总,包括数量和金额的期初数、入库数、出库数和期末数,该工作表的结构如图9-15所示。

	A	B	C	D	E	F	G	H	I	J
1	当前日期	2019-4-24			当前月份	4月				
2	材料编码	材料名称	期初数	入库数	出库数	期末数	期初余额	入库金额	出库金额	本月余额
3	A0001	材料A1	702			702	31,590.66	-	-	31,590.66
4	A0002	材料A2	283			283	5,660.80	-	-	5,660.80
5	A0003	材料A3	352		30	322	94,688.94	-	1,020.00	93,668.94
6	A0004	材料A4	2			2	274.52	-	-	274.52
7	A0005	材料A5	357			357	6,070.00	-	-	6,070.00
8	A0006	材料A6						-	-	
9	B0001	材料B1	43			43	13,416.40	-	-	13,416.40
10	B0002	材料B2	901			901	147,764.49	-	-	147,764.49
11	B0003	材料B3	1200			1200	301,200.61	-	-	301,200.61
12	B0004	材料B4	525	2000		2525	52,500.81	200,000.00	-	252,500.81
13	B0005	材料B5	122			122	28,914.01	-	-	28,914.01

图9-15 汇总工作表

单元格B1显示当前日期,公式为"=TODAY()"。
单元格E1显示当前月份,公式为"=TEXT(B1,"m月")"。

9.2.1 计算本月期初数

单元格C3公式如下:
=VLOOKUP(A3,期初库存!A:D,3,0)

+SUMIFS(入库数量,入库材料编码,A3,入库日期,"<="&EOMONTH($B$1,-1))
　　-SUMIFS(出库数量,出库材料编码,A3,出库日期,"<="&EOMONTH($B$1,-1))
这个公式分成3部分。
（1）用VLOOKUP函数从"期初库存"表格中提取该材料的期初数。
（2）用SUMIFS函数计算截止到上个月末的累计入库数。
（3）用SUMIFS函数计算截止到上个月末的累计出库数。
月底日期是使用EOMONTH函数根据单元格B1的日期计算出来。

9.2.2　计算本月入库数

单元格D3公式如下：
=SUMIFS(入库数量,
　　入库材料编码,A3,
　　入库日期,">="&EOMONTH($B$1,-1)+1,
　　入库日期,"<="&EOMONTH($B$1,0))
这个公式中使用了EOMONTH函数获取本月的第一天和最后一天。

9.2.3　计算本月出库数

单元格E3公式如下：
=SUMIFS(出库数量,
　　出库材料编码,A3,
　　出库日期,">="&EOMONTH($B$1,-1)+1,
　　出库日期,"<="&EOMONTH($B$1,0))
这个公式与本月入库数基本相同，只不过是汇总的工作表不同。

9.2.4　计算本月期末数

单元格F3的公式如下：
=C3+D3-E3
这个公式很简单，加减而已。

9.2.5　计算本月期初金额

单元格G3公式如下：

```
=VLOOKUP(A3,期初库存!A:D,4,0)
    +SUMIFS(入库金额,入库材料编码,A3,入库日期,"<="&EOMONTH($B$1,-1))
    -SUMIFS(出库金额,出库材料编码,A3,出库日期,"<="&EOMONTH($B$1,-1))
```
这个公式的原理与计算期初数是一样的，只不过计算的对象变成了金额。

9.2.6 计算本月入库金额

单元格 H3 公式如下：
```
=SUMIFS(入库金额,
    入库材料编码,A3,
    入库日期,">="&EOMONTH($B$1,-1)+1,
    入库日期,"<="&EOMONTH($B$1,0))
```

9.2.7 计算本月出库金额

单元格 I3 公式如下：
```
=SUMIFS(出库金额,
    出库材料编码,A3,
    出库日期,">="&EOMONTH($B$1,-1)+1,
    出库日期,"<="&EOMONTH($B$1,0))
```

9.2.8 计算本月期末金额

单元格 J3 的公式如下：
```
=G3+H3-I3
```

9.3 入库、出库查询表

入库、出库记录查询是在工作表"查询"中进行的，查询的内容包括指定材料在指定时间段内的入库记录和出库记录。

存货查询的依据是单元格 C1 指定的材料编码，以及单元格 C2 和 C3 指定的起始日期和截至日期，如图 9-16 所示。

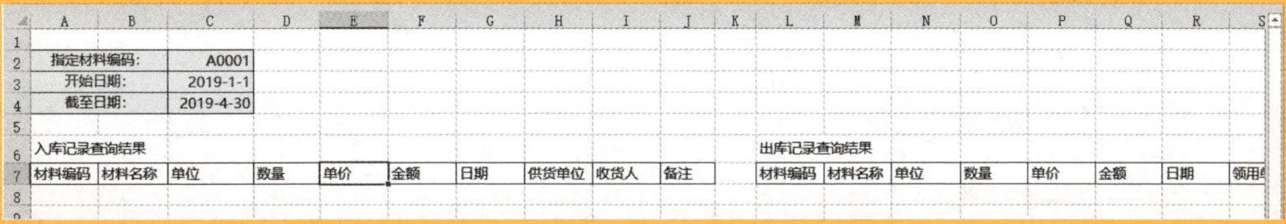

图 9-16 "查询"工作表

这种明细表的查询，我们仍然使用 INDIRECT 函数做辅助区域的滚动查找定位方法。辅助列区域如图 9-17 所示。

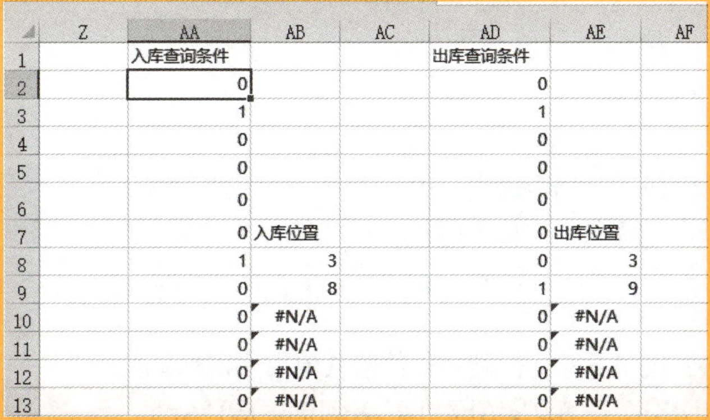

图 9-17 制作明细表的辅助列区域

9.3.1 入库明细查询

单元格 AA2 公式如下，判断入库表中哪些行满足条件。
=(入库记录!A2=$C$2)*(入库记录!G2>=$C$3)*(入库记录!G2<=$C$4)
单元格 AB8 的公式如下，定位满足条件的第 1 个入库记录。
=MATCH(1,AA:AA,0)
单元格 AB9 的公式如下，定位满足条件的其他入库记录。
=MATCH(1,INDIRECT("AA"&AB8+1&":AA1000"),0)+AB8
在单元格 A8 中输入下面的公式，往右往下复制，得到满足条件的各条入库记录。
=IFERROR(INDEX(入库记录!A:A,$AB8),"")
选择数据区域，设置条件格式，自动美化表格。
这样，就得到了指定材料、指定时间段的入库记录，如图 9-18 所示。

	A	B	C	D	E	F	G	H	I	J	K
1											
2		指定材料编码：		A0002							
3		开始日期：		2019-2-1							
4		截至日期：		2019-2-28							
5											
6	入库记录查询结果										
7	材料编码	材料名称	单位	数量	单价	金额	日期	供货单位	收货人	备注	
8	A0002	材料A2	Kg	100	20	2,000.00	2019-2-5	AAAA	lisan		
9	A0002	材料A2	Kg	300	22	6,600.00	2019-2-20	BBBB	wangjun		
10											
11											

图9-18　入库记录查询结果

9.3.2 出库明细查询

单元格 AD2 公式如下，判断出库表中哪些行满足条件。

=(出库记录!A2=$C$2)*(出库记录!G2>=$C$3)*(出库记录!G2<=$C$4)

单元格 AE8 的公式如下，定位满足条件的第 1 个出库记录。

=MATCH(1,AD:AD,0)

单元格 AE9 的公式如下，定位满足条件的其他出库记录。

=MATCH(1,INDIRECT("AD"&AE8+1&":AD1000"),0)+AE8

在单元格 L8 中输入下面的公式，往右往下复制，得到满足条件的各条出库记录。

=IFERROR(INDEX(出库记录!A:A,$AE8),"")

选择数据区域，设置条件格式，自动美化表格。

这样，就得到了指定材料、指定时间段的出库记录，如图 9-19 所示。

	K	L	M	N	O	P	Q	R	S	T	U
5											
6		出库记录查询结果									
7		材料编码	材料名称	单位	数量	单价	金额	日期	领用单位	领用人	备注
8		A0002	材料A2	Kg	300	20	6,000.00	2019-2-5	AAAA	zhaosna	
9		A0002	材料A2	Kg	120	24	2,880.00	2019-2-28	BBBB	weihua	
10											

图9-19　出库记录查询结果

9.4 制作各月入库、出库汇总表

我们也可能需要了解每个材料每个月的入库和出库情况，此时，可以使用下面几种方法来制作这样的报表。

- 函数。
- SQL+ 数据透视表。
- Power Query+Power Pivot。

考虑到很多人还没有使用 Excel 2016 以上的版本，下面我们重点介绍前两种适合任何版本的方法。

9.4.1 使用函数制作各月入库、出库汇总表

使用函数进行汇总计算，核心是使用 SUMPRODUCT 函数。
设计如图 9-20 所示的各月入库、出库汇总表。

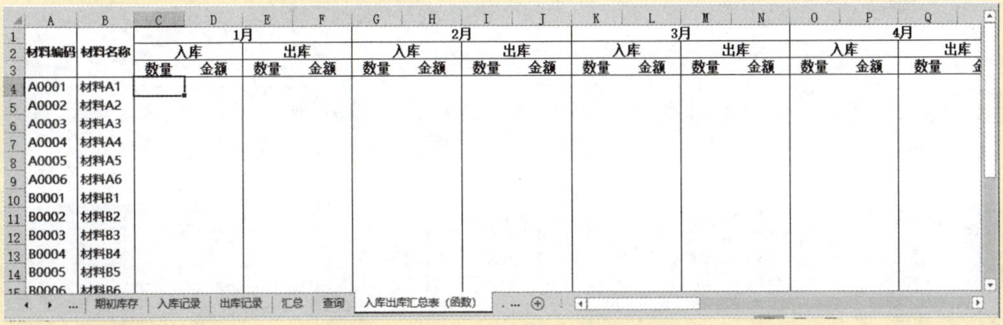

图9-20 各月入库、出库汇总表结构

1 月份的入库、出库 4 个数据的汇总公式如下，其他月份可以复制得到。
单元格 C4，计算 1 月份入库数量。
=SUMPRODUCT((入库材料编号=$A4)*1,(TEXT(入库日期,"m月")=C$1)*1,入库数量)
单元格 D4，计算 1 月份入库金额。
=SUMPRODUCT((入库材料编号=$A4)*1,(TEXT(入库日期,"m月")=C$1)*1,入库金额)

单元格 E4，计算 1 月份出库数量。

=SUMPRODUCT((出库材料编码=$A4)*1,(TEXT(出库日期,"m月")=C$1)*1,出库数量)

单元格 F4，计算 1 月份出库金额。

=SUMPRODUCT((出库材料编码=$A4)*1,(TEXT(出库日期,"m月")=C$1)*1,出库金额)

全年合计数计算公式很简单，在单元格 AY4 中输入下面的公式，往右复制即可。

=C4+G4+K4+O4+S4+W4+AA4+AE4+AI4+AM4+AQ4+AU4

这样，就得到了如图 9-21 所示的汇总表。

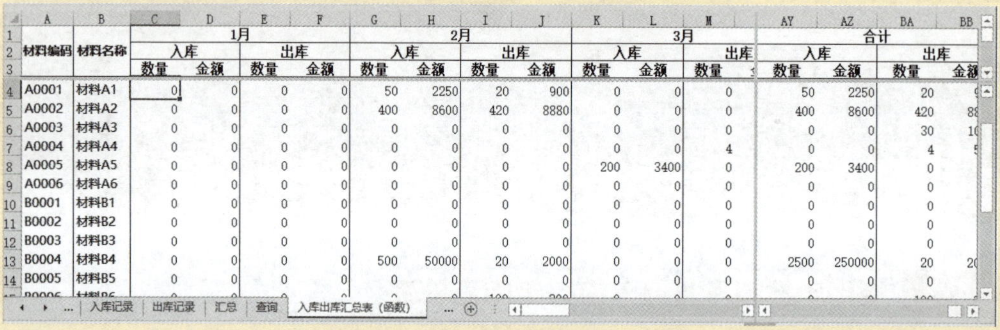

A	B	C	D	E	F	G	H	I	J	K	L	M	AY	AZ	BA	BB
		1月				2月				3月			合计			
材料编码	材料名称	入库		出库		入库		出库		入库		出库	入库		出库	
		数量	金额	数量	金额	数量	金额	数量	金额	数量	金额	数量	数量	金额	数量	金额
A0001	材料A1	0	0	0	0	50	2250	20	900	0	0	0	50	2250	20	9
A0002	材料A2	0	0	0	0	400	8600	420	8880	0	0	0	400	8600	420	88
A0003	材料A3	0	0	0	0	0	0	0	0	0	0	0	0	0	30	10
A0004	材料A4	0	0	0	0	0	0	0	0	0	0	4	0	0	4	5
A0005	材料A5	0	0	0	0	0	0	0	0	200	3400	0	200	3400	0	
A0006	材料A6	0	0	0	0	0	0	0	0	0	0	0	0	0	0	
B0001	材料B1	0	0	0	0	0	0	0	0	0	0	0	0	0	0	
B0002	材料B2	0	0	0	0	0	0	0	0	0	0	0	0	0	0	
B0003	材料B3	0	0	0	0	0	0	0	0	0	0	0	0	0	0	
B0004	材料B4	0	0	0	0	500	50000	20	2000	0	0	0	2500	250000	20	20
B0005	材料B5	0	0	0	0	0	0	0	0	0	0	0	0	0	0	

图9-21 各月入库、出库汇总结果

这个汇总表还是很难看的，因为存在很多数字 0，可以通过设置 Excel 选项不显示这些零值单元格的零，最后结果如图 9-22 所示。

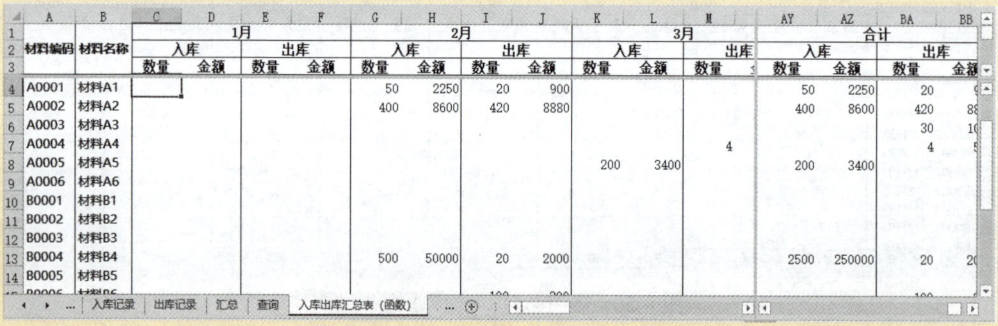

A	B	C	D	E	F	G	H	I	J	K	L	M	AY	AZ	BA	BB
		1月				2月				3月			合计			
材料编码	材料名称	入库		出库		入库		出库		入库		出库	入库		出库	
		数量	金额	数量	金额	数量	金额	数量	金额	数量	金额	数量	数量	金额	数量	金额
A0001	材料A1					50	2250	20	900				50	2250	20	9
A0002	材料A2					400	8600	420	8880				400	8600	420	88
A0003	材料A3														30	10
A0004	材料A4											4			4	5
A0005	材料A5									200	3400		200	3400		
A0006	材料A6															
B0001	材料B1															
B0002	材料B2															
B0003	材料B3															
B0004	材料B4					500	50000	20	2000				2500	250000	20	20
B0005	材料B5															

图9-22 各月入库、出库汇总结果

9.4.2 使用 SQL+ 数据透视表制作各月入库、出库汇总表

这种方法是通过现有连接工具一步一步操作来制作汇总表的，具体步骤如下。

步骤 1 单击"数据"→"现有连接"命令按钮,打开"现有连接"对话框,如图 9-23 所示。

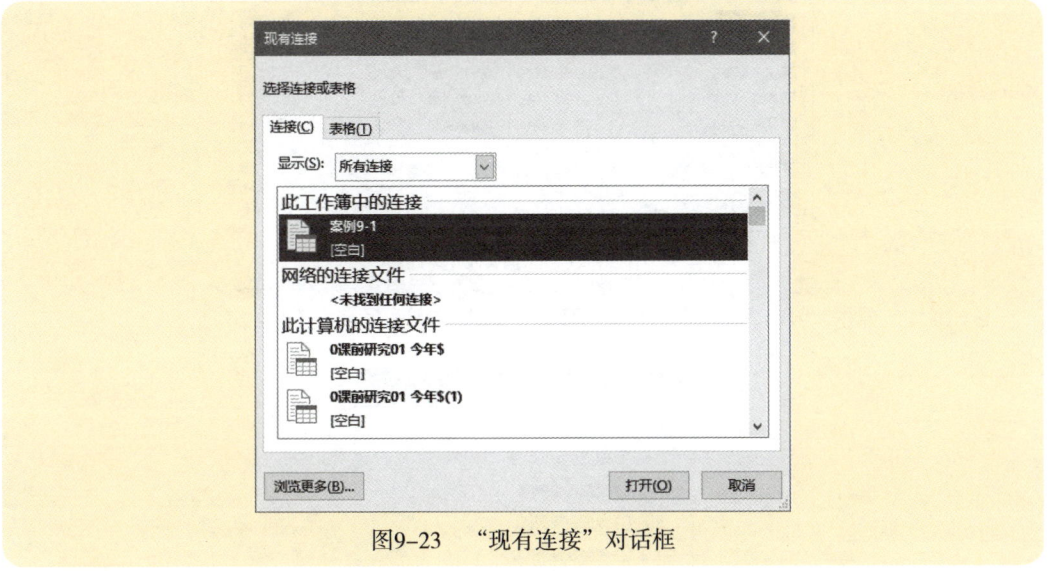

图9-23 "现有连接"对话框

步骤 2 单击左下角的"浏览更多"按钮,打开"选取数据源"对话框,从文件夹里选择本工作簿,如图 9-24 所示。

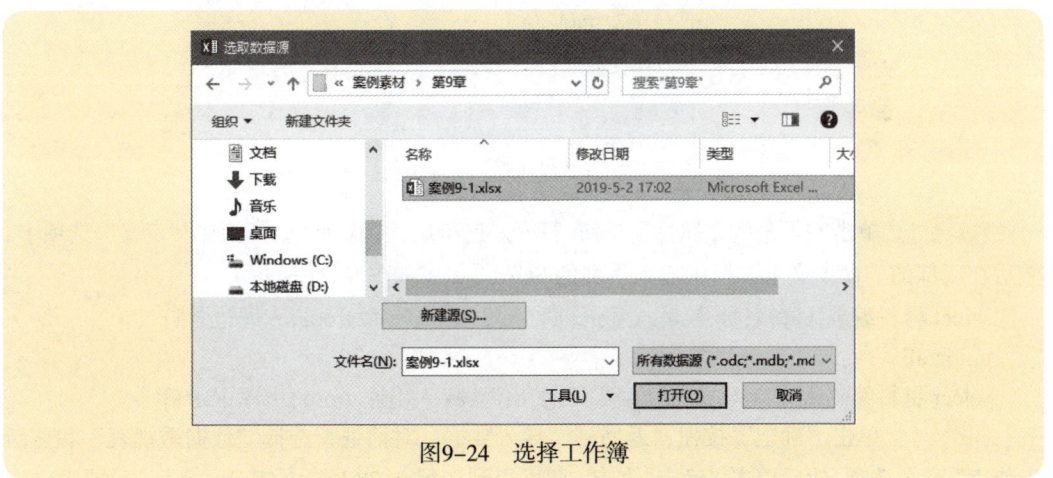

图9-24 选择工作簿

步骤 3 单击"打开"按钮,打开"选择表格"对话框,保持默认,如图 9-25 所示。

图9-25 保持默认设置

步骤4 单击"确定"按钮,打开"导入数据"对话框,如图9-26所示。

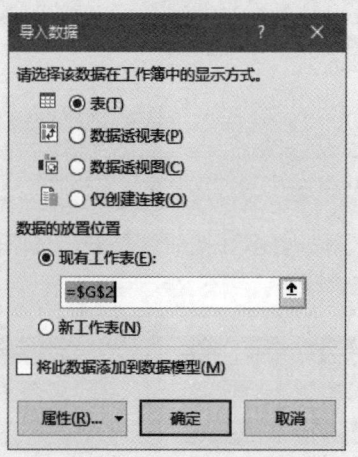

图9-26 "导入数据"对话框

步骤5 单击左下角的"属性"按钮,打开"连接属性"对话框,切换到"定义"选项卡,然后在底部的"命令文本"框中输入下面的SQL语句(如图9-27所示)。

select 材料编码,材料名称,数量,金额,日期,'入库' as 入出库 from [入库记录$]
union all
select 材料编码,材料名称,数量,金额,日期,'出库' as 入出库 from [出库记录$]

步骤6 单击"确定"按钮,返回到"导入数据"对话框,选择"数据透视表"和"新工作表"两个选项,然后单击"确定"按钮,即可得到如图9-28所示的基于"入库记录"和"出库记录"两个表格的数据透视表。

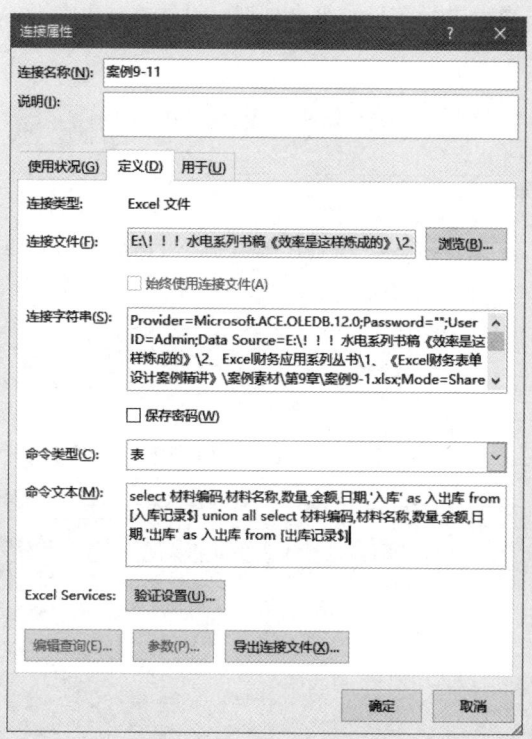

图9-27 输入SQL命令文本

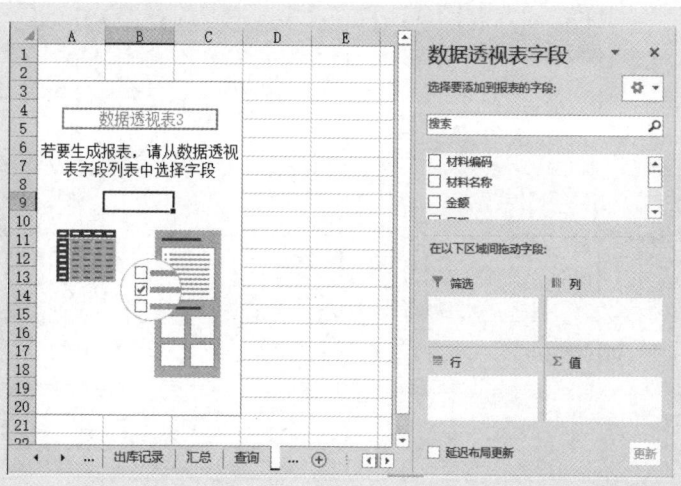

图9-28 创建的基于"入库记录"和"出库记录"两个表格的数据透视表

步骤 ⑦ 对数据透视表进行布局，组合日期，设置格式并美化，就得到了如图9-29所示的各月入库出库汇总表。

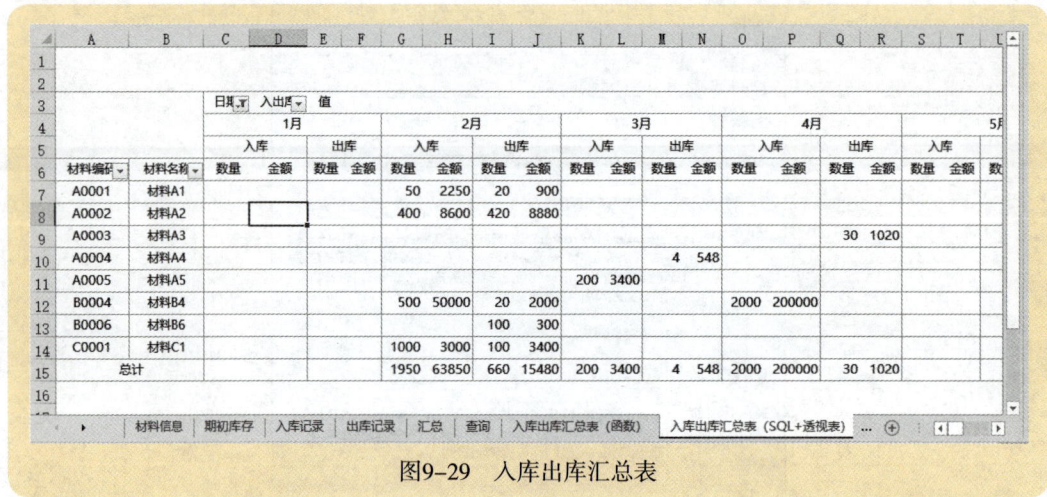

图9-29　入库出库汇总表

Chapter 10

会计凭证与账务处理表单

大部分企业都已经安装了财务软件来处理财务数据,但是一些小微企业却是采用 Excel 来记录各项财务数据并进行基本的处理统计。由于对 Excel 认识的偏差,Excel 技能的不熟练,导致设计的表单不仅使用不方便,统计汇总更加不方便。

本章我们介绍一个基于 Excel 的账务处理模板,包括会计科目的设置、凭证的填写与打印、会计报表的制作,基本上能满足业务量不大的小公司的使用需求。

本章的案例文件是"案例 10-1.xlsx"。

10.1 会计科目设置

会计科目是设置账户的依据。有一级科目（又称总账科目）、二级科目（又称子目或类目）和明细科目，分别据以开设总分类账户、二级账户和明细分类账户。

一级科目即总分类科目（或总账科目），是指对会计内容进行总分类核算和监督、提供总括指标的会计科目。

二级科目是介于一级科目和明细科目之间的会计科目。二级科目核算的资料比一级科目更为详细，比明细科目更为概括。如在"银行存款"一级科目下，可分设"中国工商银行""中国银行""招商银行"等二级科目。

10.1.1 建立总账科目工作表

新建一个工作表，将其重命名为"总账科目"，并输入总账科目编码和名称，如图10-1所示。该工作表的A列是总账科目编码，B列是总账科目名称。注意这里的总账科目编码要以文本型数字来保存。

	A	B
1	1001	现金
2	1002	银行存款
3	1009	其他货币资金
4	1101	短期投资
5	1102	短期投资跌价准备
6	1111	应收票据
7	1121	应收股利
8	1122	应收利息
9	1131	应收账款
10	1133	其他应收款
11	1141	坏账准备
12	1151	预付账款

图10-1 "总账科目"工作表

10.1.2 建立明细科目工作表

在输入会计凭证时，为了能够在选择总账科目后自动选择输入该总账科目下的明细科目，我们还需要建立一个"会计科目"工作表，该工作表的第 1 行和第 2 行分别是各个总账科目的编码和名称，第 3 行下面是各个总账科目下的明细科目编码和明细科目名称，如图 10-2 所示。

这种结构的设计主要是考虑以后便于添加新的明细科目或者删除不要的明细科目。

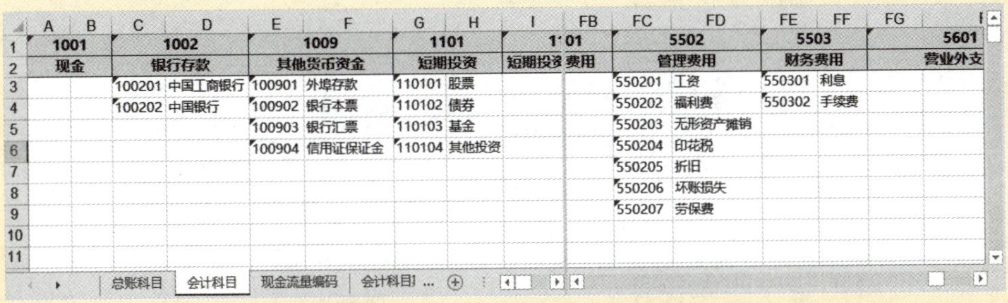

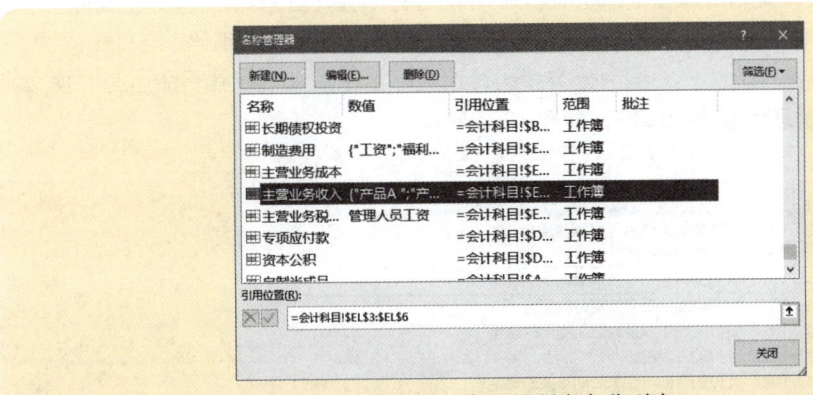

图10-2 "会计科目"工作表

设计好后，批量定义每列明细科目项目区域的名称，如图 10-3 所示。

图10-3 定义的所有名称列表

10.1.3 设置明细科目初始余额

明细科目初始余额保存在工作表"会计科目期初余额"中，是将公司月初的所有总账科目和明细科目的余额和借贷方向记录在工作表中，其结构如图 10-4 所示。

期初余额数据可以从上个月的期末余额表中复制得到。

科目编码	科目名称	期初余额	借贷方向
1001	现金	300.00	借
1002	银行存款	3,341,000.00	借
100201	中国工商银行	3,171,000.00	借
100202	中国银行	170,000.00	借
1009	其他货币资金	150,000.00	借
1101	短期投资	75,000.00	借
1102	短期投资跌价准备	-	借
1111	应收票据	2,246,000.00	借
1121	应收股利	-	借
1122	应收利息	-	借
1131	应收账款	400,000.00	借
113101	甲公司	100,000.00	借
113102	乙公司	300,000.00	借

总账科目 会计科目 现金流量编码 会计科目期初余额

图10-4　会计科目期初余额设置：工作表“会计科目期初余额”

10.1.4 设置现金流量编码表

作为会计三大报表之一，现金流量表在企业财务管理中的作用是非常重要的。为了能够快速编制现金流量表，我们可以在登录会计凭证时就对各个会计分录的现金流量归属进行分类。因此，建立一个现金流量分类表对不同类别的现金流量进行分类和编码。

对现金流量项目进行分类，并编制分类编码，新建一个工作表，将其重命名为“现金流量编码”，对现金流量进行分类及编码，如图 10-5 所示。

现金流量分类及编码
1011 销售商品提供劳务收到的现金
1012 收到的税费返还
1013 收到的其他与经营活动有关的现金
1021 购买商品接受劳务支付的现金
1022 支付给职工以及为职工支付的现金
1023 支付的各项税费
1024 支付的其他与经营活动有关的现金
2011 收回投资所收到的现金
2012 取得投资收益所收到的现金
2013 处置固定资产无形资产和其他长期资产而收到的现金净额
2014 收到的其他与投资活动有关的现金
2021 购建固定资产无形资产和其他长期资产所支付的现金
2022 投资所支付的现金

总账科目 会计科目 现金流量编码 会计科目期初余额

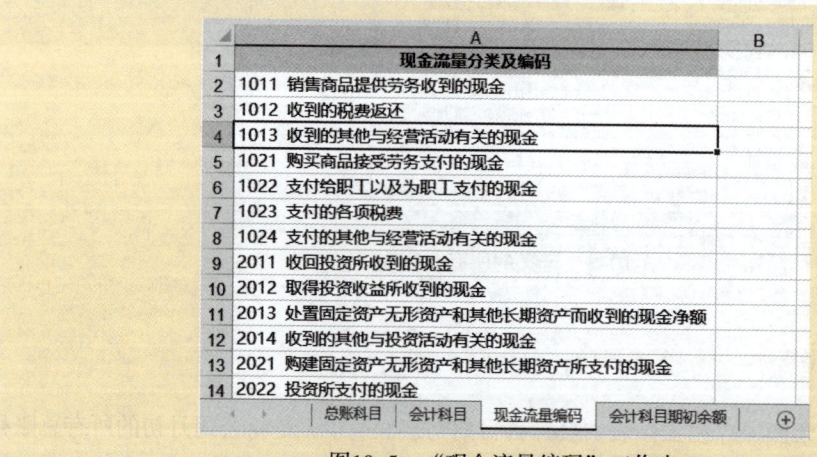

图10-5　“现金流量编码”工作表

最后定义下述的名称,以便于在进行会计凭证管理时使用。
名称:现金流量分类及编码
引用位置:=现金流量编码!$A$2:$A$21

10.2 设计记账凭证

填制会计凭证是企业重要的日常会计工作之一。在实现会计电算化的条件下,只要将有关凭证数据导入到相应的会计凭证工作表中,就可以实现会计凭证的自动打印和汇总。在有些情况下,企业可以自行编制会计电算化软件,包括制作有关的会计凭证。

下面我们介绍一个用 Excel 制作的记账凭证,以及如何使用这个记账凭证。

10.2.1 记账凭证的结构设计

考虑输入数据的方便性以及打印输出的需要,将记账凭证设计为两种格式:用于输入数据的记账凭证和用于打印输出的记账凭证,如图10-6和图10-7所示,它们保存在工作表"记账凭证"中。

图10-6 用于计算机输入数据的记账凭证格式

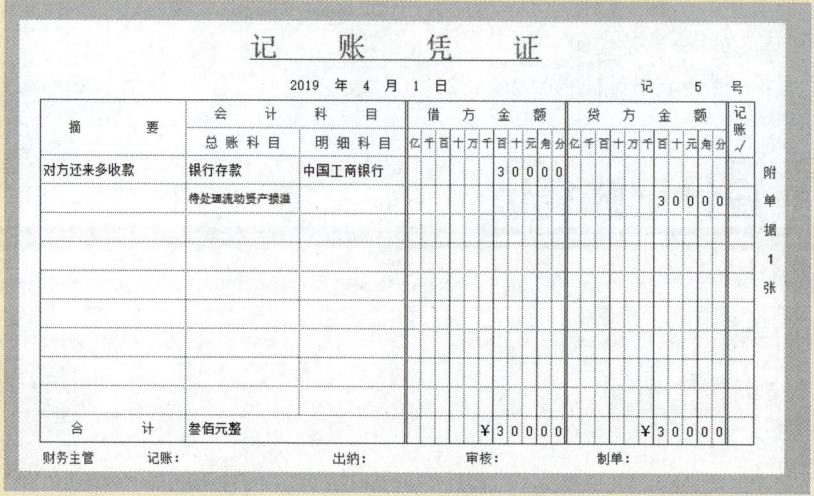

图10-7 用于打印输出的记账凭证格式

这两个记账凭证的结构设计并不难,但是比较烦琐,关键是要合理设置单元格的列宽、行高、字体、边框等格式,这些结构设计及格式设置需要耐心操作,具体步骤就不再一一介绍了。

下面我们介绍如何实现会计科目的快速输入,以及如何把金额数字转换为中文大写,并把金额的各位数字依次填入相应的单元格。

10.2.2 在记账凭证上快速准确地输入总账科目和明细科目

前面我们已经设计了会计科目表格,并定义了名称,因此,我们就可以使用数据验证在记账凭证上快速准确地输入总账科目和明细科目。

打开工作表"记账凭证",选取单元格区域 F6:F14,为其设置"序列"方式的数据验证,其中"来源"是"=zzkm",如图 10-8 所示。

选取单元格区域 G6:G14,为其设置"序列"方式的数据验证,如图 10-9 所示,其中"来源"是公式"=INDIRECT(F6)"。这样,我们就只能在单元格区域 G6:G14 中输入某个总账科目下的明细科目名称了。

这样,只要在总账科目列的单元格中选择某个总账科目,就只能在右侧的明细科目列的单元格中选择该总账科目下的明细科目,如图 10-10 和图 10-11 所示。

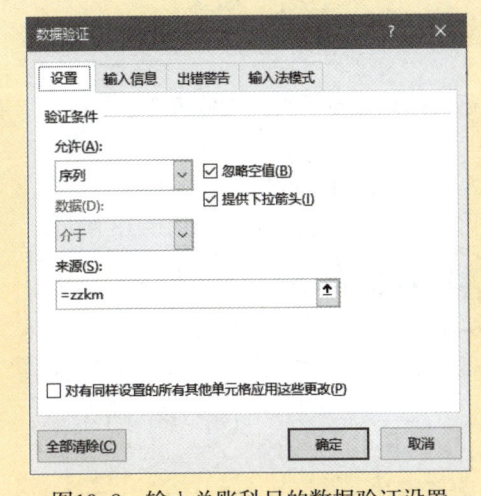

图10-8　输入总账科目的数据验证设置

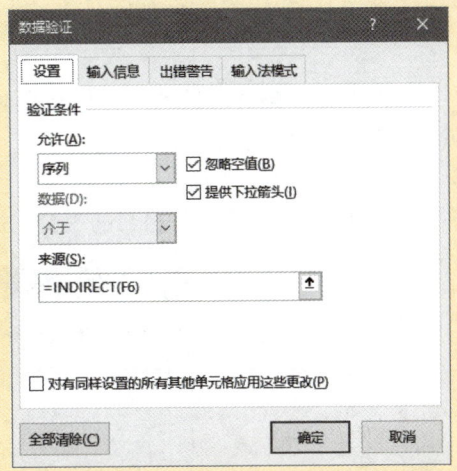

图10-9　快速输入某总账科目下的明细科目

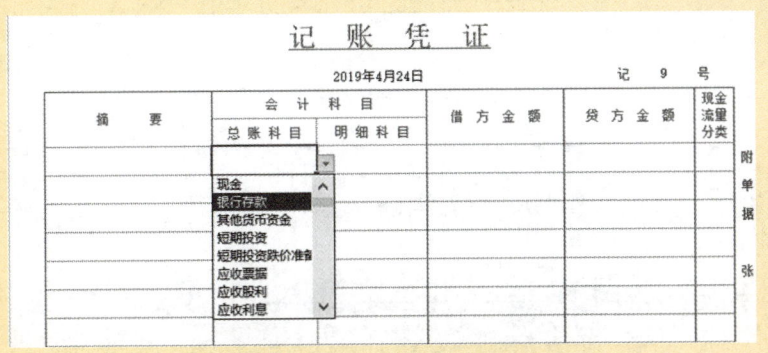

图10-10　快速选择输入总账科目

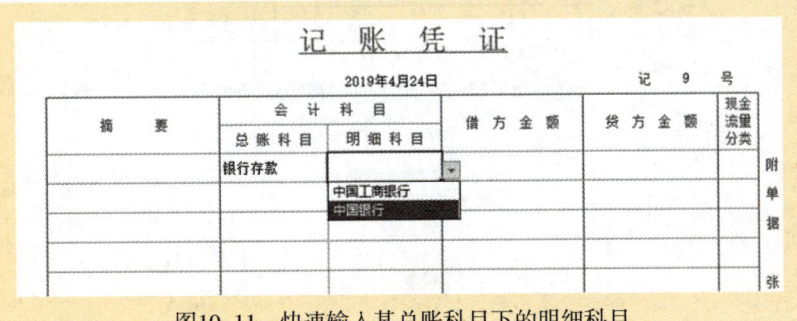

图10-11　快速输入某总账科目下的明细科目

10.2.3 在记账凭证上选择现金流量分类

有些科目属于现金流量类别的,为了便于以后编制现金流量表,在输入会计凭证时,我们就对某些科目进行现金流量分类。

选择单元格区域C3:F3,并将其合并,设置为左对齐,然后设置其数据验证,这样就可以在单元格C3中对某个会计科目的现金流量进行分类了,如图10-12和图10-13所示。

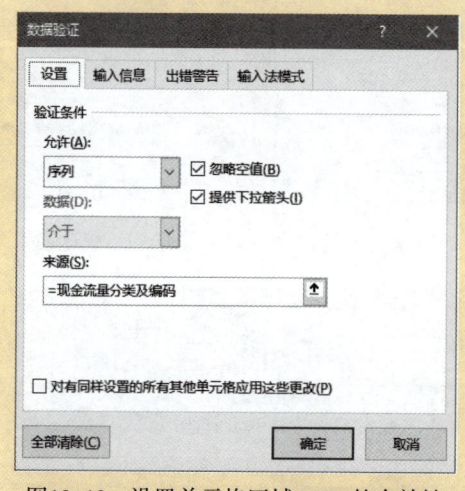

图10-12 设置单元格区域C3:F3的有效性

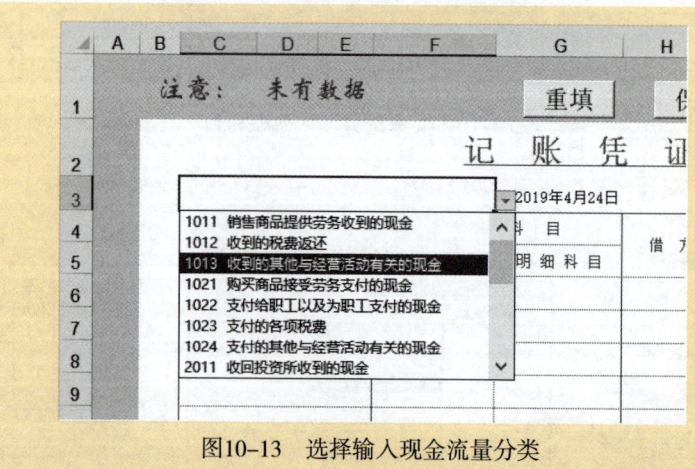

图10-13 选择输入现金流量分类

在单元格M6中输入下面的公式,并向下复制到单元格M14,对不同的会计科目进行自动判断，将其现金流量进行分类，并将现金流量编码输入相应的单元格中，如图10-14所示。

=IF(OR(F6="银行存款",F6="现金"),LEFT($C$3,4),"")

图10-14　对会计科目进行现金流量分类

单元格M6至M14的现金流量分类编码数据是根据单元格C3中对会计科目的现金流量分类选择，利用函数LEFT计算得到的，因此只有在单元格C3做出选择，并且会计科目是现金或者银行存款，才能在单元格M6至M14的某个单元格出现现金流量编码。如果在单元格C3中没有做出任何选择，那么即使会计科目是现金或者银行存款，也不会在单元格M6至M14的某个单元格出现现金流量编码，这样就防止了某些不属于现金流量的现金和银行存款科目被误处理为现金流量。

10.2.4 将金额数字转换为大写

在记账凭证的最下面一行是显示该凭证总金额的大写，这里我们设计了一个中文大写的自定义函数，其程序代码如下：

```
Public Function 中文大写(数字 As Currency) As String
    Dim a As Variant, b As Integer, c As Integer
    Dim q(1 To 9) As String, s1 As Variant
    q(1) = "壹": q(2) = "贰": q(3) = "叁": q(4) = "肆"
    q(5) = "伍": q(6) = "陆": q(7) = "柒": q(8) = "捌": q(9) = "玖"
    a = Int(数字)
    b = Val(Mid(Str(数字), InStr(1, Str(数字), ".") + 1, 1))
    c = Val(Right(Application.Text(Str(数字 * 100), "0"), 1))
    s1 = Application.Text(a, "[DBNum2]")
```

```
    If a = 0 Then
        If b = 0 Then
            If c = 0 Then
                中文大写 = ""
                Exit Function
            Else
                中文大写 = q(c) & "分"
                Exit Function
            End If
        ElseIf c = 0 Then
            中文大写 = q(b) & "角整"
            Exit Function
        Else
            中文大写 = q(b) & "角" & q(c) & "分"
            Exit Function
        End If
    ElseIf b = 0 Then
        If c = 0 Then
            中文大写 = s1 & "元整"
            Exit Function
        Else
            中文大写 = s1 & "元零" & q(c) & "分"
            Exit Function
        End If
    ElseIf c = 0 Then
        中文大写 = s1 & "元" & q(b) & "角整"
        Exit Function
    Else
        中文大写 = s1 & "元" & q(b) & "角" & q(c) & "分"
        Exit Function
    End If
End Function
```

这样，在单元格 F15 中输入下面的人民币金额数字大写转换公式，将借贷平衡的金额数字转换为大写金额。

```
=IF(H15=J15,中文大写(H15),"借贷不平衡！！！")
```

10.2.5 将金额数字拆分分别填写到相应的单元格

在用于打印输出的记账凭证格式中，我们还需要把借方金额和贷方金额的各个数字分别填写到相应的单元格中。我们可以使用有关的函数来拆分金额数字，但更为简便的方法是设计一个自定义函数"金额拆分"，其程序代码如下：

```
Public Function 金额拆分(金额 As Variant, 序号 As Integer) As String
    Dim aa As String
    If Left(金额, 1) = "￥" Or Left(金额, 1) = "$" Or Left(金额, 1) = "￥" Then
        aa = Left(金额, 1) & Trim(Str(Int(金额 * 100)))
    Else
        aa = Str(Int(金额 * 100))
    End If
    If 金额 = 0 Then
        金额拆分 = ""
    Else
        金额拆分 = Mid(String(11 – Len(aa), " ") & aa, 序号, 1)
    End If
End Function
```

下面我们在会计凭证中设置各个单元格的金额拆分公式。

（1）借方金额拆分公式：在单元格区域 V6 中输入金额数据拆分公式，往下复制，得到各笔借方金额的拆分数字。

```
=IF($H6=0,"",金额拆分($H6,COLUMN(A1)))
```

在第 15 行除了拆分金额数字外，还要在金额数字最前面填写一个货币符号，因此要在单元格 V15 中输入下面的公式，然后将单元格 V15 不带格式向右填充复制到单元格 AF15。

```
=IF($H15=0,"",金额拆分("￥"&$H15,COLUMN(A1)))
```

（2）贷方金额拆分公式：在单元格 AG6 中输入金额数据拆分公式，往下复制，得到各笔贷方金额的拆分数字。

```
=IF($J6=0,"",金额拆分($J6,COLUMN(A1)))
```

同样，对于贷方金额的合计数拆分，也要在金额数字最前面填写一个货币符号，因此在单元格 AG15 中输入下面的公式，往右复制。

=IF($J15=0,"",金额拆分("￥"&$J15,COLUMN(A1)))

> **说明**
> 这里我们使用的是人民币符号。如果您使用的是美元符号，那么只需将公式字符"("￥""改为"("$""即可，其他货币也是如此修改法。

金额拆分后的打印格式的会计凭证效果如图 10-15 所示。

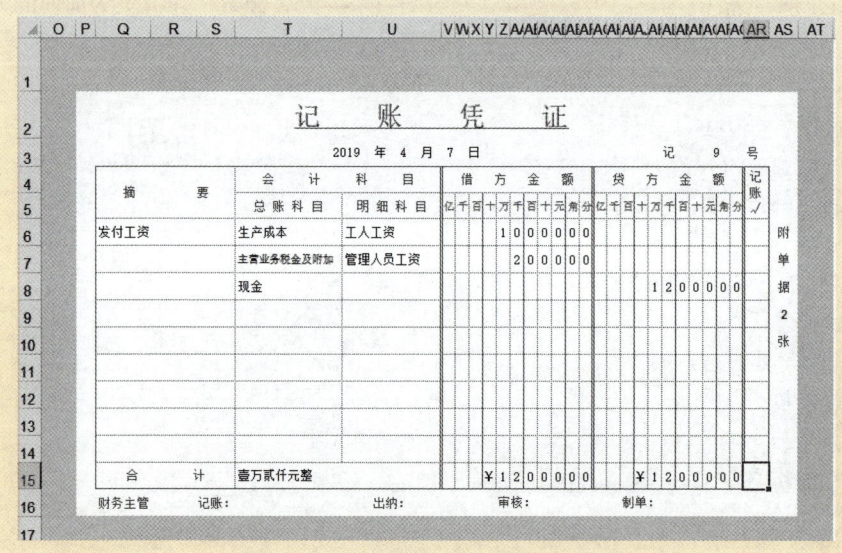

图10-15 金额拆分后的会计凭证效果

10.2.6 在记账凭证中判断借贷是否平衡

为了判断记账凭证是否借贷平衡，以免填写借贷不平衡的记账凭证，我们可以在记账凭证上设置借贷是否平衡的提醒标志。

在单元格 D1 中输入下面的判断公式。

=IF(AND(H15=0,J15=0),"未有数据",IF(H15<>J15,"借贷未平","借贷平衡"))

在单元格 F1 中输入下面的差额标注公式。

=IF(D1="借贷未平","差额为:","")

在单元格 G1 中输入下述的差异计算公式。

=IF(D1="借贷未平",VALUE(TEXT(H15-J15,"#,##0.00_);[红色](#,##0.00)"),"")

另外，如果借贷不平衡，在显示金额大写的单元格 F15 中也会显示"借贷不平衡"。

10.3 自动录入会计凭证

前面我们已经设计了记账凭证，但它仅是一个简单的表格，还没有自动保存会计凭证数据的功能。下面我们介绍如何把这个会计凭证作为录入数据的界面，利用 VBA 实现每张凭证数据的自动保存。

10.3.1 设计记账凭证清单

记账凭证清单就是普通日记账，是将企业每日发生的或完成的经济业务按时间的先后顺序逐笔登记的账簿。

记账凭证数据保存在一个工作表"记账凭证清单"中，其结构如图 10-16 所示。每个凭证的借贷数据之间用边框隔开，这样阅读起来很方便。

	A	B	C	D	E	F	G	H	I	J	K
1	记账编号	附件	日期	凭证号	摘要	科目编码	总账科目	明细科目	借方金额	贷方金额	现金流量分类
2	1	1	2019-03-30	2	提现	100201	银行存款	中国工商银行	¥ 200,000.00		
3	1	1	2019-03-30	2	提现	1001	现金			¥ 200,000.00	
4	2	1	2019-03-31	3	购材	121103	原材料	原材料A	¥ 50,000.00		
5	2	1	2019-03-31	3	购材	212101	应付账款	大达公司		¥ 50,000.00	
6	3	1	2019-04-01	4	购材	121103	原材料	原材料B	¥ 120,000.00		
7	3	1	2019-04-01	4	购材	212102	应付账款	永利公司		¥ 120,000.00	

图10-16 记账凭证清单工作表结构

10.3.2 自动保存记账凭证数据

首先在记账凭证工作表的适当位置插入一个按钮，其标题文字为"保存"，并为其指定一个名字为"保存"的宏，单击该按钮，就把填入会计凭证的数据保存在工作表"记账凭证清单"中。宏代码如下：

```
Sub 保存()
    Dim ws0 As Worksheet
    Dim ws1 As Worksheet
    Dim n0 As Integer, n1 As Long, i As Integer
```

```vba
Dim myNo As Long, myNum As Integer
'指定工作表对象
    Set ws0 = Worksheets("记账凭证")
    Set ws1 = Worksheets("记账凭证清单")
    '获取记账凭证中数据记录的数目
    n0 = WorksheetFunction.CountA(ws0.Range("F6:F14"))
    '获取记账凭证清单中最后一行数据记录的行号
    n1 = ws1.Range("A65536").End(xlUp).Row
    '获取记账凭证清单中数据记录的目前的最大记账编号
    myNo = WorksheetFunction.Max(ws1.Range("A1:A" & n1))
    '查询记账凭证清单中是否存在当前的凭证号
    ws1.Range("IV2") = "=MATCH(记账凭证!K3,D2:D" & n1 & ",0)"
    If WorksheetFunction.IsNumber(ws1.Range("IV2")) Then
        MsgBox "记账凭证清单中已经存在了凭证号码 " & ws0.Range("K3") _
            & vbCrLf & vbCrLf & "请重新输入凭证号码!", vbCritical, "警告"
        ws0.Range("K3").Activate
        ws0.Range("K3") = ""
        Exit Sub
    End If
    '检查是否借贷平衡
    If ws0.Range("H15") <> ws0.Range("J15") Then
        MsgBox "借贷不平衡！请检查!", vbCritical, "警告"
        Exit Sub
    End If
    '检查是否所有数据都已输入完整
    If Range("K3") = "" Or Range("N9") = "" Or Range("G3") = "" Then
        MsgBox "没有输入日期、凭证号或者单据数量!",vbCritical, "警告"
        Exit Sub
    End If
    '开始将记账凭证的数据保存到记账凭证清单工作表
    With ws1
        For i = 1 To n0
            .Range("A" & n1 + i) = myNo + 1              '保存记账编号
```

```
        .Range("B" & n1 + i) = ws0.Range("N9")          '保存单据张数
        .Range("C" & n1 + i) = ws0.Range("G3")          '保存日期
        .Range("D" & n1 + i) = ws0.Range("K3")          '保存凭证号
        .Range("E" & n1 + i) = ws0.Range("C6")          '保存摘要
        Worksheets("会计科目").Activate
        If ws0.Range("G" & 5 + i) = "" Then             '保存科目编码
            .Range("F" & n1 + i) = Cells(1, WorksheetFunction.Match( _
                ws0.Range("F" & 5 + i), Range("A2:FL2"), 0))
        Else
            Cells.Find(What:=ws0.Range("F" & 5 + i), _
                After:=ActiveCell, LookIn:=xlFormulas, _
                LookAt:=xlWhole, SearchOrder:=xlByRows, _
                SearchDirection:=xlNext).Activate
            Cells.Find(What:=ws0.Range("G" & 5 + i), _
                After:=ActiveCell, LookIn:=xlFormulas, _
                LookAt:=xlWhole, SearchOrder:=xlByRows, _
                SearchDirection:=xlNext).Activate
            .Range("F" & n1+i)=Cells(ActiveCell.Row, ActiveCell.Column-1)
        End If
        .Activate
        .Range("G" & n1 + i) = ws0.Range("F" & 5 + i)   '保存总账科目
        .Range("H" & n1 + i) = ws0.Range("G" & 5 + i)   '保存明细科目
        .Range("I" & n1 + i) = ws0.Range("H" & 5 + i)   '保存借方金额
        .Range("J" & n1 + i) = ws0.Range("J" & 5 + i)   '保存贷方金额
        .Range("K" & n1 + i) = ws0.Range("M" & 5 + i)   '保存现金流量分类
    Next i
    '设置该会计凭证数据行的下边框
    With .Range("A" & n1 + n0 & ":K" & n1 + n0).Borders(xlEdgeBottom)
        .LineStyle = xlContinuous
        .Weight = xlThin
    End With
End With
ws0.Activate
```

```
        MsgBox "数据保存成功!", vbInformation, "保存数据"
        Set ws0 = Nothing
        Set ws1 = Nothing
    End Sub
```

为了便于填写新的会计分录数据，在记账凭证工作表的适当位置插入一个按钮，其标题文字为"重填"，并为其指定一个名字为"重填"的宏，单击该按钮，就把"记账凭证"工作表中的数据全部清除，以准备输入新的会计凭证。宏代码如下：

```
    Sub 重填()
        Dim ws0 As Worksheet
        Set ws0 = Worksheets("记账凭证")
        '清除记账凭证的数据，以备开始填写新的会计凭证数据
        With ws0
            .Unprotect
            .Range("C3") = ""
            .Range("G3") = Date
            .Range("K3") = WorksheetFunction.Max(Worksheets("记账凭证清单").Range("A1:A65536")) + 1  '获取目前的最大凭证号，加1后作为新的会计凭证的凭证号
            .Range("N9") = ""
            .Range("C6:E14") = ""
            .Range("F6:F14") = ""
            .Range("G6:G14") = ""
            .Range("H6:I14") = ""
            .Range("J6:L14") = ""
            .Range("D16") = ""
            .Range("F16") = ""
            .Range("H16") = ""
            .Range("J16") = ""
            .Range("L16:M16") = ""
            .Protect
        End With
        Set ws0 = Nothing
    End Sub
```

10.3.3 为记账凭证清单工作表的有关数据区域定义名称

为了以后处理数据方便,对"记账凭证清单"工作表的有关数据区域定义名称,各个名称及引用的单元格区域如表 10-1 所示。

表 10-1 为记账凭证清单工作表的有关数据区域定义名称

名 称	引 用 区 域
Data	=OFFSET(记账凭证清单 !$A$1,,,COUNTA(记账凭证清单 !$A:$A),11)
日期	=OFFSET(记账凭证清单 !$C$2,,,COUNTA(记账凭证清单 !$A:$A)-1,1)
科目编码	=OFFSET(记账凭证清单 !$F$2,,,COUNTA(记账凭证清单 !$A:$A)-1,1)
总账科目	=OFFSET(记账凭证清单 !$G$2,,,COUNTA(记账凭证清单 !$A:$A)-1,1)
明细科目	=OFFSET(记账凭证清单 !$H$2,,,COUNTA(记账凭证清单 !$A:$A)-1,1)
借方金额	=OFFSET(记账凭证清单 !$I$2,,,COUNTA(记账凭证清单 !$A:$A)-1,1)
贷方金额	=OFFSET(记账凭证清单 !$J$2,,,COUNTA(记账凭证清单 !$A:$A)-1,1)
现金流量	=OFFSET(记账凭证清单 !$K$2,,,COUNTA(记账凭证清单 !$A:$A)-1,1)

10.4 会计凭证的查询与打印

有了记账凭证清单数据,我们可以非常方便地从"记账凭证清单"工作表中把某个会计分录数据查找出来或者打印出来。

10.4.1 查询制作会计凭证

查找会计分录数据有两种方法:利用函数和利用 VBA。利用函数是比较麻烦的,而利用 VBA 则要简便得多。

在记账凭证工作表的适当位置插入一个按钮,其标题文字为"查询",并为其指定一个名字为"查询"的宏,宏代码如下:

```
Sub 查询()
    On Error Resume Next
    Dim myNum As Long
    myNum = InputBox("请输入要查找的会计凭证的凭证号:", "输入凭证号")
    If Len(Trim(myNum)) = 0 Then
```

```
        myNum = InputBox("没有输入要查找的会计凭证的凭证号! 请重新输入凭证号:", "输
        入凭证号")
    End If
    Dim ws0 As Worksheet
    Dim ws1 As Worksheet
    Dim i As Integer, n1 As Long, n0 As Integer, myPosition As Long
    Set ws0 = Worksheets("记账凭证")
    Set ws1 = Worksheets("记账凭证清单")
    n1 = ws1.Range("A65536").End(xlUp).Row
    ws1.Range("IV2") = "=MATCH(" & myNum & ",D1:D" & n1 & ",0)"
    If WorksheetFunction.IsNumber(ws1.Range("IV2")) Then
        Call 重填
        myPosition = ws1.Range("IV2")
        n0 = WorksheetFunction.CountIf(ws1.Range("D1:D" & n1), myNum)
        With ws0
            .Unprotect
            .Range("N9") = ws1.Range("B" & myPosition)
            .Range("K3") = myNum
            .Range("G3") = ws1.Range("C" & myPosition)
            .Range("C6") = ws1.Range("E" & myPosition)
            For i = myPosition To myPosition + n0−1
                .Range("F" & 6 + i − myPosition) = ws1.Range("G" & i)
                .Range("G" & 6 + i− myPosition) = ws1.Range("H" & i)
                .Range("H" & 6 + i − myPosition) = ws1.Range("I" & i)
                .Range("J" & 6 + i − myPosition) = ws1.Range("J" & i)
            Next i
            .Protect
        End With
    Else
        MsgBox "指定凭证号的数据不存在!请重新输入凭证号码查询!",vbCritical,"警告"
        Exit Sub
    End If
    MsgBox "数据查询成功!", vbInformation, "查询数据"
```

```
        Set ws0 = Nothing
        Set ws1 = Nothing
End Sub
```

这样，只要单击该"查询"按钮，就可以迅速将指定凭证号的会计凭证数据查询出来，并填写到记账凭证的相应位置。

10.4.2 打印会计凭证

查询出某个会计凭证后，就可以将其打印出来。在记账凭证工作表的适当位置插入一个按钮，其标题文字为"打印"，并为其指定一个名字为"打印"的宏，宏代码如下：

```
Sub 打印()
    ActiveSheet.PageSetup.PrintArea = "$P$2:$AS$16"
    ActiveSheet.PrintOut
End Sub
```

这里，我们已经将打印表格的边距设置好，只需要单击"打印"按钮，就可以迅速打印出当前的会计凭证。

最后的记账凭证工作表界面如图 10-17 所示。

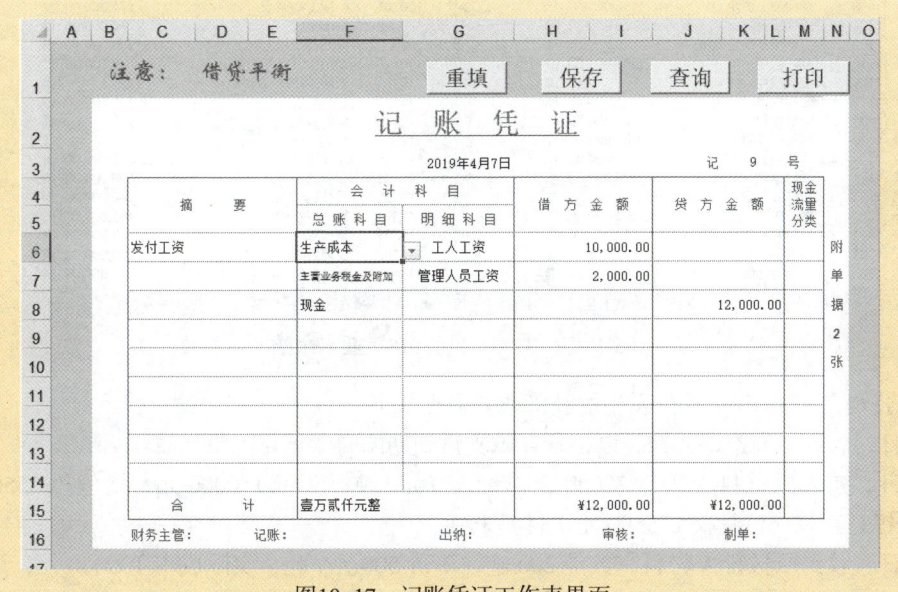

图10-17 记账凭证工作表界面

10.5 会计核算与处理

在对会计分录过录入到分类账后，我们就可以对会计数据进行相应的处理，并为下个会计期间准备初始数据，例如，制作总分类账试算平衡表、编制科目汇总表、计算本期余额、编制总分类账表、编制明细分类账表等。

10.5.1 示例数据准备

本章我们以某公司的业务数据为例，介绍利用前面介绍的这个表单进行会计处理的基本方法和技巧。该公司 2018 年 12 月的期末余额如图 10–18 所示。

	A	B	C	D
1	科目编码	科目名称	期初余额	借贷方向
2	1001	现金	300.00	借
3	1002	银行存款	3,341,000.00	借
4	1009	其他货币资金	150,000.00	借
5	1101	短期投资	75,000.00	借
6	1102	短期投资跌价准备	-	借
7	1111	应收票据	2,246,000.00	借
8	1121	应收股利	-	借
9	1122	应收利息	-	借
10	1131	应收账款	400,000.00	借
11	1133	其他应收款	405,000.00	借
12	1141	坏账准备	900.00	贷
13	1151	预付账款	100,000.00	借
14	1161	应收补贴款	-	借
15	1201	物资采购	500,000.00	借
16	1211	原材料	3,200,000.00	借
17	1221	包装物	100,000.00	借
18	1231	低值易耗品	500,000.00	借

总账科目期初余额 明细科目期初余额

	A	B	C	D
1	科目编码	科目名称	期初余额	借贷方
2	1001	现金	300.00	借
3	1002	银行存款	3,341,000.00	借
4	100201	中国工商银行	3,171,000.00	借
5	100202	中国银行	170,000.00	借
6	1009	其他货币资金	150,000.00	借
7	1101	短期投资	75,000.00	借
8	1102	短期投资跌价准备	-	借
9	1111	应收票据	2,246,000.00	借
10	1121	应收股利	-	借
11	1122	应收利息	-	借
12	1131	应收账款	400,000.00	借
13	113101	甲公司	100,000.00	借
14	113102	乙公司	300,000.00	借
15	1133	其他应收款	405,000.00	借
16	113301	销售部	5,000.00	借
17	113302	保证金	400,000.00	借
18	1141	坏账准备	900.00	贷

总账科目期初余额 明细科目期初余额

图10–18 GMH公司2018年期末余额

该公司在 2019 年 1 月份发生的经济业务数据如下。

1 日，收到工商银行通知，以银行存款支付到期的商业承兑汇票 100000 元。

1 日，购入原材料 A 数量 300 吨，单价 500 元 / 吨，买价 150000 元，增值税 25500 元，用工商银行存款支付货款 175500 元，材料未到。

2 日，收到原材料 A 材料，数量 200 吨，单价 500 元 / 吨，实际成本 100000 元，计划成本 95000 元，材料已验收入库，货款已于上月支付。

5 日，购入原材料 B 数量 150 吨，价款及运费共计 99800 元，增值税 15300 元，用工商银行汇票支付采购材料价款，汇票面值 115300 元。公司收到开户行转来的银行汇票多余款收账通知，多余款 200 元。原材料已验收入库，该材料的计划单位成本是 1000 元。

5 日，向甲公司销售产品 A 一批，销售价款 3000000 元，增值税 51000 元，产品的实际成本 180000 元，产品已发出，价款未收到。

5 日，将列入短期投资的到期债券 15000 元兑现，收到本金 15000 元，利息 1500 元，本息均存入工商银行。

6 日，购入设备一台，价款 100000 元，支付包装费及运费 1000 元，价款、包装费及运费均由工商银行存款支付，设备安转在一车间。

6 日，购入工程物资一批，价款 150000 元，已由工程领用，价款由工商银行存款支付。

8 日，用工商银行存款支付在建工程应付工资 200000 元，应付职工福利费 28000 元，以及其他工程费用 100000 元。

9 日，工程完工，计算工程应担负的长期借款利息 150000 元。

9 日，工程完工，交付一车间使用，已办理竣工手续，工程总价值 128000 元。

9 日，一车间清理一台报废设备，原价 200000 元，已计提折旧 180000 元，清理费用 500 元，残值收入 800 元，已用工商银行存款收支。

9 日，从工商银行借入三年期长期借款 400000 元，借款存入工商银行，该项借款用于购置固定资产。

9 日，向甲公司和乙公司销售 A 产品，总价款 819000 元，其中增值税 119000 元，实际成本 420000 元，已收到货款 800000 元并存入工商银行，其余 19000 元为应收账款，其中甲公司应收账款 10000 元，乙公司应收账款 9000 元。

9 日，将到期的面值为 200000 元的银行承兑汇票一张解讫通知连同进账单交工商银行办理转账，并已收妥。

9 日，出售不再使用的设备一台，收到货款 300000 元，该设备原价 400000 元，已计提折旧 150000 元。该设备已由购货单位运走。

10 日，用工商银行存款归还短期借款本金 250000 元，利息 12500 元（利息已预提）。

10 日，从工商银行提取现金 500000 元，准备发放工资。

10 日，支付工资 500000 元，其中包括支付工程人员工资 200000 元。

10 日，分配应付工资 315000 元，其中车间生产人员工资 290000 元，车间管理人员工资 10000 元，行政管理部门人员工资 15000 元。

10 日，分类支付的职工福利费 42000 元，其中车间生产人员福利费 38500 元，车间管理人员福利费 1400 元，行政管理部门人员福利费 2100 元。

11 日，提取应计本期损益的借款利息 21500 元，其中短期借款利息 11500 元，长期借款（工商银行）利息 10000 元。

12 日，车间领用原材料 A 数量 1760 吨（单价 500 元），计划成本 880000 元，领用低值易耗品 50000 元，采用一次性摊销法摊销。

13 日，计算并结转领用材料应分摊的材料成本差异，其中生产车间领用材料应负担超支差异 35000 元，领用低值易耗品应负担超支差异 2500 元。

14 日，摊销办公室的无形资产 60000 元。

14 日，摊销生产车间的印花税 10000 元，生成车间的固定资产修理费（已列入待摊费用）90000 元。

15 日，计提固定资产折旧 100000 元，其中制造费用 80000 元，管理费用 20000 元。

16 日，按应收账款余额的 0.3% 补提坏账准备 1053 元。

17 日，用工商银行存款支付产品展览费 10000 元。

25 日，将制造费用转入生产成本，计算并结转本期一车间完工入库的产品成本。

26 日，用工商银行存款支付广告费 10000 元。

26 日，采用商业承兑汇票结算方式销售产品 A 一批，价款 250000 元，增值税 42500 元，收到承兑的商业汇票一张，面值 292500 元。该批产品的实际成本 150000 元。

26 日，企业将上述承兑汇票到银行办理贴现，贴现息为 20000 元。

26 日，从工商银行提取现金 50000 元，准备支付退休金。

26 日，支付退休金 50000 元。

28 日，计算并结转已销产品的销售税金，企业应交纳消费税 100000 元，城市维护建设税 7000 元，教育费附加 2000 元。

28 日，用工商银行存款缴纳消费税 100000 元，城市维护建设税 7000 元，教育费附加 2000 元。

28 日，计算应交所得税 67038.51 元。

28 日，将各收支科目结转本年利润。

29 日，提取法定盈余公积金 16610.85 元。

31 日，按税后利润 25% 计提应付利润 41527.13 元。

31 日，将利润分配各明细科目的余额转入未分配利润的明细科目，并结转本年利润。

31 日，用工商银行存款偿还长期借款本息 1000000 元。

31 日，用工商银行存款交纳所得税 99038.51 元，应付股利 41527.13 元。

31 日，用中国银行存款预付购货定金共计 34025.50 元，其中丙公司 8508.50 元，丁公司 25517.00 元。

打开一个记账凭证模板，将上述各项经济业务数据录入工作表"记账凭证清单"中，如图 10-19 所示。

	A	B	C	D	E	F	G	H	I	J	K
1	记账编号	附件	日期	凭证号	摘要	科目编码	总账科目	明细科目	借方金额	贷方金额	现金流量分类
2	1	1	2009-01-01	1	支付到期的商业承兑汇票	2111	应付票据		100,000.00		
3	1	1	2009-01-01	1	支付到期的商业承兑汇票	100202	银行存款	中国工商银行		100,000.00	1024
4	2	1	2010-01-01	2	购入A材料	120101	物资采购	A材料	150,000.00		
5	2	1	2010-01-01	2	购入A材料	21710101	应交税金	应交增值税-进项税额	25,500.00		
6	2	1	2010-01-01	2	购入A材料	100202	银行存款	中国工商银行		175,500.00	1021
7	3	2	2010-01-02	3	收到A材料	121103	原材料	A材料	95,000.00		
8	3	2	2010-01-02	3	收到A材料	1232	材料成本差异		5,000.00		
9	3	2	2010-01-02	3	收到A材料	120101	物资采购	A材料		100,000.00	
10	4	2	2010-01-05	4	购入B材料	120102	物资采购	B材料	99,800.00		
11	4	2	2010-01-05	4	购入B材料	21710101	应交税金	应交增值税-进项税额	15,300.00		
12	4	2	2010-01-05	4	购入B材料	100202	银行存款	中国工商银行	200.00		
13	4	2	2010-01-05	4	购入B材料	1009	其他货币资金			115,300.00	1021
14	5	1	2010-01-05	5	购入B材料	121104	原材料	B材料	100,000.00		
15	5	1	2010-01-05	5	购入B材料	120102	物资采购	B材料		99,800.00	
16	5	1	2010-01-05	5	购入B材料	1232	材料成本差异			200.00	
17	6	1	2010-01-05	6	向甲公司销售产品A	113101	应收账款	甲公司	351,000.00		
18	6	1	2010-01-05	6	向甲公司销售产品A	21710102	应交税金	应交增值税-销项税额		51,000.00	
19	6	1	2010-01-05	6	向甲公司销售产品A	510101	主营业务收入	产品A		300,000.00	
20	7	1	2010-01-05	7	向甲公司销售产品A	5401	主营业务成本		180,000.00		
21	7	1	2010-01-05	7	向甲公司销售产品A	124301	库存商品	产品A		180,000.00	

记账凭证　记账凭证清单

图10-19　2010年1月份的记账凭证清单

10.5.2 制作总分类账试算平衡表

根据借贷记账法的记账规则："有借必有贷，借贷必相等"，对企业发生的任何一项经济业务都会在分类账的借方账户和贷方账户进行等额登记。因此，在一定时期内，分类账的所有账户的本期借方发生额必定等于本期贷方发生额，期初、期末的借方余额合计数应等于期初、期末的贷方余额合计数，即有以下三个平衡关系。

- 期初借方余额合计数 = 期初贷方余额合计数。
- 本期借方发生额合计数 = 本期贷方发生额合计数。
- 期末借方余额合计数 = 期末贷方余额合计数。

定期运用上述平衡关系对所有账户进行检查的步骤就称为"试算平衡"。进行试算平衡检查一般在月末进行，通过编制"试算平衡表"来对所有账户进行检查。

1. 利用函数制作总分类账试算平衡表

利用函数来制作总分类账试算平衡表是很容易的，主要是使用 SUMIF 函数对"记账凭证清单"工作表的数据进行汇总。

首先设计本期发生额两栏式试算平衡表，如图 10-20 所示，该工作表名字为"总分类账试算平衡表"。相关的单元格公式如下：

单元格 C3，计算各个总账科目的本期借方发生额合计数。

```
=SUMIF(总账科目,$B3,借方金额)
```

单元格 D3，各个总账科目的本期贷方发生额合计数。

```
=SUMIF(总账科目,$B3,贷方金额)
```

单元格 C87，计算合计数。

=SUM(C3:C86)

单元格 F3，进行判断。

=IF(C87=D87,"借贷平衡",IF(C87>D87,"借贷不平衡! 借方多出贷方 "&ROUND(C87–D87,2)&" 元","借贷不平衡! 贷方多出借方 "&ROUND(D87–C87,2)&" 元"))

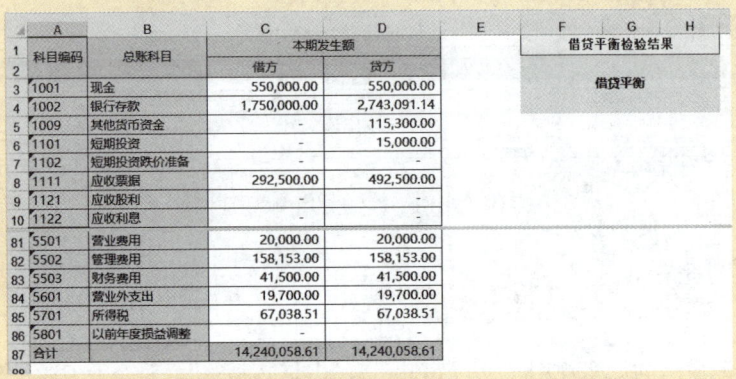

图10-20　总分类账试算平衡表：利用SUMIF函数

2. 利用数据透视表制作总分类账试算平衡表

除了利用 SUMIF 函数制作总分类账试算平衡表外，我们还可以使用数据透视表快速进行平衡试算。图 10-21 所示就是制作的数据透视表，并已经进行了必要的格式化和美化。

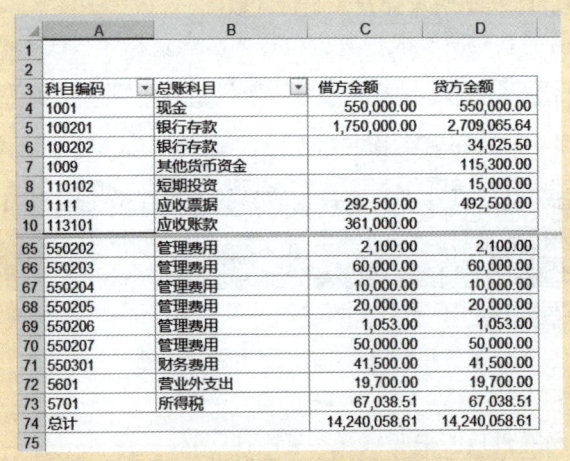

图10-21　利用数据透视表制作的试算平衡表

这个报表制作并不复杂，但也有几个需要特别注意的问题。下面我们介绍这个报表的制作步骤。

步骤 1 从工作表"记账凭证清单"中创建基本的数据透视表，如图10-22和图10-23所示。

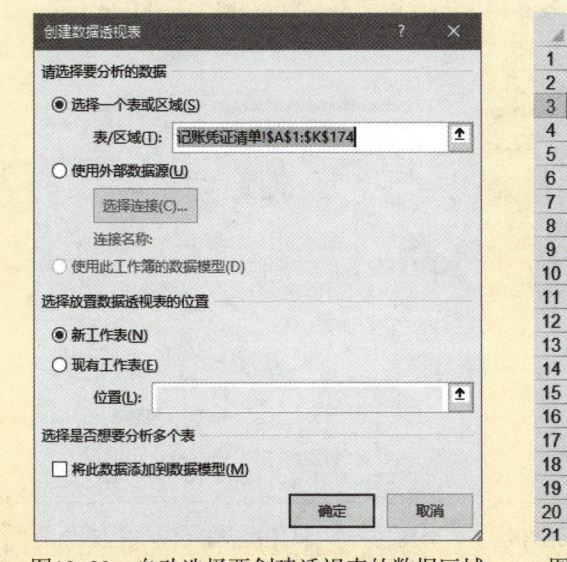

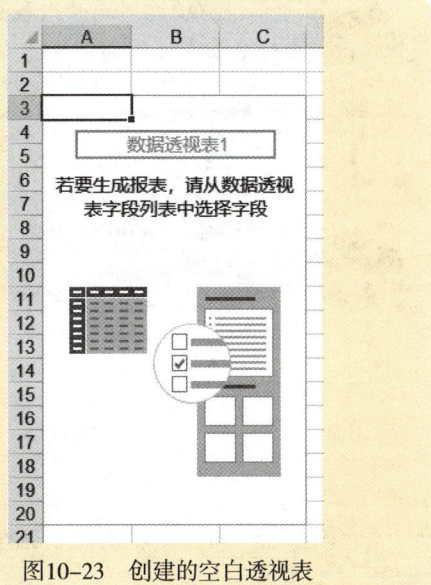

图10-22　自动选择要创建透视表的数据区域　　图10-23　创建的空白透视表

步骤 2 布局透视表，将字段"总账科目"拖放到"行"窗格，将"借方金额"和"贷方金额"拖放到"值"窗格，如图10-24所示。

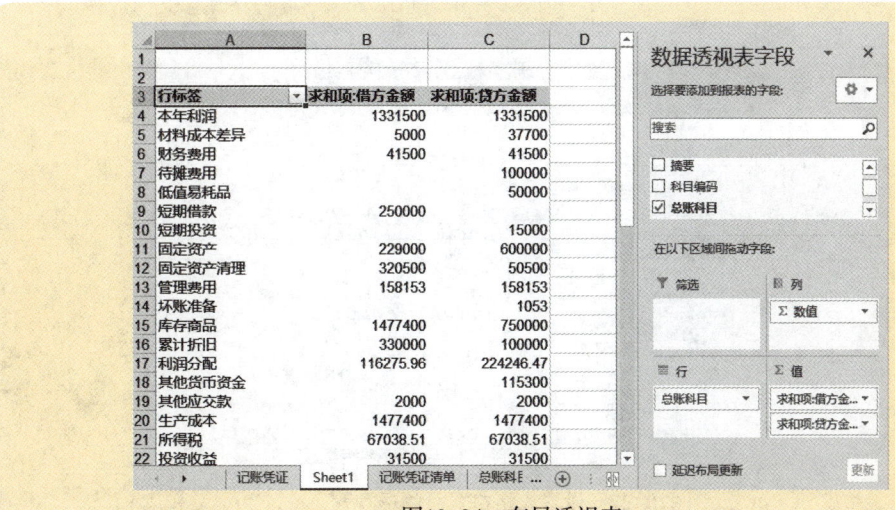

图10-24　布局透视表

步骤③ 单击"设计"→"分类汇总"→"不显示分类汇总"命令按钮(如图10-25所示),取消所有字段的分类汇总。

步骤④ 单击"设计"→"报表布局"→"以表格形式显示"命令按钮,如图10-26所示,将透视表显示为常规的报表格式。

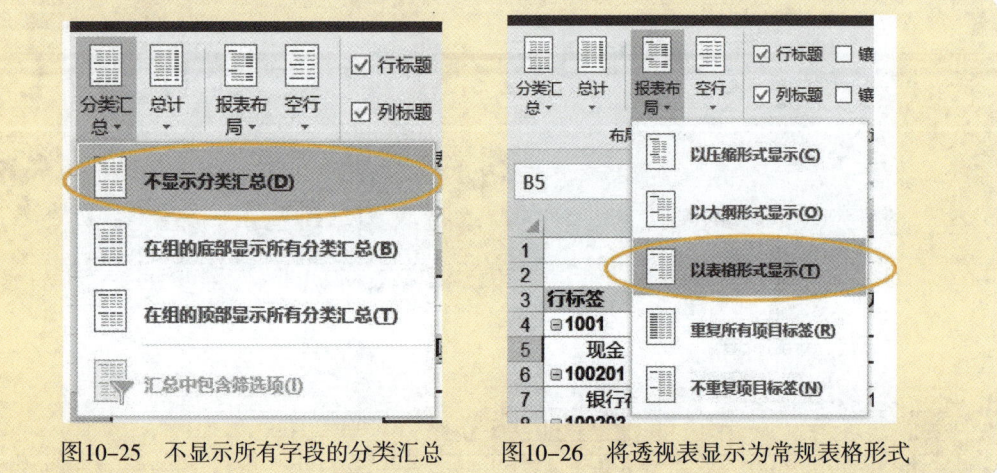

图10-25 不显示所有字段的分类汇总　　图10-26 将透视表显示为常规表格形式

步骤⑤ 修改字段名称,并不显示 +/-按钮。这样,数据透视表就变为了图10-27所示的情形。从数据透视表最后一行"总计"数据可以观察借方和贷方本期发生合计数是否平衡。

	A	B	C
3	总账科目	借方金额	贷方金额
4	本年利润	1331500	1331500
5	材料成本差异	5000	37700
6	财务费用	41500	41500
7	待摊费用		100000
8	低值易耗品		50000
9	短期借款	250000	
10	短期投资		15000
36	应收票据	292500	492500
37	应收账款	370000	
38	预付账款	34025.5	
39	预提费用	12500	11500
40	原材料	195000	880000
41	在建工程	628000	128000
42	长期借款	1000000	560000
43	制造费用	233900	233900
44	主营业务成本	750000	750000
45	主营业务收入	1250000	1250000
46	主营业务税金及附加	109000	109000
47	总计	14240058.61	14240058.61

图10-27 设置表格格式后的透视表

步骤 6 严格来说，这个表格是很乱的，因为科目名称是按照拼音排序的，并不是按照要求的特殊次序排序，因此必须予以自定义排序。具体步骤如下。

（1）打开"Excel 选项"对话框，切换到"高级"分类，单击"编辑自定义列表"命令按钮，如图10-28所示。

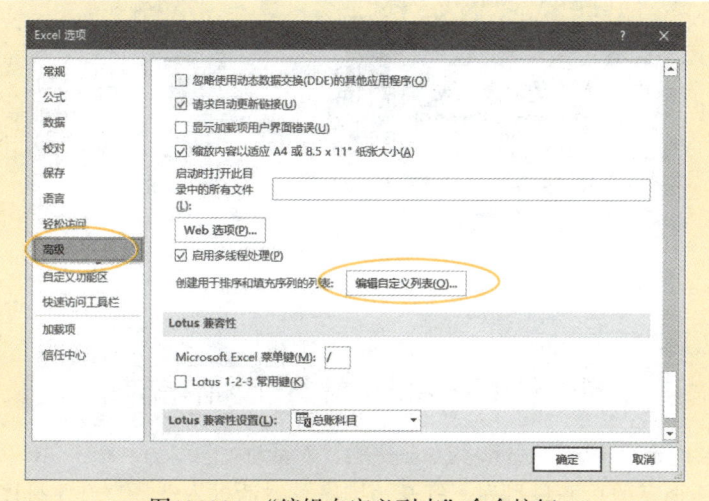

图10-28 "编辑自定义列表"命令按钮

（2）打开"选项"对话框，在底部的输入框中将工作表"总账科目"中的科目名称引入输入框中，如图10-29所示。

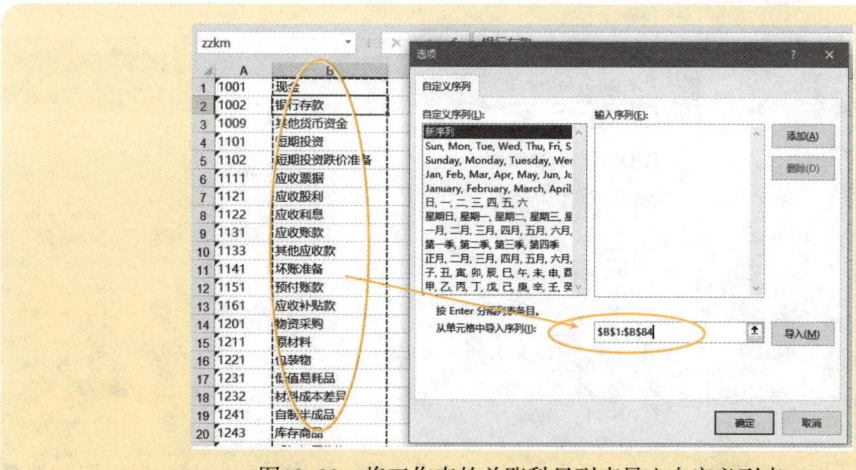

图10-29 将工作表的总账科目列表导入自定义列表

（3）单击"导入"按钮，就将总账科目导入到了自定义列表，如图10-30所示。

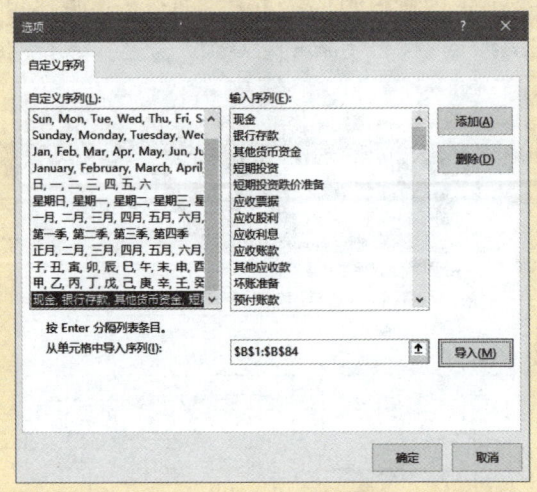

图10-30 添加到自定义列表的总账科目名称序列

（4）单击"确定"按钮，关闭"Excel 选项"对话框。
（5）单击透视表的总账科目列，打开"排序"对话框，选择"升序排序(A 到 Z) 依据"选项按钮，如图10-31所示。

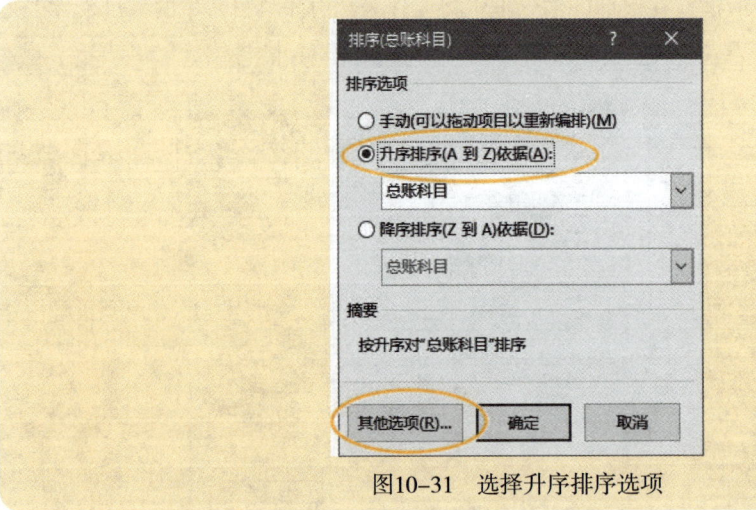

图10-31 选择升序排序选项

（6）单击对话框左下角的"其他选项"按钮，打开"其他排序选项"对话框，取消选择"每次更新报表时自动排序"复选框，并从"主关键字排序次序"列表中选择刚才添加的自定义序列，如图 10-32 所示。

（7）单击"确定"按钮，就得到按照自定义序列排序后的透视表，如图 10-33 所示。

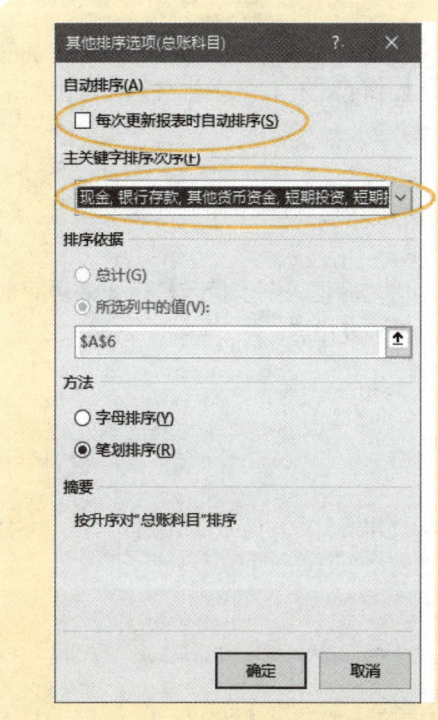

图10-32 设置自定义排序选项　　图10-33 按照规定的总账科目名称排序后的透视表

10.5.3 计算本期的期末余额

有了本期的期初余额，并且根据本期的会计数据计算出了本期的发生额，我们就可以计算本期的期末余额。同样，为了便于以后进行数据处理，还要将本期的期末余额单独保存在当前工作簿的"明细科目期末余额"工作表和"总账科目期末余额"工作表中。

1. 期末余额的计算公式

期末余额的计算公式是根据会计科目的性质来确定的。
对于资产类、成本类科目，期末余额的计算公式如下：

期末余额 = 期初余额 + 借方发生额 − 贷方发生额

对于负债类、权益类、损益类科目，期末余额的计算公式如下：

期末余额 = 期初余额 + 贷方发生额 − 借方发生额

此外，要特别注意的是，在资产类科目中的"坏账准备""累计折旧"等一些日常余额为贷方的科目，其期末余额的计算公式应该如下：

期末余额 = 期初余额 + 贷方发生额−借方发生额

上述的计算公式要根据不同的科目性质进行判断，操作起来比较复杂。我们可以把期末余额的计算过程简化如下。

（1）先计算余额

期末余额=（期初借方余额−期初贷方余额）+（本期借方发生额−本期贷方发生额）

（2）判断方向

如果期末余额大于零，那么该期末余额的方向就是借，应记入期末借方栏内；如果期末余额小于零，那么该期末余额的方向就是贷，应记入期末贷方栏内。

2. 期末余额的自动计算

图 10-34 所示就是明细科目期末余额计算结果示例。
单元格 C2 公式如下：

=ABS(IF(VLOOKUP(A2,明细科目期初余额!A:D,4,0)="借",1,−1)
　*SUMIF(明细科目期初余额!A:A,A2,明细科目期初余额!$C:$C)
　+(SUMIF(科目编码,A2&IF(LEN(A2)=4,"*",""),借方金额)
　−SUMIF(科目编码,A2&IF(LEN(A2)=4,"*",""),贷方金额)))

科目编码	科目名称	期末余额	借贷方向
1001	现金	300.00	借
1002	银行存款	2,347,908.86	借
100201	中国工商银行	2,211,934.36	借
100202	中国银行	135,974.50	借
1009	其他货币资金	34,700.00	借
1101	短期投资	60,000.00	借
1102	短期投资跌价准备	-	借
1111	应收票据	2,046,000.00	借
1121	应收股利	-	借
1122	应收利息	-	借
1131	应收账款	770,000.00	借
113101	甲公司	461,000.00	借
113102	乙公司	309,000.00	借
1133	其他应收款	405,000.00	借
113301	销售部	5,000.00	借
113302	保证金	400,000.00	借

图10-34　明细科目期末余额表

单元格 D2 公式如下：
=IF(

```
IF(VLOOKUP(A2,明细科目期初余额!A:D,4,0)="借",1,–1)
*SUMIF(明细科目期初余额!A:A,A2,明细科目期初余额!$C:$C)
+(SUMIF(科目编码,A2&IF(LEN(A2)=4,"*",""),借方金额)
–SUMIF(科目编码,A2&IF(LEN(A2)=4,"*",""),贷方金额))>=0,
"借","贷")
```

图 10-35 所示是总账科目期末余额计算示例，其数据来源是从上面的明细科目期末余额表查询得到。

单元格 C2 公式如下：

=VLOOKUP(A2,明细科目期末余额!A:D,3,0)

单元格 D2 公式如下：

=VLOOKUP(A2,明细科目期末余额!A:D,4,0)

图10-35 总账科目期末余额表

10.5.4 编制明细科目汇总表

为了更加清楚地查看分析会计科目数据，我们还可以把本期的期初余额数据、本期的发生额，以及本期的期末余额数据汇总在一张表上，该表的结构如表 10-2 所示。

表 10-2 明细科目汇总表

科目编码	科目名称	期初余额	借 方	贷 方	期末余额	方 向

由于本期的期初余额和期末余额数据在前面已经计算出来了，直接引用这两个工作表数据即可。而计算本期的借方发生额和贷方发生额，则需要使用SUMIF函数或者SUMPRODUCT函数。

由于在工作表"记账凭证清单"中，如果某个总账科目下有明细科目，会计科目编码就是某个明细科目的编码（如果该科目没有明细科目，就是总账科目编码），而不是总账科目编码，这样要计算"明细科目汇总表"中的某个含有明细科目的总账科目的发生额（也就是该总账科目的合计数）时，就需要计算科目编码前四位都是该总账科目编码的项目了，此时就不能使用SUMIF函数了，而必须使用SUMPRODUCT函数进行多条件求和。

插入一个工作表，将其重命名为"明细科目汇总表"，然后将前面已经计算好的工作表"明细科目期初余额"或者"明细科目期末余额"的A列科目编码和B列科目名称复制到工作表"明细科目汇总表"中，如图10-36所示。

图10-36 明细科目汇总表结构及汇总示例

第2行有关单元格的公式如下，下面各行单元格的公式可以复制得到。

单元格C2：
=VLOOKUP(A2,明细科目期初余额!A:D,3,0)

单元格D2：
=IF(LEN($A2)=4,SUMPRODUCT((LEFT(科目编码,4)=$A2)*1,借方金额),
　　SUMIF(科目编码,$A2,借方金额))

单元格E2：
=IF(LEN($A2)=4,SUMPRODUCT((LEFT(科目编码,4)=$A2)*1,贷方金额),
　　SUMIF(科目编码,$A2,贷方金额))

单元格F2：
=VLOOKUP(A2,明细科目期末余额!A:D,3,0)

单元格 G2：
=VLOOKUP(A2,明细科目期末余额!A:D,4,0)

10.6 自动生成明细账

有了记账凭证清单明细数据，我们可以制作指定科目的明细账，也就是指定总账科目、指定时间段内的所有明细数据。

我们可以使用 INDIRECT 函数做滚动查找来制作明细表，也可以使用 VBA 来做。下面介绍使用 INDIRECT 函数做辅助区域的方法。

10.6.1 设计查询表结构

明细账查询表结构如图 10-37 所示。

单元格 B2 指定要查询的总账科目名称，F3 单元格和 G3 单元格是该科目在本期的发生额合计数，第 5 行是该科目的期初余额，下面是该科目的明细数据。

图10-37 明细账表格结构

10.6.2 创建查询公式

首先设计如图 10-38 所示的辅助区域，用于确定指定科目出现的行数。
单元格 Y6 公式如下：
=MATCH($B$2,记账凭证清单!G:G,0)
单元格 Y7 公式如下（此公式可以往下复制）：
=MATCH($B$2,INDIRECT("记账凭证清单!G"&Y6+1&":G1000"),0)+Y6

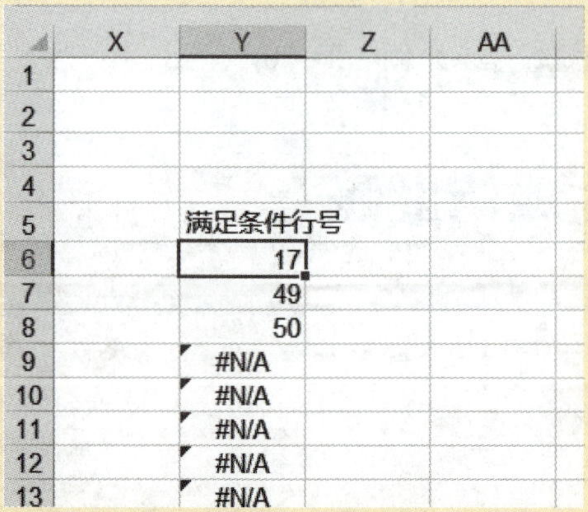

图10-38 辅助区域

单元格 F3 计算本期借方发生额合计数。
=SUM(F5:F1000)
单元格 G3 计算本期贷方发生额合计数。
=SUM(G5:G1000)
在单元格 H5 中输入下面的公式，查找该科目期初余额的借贷方向。
=VLOOKUP(B2,总账科目期初余额!B:D,3,0)
在单元格 F5 中输入下面的公式，查找该科目期初借方余额。
=IF(H5="借",VLOOKUP(B2,总账科目期初余额!B:C,2,0),"")
在单元格 G5 中输入下面的公式，查找该科目期初贷方余额。
=IF(H5="贷",VLOOKUP(B2,总账科目期初余额!B:C,2,0),"")
下面是明细数据的各个单元格公式。
单元格 A6：
=IFERROR(INDEX(记账凭证清单!C:C,$Y6),"")
单元格 B6：
=IFERROR(INDEX(记账凭证清单!D:D,$Y6),"")
单元格 C6：
=IFERROR(INDEX(记账凭证清单!E:E,$Y6),"")
单元格 D6：
=IFERROR(INDEX(记账凭证清单!F:F,$Y6),"")
单元格 E6：
=IFERROR(INDEX(记账凭证清单!H:H,$Y6),"")

单元格 F6：

=IFERROR(INDEX(记账凭证清单!I:I,$Y6),"")

单元格 G6：

=IFERROR(INDEX(记账凭证清单!J:J,$Y6),"")

单元格 H6：

=IF(A6="","",IF(F6<>0,"借","贷"))

单元格 I6：

=IF(A6="","",I5+F6-G6)

将第 6 行的公式往下复制，就得到指定科目的明细表。

最后设置条件格式，自动美化表格，并设置 Excel 选项，不显示零值单元格的数字零。

图 10-39 所示是一个查询示例。

	A	B	C	D	E	F	G	H
1								
2	总账科目:	生产成本						
3			请选择输入总账科目!		本期发生额合计	1,477,400.00	1,477,400.00	
4	日期	凭证号		科目编码	科目名称	借方金额	贷方金额	方向
5			期初余额			-		借
6	2010-1-10	27	分配应付工资	410101	工资	290,000.00	-	借
7	2010-1-10	28	分配应付福利费	410102	福利费	38,500.00	-	借
8	2010-1-12	30	一车间领用材料A	410103	原材料	880,000.00	-	借
9	2010-1-12	31	结转原材料的成本差异	410103	原材料	35,000.00	-	借
10	2010-1-25	36	结转生产成本	410104	制造费用	233,900.00	-	借
11	2010-1-26	38	结转生产成本	410101	工资	-	290,000.00	贷
12	2010-1-27	39	结转生产成本	410102	福利费	-	38,500.00	贷
13	2010-1-28	40	结转生产成本	410103	原材料	-	915,000.00	贷
14	2010-1-29	41	结转生产成本	410104	制造费用	-	233,900.00	贷
15								

图10-39 制作指定科目的明细账表

10.6.3 生成现金日记账

在单元格 B2 中选择“现金”，就得到本期的现金日记账，如图 10-40 所示。

	A	B	C	D	E	F	G	H
1								
2	总账科目:	现金						
3					本期发生额合计	550,300.00	550,000.00	
4	日期	凭证号	摘要	科目编码	科目名称	借方金额	贷方金额	方向
5			期初余额			300.00		借
6	2010-1-10	25	从工商银行提取现金	1001		500,000.00	-	借
7	2010-1-10	26	发放工资	1001		-	500,000.00	贷
8	2010-1-26	41	银行提现	1001		50,000.00	-	借
9	2010-1-26	42	支付退休金	1001		-	50,000.00	贷
10								

图10-40 本期现金日记账

10.6.4 生成银行存款日记账

在单元格 B2 中选择“银行存款”，就得到本期的银行存款日记账，如图 10–41 所示。

	A	B	C	D	E	F	G	H
1								
2	总账科目：	银行存款						
3					本期发生额合计	5,091,000.00	2,743,091.14	
4	日期	凭证号	摘要	科目编码	科目名称	借方金额	贷方金额	方向
5			期初余额			3,341,000.00		借
6	2010-1-1	1	支付到期的商业承兑汇票	100201	中国工商银行	-	100,000.00	贷
7	2010-1-1	2	购入A材料	100201	中国工商银行	-	175,500.00	贷
8	2010-1-5	4	购入B材料	100201	中国工商银行	200.00	-	借
9	2010-1-5	8	到期债券投资收益	100201	中国工商银行	16,500.00	-	借
10	2010-1-6	9	购入设备	100201	中国工商银行	-	101,000.00	贷
11	2010-1-6	10	购入工程物资	100201	中国工商银行	-	150,000.00	贷
12	2010-1-8	11	购入工程物资	100201	中国工商银行	-	100,000.00	贷
13	2010-1-9	15	设备报废清理收入	100201	中国工商银行	-	500.00	贷
14	2010-1-9	16	设备报废清理收入	100201	中国工商银行	800.00	-	借
15	2010-1-9	18	借入三年期长期借款	100201	中国工商银行	400,000.00	-	借
16	2010-1-9	19	向甲公司和乙公司销售产品A	100201	中国工商银行	800,000.00	-	借
17	2010-1-9	21	收到承兑汇票	100201	中国工商银行	200,000.00	-	借
18	2010-1-9	22	投资收益：股息	100201	中国工商银行	30,000.00	-	借
19	2010-1-10	23	出售设备	100201	中国工商银行	30,000.00	-	借
20	2010-1-10	24	偿还借款	100201	中国工商银行	-	262,500.00	贷
21	2010-1-10	25	从工商银行提取现金	100201	中国工商银行	-	500,000.00	贷
22	2010-1-17	35	用银行存款支付展览费	100201	中国工商银行	-	10,000.00	贷
23	2010-1-26	38	支付广告费	100201	中国工商银行	-	10,000.00	贷

... 总账科目期初余额 | 明细科目期初余额 | 总分类账试算平衡表 | 明细科目期末余额 | 总账科目期末余额 | 明细科目汇总表 | 明细账

图10–41　本期银行存款日记账

10.7 编制三大会计报表

前面我们已经建立了会计凭证并进行了会计核算，下面我们介绍如何在前面建立的各种会计表格的基础上编制三大会计报表，即资产负债表、利润表和现金流量表。

10.7.1 编制资产负债表

资产负债表是反映企业在特定日期（如月末、季度末、半年末、年末）的资产、负债和所有者权益状况的财务报表，它是根据“资产 = 负债 + 所有者权益”这一会计恒等式编制而成的。资产负债表的项目包括资产、负债、所有者权益三大类。为了便于使用财务信息，还必须对这三大类项目按照一定的标准进一步分类，并按照一定的顺序进行排列。

1. 资产负债表的一般格式

资产负债表的一般格式如图 10–42 所示。

资产负债表

××××年××月××日

资产	期初数	期末数	负债和股东权益	期初数	期末数
流动资产：			流动负债：		
货币资金			短期借款		
短期投资			应付票据		
应收票据			应付账款		
应收股利			预收账款		
应收利息			应付工资		
应收账款			应付福利费		
其他应收款			应付股利		
预付账款			应交税金		
应收补贴款			其他应交款		
存货			其他应付款		
待摊费用			预提费用		
流动资产合计			预计负债		
长期投资：			流动负债合计		
长期股权投资					
长期债权投资			长期负债：		
长期投资合计			长期借款		
固定资产：			应付债券		
固定资产原价			长期应付款		
减累计折旧			专项应付款		
固定资产净值			其他长期负债		
减：固定资产减值准备			长期负债合计		
固定资产净额					
工程物资			递延税项：		
在建工程			递延税款贷项		
固定资产清理			负债合计		
固定资产合计					
无形资产及其他资产：			股东权益：		
无形资产			股本		

图10-42 资产负债表的一般格式

资产	期初数	期末数	负债和股东权益	期初数	期末数
长期待摊费用			资本公积		
其他长期资产			盈余公积		
无形资产及其他资产合计			其中：法定公益金		
递延税项：			未分配利润		
递延税款借项			股东权益合计		
资产总计			负债和股东权益总计		

图 10-42　资产负债表的一般格式（续）

2. 资产负债表各项目数据的来源

资产负债表的编制主要是通过对日常会计核算记录的数据加以归集、整理，使之成为有用的财务信息。我国工业企业资产负债表各项目数据的来源主要通过以下几种方式取得。

（1）直接根据总账科目的余额编制，如"短期借款"项目，直接根据"短期借款"总账科目的期末余额编制。

（2）根据明细科目的余额编制，如"应收账款"项目，根据"应收账款""预收账款"科目的有关明细科目的期末借方余额计算编制。

（3）根据几个总账科目的期末余额合计数编制，如"货币资金"项目，根据"现金""银行存款""其他货币资金"科目的期末总账科目余额计算编制。

（4）根据有关科目的期末余额分析计算填列，如"一年内到期的长期负债"项目，根据各长期负债科目的期末余额分析计算填列。

（5）反映资产账户与有关备抵账户抵销过程，以反映其净额，如"短期投资"项目减去"短期投资跌价损失准备"项目后得到"短期投资净额"。

（6）反映或有负债的情况，如在会计报表的附注中的"已贴现的商业承兑汇票"项目，按照备查账簿中记录的商业承兑汇票贴现额编制。

3. "期初数"栏内各项数字的填写

"期初数"栏内各项数字应根据期末资产负债表"期末数"栏内所列数字填列。如果本期资产负债表规定的各个项目的名称和内容同上期不一致，应对上期末资产负债表各项目的名称和数字按照本期的规定进行调整，填入本表"期初数"栏内。

4. "期末数"各项目的内容和填列方法

（1）"货币资金"项目，反映企业库存现金、银行结算户存款、外埠存款、银行汇票存款、银行本票存款、信用卡存款、信用证保证金存款等的合计数。本项目应根据"现金""银行存款""其他货币资金"科目的期末余额合计填列。

（2）"短期投资"项目，反映企业购入的各种能随时变现并准备随时变现的、持有时间不超过 1 年（含 1 年）的股票、债券和基金，以及不超过 1 年（含 1 年）的其他投资，减去已提跌价准备后的净额。本项目应根据"短期投资"科目的期末余额，减去"短期投资跌价准备"科目的期末余额后的金额填列。

企业 1 年内到期的委托贷款，其本金和利息减去已计提的减值准备后的净额，也在本项目反映。

（3）"应收票据"项目，反映企业收到的未到期收款也未向银行贴现的应收票据，包括商业承兑汇票和银行承兑汇票。本项目应根据"应收票据"科目的期末余额填列。已向银行贴现和已转让的应收票据不包括在本项目内，其中已贴现的商业承兑汇票应在会计报表附注中单独披露。

（4）"应收股利"项目，反映企业因股权投资而应收取的现金股利，企业应收其他单位的利润也包括在本项目内。本项目应根据"应收股利"科目的期末余额填列。

（5）"应收利息"项目，反映企业因债权投资而应收取的利息。企业购入到期还本付息债券应收的利息，不包括在本项目内。本项目应根据"应收利息"科目的期末余额填列。

（6）"应收账款"项目，反映企业因销售商品、产品和提供劳务等而应向购买单位收取的各种款项减去已计提的坏账准备后的净额。本项目应根据"应收账款"科目所属各明细科目的期末借方余额合计减去"坏账准备"科目中有关应收账款计提的坏账准备期末余额后的金额填列。如"应收账款"科目所属明细科目期末有贷方余额，应在本表"预收账款"项目内填列。

（7）"其他应收款"项目，反映企业对其他单位和个人的应收和暂付的款项减去已计提的坏账准备后的净额。本项目应根据"其他应收款"科目的期末余额减去"坏账准备"科目中有关其他应收款计提的坏账准备期末余额后的金额填列。

（8）"预付账款"项目，反映企业预付给供应单位的款项。本项目应根据"预付账款"和"应付账款"科目所属各明细科目的期末借方余额合计填列。如"预付账款"科目所属有关明细科目期末有贷方余额的，应在本表"应付账款"项目内填列。

（9）"应收补贴款"项目，反映企业按规定应收的各种补贴款。本项目应根据"应收补贴款"科目的期末余额填列。

（10）"存货"项目，反映企业期末在库、在途和在加工中的各项存货的可变现净值，包括各种材料、商品、在产品、半成品、包装物、低值易耗品、分期收款发出商品、委托代销商品、受托代销商品等。本项目应根据"物资采购""原材料""低值易耗品""自制半成品""库存商品""包装物""分期收款发出商品""委托加工物资""委托代销商品""受托代销商品""生产成本"等科目的期末余额合计减去"代销商品款""存货跌价准备"科目期末余额后的金额填列。材料采用计划成本核算,以及库存商品采用计划成本或售价核算的企业,还应按加或减材料成本差异、商品进销差价后的金额填列。

(11)"待摊费用"项目,反映企业已经支出但应由以后各期分期摊销的费用。企业租入固定资产改良支出、大修理支出以及摊销期限在1年以上(不含1年)的其他待摊费用,应在本表"长期待摊费用"项目反映,不包括在本项目内。本项目应根据"待摊费用"科目的期末余额填列。"预提费用"科目期末如有借方余额,以及"长期待摊费用"科目中将于1年内到期的部分,也在本项目内反映。

(12)"其他流动资产"项目,反映企业除以上流动资产项目外的其他流动资产,本项目应根据有关科目的期末余额填列。如其他流动资产价值较大的,应在会计报表附注中披露其内容和金额。

(13)"长期股权投资"项目,反映企业不准备在1年内(含1年)变现的各种股权性质的投资的可收回金额。本项目应根据"长期股权投资"科目的期末余额减去"长期投资减值准备"科目中有关股权投资减值准备期末余额后的金额填列。

(14)"长期债权投资"项目,反映企业不准备在1年内(含1年)变现的各种债权性质的投资的可收回金额。长期债权投资中,将于1年内到期的长期债权投资应在流动资产类下"1年内到期的长期债权投资"项目单独反映。本项目应根据"长期债权投资"科目的期末余额减去"长期投资减值准备"科目中有关债权投资减值准备期末余额和1年内到期的长期债权投资后的金额填列。

企业超过1年到期的委托贷款,其本金和利息减去已计提的减值准备后的净额也在本项目反映。

(15)"固定资产原价"和"累计折旧"项目,反映企业的各种固定资产原价及累计折旧。融资租入的固定资产,其原价及已提折旧也包括在内。融资租入固定资产原价应在会计报表附注中另行反映。这两个项目应根据"固定资产"科目和"累计折旧"科目的期末余额填列。

(16)"固定资产减值准备"项目,反映企业计提的固定资产减值准备。本项目应根据"固定资产减值准备"科目的期末余额填列。

(17)"工程物资"项目,反映企业各项工程尚未使用的工程物资的实际成本。本项目应根据"工程物资"科目的期末余额填列。

(18)"在建工程"项目,反映企业期末各项未完工程的实际支出,包括交付安装的设备价值、未完建筑安装工程已经耗用的材料、工资和费用支出、预付出包工程的价款、已经建筑安装完毕但尚未交付使用的工程等的可收回金额。本项目应根据"在建工程"科目的期末余额减去"在建工程减值准备"科目期末余额后的金额填列。

(19)"固定资产清理"项目,反映企业因出售、毁损、报废等原因转入清理但尚未清理完毕的固定资产的账面价值，以及固定资产清理过程中所发生的清理费用和变价收入等各项金额的差额。本项目应根据"固定资产清理"科目的期末借方余额填列；如"固定资产清理"科目期末为贷方余额，以"-"号填列。

（20）"无形资产"项目，反映企业各项无形资产的期末可收回金额。本项目应根据"无形资产"科目的期末余额减去"无形资产减值准备"科目期末余额后的金额填列。

（21）"长期待摊费用"项目，反映企业尚未摊销的摊销期限在1年以上（不含1年）的各种费用，如租入固定资产改良支出、大修理支出以及摊销期限在1年以上（不含1年）的其他待摊费用。长期待摊费用中在1年内（含1年）摊销的部分，应在本表"待摊费用"项目填列。本项目应根据"长期待摊费用"科目的期末余额减去1年内（含1年）摊销的数额后的金额填列。

（22）"其他长期资产"项目，反映企业除以上资产以外的其他长期资产。本项目应根据有关科目的期末余额填列。如其他长期资产价值较大的，应在会计报表附注中披露其内容和金额。

（23）"递延税款借项"项目，反映企业期末尚未转销的递延税款的借方余额。本项目应根据"递延税款"科目的期末借方余额填列。

（24）"短期借款"项目，反映企业借入尚未归还的1年期以下（含1年）的借款。本项目应根据"短期借款"科目的期末余额填列。

（25）"应付票据"项目，反映企业为了抵付货款等而开出、承兑的尚未到期付款的应付票据，包括银行承兑汇票和商业承兑汇票。本项目应根据"应付票据"科目的期末余额填列。

（26）"应付账款"项目，反映企业购买原材料、商品和接受劳务供应等而应付给供应单位的款项。本项目应根据"应付账款"和"预付账款"科目所属各有关明细科目的期末贷方余额合计填列；如"应付账款"科目所属各明细科目期末有借方余额，应在本表"预付账款"项目内填列。

（27）"预收账款"项目，反映企业预收购买单位的账款。本项目应根据"预收账款"和"应收账款"科目所属各有关明细科目的期末贷方余额合计填列。如"预收账款"科目所属有关明细科目有借方余额的，应在本表"应收账款"项目内填列。

（28）"应付工资"项目，反映企业应付未付的职工工资。本项目应根据"应付工资"科目期末贷方余额填列。如"应付工资"科目期末为借方余额，以"-"号填列。

（29）"应付福利费"项目，反映企业提取的福利费的期末余额，以及外商投资企业按净利润提取的职工奖励及福利基金的期末余额。本项目应根据"应付福利费"科目的期末余额填列。

（30）"应付股利"项目，反映企业尚未支付的现金股利。本项目应根据"应付股利"科目的期末余额填列。

（31）"应交税金"项目，反映企业期末未交、多交或未抵扣的各种税金。本项目应根据"应交税金"科目的期末贷方余额填列；如"应交税金"科目期末为借方余额，以"-"号填列。

（32）"其他应交款"项目，反映企业应交未交的除税金、应付股利等以外的各种款项。本项目应根据"其他应交款"科目的期末贷方余额填列；如"其他应交款"科目期末为借方余额，以"-"号填列。

（33）"其他应付款"项目，反映企业所有应付和暂收其他单位和个人的款项。本项目应根据"其他应付款"科目的期末余额填列。

（34）"预提费用"项目，反映企业所有已经预提计入成本费用而尚未支付的各项费用。本项目应根据"预提费用"科目的期末贷方余额填列。如"预提费用"科目期末为借方余额，应合并在"待摊费用"项目内反映，不包括在本项目内。

（35）"预计负债"项目，反映企业预计负债的期末余额。本项目应根据"预计负债"科目的期末余额填列。

（36）"其他流动负债"项目，反映企业除以上流动负债以外的其他流动负债。本项目应根据有关科目的期末余额填列，如"待转资产价值"科目的期末余额可在本项目内反映。如其他流动负债价值较大的，应在会计报表附注中披露其内容及金额。

（37）"长期借款"项目，反映企业借入尚未归还的1年期以上（不含1年）的借款本息。本项目应根据"长期借款"科目的期末余额填列。

（38）"应付债券"项目，反映企业发行的尚未偿还的各种长期债券的本息。本项目应根据"应付债券"科目的期末余额填列。

（39）"长期应付款"项目，反映企业除长期借款和应付债券以外的其他各种长期应付款。本项目应根据"长期应付款"科目的期末余额减去"未确认融资费用"科目期末余额后的金额填列。

（40）"专项应付款"项目，反映企业各种专项应付款的期末余额。本项目应根据"专项应付款"科目的期末余额填列。

（41）"其他长期负债"项目，反映企业除以上长期负债项目以外的其他长期负债。本项目应根据有关科目的期末余额填列。如其他长期负债价值较大的，应在会计报表附注中披露其内容和金额。

上述长期负债各项目中将于1年内（含1年）到期的长期负债应在"1年内到期的长期负债"项目内单独反映。上述长期负债各项目均应根据有关科目期末余额减去将于1年内（含1年）到期的长期负债后的金额填列。

（42）"递延税款贷项"项目，反映企业期末尚未转销的递延税款的贷方余额。本项目应根据"递延税款"科目的期末贷方余额填列。

（43）"实收资本（或股本）"项目，反映企业各投资者实际投入的资本（或股本）总额。本项目应根据"实收资本"（或"股本"）科目的期末余额填列。

（44）"已归还投资"项目，反映中外合作经营企业按合同规定在合作期间归还投资者的投资。本项目应根据"已归还投资"科目的期末借方余额填列。

（45）"资本公积"项目，反映企业资本公积的期末余额。本项目应根据"资本公积"科目的期末余额填列。

（46）"盈余公积"项目，反映企业盈余公积的期末余额。本项目应根据"盈余公积"科目的期末余额填列。其中，法定公益金期末余额应根据"盈余公积"科目所属的"法定公益金"明细科目的期末余额填列。

（47）"未分配利润"项目，反映企业尚未分配的利润。本项目应根据"本年利润"科目和"利润分配"科目的余额计算填列。未弥补的亏损，在本项目内以"－"号填列。

5. 资产负债表内公式

（1）流动资产合计 = 货币资金 + 短期投资 + 应收票据 + 应收股利 + 应收利息 + 应收账款 + 其他应收款 + 预付账款 + 应收补贴款 + 存货 + 待摊费用 + 1 年内到期的长期债权投资 + 其他流动资产。

（2）长期投资合计 = 长期股权投资 + 长期债权投资。

（3）固定资产净值 = 固定资产原价 – 累计折旧。

（4）固定资产净额 = 固定资产净值 – 固定资产减值准备。

（5）固定资产合计 = 固定资产净额 + 工程物资 + 在建工程 + 固定资产清理。

（6）无形资产及其他资产合计 = 无形资产 + 长期待摊费用 + 其他长期资产。

（7）资产总计 = 流动资产合计 + 长期投资合计 + 固定资产合计 + 无形资产及其他资产合计 + 递延税款借项。

（8）流动负债合计 = 短期借款 + 应付票据 + 应付账款 + 预收账款 + 应付工资 + 应付福利费 + 应付股利 + 应交税金 + 其他应交款 + 其他应付款 + 预提费用 + 预计负债 + 递延收益 + 1 年内到期的长期负债 + 其他流动负债。

（9）长期负债合计 = 长期借款 + 应付债券 + 长期应付款 + 专项应付款 + 其他长期负债。

（10）负债合计 = 流动负债合计 + 长期负债合计 + 递延税款贷项。

（11）实收资本（或股本）净额 = 实收资本（或股本）– 已归还投资。

（12）所有者权益（股东权益）合计 = 实收资本（或股本）净额 + 资本公积 + 盈余公积 + 未分配利润。

（13）负债和所有者权益（股东权益）总计 = 负债合计 + 所有者权益（股东权益）合计。

6. 利用函数公式编制资产负债表

编制资产负债表既可以使用函数公式，也可以使用宏和 VBA。由于资产负债表的结构和项目一般是固定的，因此使用函数是比较容易理解和操作的，而且设置好公式后就不用管它了。这里我们介绍利用函数编制资产负债表的基本方法。

由于我们已经编制出了“总账科目期初余额”和“总账科目期末余额”两个表格，根据这两个工作表的数据，以及编制资产负债表的基本原则和方法，就很容易利用函数和公式编制出当月的资产负债表。

插入一个工作表，重命名为“资产负债表”，设计填写资产负债表的项目名称，如图 10-43 所示，然后开始设置公式。

资 产 负 债 表

2019年1月31日

资产	期初数	期末数	负债和股东权益	期初数	期末数
流动资产：			流动负债：		
货币资金	3,491,300.00	2,382,908.86	短期借款	1,000,000.00	750,000.00
短期投资	75,000.00	60,000.00	应付票据	500,000.00	400,000.00
应收票据	2,246,000.00	2,046,000.00	应付账款	953,800.00	953,800.00
应收股利	-	-	预收账款	200,000.00	200,000.00
应收利息	-	-	代销商品款	-	-
应收账款	400,000.00	770,000.00	应付工资	100,000.00	115,000.00
减：坏账准备	900.00	1,953.00	应付股利	-	-
应收账款净额	399,100.00	768,047.00	应付福利费	10,000.00	80,000.00
预付账款	100,000.00	134,025.50	应交税金	30,000.00	169,700.00
应收补贴款	-	-	其他应交款	6,600.00	6,600.00
其他应收款	405,000.00	405,000.00	其他应付款	50,000.00	50,000.00
存货	4,880,000.00	4,889,700.00	预提费用	10,000.00	9,000.00
减：存货跌价准备	-	-	流动负债合计	2,860,400.00	2,734,100.00
存货净额	4,880,000.00	4,889,700.00	长期负债：		
待摊费用	400,000.00	300,000.00	长期借款	3,800,000.00	3,360,000.00
待处理流动资产净损失	-	-	应付债券	-	-
流动资产合计	11,996,400.00	10,985,681.36	长期应付款	-	-
长期投资：			专项应付款	-	-

... 总分类账试算平衡表 | 明细科目期末余额 | 总账科目期末余额 | 明细科目汇总表 | 明细账 | 资产负债表 | 利润表 | 现金流量表

图10-43　“资产负债表”工作表结构

有关单元格的计算公式如下。

（1）资产部分

① 货币资金：

单元格B5，月初数，=SUM(总账科目期初余额!C2:C4)

单元格C5，月末数，=SUM(总账科目期末余额!C2:C4)

② 短期投资：

单元格B6，月初数，=总账科目期初余额!C5-总账科目期初余额!C6

单元格C6，月末数，=总账科目期末余额!C5-总账科目期末余额!C6

③ 应收票据：

单元格B7，月初数，=总账科目期初余额!C7

单元格C7，月末数，=总账科目期末余额!C7

④ 应收股利：

单元格B8，月初数，=总账科目期初余额!C8

单元格C8，月末数，=总账科目期末余额!C8

⑤ 应收利息：

单元格B9，月初数，=总账科目期初余额!C9

单元格C9，月末数，=总账科目期末余额!C9

⑥ 应收账款：

单元格B10，月初数，=总账科目期初余额!C10+总账科目期初余额!C47*(总账科目期初余额!D47="借")

单元格C10，月末数，=总账科目期末余额!C10+总账科目期末余额!C47*(总账科目期末余额!D47="借")

⑦ 坏账准备：

单元格B11，月初数，=总账科目期初余额!C12

单元格C11，月末数，=总账科目期末余额!C12

⑧ 应收账款净额：

单元格B12，月初数，=B10–B11

单元格C12，月末数，=C10–C11

⑨ 预付账款：

单元格B13，月初数，=总账科目期初余额!C13*(总账科目期初余额!D13="借")+总账科目期初余额!C46*(总账科目期初余额!D46="借")

单元格C13，月末数，=总账科目期末余额!C13*(总账科目期末余额!D13="借")+总账科目期末余额!C46*(总账科目期末余额!D46="借")

⑩ 应收补贴款：

单元格B14，月初数，=总账科目期初余额!C14

单元格C14，月末数，=总账科目期末余额!C14

⑪ 其他应收款：

单元格B15，月初数，=总账科目期初余额!C11

单元格C15，月末数，=总账科目期末余额!C11

⑫ 存货：

单元格B16，月初数，=SUM(总账科目期初余额!C15:C24)+总账科目期初余额!C26+总账科目期初余额!C69

单元格C16，月末数，=SUM(总账科目期末余额!C15:C24)+总账科目期末余额!C26+总账

科目期末余额!C69

⑬ 存货跌价准备：

单元格B17，月初数，=总账科目期初余额!C25

单元格C17，月末数，=总账科目期末余额!C25

⑭ 存货净额：

单元格B18，月初数，=B16–B17

单元格C18，月末数，=C16–C17

⑮ 待摊费用：

单元格B19，月初数，=总账科目期初余额!C27+总账科目期初余额!C55*(总账科目期初余额!D55="借")

单元格C19，月末数，=总账科目期末余额!C27+总账科目期末余额!C55*(总账科目期末余额!D55="借")

⑯ 待处理流动资产净损失：

单元格B20，月初数，=总账科目期初余额!C43

单元格C20，月末数，=总账科目期末余额!C43

⑰ 流动资产合计：

单元格B21，月初数，=SUM(B5:B9)+SUM(B12:B15)+SUM(B18:B20)

单元格C21，月末数，=SUM(C5:C9)+SUM(C12:C15)+SUM(C18:C20)

⑱ 长期股权投资：

单元格B23，月初数，=总账科目期初余额!C28

单元格C23，月末数，=总账科目期末余额!C28

⑲ 长期债权投资：

单元格B24，月初数，=总账科目期初余额!C29

单元格C24，月末数，=总账科目期末余额!C29

⑳ 长期投资合计：

单元格B25，月初数，=B23+B24

单元格C25，月末数，=C23+C24

㉑ 长期投资减值准备：

单元格B26，月初数，=总账科目期初余额!C30

单元格C26，月末数，=总账科目期末余额!C30

㉒ 长期投资净额：

单元格B27，月初数，=B25–B26

单元格C27，月末数，=C25–C26

㉓ 固定资产原值：

单元格B29，月初数，=总账科目期初余额!C32

单元格C29，月末数，=总账科目期末余额!C32

㉔ 累计折旧：

单元格B30，月初数，=总账科目期初余额!C33

单元格C30，月末数，=总账科目期末余额!C33

㉕ 固定资产净值：

单元格B31，月初数，=B29–B30

单元格C31，月末数，=C29–C30

㉖ 固定资产清理：

单元格B32，月初数，=总账科目期初余额!C38

单元格C32，月末数，=总账科目期末余额!C38

㉗ 工程物资：

单元格B33，月初数，=总账科目期初余额!C35

单元格C33，月末数，=总账科目期末余额!C35

㉘ 在建工程：

单元格B34，月初数，=总账科目期初余额!C36–总账科目期初余额!C37

单元格C34，月末数，=总账科目期末余额!C36–总账科目期末余额!C37

㉙ 固定资产合计：

单元格B35，月初数，=SUM(B31:B34)

单元格C35，月末数，=SUM(C31:C34)

㉚ 无形资产：

单元格B37，月初数，=总账科目期初余额!C39–总账科目期初余额!C40

单元格C37，月末数，=总账科目期末余额!C39–总账科目期末余额!C40

㉛ 长期待摊费用：

单元格B38，月初数，=总账科目期初余额!C42

单元格C38，月末数，=总账科目期末余额!C42

㉜ 无形资产及其他资产合计：

单元格B39，月初数，=B37+B38

单元格C39，月末数，=C37+C38

㉝ 资产总计：

单元格B40，月初数，=B21+B27+B35+B39

单元格C40，月末数，=C21+C27+C35+C39

（2）负债与所有者权益部分

① 短期借款：

单元格E5，月初数，=总账科目期初余额!C44
单元格F5，月末数，=总账科目期末余额!C44

② 应付票据：

单元格E6，月初数，=总账科目期初余额!C45
单元格F6，月末数，=总账科目期末余额!C45

③ 应付账款：

单元格E7，月初数，=总账科目期初余额!C46+总账科目期初余额!C13*(总账科目期初余额!D13="贷")
单元格F7，月末数，=总账科目期末余额!C46+总账科目期末余额!C13*(总账科目期末余额!D13="贷")

④ 预收账款：

单元格E8，月初数，=总账科目期初余额!C47+总账科目期初余额!C10*(总账科目期初余额!D10="贷")
单元格F8，月末数，=总账科目期末余额!C47+总账科目期末余额!C10*(总账科目期末余额!D10="贷")

⑤ 代销商品款：

单元格E9，月初数，=总账科目期初余额!C48
单元格F9，月末数，=总账科目期末余额!C48

⑥ 应付工资：

单元格E10，月初数，=总账科目期初余额!C49
单元格F10，月末数，=总账科目期末余额!C49

⑦ 应付股利：

单元格E11，月初数，=总账科目期初余额!C51
单元格F11，月末数，=总账科目期末余额!C51

⑧ 应付福利费：

单元格E12，月初数，=总账科目期初余额!C50
单元格F12，月末数，=总账科目期末余额!C50

⑨ 应交税金：

单元格E13，月初数，=总账科目期初余额!C52*(总账科目期初余额!D52="贷")–总账科目期初余额!C52*(总账科目期初余额!D52="借")
单元格F13，月末数，=总账科目期末余额!C52*(总账科目期末余额!D52="贷")–总账科目期末余额!C52*(总账科目期末余额!D52="借")
⑩ 其他应交款：

单元格E14，月初数，=总账科目期初余额!C53*(总账科目期初余额!D53="贷")–总账科目期初余额!C53*(总账科目期初余额!D53="借")

单元格F14，月末数，=总账科目期末余额!C53*(总账科目期末余额!D53="贷")–总账科目期末余额!C53*(总账科目期末余额!D53="借")

⑪ 其他应付款：

单元格E15，月初数，=总账科目期初余额!C54

单元格F15，月末数，=总账科目期末余额!C54

⑫ 预提费用：

单元格E16，月初数，=总账科目期初余额!C55

单元格F16，月末数，=总账科目期末余额!C55

⑬ 流动负债合计：

单元格E17，月初数，=SUM(E5:E16)

单元格F17，月末数，=SUM(F5:F16)

⑭ 长期借款：

单元格E19，月初数，=总账科目期初余额!C58

单元格F19，月末数，=总账科目期末余额!C58

⑮ 应付债券：

单元格E20，月初数，=总账科目期初余额!C59

单元格F20，月末数，=总账科目期末余额!C59

⑯ 长期应付款：

单元格E21，月初数，=总账科目期初余额!C60

单元格F21，月末数，=总账科目期末余额!C60

⑰ 专项应付款：

单元格E22，月初数，=总账科目期初余额!C61

单元格F22，月末数，=总账科目期末余额!C61

⑱ 长期负债合计：

单元格E23，月初数，=SUM(E19:E22)

单元格F23，月末数，=SUM(F19:F22)

⑲ 负债合计：

单元格E24，月初数，=E17+E23

单元格F24，月末数，=F17+F23

⑳ 股本：

单元格E27，月初数，=总账科目期初余额!C63

单元格F27，月末数，=总账科目期末余额!C63

㉑ 资本公积：

单元格E28，月初数，=总账科目期初余额!C65

单元格F28，月末数，=总账科目期末余额!C65

㉒ 盈余公积：

单元格E29，月初数，=总账科目期初余额!C66

单元格F29，月末数，=总账科目期末余额!C66

㉓ 未分配利润：

单元格E30，月初数，=总账科目期初余额!C68*(总账科目期初余额!D68="贷")–总账科目期初余额!C68*(总账科目期初余额!D68="借")

单元格F30，月末数，=总账科目期末余额!C68*(总账科目期末余额!D68="贷")–总账科目期末余额!C68*(总账科目期末余额!D68="借")

㉔ 所有者权益合计：

单元格E31，月初数，=SUM(E27:E30)

单元格F31，月末数，=SUM(F27:F30)

㉕ 负债及所有者权益总计：

单元格E40，月初数，=E24+E31

单元格F40，月末数，=F24+F31

10.7.2 编制利润表

利润表是反映企业在一定期间（年度、半年度、季度、月度）的经营成果的会计报表，也称损益表。作为一种动态的会计报表，利润表是根据"收入 – 费用 = 利润"这一会计等式与收入和费用相配比原则编制而成的。该表可以反映企业的收入、费用、投资收益、营业外收支及利润等情况，从而为投资者、债权人及其他会计信息的使用者提供评价企业的获利能力、投资价值和偿债能力等方面的有用信息，还可以提供估计未来现金流量的数额、时间和不确定性方面的信息。

1. 利润表的格式

由于利润表反映的是企业一定时期的经营成果，所以其内容包括以下几项。

（1）企业在一定时期内取得的全部收入，既包括主营业务收入、投资收益等，也包括营业外收入、补贴收入等。

（2）企业在一定时期内为获得收入所发生的全部费用和支出，包括主营业务成本、主营业务税金及附加、期间费用、营业外支出和所得税。

（3）企业在一定时期内取得的其他业务利润。

（4）企业在一定时期内实现的净利润（或净亏损）总额。

利润表的一般格式如图 10-44 所示。

利 润 表

编制单位：　　　　　　　　　　　　　　　　　　　　　　　　　　　单位：人民币元

项　　　　目	注释	本月数	全年数
一、主营业务收入			
减：主营业务成本			
主营业务税金及附加			
二、主营业务利润（亏损以负号"-"填列）			
加：其他业务利润			
减：营业费用			
管理费用			v
财务费用			
三、营业利润（亏损以负号"-"填列）			
加：投资收益（亏损以负号"-"填列）			
补贴收入			
营业外收入			
减：营业外支出			
四、利润总额（亏损以负号"-"填列）			
减：所得税			
五、净利润			

单位负责人：　　　　　　　　　　　　　　　　　　　　　财务负责人：

图 10-44　利润表的一般格式

2. 利润表的编制说明

利润表在形式上分为表头和表体两部分内容。表头部分主要反映报表名称、报表编制单位名称、报表编制日期和货币计量单位等内容；表体部分主要反映报表的各项指标内容。

在利润表的表体中，全部指标均依据有关账簿的发生额填写。

利润表中的"本月数"栏反映各项目的本月实际发生数；在编报中期财务报告时，填列上年同期累计实际发生数；在编报年度财务报告时，填列上年全年累计实际发生额。如果上年度利润表与本年度利润表的项目名称和内容不一致，应对上年度利润表项目的名称和数字按本年度的规定进行调整,填入本表"上年数"栏。在编报中期和年度财务报告时,应将"本月数"栏改成"上年数"栏。

"本年累计数"栏反映各项目自年初起至报告期末止的累计实际发生数。

利润表各项目指标的填列有三种具体操作方法。

(1)根据有关账户的发生额分析填写报表指标,如主营业务收入、主营业务成本、主营业务税金及附加、营业费用、管理费用、财务费用、投资收益、营业外收入、营业外支出等项目,均采用此法填写。

(2)根据有关账户发生额相减后所得差数填写报表指标,如其他业务利润(其他业务利润=其他业务收入–其他业务支出)项目。

(3)根据本表各有关项目的勾稽关系填列。

具体来说,利润表的各项目的内容及其填列方法如下。

(1)"主营业务收入"项目,反映公司经营主要业务所取得的收入总额。本项目应根据"主营业务收入"科目的发生额分析填列。

(2)"折扣与折让"项目,反映公司为销售商品及早收回货款或因商品质量等原因而给予买方的销货折扣与折让。本项目应根据"折扣与折让"科目的发生额分析填列。

(3)"主营业务成本"项目,反映公司经营主要业务发生的实际成本。本项目应根据"主营业务成本"科目的发生额分析填列。

(4)"主营业务税金及附加"项目,反映公司经营主要业务应负担的营业税、消费税、城市维护建设税、资源税、土地增值税和教育费附加等。本项目应根据"主营业务税金及附加"科目的发生额分析填列。

(5)"其他业务利润"项目,反映公司除主营业务以外取得的收入扣除其他业务的成本、费用、税金后的利润(如为亏损,则以"–"号填列)。本项目应根据"其他业务收入"和"其他业务支出"科目的发生额分析计算填列。公司增设有关科目核算其他业务收支,其实现的利润(或发生的亏损)也在本项目内反映。

(6)"营业费用"项目,反映公司在销售商品和商业性公司在购入商品等过程中发生的费用。本项目应根据"营业费用"科目的发生额分析填列。

(7)"管理费用"项目,反映公司发生的管理费用,本项目应根据"管理费用"科目的发生额分析填列。

(8)"财务费用"项目,反映公司发生的财务费用。本项目应根据"财务费用"科目的发生额分析填列。

(9)"投资收益"项目,反映公司以各种方式对外投资所取得的收益。本项目应根据"投资收益"科目的发生额分析填列;如为投资损失,则以"–"号填列。

(10)"补贴收入"项目,反映公司取得的各种补贴收入以及退回的增值税等。本项目应根据"补贴收入"科目的发生额分析填列。

（11）"营业外收入"项目和"营业外支出"项目，反映公司发生的与其生产经营无直接关系的各项收入和支出。这两个项目应分别根据"营业外收入"科目和"营业外支出"科目的发生额分析填列。

（12）"利润总额"项目，反映公司实现的利润总额。如为亏损总额，则以"–"号填列。

（13）"所得税"项目，反映公司按规定从本期损益中扣除的所得税。本项目应根据"所得税"科目的发生额分析填列。

（14）"净利润"项目，反映公司实现的净利润。如为净亏损，以"–"号填列。

3. 利润表内公式

（1）主营业务利润 = 主营业务收入 – 折扣与折让 – 主营业务成本 – 主营业务税金及附加。
（2）营业利润 = 主营业务利润 + 其他业务利润 – 营业费用 – 管理费用 – 财务费用。
（3）利润总额 = 营业利润 + 投资收益 + 补贴收入 + 营业外收入 – 营业外支出。
（4）净利润 = 利润总额 – 所得税。

4. 利用函数公式编制利润表

由于利润表的结构和项目是固定的，因此使用函数是比较容易理解和操作的，而且设置好公式后就不用管它了。这里我们介绍利用函数编制利润表的基本方法。

编制利润表要使用前面编制的"总分类账试算平衡表"。

建一个工作表，将其重命名为"利润表"，并设计工作表的结构，如图10–45所示。

图10–45　"利润表"工作表的结构

5. 计算本月数

工作表"利润表"中，本月数的有关单元格的计算公式如下：

单元格D6，主营业务收入：=总分类账试算平衡表!C73

单元格D7，主营业务成本：=总分类账试算平衡表!D78

单元格D8，主营业务税金及附加：=总分类账试算平衡表!D79

单元格D9，主营业务利润：=D6–D7–D8

单元格D10，其他业务利润：=总分类账试算平衡表!C74

单元格D11，营业费用：=总分类账试算平衡表!C81

单元格D12，管理费用：=总分类账试算平衡表!C82

单元格D13，财务费用：=总分类账试算平衡表!C83

单元格D14，营业利润：=D9+D10–D11–D12–D13

单元格D15，投资收益：=总分类账试算平衡表!C75

单元格D16，补贴收入：=总分类账试算平衡表!C76

单元格D17，营业外收入：=总分类账试算平衡表!C77

单元格D18，营业外支出：=总分类账试算平衡表!D80

单元格D19，利润总额：=D14+D15+D16+D17–D18

单元格D20，所得税：=总分类账试算平衡表!D85

单元格D21，净利润：=D19–D20

其实，我们也可以抛开工作表"总分类账试算平衡表"，而直接使用工作表"记账凭证清单"的数据来编制利润表，因为工作表"总分类账试算平衡表"的数据就是利用SUMIF函数对工作表"记账凭证清单"的数据进行汇总得到的。此时，有关单元格的计算公式如下：

主营业务收入，单元格D6，=SUMIF(总账科目,"主营业务收入",借方金额)

主营业务成本，单元格D7，=SUMIF(总账科目,"主营业务成本",借方金额)

主营业务税金及附加，单元格D8，=SUMIF(总账科目,"主营业务税金及附加",借方金额)

主营业务利润，单元格D9，=D6–D7–D8

其他业务利润，单元格D10，=SUMIF(总账科目,"其他业务收入",借方金额)

营业费用，单元格D11，=SUMIF(总账科目,"营业费用",借方金额)

管理费用，单元格D12，=SUMIF(总账科目,"管理费用",借方金额)

财务费用，单元格D13，=SUMIF(总账科目,"财务费用",借方金额)

营业利润，单元格D14，=D9+D10–D11–D12–D13

投资收益，单元格D15，=SUMIF(总账科目,"投资收益",借方金额)

补贴收入，单元格D16，=SUMIF(总账科目,"补贴收入",借方金额)
营业外收入，单元格D17，=SUMIF(总账科目,"营业外收入",借方金额)
营业外支出，单元格D18，=SUMIF(总账科目,"营业外支出",借方金额)
利润总额，单元格D19，=D14+D15+D16+D17–D18
所得税，单元格D20，=SUMIF(总账科目,"所得税",借方金额)
净利润，单元格D21，计算公式：=D19–D20

6. 计算全年数

全年数就是上月末累计数加上本月数，这个计算很简单，这里不再介绍。

10.7.3 编制现金流量表

现金流量表是指以现金为基础编制的，反映企业在某一特定时期内经营活动、投资活动和筹资活动等对现金及现金等价物影响的会计报表，其主要目的是为报表使用者提供现金流入、现金流出及流入净额等状况的信息，便于报表使用者了解和评价企业获取现金的能力，发现企业在财务方面存在的问题，并预测企业未来的现金流量表，了解企业的偿债能力和股利支付能力。

1. 现金

现金是指企业库存现金以及可以随时用于支付的存款及其他货币资金。

会计上所说的现金通常是指企业的库存现金。现金流量表中的"现金"不仅包括"现金"账户核算的库存现金，还包括企业"银行存款"账户核算的存入金融公司、可以随时用于支付的存款，也包括"其他货币资金"账户核算的外埠存款、银行汇票存款、银行本票存款、信用证保证金存款和在途货币资金等其他货币资金。

需要注意的是，银行存款和其他货币资金中有些不能随时用于支付的存款，如不能随时支取的定期存款等不应作为现金，而应列作投资；提前通知金融公司以便于可支取的定期存款，则应包括在现金范围内。

2. 现金等价物

现金等价物是指企业持有的期限短（一般指3个月以内）、流动性强、易于转换为已知金额现金、价值变动风险很小的投资。现金等价物虽然不是现金，但其支付能力与现金的差别不大。例如，企业为了保证其支付能力，必须存有必要的资金，但为了不使资金闲置，可以购买短期债券，在需要现金时，随时可以变现。

现金等价物的定义本身，包含了判断一项投资是否属于现金等价物的4个条件：①期限短；②流动性强；③易于转换为已知金额的现金；④价值变动风险很小。其中，期限短、流动性强，强调了变现能力，而易于转换为已知金额的现金、价值变动风险很小，则强调了支付能力的大小。

3. 现金流量

现金流量是指企业现金和现金等价物的流入和流出的数量。

企业的现金流量产生于不同的来源，也有不同的用途，如工业企业可通过销售商品、提供劳务收回现金，通过向银行借款收到现金等；为生产产品购买原材料、固定资产需要支付现金，职工工资也需要用现金进行支付等。现金净流量是指现金流入与流出的差额，可能是正数，也可能是负数。如果是正数，则为净流入；如果是负数，则为净流出。

需要注意的是，企业现金形式的转换不会产生现金的流入和流出，如企业从银行提取现金，是企业现金存放形式的转换，并未流出企业，不构成现金流量；同样，现金与现金等价物之间的转换也不属于现金流量，例如，企业用现金购买将于3个月内到期的国库券。

4. 现金流量的分类

按照《企业会计准则——现金流量表》的要求，现金流量应分为以下3类：①经营活动产生的现金流量；②投资活动产生的现金流量；③筹资活动产生的现金流量。

5. 经营活动产生的现金流量

经营活动是指企业投资活动和筹资活动以外的所有交易和事项。

经营活动流入的现金主要包括：①销售商品、提供劳务收到的现金（不包括收到的增值税销项税额；扣除因销货退回支付的现金）；②收到的租金；③收到的增值税销项税额和退回的增值税款；④收到的除增值税以外的其他税费返还。

经营活动流出的现金主要包括：①购买商品、接受劳务支付的现金（不包括能够抵扣增值税销项税额的进项税额；扣除因购货退回收到的现金）；②经营租赁所支付的现金；③支付给职工以及为职工支付的现金；④支付的增值税款（不包括不能抵扣增值税销项税额的进项税额）；⑤支付的所得税款；⑥支付的除增值税、所得税以外的其他税费。

6. 投资活动产生的现金流量

投资活动是指企业长期资产的构建和不包括在现金等价物范围内的投资及其处置活动。这里所说的投资活动，既包括实物资产投资，也包括金融资产投资，它与《企业会计准则——投资》所讲的"投资"是两个不同的概念。"投资"是指企业为通过分配来增加财富，或为谋求其他利益，而将资产让渡给其他单位所获得的另一项资产。购建固定资产不是"投资"，但属于投资活动。

投资活动流入的现金主要包括：①收回投资所收到的现金；②分得股利或利润所收到的现金；③取得债券利息收入所收到的现金；④处置固定资产、无形资产和其他长期资产而收到的现金净额（如为负数，应作为投资活动现金流出项目反映）。

投资活动流出的现金主要包括：①购建固定资产、无形资产和其他长期资产所支付的现金；②权益性投资所支付的现金；③债权性投资所支付的现金。

7. 筹资活动产生的现金流量

筹资活动是指导致企业资本及债务规模和构成发生变化的活动。这里所说的资本，既包括实收资本（股本），也包括资本溢价（股本溢价）；这里所说的债务，是指对外举债，包括向银行借款、发行债券以及偿还债务等。应付账款、应付票据等商业应付款等属于经营活动，而不属于筹资活动。

筹资活动流入的现金主要包括：①吸收权益性投资所收到的现金；②发行债券所收到的现金；③借款所收到的现金。

筹资活动流出的现金主要包括：①偿还债务所支付的现金；②发生筹资费用所支付的现金；③分配股利或利润所支付的现金；④偿付利息所支付的现金；⑤融资租赁所支付的现金；⑥减少注册资本所支付的现金。

一些特殊行业的现金流量有其特殊性。金融企业的下列现金收入和现金支出项目应作为经营活动的现金流量：①对外发放的贷款和收回的贷款本金；②吸收的存款和支付的存款本金；③同业存款及存放同业款项；④向其他金融公司拆借的资金；⑤利息收入和利息支出；⑥收回的已于前期核销的贷款；⑦经营证券业务的公司买卖证券所收到或支出的现金；⑧融资租赁所收到的现金。

保险公司与保险金、保险索赔、年金退款和其他保险利益条款有关的现金收入和现金支出项目应作为经营活动的现金流量。

8. 现金流量表的格式

现金流量表的一般结构如图 10-46 所示。不同行业的现金流量表格式有所不同。

现 金 流 量 表

****年**月

编制单位：	单位：人民币元
项 目	金 额
一、经营活动产生的现金流量	
销售商品提供劳务收到的现金	

图 10-46 现金流量表的一般格式

项　　目	金　　额
收到的税费返还	
收到的其他与经营活动有关的现金	
现金流入小计	
购买商品接受劳务支付的现金	
支付给职工以及为职工支付的现金	
支付的各项税费	
支付的其他与经营活动有关的现金	
现金流出小计	
经营活动产生的现金流量净额	
二、投资活动产生的现金流量	
收回投资所收到的现金	
取得投资收益所收到的现金	
处置固定资产、无形资产和其他长期资产而收到的现金净额	
收到的其他与投资活动有关的现金	
现金流入小计	
购建固定资产、无形资产和其他长期资产所支付的现金	
投资所支付的现金	
支付的其他与投资活动有关的现金	
现金流出小计	
投资活动产生的现金流量净额	
三、筹资活动产生的现金流量	
吸收投资所收到的现金	
借款所收到的现金	
收到的其他与筹资活动有关的现金	
现金流入小计	
偿还债务所支付的现金	
分配股利利润或偿付利息所支付的现金	
支付的其他与筹资活动有关的现金	
现金流出小计	
筹资活动产生的现金流量净额	
四、汇率变动对现金的影响	
五、现金及现金等价物净增加额	

图 10-46　现金流量表的一般格式（续）

9. 经营活动产生的现金流量内容及填列方法

（1）"销售商品、提供劳务收到的现金"项目，反映企业销售商品、提供劳务实际收到的现金（含销售收入和应向购买者收取的增值税额），包括本期销售商品、提供劳务收到的现金，以及前期销售和前期提供劳务本期收到的现金和本期预收的账款，减去本期退回本期销售的商品和前期销售本期退回的商品支付的现金。企业销售材料和代购代销业务收到的现金也在本项目反映。

本项目可以根据"现金""银行存款""应收账款""应收票据""预收账款""主营业务收入""其他业务收入"等科目的记录分析填列。

（2）"收到的税费返还"项目，反映企业收到返还的各种税费，如收到的增值税、消费税、营业税、所得税、教育费附加返还等。

本项目可以根据"现金""银行存款""主营业务税金及附加""补贴收入""应收补贴款"等科目的记录分析填列。

（3）"收到的其他与经营活动有关的现金"项目，反映企业除了上述各项目外，收到的其他与经营活动有关的现金流入，如罚款收入、流动资产损失中由个人赔偿的现金收入等。其他现金流入如价值较大的，应单列项目反映。

本项目可以根据"现金""银行存款""营业外收入"等科目的记录分析填列。

（4）"购买商品、接受劳务支付的现金"项目，反映企业购买材料、商品、接受劳务实际支付的现金，包括本期购入材料、商品、接受劳务支付的现金（包括增值税进项税额），以及本期支付前期购入商品、接受劳务的未付款项和本期预付款项。本期发生的购货退回收到的现金应从本项目内减去。

本项目可以根据"现金""银行存款""应付账款""应付票据""主营业务成本"等科目的记录分析填列。

（5）"支付给职工以及为职工支付的现金"项目，反映企业实际支付给职工，以及为职工支付的现金，包括本期实际支付给职工的工资、奖金、各种津贴和补贴等，以及为职工支付的其他费用。不包括支付的离退休人员的各项费用和支付给在建工程人员的工资等。企业支付给离退休人员的各项费用，包括支付的统筹退休金以及未参加统筹的退休人员的费用，在"支付的其他与经营活动有关的现金"项目中反映；支付的在建工程人员的工资在"购建固定资产、无形资产和其他长期资产所支付的现金"项目反映。

本项目可以根据"应付工资""现金""银行存款"等科目的记录分析填列。

企业为职工支付的养老、失业等社会保险基金、补充养老保险、住房公积金、支付给职工的住房困难补助，以及企业支付给职工或为职工支付的其他福利费用等，应按职工的工作性质和服务对象分别在本项目和在"购建固定资产、无形资产和其他长期资产所支付的现金"

项目反映。

（6）"支付的各项税费"项目，反映企业按规定支付的各种税费，包括本期发生并支付的税费，以及本期支付以前各期发生的税费和预交的税金，如支付的教育费附加、矿产资源补偿费、印花税、房产税、土地增值税、车船使用税、预交的营业税等。不包括计入固定资产价值、实际支付的耕地占用税等。也不包括本期退回的增值税、所得税，本期退回的增值税、所得税在"收到的税费返还"项目反映。

本项目可以根据"应交税金""现金""银行存款"等科目的记录分析填列。

（7）"支付的其他与经营活动有关的现金"项目，反映企业除上述各项目外，支付的其他与经营活动有关的现金流出，如罚款支出、支付的差旅费、业务招待费现金支出、支付的保险费等，其他现金流出如价值较大的，应单列项目反映。

本项目可以根据有关科目的记录分析填列。

10. 投资活动产生的现金流量内容及填列方法

（1）"收回投资所收到的现金"项目，反映企业出售、转让或到期收回除现金等价物以外的短期投资、长期股权投资而收到的现金，以及收回长期债权投资本金而收到的现金。不包括长期债权投资收回的利息，以及收回的非现金资产。

本项目可以根据"短期投资""长期股权投资""现金""银行存款"等科目的记录分析填列。

（2）"取得投资收益所收到的现金"项目，反映企业因股权性投资和债权性投资而取得的现金股利、利息，以及从子企业、联营企业和合营企业分回利润收到的现金。不包括股票股利。

本项目可以根据"现金""银行存款""投资收益"等科目的记录分析填列。

（3）"处置固定资产、无形资产和其他长期资产所收回的现金净额"项目，反映企业处置固定资产、无形资产和其他长期资产所取得的现金，减去为处置这些资产而支付的有关费用后的净额。由于自然灾害所造成的固定资产等长期资产损失而收到的保险赔偿收入也在本项目反映。

本项目可以根据"固定资产清理""现金""银行存款"等科目的记录分析填列。

（4）"收到的其他与投资活动有关的现金"项目，反映企业除了上述各项以外，收到的其他与投资活动有关的现金流入。其他现金流入如价值较大的，应单列项目反映。

本项目可以根据有关科目的记录分析填列。

（5）"购建固定资产、无形资产和其他长期资产所支付的现金"项目，反映企业购买、建造固定资产，取得无形资产和其他长期资产所支付的现金，不包括为购建固定资产而发生的借款利息资本化的部分，以及融资租入固定资产支付的租赁费，借款利息和融资租入固定资产支付的租赁费，在筹资活动产生的现金流量中反映。

本项目可以根据"固定资产""在建工程""无形资产""现金""银行存款"等科目的记录分析填列。

（6）"投资所支付的现金"项目，反映企业进行权益性投资和债权性投资支付的现金，包括企业取得的除现金等价物以外的短期股票投资、短期债券投资、长期股权投资、长期债权投资支付的现金，以及支付的佣金、手续费等附加费用。

本项目可以根据"长期股权投资""长期债权投资""短期投资""现金""银行存款"等科目的记录分析填列。

企业购买股票和债券时，实际支付的价款中包含的已宣告但尚未领取的现金股利或已到付息期但尚未领取的债券的利息，应在投资活动的"支付的其他与投资活动有关的现金"项目反映；收回购买股票和债券时支付的已宣告但尚未领取的现金股利或已到付息期但尚未领取的债券的利息，在投资活动的"收到的其他与投资活动有关的现金"项目反映。

（7）"支付的其他与投资活动有关的现金"项目，反映企业除了上述各项以外，支付的其他与投资活动有关的现金流出。其他现金流出如价值较大的，应单列项目反映。

本项目可以根据有关科目的记录分析填列。

11. 筹资活动产生的现金流量内容及填列方法

（1）"吸收投资所收到的现金"项目，反映企业收到的投资者投入的现金，包括以发行股票、债券等方式筹集的资金实际收到款项净额（发行收入减去支付的佣金等发行费用后的净额）。以发行股票、债券等方式筹集资金而由企业直接支付的审计、咨询等费用，在"支付的其他与筹资活动有关的现金"项目反映，不从本项目内减去。

本项目可以根据"实收资本（或股本）""现金""银行存款"等科目的记录分析填列。

（2）"借款所收到的现金"项目，反映企业举借各种短期、长期借款所收到的现金。

本项目可以根据"短期借款""长期借款""现金""银行存款"等科目的记录分析填列。

（3）"收到的其他与筹资活动有关的现金"项目，反映企业除上述各项目外，收到的其他与筹资活动有关的现金流入，如接受现金捐赠等。其他现金流入如价值较大的，应单列项目反映。

本项目可以根据有关科目的记录分析填列。

（4）"偿还债务所支付的现金"项目，反映企业以现金偿还债务的本金，包括偿还金融企业的借款本金、偿还债券本金等。企业偿还的借款利息、债券利息在"分配股利、利润或偿付利息所支付的现金"项目反映，不包括在本项目内。

本项目可以根据"短期借款""长期借款""现金""银行存款"等科目的记录分析填列。

（5）"分配股利、利润或偿付利息所支付的现金"项目，反映企业实际支付的现金股利，支付给其他投资单位的利润以及支付的借款利息、债券利息等。

本项目可以根据"应付股利""财务费用""长期借款""现金""银行存款"等科目的记录分析填列。

（6）"支付的其他与筹资活动有关的现金"项目，反映企业除了上述各项外，支付的其他与筹资活动有关的现金流出，如捐赠现金支出、融资租入固定资产支付的租赁费等。其他现金流出如价值较大的，应单列项目反映。

本项目可以根据有关科目的记录分析填列。

（7）"汇率变动对现金的影响"项目，反映企业外币现金流量及境外子公司的现金流量折算为人民币时，所采用的现金流量发生日的汇率或平均汇率折算的人民币金额与"现金及现金等价物净增加额"中外币现金净增加额按期末汇率折算的人民币金额之间的差额。

12. 现金流量表补充资料项目的内容及填列方法

（1）"将净利润调节为经营活动的现金流量"各项目的填列方法如下。

① "计提的资产减值准备"项目，反映企业计提的各项资产的减值准备。本项目可以根据"管理费用""投资收益""营业外支出"等科目的记录分析填列。

② "固定资产折旧"项目，反映企业本期累计提取的折旧。本项目可以根据"累计折旧"科目的贷方发生额分析填列。

③ "无形资产摊销"和"长期待摊费用摊销"两个项目，分别反映企业本期累计摊入成本费用的无形资产的价值及长期待摊费用。这两个项目可以根据"无形资产""长期待摊费用"科目的贷方发生额分析填列。

④ "待摊费用减少（减：增加）"项目，反映企业本期待摊费用的减少。本项目可以根据资产负债表"待摊费用"项目的期初、期末余额的差额填列；期末数大于期初数的差额，以"-"号填列。

⑤ "预提费用增加（减：减少）"项目，反映企业本期预提费用的增加。本项目可以根据资产负债表"预提费用"项目的期初、期末余额的差额填列；期末数小于期初数的差额，以"-"号填列。

⑥ "处置固定资产、无形资产和其他长期资产的损失（减：收益）"，反映企业本期由于处置固定资产、无形资产和其他长期资产而发生的净损失。本项目可以根据"营业外收入""营业外支出""其他业务收入""其他业务支出"科目所属有关明细科目的记录分析填列；如为净收益，以"-"号填列。

⑦ "固定资产报废损失"项目，反映企业本期固定资产盘亏（减盘盈）后的净损失。本项目可以根据"营业外支出""营业外收入"科目所属有关明细科目中固定资产盘亏损失减去固定资产盘盈收益后的差额填列。

⑧ "财务费用"项目，反映企业本期发生的应属于投资活动或筹资活动的财务费用。本项目可以根据"财务费用"科目的本期借方发生额分析填列；如为收益，以"–"号填列。

⑨ "投资损失（减：收益）"项目，反映企业本期投资所发生的损失减去收益后的净损失。本项目可以根据利润表"投资收益"项目的数字填列；如为投资收益，以"–"号填列。

⑩ "递延税款贷项（减：借项）"项目，反映企业本期递延税款的净增加或净减少。本项目可以根据资产负债表"递延税款借项""递延税款贷项"项目的期初、期末余额的差额填列。"递延税款借项"的期末数小于期初数的差额，以及"递延税款贷项"的期末数大于期初数的差额，以正数填列；"递延税款借项"的期末数大于期初数的差额，以及"递延税款贷项"的期末数小于期初数的差额，以"–"号填列。

⑪ "存货的减少（减：增加）"项目，反映企业本期存货的减少（减：增加）。本项目可以根据资产负债表"存货"项目的期初、期末余额的差额填列；期末数大于期初数的差额，以"–"号填列。

⑫ "经营性应收项目的减少（减：增加）"项目，反映企业本期经营性应收项目（包括应收账款、应收票据和其他应收款中与经营活动有关的部分及应收的增值税销项税额等）的减少（减：增加）。

⑬ "经营性应付项目的增加（减：减少）"项目，反映企业本期经营性应付项目（包括应付账款、应付票据、应付福利费、应交税金、其他应付款中与经营活动有关的部分以及应付的增值税进项税额等）的增加（减：减少）。

补充资料中的"现金及现金等价物净增加额"与现金流量表中的"五、现金及现金等价物净增加额"的金额相等。

（2）"不涉及现金收支的投资和筹资活动"，反映企业一定期间内影响资产或负债但不形成该期现金收支的所有投资和筹资活动的信息。不涉及现金收支的投资和筹资活动各项目的填列方法如下。

① "债务转为资本"项目，反映企业本期转为资本的债务金额。

② "一年内到期的可转换公司债券"项目，反映企业一年内到期的可转换公司债券的本息。

③ "融资租入固定资产"项目，反映企业本期融资租入固定资产计入"长期应付款"科目的金额。

13. 现金流量表内计算公式

（1）经营活动产生的现金流入小计 = 销售商品、提供劳务收到的现金 + 收到的税费返还 + 收到的其他与经营活动有关的现金。

（2）经营活动产生的现金流出小计 = 购买商品、接受劳务支付的现金 + 支付给职工以及为职工支付的现金＋支付的各项税费＋支付的其他与经营活动有关的现金。

（3）经营活动产生的现金流量净额＝经营活动产生的现金流入小计－经营活动产生的现金流出小计。

（4）投资活动产生的现金流入小计＝收回投资所收到的现金＋取得投资收益所收到的现金＋处置固定资产、无形资产和其他长期资产所收回的现金净额＋收到的其他与投资活动有关的现金。

（5）投资活动产生的现金流出小计＝购建固定资产、无形资产和其他长期资产所支付的现金＋投资所支付的现金＋支付的其他与投资活动有关的现金。

（6）投资活动产生的现金流量净额＝投资活动产生的现金流入小计－投资活动产生的现金流出小计。

（7）筹资活动产生的现金流入小计＝吸收投资所收到的现金＋借款所收到的现金＋收到的其他与筹资活动有关的现金。

（8）筹资活动产生的现金流出小计＝偿还债务所支付的现金＋分配股利、利润和偿付利息所支付的现金＋支付的其他与筹资活动有关的现金。

（9）筹资活动产生的现金流量净额＝筹资活动产生的现金流入小计－筹资活动产生的现金流出小计。

（10）现金及现金等价物净增加额＝经营活动产生的现金流量净额＋投资活动产生的现金流量净额＋筹资活动产生的现金流量净额＋汇率变动对现金的影响。

（11）经营活动产生的现金流量净额＝净利润＋计提的资产损失准备＋固定资产折旧＋无形资产摊销＋长期待摊费用摊销＋待摊费用减少（减：增加）＋预提费用增加（减：减少）＋处置固定资产、无形资产和其他长期资产的损失（减：收益）＋固定资产报废损失＋财务费用＋投资损失（减：收益）＋递延税款贷项（减：借项）＋存货的减少（减：增加）＋经营性应收项目的减少（减：增加）＋经营性应付项目的增加（减：减少）＋其他。

（12）现金及现金等价物净增加额＝现金的期末余额－现金的期初余额＋现金等价物的期末余额－现金等价物的期初余额。

14. 利用函数公式编制现金流量表

编制现金流量表的方法有多种，例如，用工作底稿法或T形账户法编制现金流量表，直接利用现金日记账或会计记录清单来编制现金流量表等。

由于我们在建立记账凭证清单时，已经为会计分录做了现金流量分类，因此可以直接使用SUMIF函数对工作表"记账凭证清单"进行汇总来编制现金流量表了。

新建一个工作表，将其重命名为"现金流量表"，并设计工作表的结构，如图10-47所示。

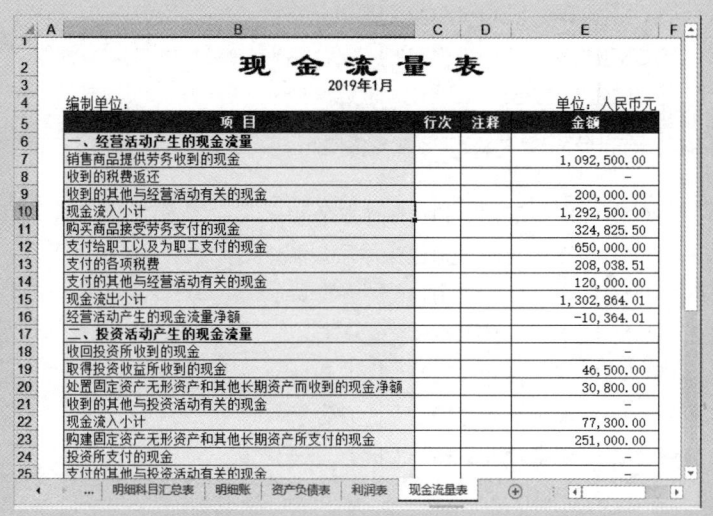

图10-47 "现金流量表"工作表的结构

下面是工作表"现金流量表"中各个单元格的计算公式。

（1）经营活动产生的现金流量

单元格E7：=SUMIF(现金流量,"1011",借方金额)

单元格E8：=SUMIF(现金流量,"1012",借方金额)

单元格E9：=SUMIF(现金流量,"1013",借方金额)

单元格E10：=SUM(E7:E9)

单元格E11：=SUMIF(现金流量,"1021",贷方金额)

单元格E12：=SUMIF(现金流量,"1022",贷方金额)

单元格E13：=SUMIF(现金流量,"1023",贷方金额)

单元格E14：=SUMIF(现金流量,"1024",贷方金额)

单元格E15：=SUM(E11:E14)

单元格E16：=E10−E15

（2）投资活动产生的现金流量

单元格E18：=SUMIF(现金流量,"2011",借方金额)

单元格E19：=SUMIF(现金流量,"2012",借方金额)

单元格E20：=SUMIF(现金流量,"2013",借方金额)

单元格E21：=SUMIF(现金流量,"2014",借方金额)

单元格E22：=SUM(E18:E21)

单元格E23：=SUMIF(现金流量,"2021",贷方金额)

单元格E24：=SUMIF(现金流量,"2022",贷方金额)
单元格E25：=SUMIF(现金流量,"2023",贷方金额)
单元格E26：=SUM(E23:E25)
单元格E27：=E22-E26

（3）筹资活动产生的现金流量

单元格E29：=SUMIF(现金流量,"3011",借方金额)
单元格E30：=SUMIF(现金流量,"3012",借方金额)
单元格E31：=SUMIF(现金流量,"3013",借方金额)
单元格E32：=SUM(E29:E31)
单元格E33：=SUMIF(现金流量,"3021",贷方金额)
单元格E34：=SUMIF(现金流量,"3022",贷方金额)
单元格E35：=SUMIF(现金流量,"3023",贷方金额)
单元格E36：=SUM(E33:E35)
单元格E37：=E32-E36

（4）现金及现金等价物净增加额

单元格E39：=E16+E27+E37+E38

Chapter 11

财务预算表单

财务预算是企业全面预算的一个重要组成部分。全面预算是反映的有关企业未来一段时期内全部经营活动各项目标的行动计划与相应措施的数量说明，具体包括日常业务预算、特种决策预算和财务预算。

日常业务预算是指按经营年度编制的、与企业日常经营活动直接相关的有关经营业务预算的总称，包括销售预算、生产预算、直接材料消耗及采购预算、直接人工成本预算、制造费用预算、产品成本预算、销售及管理费用预算。

财务预算作为全面预算体系中的最后环节，可以从价值方面综合地反映经营期决策预算与业务预算的结果，也可以称其为总预算。财务预算在全面预算体系中占有举足轻重的地位。

下面结合实例说明在 Excel 上编制财务预算表单的一般程序和方法。本章案例文件是"案例 11-1.xlsx"。

11.1 日常业务预算

日常业务预算包括销售预算、生产预算、直接材料消耗及采购预算、直接人工成本预算、制造费用预算、产品成本预算、销售及管理费用预算等。下面分别介绍这些预算表单的设计方法和公式连接。

11.1.1 示例数据

某公司生产甲种产品，2019 年的预计价格为 60 元。假定该企业 2018 年年末的简略式资产负债表如表 11-1 所示。

表 11-1　2018 年年末的简略式资产负债表　　　　单位：元

资　产	期　末　数	负债及所有者权益	期　末　数
现金	20000	应付账款	10000
应收账款	40000		
存货：原材料	4000	实收资本	120000
产成品	9000	未分配利润	25000
固定资产原值	100000		
减：累计折旧	18000		
固定资产净值	82000		
总计	155000	总计	155000

2019 年的有关预测资料如下。

（1）各季度甲产品预计销售量分别为 2000 件、3000 件、4000 件和 3000 件；甲产品的现销比例为 60%，其余 40% 在下季度收回；以现金形式支付销售税金及附加为销售收入的 5%。

（2）甲产品 2018 年年末存货量为 200 件，单位变动成本 45 元。每季度存货量分别为下季度预计销售量的 10%，2019 年年末存货量预计为 300 件。存货按加权平均法计价。

（3）直接材料和直接人工的消耗定额及单价如表 11-2 所示。

表 11-2 直接材料和直接人工的消耗定额及单价

项 目	直接材料（A 材料）	直接人工
单位甲产品消耗定额	2 千克/件	5 小时/件
材料单价	5 元/千克	
小时工资率		5 元/小时

（4）预计材料存货量付款方式如下：2018 年年末 A 材料存货量 800 千克，预计 2019 年各季度库存量均为下季度生产耗用量的 20%，年末 A 材料存货量预计为 1000 千克。每季度购买材料只需支付 50% 现金，余款下季付清。

（5）当期工资全部当期支付。

（6）制造费用分成两个部分：2019 年全年变动性制造费用分配率为单位工时 2 元；每季度固定性制造费用为 10000 元，其中固定资产折旧为 6000 元，其余均为各季度均衡发生的付现成本。

（7）销售及管理费用全年合计为 40000 元，其中，销售人员工资 4000 元，广告费 10000 元，包装运输费 6000 元，保管费 5000 元，管理人员薪金 7000 元，福利费 2000 元，保险费 1500 元，办公费 4500 元，均匀支出。

（8）其他现金支出预计如下：2019 年度每季度预交所得税 5000 元，预分股利 2000 元；第 4 季度购置设备一台，价值 50000 元。

（9）该企业最低现金余额要求保持在 20000 元左右。各季度现金余缺可通过归还短期借款、购买债券或出售债券、取得短期借款解决。

（10）第 1 季度向银行借款 10000 元，第 2 季度向银行借款 10500 元，第 4 季度向银行借款 14100 元，借款年利率 6%。

（11）第 3 季度偿还银行本金 10685 元。

（12）公司适用的所得税税率为 25%，假设不需要进行纳税调整。

11.1.2 销售预算

销售预算是用于规划预算期销售活动的一种业务预算。销售预算是编制全面预算的出发点，也是编制日常业务预算的基础。销售预算表上应包括两部分内容：其一是各个季度及全年的预计销售收入，可根据预计的销售量乘以预计销售单价计算；其二是附加的预计现金收支计算表，可根据各个季度全部销售额中赊销和现销的比例以及交纳销售税金的情况确定。附加的预计现金收支计算表可为以后编制现金预算提供依据。

根据前面提供的有关资料，可编制 L 企业的销售预算如图 11-1 所示。

工作表"销售预算"的各单元格的公式如下：

	A	B	C	D	E	F
1	1、销售预算					
2	摘要	1季度	2季度	3季度	4季度	全年
3	预计销售量（件）	2,000	3,000	4,000	3,000	12,000
4	预计销售单价（元/件）	60	60	60	60	60
5	预计销售收入（元）	120,000	180,000	240,000	180,000	720,000
6		预计现金收支计算表（元）				
7	销售税金及附加等现金支出	6,000	9,000	12,000	9,000	36,000
8	期初应收账款	40,000				40,000
9	1季度销售收入	72,000	48,000			120,000
10	2季度销售收入		108,000	72,000		180,000
11	3季度销售收入			144,000	96,000	240,000
12	4季度销售收入				108,000	108,000
13	现金收入小计	112,000	156,000	216,000	204,000	688,000

图11-1　销售预算表

1. 基本数据

在第 3 行和第 4 行输入基本预估数据。

2. 预计销售收入

在单元格 B5 中，预计销售收入："=B3*B4"，往右复制，得各季度数据。

3. 销售税金等

在单元格 B7 中，各季度预计销售税金及附加等现金支出："=B5*5%"，往右复制，得各季度数据。

4. 期初应收账款

在单元格 B8 中输入期初应收账款金额"40000"。

5. 1 季度预期现金收入

在单元格 B9 中输入 1 季度现销收入计算公式"=B5*60%"。
在单元格 C9 中输入 1 季度应收账款计算公式"=B5−B9"。

6. 2 季度预期现金收入

在单元格 C10 中输入 2 季度现销收入计算公式"=C5*60%"。
在单元格 D10 中输入 2 季度应收账款计算公式"=C5−C10"。

7. 3 季度预期现金收入

在单元格 D11 中输入 3 季度现销收入计算公式"=D5*60%"。

在单元格 E11 中输入 3 季度应收账款计算公式"=D5–D11"。

8. 4 季度预期现金收入

在单元格 E12 中输入 4 季度现销收入计算公式"=E5*60%"。

9. 全年合计数

在单元格 B13 中输入公式"=SUM(B8:B12)",往右复制即可。

11.1.3 生产预算

生产预算是为规划预算期生产规模而编制的一种业务预算。生产预算应以销售预算为依据,结合期初期末存货水平进行编制。具体计算公式如下:

预计生产量=计划期销售量+预计期末存货量–期初存货量

生产预算既是企业安排生产进程表的基础,也为下一步编制成本和费用预算提供依据。新建一个名为"生产预算"的工作表,如图 11-2 所示,各个单元格计算公式分别如下。

图11–2 生产预算

1. 预计销售量

在单元格 B3 中输入公式"= 销售预算 !B6",往右复制,以引用销售预算的预计销售量。

2. 预计期末库存量

在单元格 B4 中输入公式"=C3*10%",往右复制到单元格 D4。
在单元格 E4 中输入数字"300"。
在单元格 F4 中输入公式"=E4"。

3. 预计期初库存量

在单元格 B5 中输入数字"200"。

在单元格 C5 中输入公式"=B4",往右复制到单元格 E5。
在单元格 F5 中输入公式"=B5"。
在单元格 B6 中输入公式"=B3+B4–B5",往右复制到单元格 F6。

11.1.4 直接材料消耗及采购预算

直接材料消耗及采购预算是为规划预算期直接材料消耗情况及采购活动而编制的。该预算表应包括两部分内容。

其一是全年及各季度各种材料消耗及采购总量及预计采购金额,可根据生产预算、材料消耗定额、材料单价及期初期末存料水平等计算,其计算公式如下:

某材料当期需要量=当期生产量×该材料消耗定额
某材料预计采购量=该材料当期需要量+计划期末预计存料量–计划期初存料量
某材料预计采购额=某材料预计采购量×该材料单价

其二是附加的现金支出计算表,可根据每个季度预计采购金额中现金支付和赊购的比例分析计算。附加的现金支出计算表可为以后编制现金预算提供依据。

新建立一个名为"直接材料消耗及采购预算"的工作表,如图 11-3 所示,有关计算公式如下。

	A	B	C	D	E	F
1	3、直接材料消耗及采购预算					
2	摘要	1季度	2季度	3季度	4季度	全年
3	预计生产量(件)(见表2)	2,100	3,100	3,900	3,000	12,100
4	单耗(千克/件)	2	2	2	2	2
5	预计材料耗用量(千克)	4,200	6,200	7,800	6,000	24,200
6	加:预计期末库存量(千克)	1,240	1,560	1,200	1,000	1,000
7	减:预计期初库存量(千克)	800	1,240	1,560	1,200	800
8	预计采购量(千克)	4,640	6,520	7,440	5,800	24,400
9	单位采购成本(元/千克)	5	5	5	5	5
10	预计采购成本(元)	23,200	32,600	37,200	29,000	122,000
11	预计现金支出计算表(元)					
12	期初应付账款	10,000				10,000
13	1季度采购额	11,600	11,600			
14	2季度采购额		16,300	16,300		
15	3季度采购额			18,600	18,600	
16	4季度采购额				14,500	14,500
17	现金支出合计	21,600	27,900	34,900	33,100	117,500

图 11-3 直接材料消耗及采购预算

1. 预计生产量

在单元格 B3 中输入公式"=生产预算!B6",往右复制到单元格 E3。

在单元格 F3 中输入合计公式 "=SUM(B3:E3)"。

2. 预计单耗

在单元格 B4:F4 中输入预计单耗数值 "2"。

3. 预计材料耗用量

在单元格 B5 中输入公式 "=B3*B4",往右复制到单元格 E5。

在单元格 F5 中输入合计数公式 "=SUM(B5:E5)"。

4. 预计期末库存量

在单元格 B6 中输入公式 "=C5*20%",往右复制到单元格 D6。

在单元格 E6 中输入数字 "1000"。

在单元格 F6 中输入公式 "=E6"。

5. 预计期初库存量

在单元格 B7 中输入数字 "800"。

在单元格 C7 中输入公式 "=B6",往右复制到单元格 E7。

在单元格 F7 中输入公式 "=B7"。

6. 预计采购量

在单元格 B8 中输入公式 "=B5+B6–B7",往右复制到单元格 E8。

在单元格 E8 中输入合计数公式 "=SUM(B8:E8)"。

7. 预计单位采购成本

在单元格区域 B9:F9 中输入预计单位采购成本数字 "5"。

8. 预计采购成本

在单元格 B10 中输入公式 "=B8*F9",往右复制到单元格 F10。

9. 期初应付账款

在单元格 B12 中输入数字 "10000",在单元格 F12 中输入公式 "=B12"。

10. 1季度预计现金支出

在单元格 B13 中输入公式 "=$B$10*50%",往右复制到单元格 C13。

11. 2 季度预计现金支出

在单元格 C14 中输入公式"=$C$10*50%",往右复制到单元格 D14。

12. 3 季度预计现金支出

在单元格 D15 中输入公式"=$D$10*50%",往右复制到单元格 E15。

13. 4 季度预计现金支出

在单元格 E16 中输入公式"=$E$10*50%",往右复制到单元格 F16。

14. 现金支出合计

在单元格 B17 中输入公式"=SUM(B12:B16)",然后向右一直复制到单元格 F17。
在单元格 E17 中输入全年合计数公式"=SUM(B17:E17)"。

11.1.5 直接人工成本预算

直接人工成本预算是一种反映预算期内人工工时消耗水平并规划人工成本开支的业务预算。该预算应根据生产预算、工时单耗及小时工资率等有关资料编制。具体计算公式如下:

直接人工总成本=预计生产量×单位产品工时耗用量×小时工资率

新建一个名为"直接人工成本预算"的工作表,如图11-4所示,各单元格计算公式如下。

	A	B	C	D	E	F
1	4、直接人工成本预算					
2	摘要	1季度	2季度	3季度	4季度	全年
3	预计生产量(件)(见表2)	2,100	3,100	3,900	3,000	12,100
4	单位产品工时消耗(小时/件)	5	5	5	5	5
5	直接人工总工时(小时)	10,500	15,500	19,500	15,000	60,500
6	小时工资率(元/小时)	5	5	5	5	5
7	人工总成本(元)	52,500	77,500	97,500	75,000	302,500
8						

图11-4 直接人工成本预算

1. 预计生产量

在单元格 B3 中输入公式"=生产预算!B6",往右复制到单元格 F3。

2. 单位产品工时消耗

在单元格区域 B4:F4 中输入单位产品工时消耗数值"5"。

3. 直接人工总工时

在单元格 B5 中输入直接人工总工时计算公式 "=B3*B4",往右复制到单元格 F5。

4. 小时工资率

在单元格区域 B6:F6 中输入小时工资率数值 "5"。

5. 人工总成本

在单元格 B7 中输入人工总成本计算公式 "=B5*B6",往右复制到单元格 F7。

11.1.6 制造费用预算

制造费用预算是指用于规划除直接材料、直接人工以外的其他一切生产费用的一种业务预算。编制制造费用预算时,应将全部制造费用分解成变动制造费和固定制造费两部分,以便于以各期的业务量水平为基础,规划各费用项目的具体数字。制造费用预算表上还应附加预计的现金支出项目,即从各期的制造费用中剔除折旧费等不属于现金支出的项目,以便为编制现金预算提供依据。

新建一个名为"制造费用预算"的工作表,如图 11-5 所示,各单元格计算公式如下:

	A	B	C	D	E	F
1	5、制造费用预算					
2	摘要	1季度	2季度	3季度	4季度	全年
3	直接人工总工时(小时)	10,500	15,500	19,500	15,000	60,500
4	费用分配率(元/小时)	2	2	2	2	2
5	变动制造费用(元)	21,000	31,000	39,000	30,000	121,000
6	固定制造费用(元)	10,000	10,000	10,000	10,000	40,000
7	制造费用合计(元)	31,000	41,000	49,000	40,000	161,000
8	减:折旧(元)	6,000	6,000	6,000	6,000	24,000
9	以现金支付的费用(元)	25,000	35,000	43,000	34,000	137,000

图 11-5 制造费用预算

1. 直接人工成本

在单元格 B3 中输入公式 "=直接人工成本预算!B5",往右复制到单元格 F5。

2. 费用分配率

在单元格区域 B4:F4 中输入费用分配率数值 "2"。

3. 变动制造费用

在单元格 B5 中输入变动制造费用公式"=B3*B4",往右复制到单元格 E5。
在单元格 F5 中输入全年变动制造费用合计数公式"=SUM(B5:E5)"。

4. 固定制造费用

在单元格区域 B6:E6 中输入固定制造费用数值"10000"。
在单元格 F6 中输入全年固定制造费用合计数公式"=SUM(B6:E6)"。

5. 制造费用合计

在单元格 B7 中输入制造费用合计公式"=SUM(B5:B6)",往右复制到单元格 E7。
在单元格 F7 中输入制造费用合计数公式"=SUM(B7:E7)"。

6. 折旧

在单元格区域 B8:E8 中输入各季度折旧数值"6000"。
在单元格 F8 中输入全年总折旧公式"=SUM(B8:E8)"。

7. 以现金支付的费用

在单元格 B9 中输入以现金支付的费用计算公式"=B7−B8",往右复制到单元格 E9。
在单元格 F9 中输入现金支付的费用合计数公式"=SUM(B9:E9)"。

11.1.7 产品成本预算

产品成本预算是反映预算期内各种产品成本水平的一种业务预算,其主要内容是计算产品的单位变动成本和总生产成本。产品成本预算应以前述的各种业务预算为依据编制,还应附加期末存货成本和本期销货成本等有关信息,以便为编制财务预算提供依据。

新建一个名为"产品成本预算"的工作表,如图 11-6 所示,各单元格的计算公式如下:

	A	B	C	D	E	F	G
1	6、产品成本预算						
2	项目	单位消耗	单位成本	成本(元)	生产成本(元)	存货成本(元)	销货成本(元)
3			分配率				
4	直接材料(千克)	2	5	10	121,000	3,000	120,000
5	直接人工(小时)	5	5	25	302,500	7,500	300,000
6	变动制造费用(小时)	5	2	10	121,000	3,000	120,000
7	合计(元)			45	544,500	13,500	540,000

图11-6 产品成本预算

1. 单位成本

在单元格 B4 中，引用单位消耗数值输入公式"= 直接材料消耗及采购预算 !F4"。
在单元格 C4 中输入公式"= 直接材料消耗及采购预算 !F9"，引用单位消耗分配率数值。
在单元格 B5 中输入公式"= 直接人工成本预算 !F4"，引用单位直接人工。
在单元格 C5 中输入公式"= 直接人工成本预算 !F6"，引用单位直接人工分配率。
在单元格 B6 中输入公式"= 直接人工成本预算 !F4"，引用单位产品工时消耗。
在单元格 C6 中输入公式"= 制造费用预算 !F4"，引用费用分配率。
在单元格 D4 中输入公式"=B4*C4"，往下复制到单元格 D6，计算单位成本合计数。
在单元格 D7 中输入合计数公式"=SUM(D4:D6)"。

2. 生产成本

在单元格 E4 中输入公式"= 生产预算 !$F$6*D4"，往下复制到单元格 E6，计算各项生产成本。
在单元格 E7 中输入公式"=SUM(E4:E6)"，计算各项生产成本合计数。

3. 存货成本

在单元格 F4 中输入公式"= 生产预算 !$F$4*D4"，往下复制到单元格 F6，计算各项存货成本。
在单元格 F7 中输入公式"=SUM(F4:F6)"，计算各项存货成本合计数。

4. 销货成本

在单元格 G4 中输入公式"= 销售预算 !$F$3*D4"，往下复制到单元格 G6，计算各项销货成本。
在单元格 G7 中输入公式"=SUM(G4:G6)"，计算各项销货成本合计数。

11.1.8 销售及管理费用预算

销售及管理费用预算是反映预算期内为推销商品和维持一般行政管理工作而发生的各项费用支出计划的一般预算。根据不同的情况，各不同的费用项目可分别按业务量水平、费用列支标准等并结合管理控制目标分析确定。该预算表上还应附加现金支出项目，以便为编制财务预算提供依据。

新建一个名为"销售及管理费用预算"的工作表，如图 11-7 所示。
在单元格 B5 ~ B8、B11 ~ B14 中，根据已知条件填入相应的数值。

单元格 B9 的公式为"=SUM(B5:B8)"。
单元格 B15 的公式为"=SUM(B11:B14)"。
单元格 B16 的公式为"=B9+B15"。
在单元格 E5 中输入季度分配公式"=$B$16/4",往右复制到单元格 H5。
在单元格 I5 中输入求和公式"=SUM(E5:H5)"。

	A	B	C	D	E	F	G	H	I
1	7、销售及管理费用预算								
2	费用预算表(元)			现金支出分配表(元)					
3	项目	金额		季度	1季度	2季度	3季度	4季度	全年合计
4	销售费用								
5	销售人员薪资	4000		现金支出数	10000	10000	10000	10000	40000
6	广告费	10000							
7	包装运输费	6000							
8	保管费	5000							
9	销售费用合计	25000							
10	管理费用								
11	管理人员薪资	7000							
12	福利费	2000							
13	保险费	1500							
14	办公费	4500							
15	管理费用合计	15000							
16	销售及管理费用合计	40000							

图11-7 销售及管理费用预算

11.2 现金预算

现金预算是以日常业务预算和特种决策预算为基础所编制的反映现金收支情况的预算。这里的现金是广义的现金,不仅包括库存现金,还包括银行存款和其他货币资金。

11.2.1 现金预算内容

现金预算表中应包含以下内容:现金收入、现金支出、现金收支差额、现金筹措和使用情况,以及期初期末现金余额。

现金收入应根据期初现金余额和销售预算中的现金收入项目确定。

现金支出应根据预算期的料、工、费等各种预算的有关项目确定。

现金收支差额等于各期现金收入和支出相比较后的差额。

期末现金余额应在合理的上下限内波动,期末目标现金余额可以按照成本分析模型或鲍曼模型等方法确定。

当现金收支差额低于期末目标现金余额时，代表当期现金不足，企业应进行筹资；反之，当现金收支差额高于期末目标现金余额时，代表当期现金多余，企业应组织还款或进行投资。

现金预算一般应按季度反映现金收支的情况，每个季度的期末现金余额就是下个季度的期初现金余额。

11.2.2 现金预算表

新建一个名为"现金预算"的工作表，如图11-8所示，各个项目的有关公式如下：

图11-8　现金预算

1. 期初现金余额

在单元格 B3 中输入数值"20000"。

在单元格 C3 中输入公式"=B20"，向右复制到单元格 E3。

在单元格 F3 中输入公式"=B3"。

2. 经营现金收入

在单元格 B4 中输入公式"=销售预算!B13"，往右复制到单元格 F4。

3. 可供使用资金

在单元格 B5 中输入公式"=B3+B4"，向右复制到单元格 F5。

4. 经营现金支出

在单元格 B6 中输入经营现金支出合计数公式"=SUM(B7:B13)"，往右复制到单元格 F6。

5. 经营现金支出各项明细取数

（1）直接材料采购，单元格 B7，"= 直接材料消耗与采购预算 !B17"，往右复制到单元格 F7。
（2）直接人工成本，单元格 B8，"= 直接人工成本预算 !B7"，往右复制到单元格 F8。
（3）制造费用，单元格 B9，"= 制造费用预算 !B9"，往右复制到单元格 F9。
（4）销售及管理费用，单元格 B10，"= 销售及管理费用预算 !E5"，往右复制到单元格 F10。
（5）税金，单元格 B11，"= 销售预算 !B7"，往右复制到单元格 F11。
（6）所得税，在单元格区域 B12:E12 中输入预计所得税金额"5000"；在单元格 F12 中输入合计数公式"=SUM(B12:E12)"。
（7）预分股利，在单元格 B13:E13 中输入预计预分股利金额"2000"；在单元格 F13 中输入合计数公式"=SUM(B13:E13)"。

6. 投资现金支出

在单元格 E15 中输入数值"50000"。
在单元格 E14 中输入公式"=E15"。
在单元格 F14 中输入全年合计公式"=SUM(B14:E14)"，往下复制到单元格 F15。

7. 现金结余或不足

在单元格 B16 中输入现金结余或不足计算公式"=B5–B6–B14"，往右复制到单元格 F16。

8. 向银行借款

在单元格 B17 中输入 1 季度向银行借款额"10000"。
在单元格 C17 中输入 2 季度向银行借款额"10500"。
在单元格 E17 中输入 4 季度向银行借款额"14100"。
在单元格 F17 中输入全年借款额合计公式"=SUM(B17:E17)"。

9. 还本

在单元格 D18 中输入 3 季度偿还银行本金"–10685"。
在单元格 F18 中输入全年偿还银行本金合计公式"=SUM(B18:E18)"。

10. 付息

在单元格 D19 中输入付息公式"= –(B17*6%/2+C17*6%/4)"。
在单元格 F19 中输入全年付息合计公式"=SUM(B19:E19)"。

11. 期末现金余额

在单元格 B20 中输入期末现金余额公式"=SUM(B16:B19)",往右复制到单元格 E20。
在单元格 F20 中输入年末余额公式"=E20"。
在单元格 D19 中输入"= –(B17*12%/2+C17*12%/4)"。
在单元格 B20:E20 中输入"=B16:E16+B17:E17+B18:E18+B19:E19"(数组公式输入)。
在单元格 F20 中输入"=E20"。

11.3 预计财务报表

预计财务报表是指专门反映企业未来一定预算期内的预计财务状况和经营成果的报表的总称,包括预计利润表、预计资产负债表和预计现金流量表等。预计财务报表是在日常业务预算、特种决策预算和现金预算的基础上汇总编制而成的,实践中多数情况下只编制预计利润表和预计资产负债表,通常是先编制预计利润表,然后编制预计资产负债表。

11.3.1 预计利润表

预计利润表是以货币为单位、全面综合地反映预算期内经营成果的利润计划。预计利润表应根据各种业务预算和现金预算的有关项目编制。

新建一个名为"预计利润表"的工作表,如图 11-9 所示,其中各个单元格公式分别如下:

	A	B
1	9、预计利润表	
2	项目	金额
3	销售收入	720,000.00
4	减:销售税金及附加	36,000.00
5	变动销售成本	540,000.00
6	固定制造费用	40,000.00
7	销售及管理费用	40,000.00
8	财务费用	457.50
9	利润总额	63,542.50
10	减:所得税	15,885.63
11	净利润	47,656.88

图11-9 预计利润表

单元格B3：=销售预算!F5
单元格B4：=销售预算!F7
单元格B5：=产品成本预算!G7
单元格B6：=制造费用预算!F6
单元格B7：=销售及管理费用预算!I5
单元格B8：=–现金预算!F19
单元格B9：=B3–SUM(B4:B8)
单元格B10：=B9*25%
单元格B11：=B9–B10

11.3.2 预计资产负债表

预计资产负债表是以货币单位反映预算期末财务状况的总括性预算。预计资产负债表应根据前述的各项业务预算、现金预算和预计利润表并结合期初资产负债表的有关数据加以调整计算，从而可以得到各个项目的期末预计数。

新建一个名为"预计资产负债表"的工作表，如图11-10所示。

	A	B	C	D	E	F
1	10、预计资产负债表					
2	资产	年初数	年末数	负债及所有者权益	年初数	年末数
3	现金	20,000.00	20,457.50	短期借款		23,915.00
4	应收账款	40,000.00	72,000.00	应付账款	10,000.00	14,500.00
5	存货：原材料	4,000.00	5,000.00	未交税金		-4,114.38
6	产成品	9,000.00	13,500.00	应付股利		
7	流动资产合计	73,000.00	110,957.50	负债合计	10,000.00	34,300.63
8	固定资产原值	100,000.00	150,000.00	实收资本	120,000.00	120,000.00
9	减：累计折旧	18,000.00	42,000.00	未分配利润	25,000.00	64,656.88
10	固定资产净值	82,000.00	108,000.00	所有者权益合计	145,000.00	184,656.88
11	资产总计	155,000.00	218,957.50	负债及所有者权益合计	155,000.00	218,957.50

图11-10 预计资产负债表

表中各个项目的年初数均为已知，按上年末的实际数填列；年末数各项的有关公式说明如下。

1. 现金

根据"现金预算"表得到，单元格C3公式如下：

=现金预算!F20

2. 应收账款

根据"销售预算"表得到，单元格 C4 公式如下：
=销售预算!E5*(1-60%)

3. 原材料

根据"直接材料消耗与采购预算"表得到，单元格 C5 公式如下：
=直接材料消耗与采购预算!F6*直接材料消耗与采购预算!F9

4. 产成品

根据"生产预算"表和"产品成本预算"表得到，单元格 C6 公式如下：
=生产预算!F4*产品成本预算!D7

5. 流动资产合计

单元格 C7 合计数公式如下：
=SUM(C3:C6)

6. 固定资产原值

根据"现金预算"表得到，单元格 C8 公式如下：
=B8+现金预算!F15

7. 累计折旧

根据"预计资产负债表"和"制造费用预算"得到，单元格 C9 公式如下：
=预计资产负债表!B9+制造费用预算!F8

8. 固定资产净值

单元格 C10 公式如下：
=C8-C9

9. 资产总计

单元格 C11 公式如下：
=C7+C10

10. 短期借款

根据"现金预算"表得到，单元格 F3 公式如下：

=现金预算!B17+现金预算!C17+现金预算!E17+现金预算!D18

11. 应付账款

根据"直接材料消耗与采购预算"表得到，单元格 F4 公式如下：

=直接材料消耗与采购预算!E10*(1-50%)

12. 未交税金

根据"预计利润表"和"现金预算"表得到，单元格 F5 公式如下：

=预计利润表!B10-现金预算!F12

13. 负债合计

单元格 F7 公式如下：

=SUM(F3:F6)

14. 实收资本

单元格 F8 公式如下：

=E8

15. 未分配利润

根据"预计利润表"和"现金预算"得到，单元格 F9 公式如下：

=E9+预计利润表!B11-现金预算!F13

16. 所有者权益合计

单元格 F10 公式如下：

=SUM(F8:F9)

17. 负债及所有者权益合计

单元格 F11 公式如下：

=F7+F10

Chapter 12

日常财务表格设计模板示例

前面我们介绍了财务数据管理与统计分析的常见表单，本章我们再介绍几个日常财务数据处理表单的设计与应用案例。

12.1 出差相关表单

出差表单是每家企业财务经常要处理的表格之一。我们可以建立一个出差管理表单模板，从出差用款审批、差旅费报销、用款核销、出差记录进行自动化的数据处理和统计分析。本案例文件是"案例12-1.xlsx"。

12.1.1 出差用款审批单

出差用款审批单结构如图12-1所示。

这个表单设计很简单，字体均为"华文楷体"，字号设置大小合适。

这里有两个难点或者说技巧需要了解或掌握：①金额数字的自定义格式；②金额数字转换为大写。

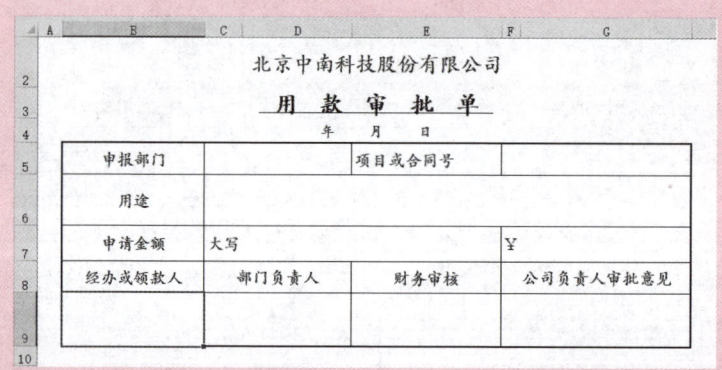

图12-1　用款审批单

单元格G7的自定义数字格式设置如图12-2所示，自定义格式代码如下：

￥ #,##0.00

这个代码很好理解："￥"是货币符号，"#,##"是对数字设置千分位符，"0.00"表示数字保留2位数。

如果要显示为美元符号，可以把上述的自定义数字格式修改为：

$ #,##0.00

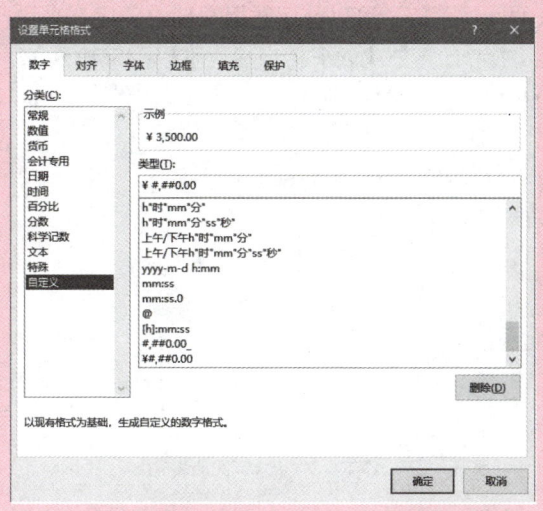

图12-2 设置金额数字单元格的自定义数字格式

单元格 D7 中将金额数字转换为中文大写要麻烦些。我们可以使用第 10 章提供的用 VBA 编写的自定义函数，也可以使用下面的公式：

=IF(ROUND(E7,2)=0,"",IF(E7<0,"负",""))
&IF(ABS(E7)>=1,TEXT(INT(ROUND(ABS(E7),2)),"[dbnum2]")&"元","")
&IF(VALUE(MID(RIGHT(TEXT((ABS(E7)*100+100),"###"),2),1,1))=0,
IF(VALUE(RIGHT(TEXT(ABS(E7)*100,"###"),1))=0,"整",IF(ABS(E7)>=1,"零",""))
&TEXT(VALUE(RIGHT(TEXT(ABS(E7)*100,"###"),1)),"[dbnum2]")&"分"),
IF(VALUE(RIGHT(TEXT(ABS(E7)*100,"###"),1))=0,
TEXT(VALUE(MID(RIGHT(TEXT((ABS(E7)*100+100),"###"),2),1,1)),"[dbnum2]")&"角整",
TEXT(VALUE(MID(RIGHT(TEXT((ABS(E7)*100+100),"###"),2),1,1)),"[dbnum2]")&"角"
&TEXT(VALUE(RIGHT(TEXT(ABS(E7)*100,"###"),1)),"[dbnum2]")&"分")))

为了防止把单元格 D7 的公式破坏，可以对单元格 D7 单独保护，方法是：首先取消整个工作表的锁定，然后单独对单元格 D7 锁定，最后保护工作表即可。

当有了出差请款数据后，马上就填写到"出差记录表"中。

12.1.2 出差记录表

设计一个员工出差记录表，其字段结构如图 12-3 所示，用于记录每个员工的出差基本信息及报销信息。

在 B 列输入出差人的所属部门，可以使用数据验证设置序列来快速选择输入。
F 列计算出差天数，参考计算公式如下（当然也可以手工输入）：
=IF(A2="","",E2−D2+1)
J 列退还金额计算公式如下：
=IF(A2="","",IF(I2<G2,G2−I2,""))
K 列退补金额计算公式如下：
=IF(A2="","",IF(I2>G2,I2−G2,""))

	A	B	C	D	E	F	G	H	I	J	K
1	出差人	部门	项目或合同号	出发日期	回司日期	预计天数	预支金额	报销日期	实报金额	退还金额	退补金额
2	张三	研发部	LC产品	2019-4-2	2019-4-3	2	3000	2019-4-8	2148.92	851.08	
3	张三	研发部	LC产品	2019-4-15	2019-4-19	5	5000	2019-4-24	6725.34		1725.34
4	李四	财务部	培训	2019-4-18	2019-4-20	3	2000	2019-4-25	1839.31	160.69	
5											

图12-3　出差记录表

12.1.3 出差旅费报支单

出差旅费报支单结构如图 12-4 所示。

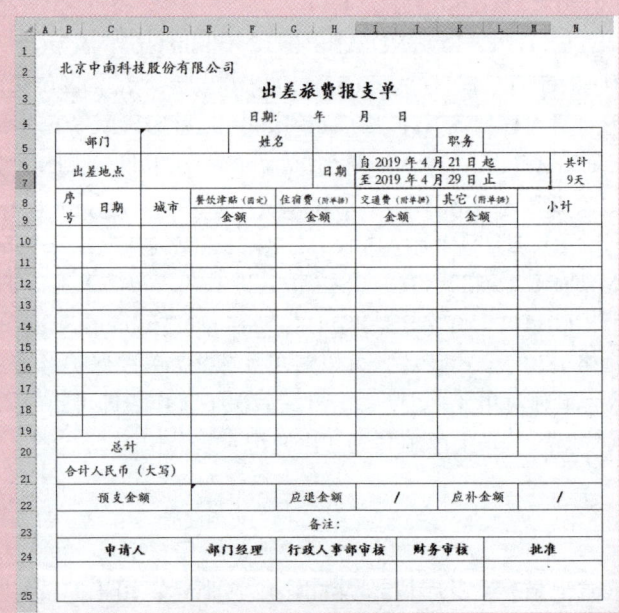

图12-4　出差旅费报支单

这个表单的设计也不复杂，设计相关要输入数据的单元格格式，调整列宽，合并相关单元格，设置字体和字号等。

在单元格 B4 中输入报销日期，可以手工输入一个具体的日期，通过设置自定义数字格式，将其显示为"日期：年 月 日"字样，自定义数字格式代码为"日期：yyyy年m月d日"，如图 12-5 所示。

在单元格 I6 中输入出差起始日期，通过自定义数字格式的方法将其显示为"自 年 月 日 起"的字样，自定义格式代码为"自 yyyy 年 m 月 d 日 起"，如图 12-6 所示。

图12-5　设置报销日期的自定义数字格式

图12-6　设置单元格I6出差起始日期的自定义数字格式

然后为单元格 I6 设置日期的数据验证，一方面限制规范数据输入，另一方面当单击该单元格时出现数据验证的提示信息，如图 12-7 所示。

图12-7　设置出差起始日期的数据验证

在单元格 I7 中输入出差截止日期，也通过自定义数字格式的方法将其显示为"至 年 月 日止"的字样，自定义格式代码为"至 yyyy 年 m 月 d 日 止"，如图 12-8 所示。

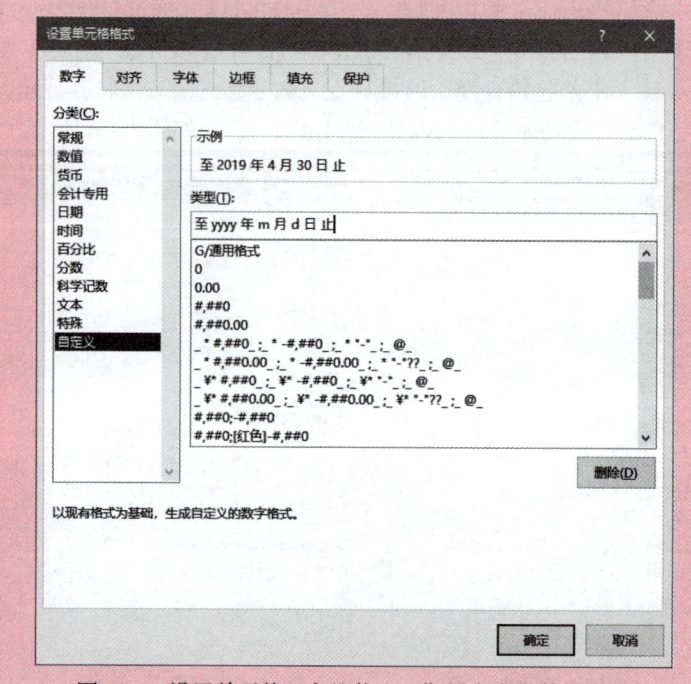

图12-8　设置单元格I7出差截止日期的自定义数字格式

再对 I7 设置数据验证，只能输入大于或等于出差开始日期的日期，并在单击单元格 I7 时出现提示信息，如图 12-9 所示。

几个单元格的公式设置如下：

在单元格 D5 中输入下面的公式，根据报销人自动匹配所属部门。

=IFERROR(VLOOKUP(H5,出差记录表!A:B,2,0),"")

在单元格 N6 中输入下面的公式，计算出差总天数。

=IF(OR(I6="",I7=""),"","共计"&CHAR(10)&I7-I6+1&"天")

在单元格 M10 中输入下面的公式，并向下复制，记算各天的各项费用小计。

=IF(SUM(E10:L10)=0,"",SUM(E10:L10))

在单元格 E20 中输入下面的公式，并往右复制到单元格 M20，计算各项费用的总计数。

=IF(SUM(E10:F19)=0,"",SUM(E10:F19))

在单元格 E21 中输入下面的单元格 M20 的金额数字转换为大写的公式。

图12-9 设置出差截止日期的数据验证

=IF(OR(ROUND(N(M20),2)=0,M20=""),"",IF(M20<0,"负",""))
&IF(ABS(M20)>=1,TEXT(INT(ROUND(ABS(M20),2)),"[dbnum2]")&"元","")
&IF(VALUE(MID(RIGHT(TEXT((ABS(M20)*100+100),"###"),2),1,1))=0,
IF(VALUE(RIGHT(TEXT(ABS(M20)*100,"###"),1))=0,"整",IF(ABS(M20)>=1,"零",""))
&TEXT(VALUE(RIGHT(TEXT(ABS(M20)*100,"###"),1)),"[dbnum2]")&"分"),
IF(VALUE(RIGHT(TEXT(ABS(M20)*100,"###"),1))=0,
TEXT(VALUE(MID(RIGHT(TEXT((ABS(M20)*100+100),"###"),2),1,1)),"[dbnum2]")&"角整",
TEXT(VALUE(MID(RIGHT(TEXT((ABS(M20)*100+100),"###"),2),1,1)),"[dbnum2]")&"角"
&TEXT(VALUE(RIGHT(TEXT(ABS(M20)*100,"###"),1)),"[dbnum2]")&"分")))

在单元格E22中输入下面的公式，自动从出差记录单中提取（考虑到出差次数很多，因此使用SUMIFS函数做多条件求和来替代多条件查找函数做数组公式）。

=SUMIFS(出差记录表!G:G,出差记录表!A:A,H5,出差记录表!B:B,D5,出差记录表!D:D,">="&I6,出差记录表!E:E,"<="&I7)

在单元格I22中输入下面的公式，计算应退金额。

=IF(M20<E22,N(E22)–N(M20),"/")

在单元格M22中输入下面的公式，计算应补金额。

=IF(M20>E22,N(M20)–N(E22),"/")

如图12-10所示是一个差旅费报销单填写的示例。

出差旅费报支单

北京中南科技股份有限公司

日期：2019年4月24日

部门	研发部		姓名	张三		职务	经理	
出差地点		北京		日期	自2019年4月15日起 至2019年4月19日止		共计 5天	
序号	日期	城市	餐饮津贴(固定) 金额	住宿费(附单据) 金额	交通费(附单据) 金额	其它(附单据) 金额	小计	
1	2019-4-15	北京	300	450	893	60	1703	
2	2019-4-16	北京	300	450	238	82	1070	
3	2019-4-17	北京	300	450	184	0	934	
4	2019-4-18	北京	300	450	392	137.34	1279.34	
5	2019-4-19	上海	300	0	1439		1739	
	总计		1500	1800	3146	279.34	6725.34	
合计人民币（大写）			陆仟柒佰贰拾伍元叁角肆分					
预支金额			5000	应退金额		/	应补金额	1725.34
备注：								
申请人		部门经理		行政人事部审核		财务审核		批准

图12-10　差旅费报销单填写示例

12.1.4　用款核销单

用款核销单的结构如图12-11所示。

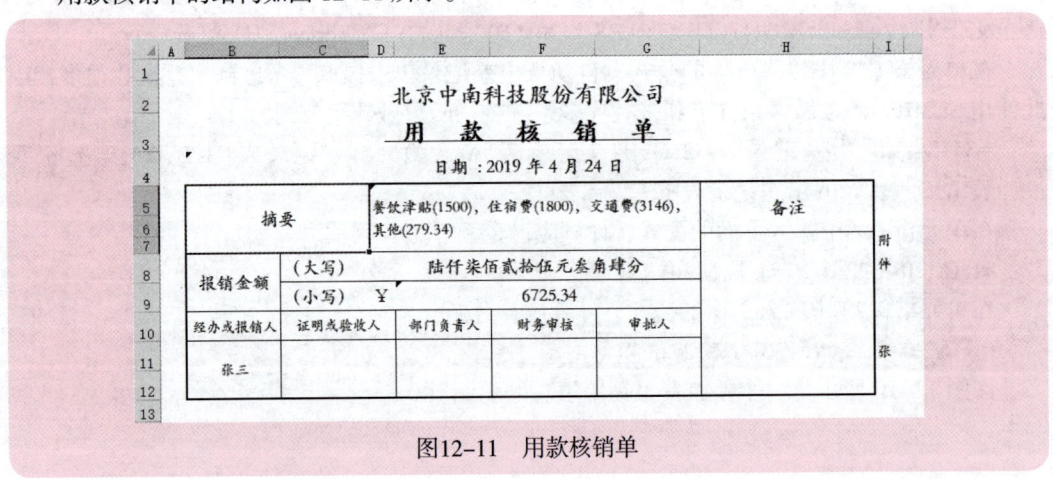

图12-11　用款核销单

在这个表单中,可以根据上面的"报支单"自动取数,相关单元格公式如下。

单元格 B4:
=TEXT(报支单!B4,"日期: yyyy 年 m月 d 日")

单元格 D5:
="餐饮津贴("&报支单!E20&"),住宿费("&报支单!G20&"),交通费("&报支单!I20&"),其他("&报支单!K20&")"

单元格 E8:
大写公式与前面介绍的相同,不同的是计算单元格。

单元格 E9:
=报支单!M20

单元格 B11:
=报支单!H5

12.1.5 制作出差统计表

我们可以根据出差记录表,对各个部门、每个员工的出差进行统计汇总,这种统计汇总使用数据透视表是最方便的。

为了能够使统计表随原始数据增减而自动调整,定义一个动态名称"Data",如图12-12所示,引用位置如下:
=OFFSET(出差记录表!$A$1,,,
    SUMPRODUCT((出差记录表!$A$1:$A$1000<>"")*1),
    COUNTA(出差记录表!$1:$1))

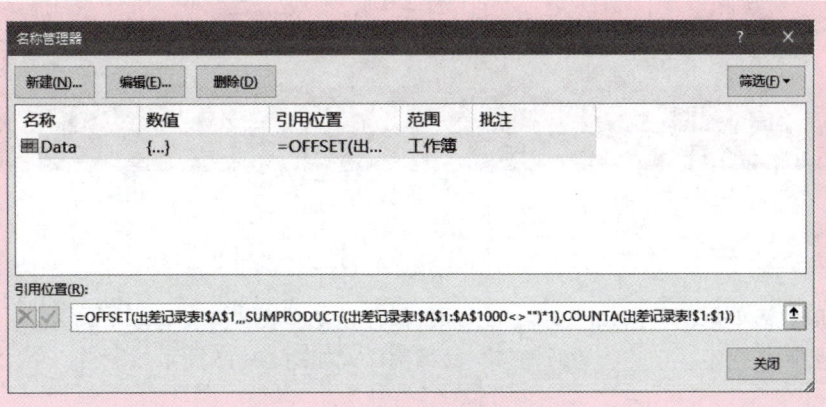

图12-12 定义动态名称"Data"

这样，以这个名称制作数据透视表，进行布局，美化报表，就得到图12-13所示的统计汇总表。这里，使用了日程表来筛选出差日期。

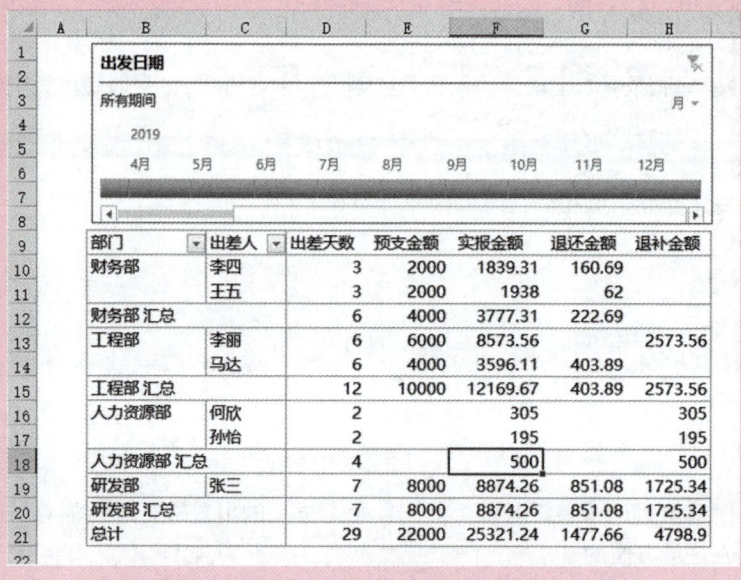

图12-13 出差统计汇总表

12.2 设计套打表单

在财务日常工作中，我们经常要套打一些表单，此时，可以设计套打表单，从记录流水表单中选择要套打的项目，直接打印即可。下面介绍一个物业公司的收费通知单。

12.2.1 设计应收清单

一个应收清单示例数据如图12-14所示，保存在工作表"应收清单"中。
现在要制作指定客户的收费通知单，其结构样式如图12-15所示。

	A	B	C	D	E	F	G	H	I
1	客户编号	租铺名称	客户名称	租金	综合费	水费	电费	路灯公摊	合计
2	KH001	D座2号	客户001	840.00	43.00	20.00	200.00	4.00	1,107.00
3	KH002	D座4号	客户002	840.00	299.00	14.00	122.00	-	1,275.00
4	KH003	D座7号	客户003	840.00	496.00	62.00	240.00	4.00	1,642.00
5	KH004	D座10号	客户004	840.00	121.00			-	961.00
6	KH005	D座11号	客户005	840.00	99.00	6.00	116.00	4.00	1,065.00
7	KH006	D座12号	客户005	840.00	200.00	28.00	162.00	4.00	1,234.00
8	KH007	D座13号	客户006	840.00	100.00	68.00	248.00		1,256.00
9	KH008	D座14号	客户007	840.00	459.00			-	1,299.00
10	KH009	D座17号	客户008	840.00	120.00	20.00	62.00	4.00	1,046.00
11	KH010	D座18号	客户006	840.00	658.00	20.00	94.00		1,612.00
12	KH011	D座20号	客户009	840.00	395.00	68.00	12.00	4.00	1,319.00
13	KH012	D座21号	客户009	840.00	129.00	34.00	2.00	4.00	1,009.00

图12-14　应收清单

收费通知单

2019年4月29日

尊敬的租户：客户009

贵司租用：D座20号、D座21号、D座22号、D座23号、D座15-20号

请于本月交纳以下费用(请用银行转账方式，现金交纳的请到物业现场交付)，如过期交纳或不交者，则按合约规定收到每日0.5%的违约金，直到取消租用资格。

计费时间　2019年4月

序号	项目	租金	综合费	水费	电费	路灯公摊	合计
1	D座20号	840.00	395.00	68.00	12.00	4.00	1,319.00
2	D座21号	840.00	129.00	34.00	2.00	4.00	1,009.00
3	D座22号	840.00	232.00	82.00	228.00	4.00	1,386.00
4	D座23号	840.00	54.00	-	-	4.00	898.00
5	D座15-20号	8,848.00	57,152.00	20.00	366.00	-	66,386.00
合计大写		人民币　柒万零佰玖拾捌元整				合计小写	70,998.00

银行账户如下：
北京农行：　4585838294924931213　　梓茶鸭
北京招行：　6226495943993204320　　梓茶鸭
联系电话：　010-47379992，13550001928

图12-15　收费通知单模板

12.2.2 制作收费通知单

在单元格 C3 中输入客户名称，可以先设计一个客户名称列表，保存在"客户列表"工作表中，然后为该单元格设置数据验证，如图 12-16 所示。

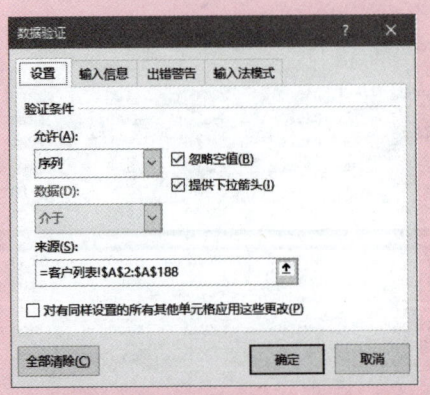

图12-16 为单元格C3设置数据验证,快速选择输入客户名称

单元格 C4 显示指定客户的项目(租铺名称),利用公式来生成字符串,公式如下:
=TEXTJOIN("、",,C8:C13)

在 L 列做查找辅助列,用于定位指定客户各个项目(店铺名称)的位置。其中,单元格 L8 的公式如下:
=MATCH(C3,应收清单!C:C,0)

单元格 L9 的公式如下,然后往下复制到单元格 L13。
=MATCH($C$3,INDIRECT("应收清单!C"&L8+1&":C1000"),0)+L8

结果如图 12-17 所示。

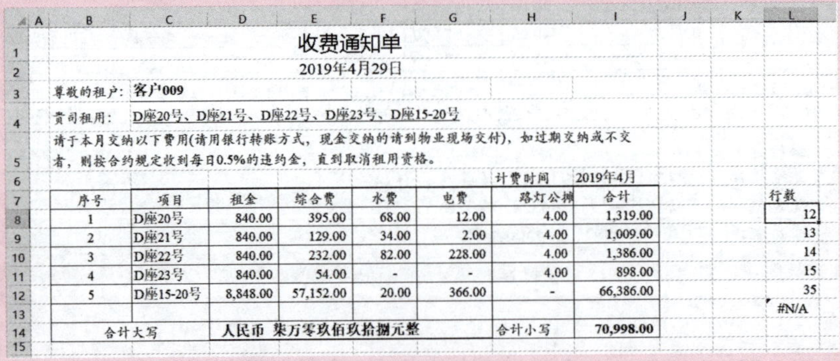

图12-17 L列设计查找定位公式

第 8 行的指定客户明细项目的查找公式分别如下。
单元格 B8,自动编制序号:
=IF(ISERROR(L8),"",ROW(A1))

单元格C8，获取指定客户的项目名称。

=IFERROR(INDEX(应收清单!B:B,L8),"")

单元格D8，获取指定客户的费用金额。

=IFERROR(INDEX(应收清单!D:D,$L8),"")

将此公式往右复制到单元格I8，即得其他费用项目的金额。

单元格I14，计算指定客户所有项目、所有费用的合计数。

=SUM(I8:I13)

单元格D14，将合计数金额转换成大写。

="人民币 "&IF(ROUND(I14,2)=0,"",IF(I14<0,"负","")
&IF(ABS(I14)>=1,TEXT(INT(ROUND(ABS(I14),2)),"[dbnum2]")&"元","")
&IF(VALUE(MID(RIGHT(TEXT((ABS(I14)*100+100),"###"),2),1,1))=0,
IF(VALUE(RIGHT(TEXT(ABS(I14)*100,"###"),1))=0,"整",IF(ABS(I14)>=1,"零","")
&TEXT(VALUE(RIGHT(TEXT(ABS(I14)*100,"###"),1)),"[dbnum2]")&"分"),
IF(VALUE(RIGHT(TEXT(ABS(I14)*100,"###"),1))=0,
TEXT(VALUE(MID(RIGHT(TEXT((ABS(I14)*100+100),"###"),2),1,1)),"[dbnum2]")&"角整",
TEXT(VALUE(MID(RIGHT(TEXT((ABS(I14)*100+100),"###"),2),1,1)),"[dbnum2]")&"角"
&TEXT(VALUE(RIGHT(TEXT(ABS(I14)*100,"###"),1)),"[dbnum2]")&"分")))

最后将L列隐藏起来。

这样，只要在单元格C3中选择客户名称，就制作出该客户的收费通知单，进行打印即可。打印预览效果如图12-18所示。

图12-18 收费单打印效果